HANDBOOK
OF RAILWAY ENGINEERING
SURVEY

铁路**工程测量**手册

中国铁路设计集团有限公司 编著

人民交通出版社股份有限公司
China Communications Press Co.,Ltd.

内 容 提 要

《铁路工程测量手册》是一部适用于铁路(包括高速铁路、客运专线,以及新建和改建铁路)工程勘测设计、施工、运营维护各阶段工程测量工作的实践性工具书。

本书分为勘测设计阶段的测量、施工测量、运营维护测量、铁路工程测量信息化共四篇二十一章,主要包括勘测设计阶段的控制测量、摄影测量与遥感制图、专项测绘;施工阶段的复测和加密、长大隧道、桥梁、大型交通枢纽施工控制测量、轨道控制网测量、施工放样、构筑物变形测量及评估、轨道安装测量、竣工测量;运营维护阶段的控制网复测维护、运营期间结构变形监测、轨道检测、既有线全面复测;以及铁路工程测量信息化等内容。

本书内容全面、系统,注重实用性和实践操作性,可供铁路勘测设计、施工、运营维护各阶段测量人员使用,亦可供大专院校相关专业师生参考。

图书在版编目(CIP)数据

铁路工程测量手册/中国铁路设计集团有限公司编著. —北京:人民交通出版社股份有限公司,2018.10
 ISBN 978-7-114-14816-3

Ⅰ.①铁… Ⅱ.①中… Ⅲ.①铁路测量—手册 Ⅳ.
①U212.24-44

中国版本图书馆 CIP 数据核字(2018)第 134439 号

书　　名:	铁路工程测量手册
著　作　者:	中国铁路设计集团有限公司
责任编辑:	谢海龙　杜　琛
责任校对:	张　贺
责任印制:	张　凯
出版发行:	人民交通出版社股份有限公司
地　　址:	(100011)北京市朝阳区安定门外外馆斜街 3 号
网　　址:	http://www.ccpress.com.cn
销售电话:	(010)59757973
总 经 销:	人民交通出版社股份有限公司发行部
经　　销:	各地新华书店
印　　刷:	北京印匠彩色印刷有限公司
开　　本:	787×1092　1/16
印　　张:	27.5
字　　数:	640 千
版　　次:	2018 年 10 月　第 1 版
印　　次:	2018 年 10 月　第 1 次印刷
书　　号:	ISBN 978-7-114-14816-3
定　　价:	168.00 元

(有印刷、装订质量问题的图书由本公司负责调换)

《铁路工程测量手册》编委会

主 任 委 员：王长进

副主任委员：张冠军

编　　　委：石德斌　赵　海　梁　永　李亚辉　张志刚
　　　　　　高文峰　李平苍　刘晓明　李新增　王兵海
　　　　　　匡团结　董洪波　王正银　洪江华　邓继伟
　　　　　　甘　俊　程　寇　刘小龙　范叹奇

前　言

近年来，我国高速铁路的快速发展举世瞩目，铁路工程测量是保证工程建设质量和运营安全的重要手段，同铁路建设的其他专业技术一样，是铁路工程建设关键技术体系的重要组成部分。高精度的测量成果不但保证了线路高精度的几何线形状态，也是列车在高速运行时保证旅客的安全性和舒适性的重要基础。

中国高速铁路工程测量技术体系结合铁路建设特点和现代测绘技术的发展，坚持原始创新、集成创新和引进消化吸收再创新，强化重大科研、试验对关键技术的理论支撑与验证，体现"三网合一"的测量要求，涵盖高速铁路工程勘测设计、施工和运营维护测量全过程。随着我国高速铁路的不断建成通车，结合铁路建设和运营中对测量实际需要，一代代的铁路测量技术人员围绕重大或关键性测绘技术问题展开科技攻关，进一步强化创新平台建设，持续开展测绘先进技术研究，提升测绘智能化和信息化水平，在努力减小劳动强度的同时提高测绘作业效率和提高测绘产品质量，以期更好地为铁路建设与运营服务。

2009年以来，我国陆续颁布了一系列铁路测量类的行业规范，为了更好地贯彻执行规范、总结我国铁路工程测量，特别是高速铁路工程测量的宝贵经验，推动铁路工程测量的技术创新和新技术、新成果的应用，以及铁路工程测量从业者技术业务培训的需要，特组织编写了《铁路工程测量手册》。

本手册是一部适用于铁路(包括高速铁路、客运专线，新建和改建铁路)工程勘测设计、施工、运营维护各个阶段工程测量工作的实践性工具书。全手册分勘测设计阶段的测量、施工测量、运营维护测量、铁路工程测量信息化共四篇二十一章，在绪论中概述地介绍了铁路工程测量定义、内容、发展沿革、主要技术标准和展望，各篇内容从铁路工程全生命周期角度出发，将铁路工程各阶段的测量进行系统、全面的总结梳理，突出实用性和实践操作性。第一篇 勘测设计阶段的测量主要内容有控制测量、摄影测量与遥感制图、专项测绘；第二篇 施工测量主要内容有复测和加密、长大隧道、桥梁大型交通枢纽施工控制测量、轨道控制网测量、施工放样、构筑物变形测量及评估、轨道安装测量、竣工测量；第三篇 运营维护测量主要内容有控制网复测维护、运营期间结构变形监测、轨道检测、既有线全面复测；第四篇 铁路工程测量信息化主要内容有勘测设计一体化、施工建设测量信息化、运营维护测量信息化及BIM在铁路工程的应用等内容。本手册可供铁路勘测设计、施工、运营维护各个阶段测量人员使用，亦可供大专院校相关专业师生参考。

本手册由中国铁路设计集团有限公司(简称中国铁设)组织编写,中国铁设副总工程师、全国工程勘察设计大师王长进担任主编,中国铁设测绘地理信息研究院(简称测绘院)副总工程师张冠军担任副主编,参加编写的人员有中国铁设测绘院副总工程师石德斌、赵海、梁永、李亚辉,以及技术部、航测遥感研究所、精密测量研究所、第一至第五勘测队各部门和单位的总工程师及测绘技术人员。主要分工如下:绪论由王长进、张冠军编写,第一篇第一章、第三章由梁永、张冠军、刘晓明、匡团结、洪江华编写,第一篇第二章由王长进、赵海、高文峰、邓继伟、甘俊、程寇、刘小龙编写,第二篇由张冠军、张志刚、李新增、董洪波、范叹奇编写,第三篇由石德斌、李平苍、王兵海、王正银编写,第四篇由张冠军、李亚辉、高文峰、张志刚编写。全书由王长进、张冠军统稿。在编写的过程中,得到中国铁设副总经理、总工程师、全国工程勘察设计大师孙树礼的指导,得到中国铁设科技处、测绘院领导和部门的大力支持,蒙华铁路蒙陕段指挥部副指挥长、总工程师申志军审阅并提出具体完善建议,以及人民交通出版社股份有限公司王霞、杜琛、谢海龙等同志的指导和帮助,在此表示衷心的感谢。

由于编者的水平有限,加之在繁忙的铁路勘测生产过程中进行编写,时间仓促,难免有不足之处,敬请专家、同行们批评指正。

《铁路工程测量手册》编委会
2017 年 5 月　天津

目　录

绪　论

- 第一节　概述 ······ 1
- 第二节　铁路工程测量内容与发展沿革 ······ 3
- 第三节　铁路工程测量主要技术标准与展望 ······ 9

第一篇　勘测设计阶段的测量

第一章　控制测量 ······ 11
- 第一节　坐标和高程系统 ······ 11
- 第二节　平面控制测量 ······ 22
- 第三节　高程控制测量 ······ 39
- 第四节　误差理论与测量平差 ······ 59
- 第五节　测绘仪器常规检校方法 ······ 68

第二章　摄影测量与遥感制图 ······ 79
- 第一节　摄影测量原理 ······ 79
- 第二节　航空摄影 ······ 82
- 第三节　刺点和调绘 ······ 86
- 第四节　内业成图 ······ 89
- 第五节　POS技术在摄影测量中的应用 ······ 99
- 第六节　机载激光雷达测量 ······ 107
- 第七节　近景摄影测量 ······ 114
- 第八节　无人机摄影测量 ······ 120
- 第九节　遥感制图 ······ 127

第三章　专项测绘 ······ 141
- 第一节　线路测量 ······ 141
- 第二节　桥涵测量 ······ 160
- 第三节　站场测量 ······ 164
- 第四节　隧道测量 ······ 169
- 第五节　其他测量 ······ 171

第二篇 施 工 测 量

第一章 复测和加密 ... 175
第一节 控制网复测 ... 175
第二节 施工加密 ... 180

第二章 长大隧道施工控制测量 ... 183
第一节 隧道控制测量技术设计 ... 183
第二节 洞外控制测量 ... 192
第三节 洞内控制测量 ... 203
第四节 联系测量和贯通测量 ... 210

第三章 长大桥梁施工控制测量 ... 214
第一节 技术设计 ... 214
第二节 平面控制测量 ... 215
第三节 高程控制测量 ... 221

第四章 大型交通枢纽施工控制测量 ... 224
第一节 坐标系统衔接 ... 224
第二节 平面控制测量 ... 226
第三节 高程控制联测 ... 228

第五章 轨道控制网（CPⅢ）测量 ... 229
第一节 CPⅢ网的构网形式 ... 229
第二节 CPⅡ外业加密 ... 230
第三节 CPⅢ点的布设与埋标 ... 235
第四节 CPⅢ点和自由测站编号及布设形式 ... 238
第五节 CPⅢ网平面测量 ... 238
第六节 CPⅢ网高程测量 ... 242
第七节 CPⅢ网的复测与维护 ... 245

第六章 施工放样 ... 247
第一节 线路施工放样 ... 247
第二节 路基施工放样 ... 249
第三节 桥梁施工放样 ... 251
第四节 隧道施工放样 ... 256

第七章 构筑物变形测量及评估 ... 260
第一节 变形观测一般要求 ... 260
第二节 路基工程的变形观测 ... 264
第三节 桥梁工程的变形观测 ... 270
第四节 隧道工程的变形观测 ... 276

| 第五节 | 预测与评估 | 278 |
| 第六节 | 基坑变形监测 | 280 |

第八章 轨道安装测量 … 290

第一节	轨道板简介	290
第二节	轨道板铺设精度要求	291
第三节	底座板(支承层)支模放样测量	293
第四节	轨道基准网(CPⅣ)测量	297
第五节	轨道板精调	303
第六节	道岔板的精调	311
第七节	双块式轨排精调	313
第八节	道岔整体道床施工	319
第九节	轨道精调	322

第九章 竣工测量 … 334

第一节	控制网竣工测量	334
第二节	线路轨道竣工测量	334
第三节	线下工程建筑及线路设备竣工测量	336
第四节	竣工地形图及铁路用地界测量	336
第五节	竣工测量资料整理及交验	336

第三篇 运营维护测量

第一章 控制网复测维护 … 338

| 第一节 | 复测内容与周期 | 338 |
| 第二节 | 复测方法 | 339 |

第二章 运营期间结构变形监测 … 341

第一节	监测基准网的建立	341
第二节	沉降监测	341
第三节	沉降普查性观测	343
第四节	重点区域监测	349
第五节	自动化监测	351
第六节	特殊工点监测	355
第七节	沉降变形分析及评估	357

第三章 轨道检测 … 365

第一节	轨顶高程测量	365
第二节	轨道平顺性分析	365
第三节	轨道平顺性检测	368

第四章 既有线全面复测 … 376

第一节	航测成图	376
第二节	里程丈量	380
第三节	中线测量	381
第四节	既有线中平测量	381
第五节	站场测量	382
第六节	其他调查和测量	382
第七节	资料整理	384

第四篇　铁路工程测量信息化

第一章　概述 385
第二章　铁路勘测设计一体化 387
　第一节　勘测一体化 387
　第二节　三维辅助设计 395
第三章　铁路施工建设测量信息化 400
　第一节　铁路隧道监控量测信息化 400
　第二节　铁路连续梁线形监控信息化 401
　第三节　铁路工程沉降观测与评估信息化 402
　第四节　三维建设管理系统 403
第四章　铁路运营维护测量信息化 406
　第一节　铁路运营期变形监测数据管理系统 406
　第二节　铁路综合监测检测系统 408
　第三节　移动三维激光扫描测量信息化 410
　第四节　三维工务管理系统 412
第五章　BIM 在铁路工程的应用 419
　第一节　BIM 的功能及特点 419
　第二节　BIM 与 GIS 的结合 420
　第三节　BIM 在铁路工程中的应用 422

缩略词释义 425

参考文献 426

绪　论

第一节　概　述

一、测绘学科的分类

测绘学和其他学科一样,是在人类生产活动过程中产生和发展起来的,有着悠久的历史,是一门古老的学科。随着科学技术的不断进步,测绘学科的理论、技术、方法及其学科内涵也随之不断发生变化,尤其是空间技术、计算机技术、通信技术和地理信息技术的发展,使测绘学科向着当代刚刚兴起的一门新型学科——地球空间信息学跨越和整合,测绘学又和其他现代学科进行交叉和渗透,又是一门新型和现代的学科。传统的测绘概念是测量和地图制图的简称,就是利用测量仪器测定地球表面自然形态地理要素和地表人工设施的形状、大小、空间位置及其属性等,然后根据观测到的这些数据通过地图制图的方法将地面的自然形态和人工设施等绘制成地图。测量就是获取反映地球形状、地球重力场、地球上自然和社会要素的位置、形状、空间关系、区域空间结构的数据。地图制图是将这些数据经处理、分析或综合后加以表达和利用的一种形式。随着科学技术的发展和社会的进步,测绘学研究的对象不仅是地球,还扩大到地球外层空间的各种自然和人造实体。因此,测绘学比较完整的基本概念是:研究对实体(包括地球整体、表面以及外层空间各种自然和人造的实体)中与地理空间分布有关的各种几何、物理、人文及其随时间变化的信息的采集、处理、管理、更新和利用的科学与技术。

在《中华人民共和国测绘法》中,测绘是指对自然地理要素或者地表人工设施的形状、大小、空间位置及其属性等进行测定、采集、表述以及对获取的数据、信息、成果进行处理和提供的活动。同时指出,测绘事业是经济建设、国防建设、社会发展的基础性事业。

测绘学主要研究地球的地理空间信息,同地球科学的研究有着密切的关系,因此,测绘学是地球科学的一个分支学科。

测绘学科的传统分类为:

1. 大地测量学

大地测量学是研究地球的形状、大小和重力场,测定地面点几何位置和地球整体与局部运动的理论和技术的学科。现代大地测量学可分为实用大地测量学、椭球面大地测量学、物理大地测量学和卫星大地测量学。

2. 摄影测量学

摄影测量学是研究利用摄影或遥感的手段获取目标物的影像数据,从中提取几何的或物理的信息,并用图形、图像和数字形式表达测绘成果的学科。摄影测量学包括航空摄影、航天摄影、航空航天摄影测量、地面摄影测量等。

3. 地图制图学(地图学)

地图制图学是研究模拟地图和数字地图的基础理论、地图设计、地图编制和复制的技术方法及其应用的学科。

4. 工程测量学

工程测量学是研究在工程建设和自然资源开发各个阶段进行测量工作的理论和技术的学科。主要研究在工程建设各个阶段所进行的与地形及工程有关的信息的采集和处理、工程的施工放样及设备安装、变形监测分析和预报等的理论、技术与方法，以及研究对与测量和工程有关的信息进行管理和使用。工程测量包括工程建设勘测设计、施工和管理各个阶段所进行的各种测量工作。按工作顺序和性质分为：工程勘测——勘测设计阶段的控制测量和地形测量；施工测量——施工阶段的施工测量和设备安装测量；运营测量——管理阶段的变形观测和维修养护测量。按工程建设的对象分为建筑、水利、铁路、公路、桥梁、隧道、矿山、城市和国防等工程测量。

5. 海洋测绘学

海洋测绘学是研究以海洋水体和海底为对象所进行的测量和海图编制理论和方法的学科，主要包括海道测量、海洋大地测量、海底地形测量、海洋专题测量以及航海图、海底地形图、各种海洋专题图和海洋图集等图的编制。

测绘学按服务对象和内容不同可分为基础测绘和专业测绘。

基础测绘是指建立全国统一的测绘基准和测绘系统，进行基础航空摄影，获取基础地理信息的遥感资料，测制和更新国家基本比例尺地图、影像图和数字化产品，建立、更新基础地理信息系统，是为国民经济和社会发展以及为国家各个部门和各项专业测绘提供基础地理信息而实施测绘的总称。基础测绘是公益性事业。基础测绘必须在全国或局部区域按国家统一规划和统一技术标准进行。

专业测绘是指产业部门为保证本部门业务工作所进行的具有专业内容的测绘的总称。专业测绘采用国家测绘技术标准或者行业测绘技术标准。

二、铁路工程测量的地位和作用

铁路工程测量是为满足铁路工程的勘测设计、施工和运营维护等任务而进行的测量工作，是专门以铁路行业为服务对象的专业测绘工作，是工程测量学按行业种类划分的一个重要分支。铁路工程测量涵盖了工程控制测量、工程摄影测量与遥感、工程勘测、施工测量、地理信息系统、变形监测等专业内容。

铁路工程测量服务于铁路建设和运营管理全过程，是铁路建设的开路先锋，常被称为铁路建设的"尖兵"。不仅因为铁路建设首先需要的是地形图，需要测量人员先行进行野外勘测；而且因为在施工和运营管理中，测量人员也是先行军，开工建设的第一步就要进行控制测量和施工放样；运营管理中仍然离不开线路测量维护及变形监测，以确保铁路的运营安全。在铁路工程中的各个阶段，都要求测量工作走在其他工作的前面，是名副其实的先行军。

铁路工程测量是保证工程建设质量和运营安全的重要手段，同铁路建设的其他专业技术一样，是铁路工程建设关键技术体系的重要组成部分。随着我国高速铁路的不断建成通车，结合铁路建设和运营中对测量实际需要，一代代的铁路测量技术人员围绕重大或关键性测绘技术问题展开科技攻关，进一步强化创新平台建设，持续开展测绘先进技术研究，提升测绘智能化和信息化水平,努力在减小劳动强度的同时提高测绘作业效率和提高测绘产品质量,以期更好地为铁路建设服务。

铁路工程测量在铁路建设和运营管理中有着举足轻重的重要地位,起着重要的保障作用,为铁路工程建设和运营管理提供基础的空间地理信息成果,也为辅助决策提供重要的基础性数据。铁路工程测量技术的不断发展,使其技术内涵和服务外延不断扩大,在铁路工程建设和运营管理全过程中发挥着越来越大的技术支持和保障作用。如基于三维地理信息数据建立的铁路线路方案虚拟踏勘系统、沉降变形分析系统、运营监测及建设管理和工务管理系统等,建立了海量数据的三维浏览和管理平台,使工程建设和管理可以在计算机上进行展现,提高管理效率,提供辅助决策的先进平台。

第二节　铁路工程测量内容与发展沿革

一、铁路工程测量内容

(一)铁路工程测量内容分类

按铁路工程建设和运营阶段的不同,可分为勘察设计阶段的测量工作(勘测)、施工建设阶段的测量工作(施工测量)、运营维护阶段的测量工作(运营监测)。

按测量对象不同,铁路工程测量包括以铁路工程构筑物为对象的土木工程测量和以轨道为对象的几何状态测量两大部分。

按技术和精度不同,可划分为普通工程测量和精密工程测量。精密工程测量代表着工程测量学的发展方向,铁路工程精密工程测量为高速铁路的建设和运营维护提供了有力的测绘保障。

按服务于不同工程,可划分为线路测量、隧道测量、桥涵测量。线路测量包括线路平面和高程控制测量、地形测量、中线测量、横断面测量等;隧道测量包括洞外、内平面和高程控制测量、联系测量、隧道施工放样、变形监测等;桥涵测量包括桥梁平面和高程控制测量、桥址地形测量、断面测量、水文测量、桥址中线测量、墩台定位测量、施工放样、变形监测等。

(二)仪器设备

由于工作内容多,铁路工程测量中使用到的仪器设备较多,有航摄仪器设备、大地测量仪器设备,也有特殊的测量仪器或传感器等。

航摄仪器类设备:数码航摄仪、机载激光雷达、地面激光扫描仪。

大地测量仪器类设备:GNSS接收机、全站仪、水准仪。

特殊的测量仪器或传感器:轨道几何状态测量仪(轨检小车)、挠度仪、准直仪以及可以自动化监测的传感器(如静力水准仪和位移计等)。

(三)测量方法

主要的测量方法有:

(1)传统的几何测量有:角度测量、距离测量、高差测量等。

(2)摄影测量与卫星遥感测量:摄影测量、三维激光扫描、卫星定位测量、微波遥感测量等。

(3)基于物理传感器的特殊测量:准直测量、短距离测量、铅直测量、静力水准测量、倾斜测量、振动(摆动)测量等。

(四)铁路工程建设各阶段的主要测量工作内容

铁路工程建设各阶段的主要测量工作内容见图0-0-1,并分述如下。

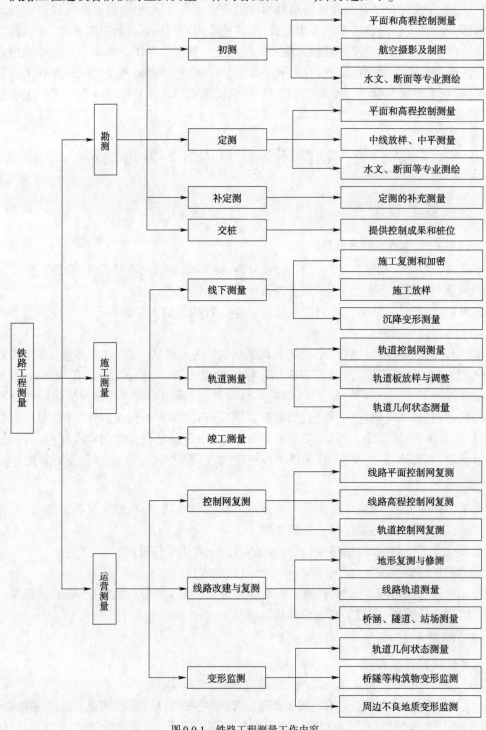

图0-0-1　铁路工程测量工作内容

1. 勘察设计阶段的测量工作

勘测设计阶段的测量工作对应预可行性研究、可行性研究、初步设计、施工图设计四个不同阶段,分别有踏勘、初测、定测、补充定测四个勘测阶段。习惯上简称为勘测。

踏勘就是在1∶50 000的国家基本地形图上选定的线路比较方案进行实地勘察,提出方案研究意见。测量工作主要以收集或内业制作小比例尺地形图、影像图为主。

初测主要是为可行性研究阶段提供资料而进行的勘测工作,其主要任务是提供沿线大比例尺带状地形图以及地质和水文资料。初测在一条线路的全部勘测工作占有重要地位,初测资料是可行性研究的依据。初测中的测量工作,主要是对踏勘中认为最有价值的比较方案,进行较为详细的测量,测出各方案沿线的1∶2 000及1∶10 000比例尺带状地形图、桥梁、隧道和其他工程需要的工点地形图等。传统的初测工作包括插大旗、导线测量、高程测量、地形测量。由于测量手段的进步,插大旗一般在室内影像图或地形图上完成,初测导线和初测高程测量由卫星定位测量取代,地形测量主要采用航空摄影测量方法进行。初测中的工程测量工作主要包括遥感制图、满足初测需要的平面和高程控制测量、航空摄影测量、地形测量、水文勘测、选线横断面测量等。

定测是为初步设计阶段提供资料而进行的勘测工作。定测主要核实方案:通过地区的地形、地貌、地物,详细查明方案的地质、环境条件,为各类建筑物、构筑物提供地质资料。定测成果是初步设计的依据。定测中的测量工作,主要是将已批准的可研设计方案,结合现场的地形、水文、地质情况,将线路中心在地面上标定出来,为编制初步设计提供详细的资料。主要测量工作包括满足定测需要的平面和高程控制测量、地形图核补或机载激光雷达测量、中线测量、中平测量、水文勘测、横断面测量、跨线道路、电线等交叉测量、钻探放孔等。定测阶段地形图原则上利用初测地形图,但应根据设计需要对初测地形图进行核对、修测。控制工点、桥梁、隧道、取土场、弃土(渣)场、大型临时工程等根据设计需要测绘工点地形图,测绘比例尺一般在1∶500~1∶10 000之间。

其中,控制网的测量为铁路建设提供统一的参考框架,为各项测量工作提供基准,具有控制全局、提供基准和控制测量误差积累等重要作用,在铁路工程测量中占有重要的基础地位,按施测阶段、目的及功能的不同,可分为勘测控制网、施工控制网、运营维护控制网。在"三网合一"理念下,控制网一般由勘察设计单位在勘察设计阶段建立,如施工控制网一般在定测完成后,施工建设前完成,包括框架控制网CP 0、基础平面控制网CPⅠ、线路平面控制网CPⅡ和线路水准基点控制网。

2. 施工建设阶段的测量工作

在铁路工程建设施工阶段进行的测量工作即施工测量,包括线路施工、桥梁施工、隧道施工中的测量工作和竣工测量。其主要任务是把图纸上设计好的铁路工程建(构)筑物平面和高程位置在实地标定出来,即按设计的要求将建(构)筑物各轴线的交点、中线、桥墩、隧道等点位标定在地面上。测量的主要内容有控制网复测、施工控制加密、中线复测、路基、桥梁、隧道等施工放样、变形测量、轨道安装定位、精调测量、竣工测量等。

其中,施工控制网是为铁路工程施工提供控制基准的各级平面、高程控制网。它除了包括CPⅠ、CPⅡ、线路水准基点控制网,还包括在此基础上加密的施工平面、高程控制点和为轨道铺设而建立的轨道控制网CPⅢ。

3. 运营维护阶段的测量工作

铁路运营维护阶段的测量工作也可称运营监测,以构筑物变形监测为主,主要对受运营或周边建设影响的路基、桥梁、隧道和轨道等构筑物的水平位移、沉降、倾斜等变形量进行定期或持续的测量工作。

运营维护阶段的测量工作主要有各等级控制网的复测维护、地形复测或修测、线路量程测量、中线测量、中平测量、断面测量、轨道测量、既有设备和构筑物测量、各类构筑物变形监测等,以维护线路、轨道的平顺性精度,保证运营的安全。

(五)铁路工程测量遵循的基本原则

(1)各阶段、各项测量工作,均应先进行技术设计,后按技术设计方案开展测量工作,项目完成后做好技术总结。按有关规范做好过程质量控制,认真贯彻执行测绘产品的"二级检查、一级验收"制度。

(2)各阶段、各项测量工作,在测量布局方面要遵循"从整体到局部";在工作程序方面要遵循"先控制后碎部";在精度控制方面要遵循"由高级到低级"的工作原则。对于每个测量工序,坚持遵循边工作边检核,并做到步步有检核,确保测量成果可靠。

(3)在变形测量和控制网复测中,宜采用"五固定"原则,即:采用相同的图形或观测路线和观测方法、使用同一仪器和设备、固定观测人员、固定基准点和工作基点、在基本相同的环境和观测条件下工作。

(4)测量记录、计算成果和图表,应书写清楚,签署完善,并应复核和检算,未经复核和检算的资料严禁使用。各种测量原始记录(包括电子记录)、计算成果和图表应妥善保存。

(5)必须认真贯彻安全生产的方针,结合各阶段工作的特点和具体情况,制订相应的安全生产措施。

(6)对各种测量仪器和工具应做好经常性的保养和维护工作,并定期检校和检定。

(7)遵守测绘成果保密有关法律法规。

二、铁路工程测量发展沿革——历史与现状

中国的铁路工程测量最早可追溯至清朝末年,据史料记载,新易西陵铁路是中国工程师主持修建的第一条铁路工程,从新城县高碑店到易县梁各庄,全长43km,为单线铁路,修建时间为1902年11月—1903年3月下旬,在1903年3月25日通过查勘验收。新易西陵铁路的总工程师为詹天佑。

京张铁路是中国人独立自主设计、修建的一条重要铁路。1905年5月11日,直隶总督、北洋大臣兼督办关内外铁路大臣袁世凯与关内外铁路会办大臣胡燏棻上奏清政府,正式提请修建京张铁路。清政府很快批准了袁世凯的奏请。袁世凯在1905年6月在天津设立京张铁路总局,任命道员陈昭常为总办,詹天佑为"总工程师兼会办局务"。

詹天佑率领勘测队在1905年5月8日至1905年6月16日对京张全线进行了勘测。用经纬仪测图,用水准仪进行水准测量。在1905年6月18日—6月28日完成测量调查报告、经费预算的编制,并完成测量平面图与断面图的绘制。

1905年10月2日京张铁路建筑工程正式动工兴建。1905年12月12日第一段线路开始从柳村铺轨。

1909年10月2日,中国铁路史上的光辉的日子,经过四年的辛苦奋斗,京张铁路顺利建成通车。

孙中山先生十分重视铁路建设,在1918年的《实业计划》中规划全国建设铁路10万英里,但是当时无法实施。北洋政府时期,1912—1927年全中国共建筑铁路4 264km,其中东北地区2 247km,华北、华中2 017km,大部分为列强所建。

南京政府时期成立了铁道部,制订了大规模铁路建设计划,但建成的铁路不多。1928—1937年十年间,在关内修建铁路3 600km。1936年铁道部成立了新路建设委员会,专为新路制定了建筑标准和线路踏勘、初测、定测章程,并公布执行。

叙府(今宜宾)至昆明铁路,在1938年9月完成测量后选定自昆明经曲靖、宣威、威宁、昭通、盐津至叙府线路,12月动工,1943年建成昆明至沾益铁路176.9km。

陆地测量总局航空摄影测量队在1931年成立,并在1933—1939年开展铁路航测工作,6年里共测量地形图183幅。1935年成立铁路航测分队,配备的仪器设备有飞机、航摄仪、C4精密立体测图仪等。抗日战争前铁路航测分队共进行重庆—长沙、宝鸡—成都、天水—徽县等线路的1∶5 000地形图,抗日战争期间航测外业停止。抗日战争胜利后恢复工作,1947—1948年测绘川汉铁路及闽赣路线武夷山地区1∶10 000带状选线图。其余铁路地形测量以平板仪测图为主。

新中国成立后,铁道部于1950年开始组建铁路勘测设计队伍,至1952年陆续改组和新建17个勘测设计队,1952年末和1953年初,在17个勘测设计队的基础上,相继组建5个设计分局,1956年初各设计分局改组为铁道部第一、二、三、四、五设计院(铁五院于1957年合并到铁三院❶),原定型、大桥、工厂、电务、航空等5个设计(勘察)事务所也于1957年11月合并成立铁道部专业设计院,在此期间各铁路局也都建立了设计事务所或科,这就是我国铁路勘测设计队伍初期形成和发展的概况。

20世纪50年代,使用的工程测量仪器、工具设备陈旧,操作繁琐,主要是美制的KE经纬仪和KE水准仪等,50年代中期从东欧国家购进一些经纬线、水准仪,精度低,勘测手段、操作方法也相当落后;用竹尺或钢尺人工拉链测量距离,用游标式KE经纬仪测量角度,用定镜式或活镜式水准仪测量高程,外业测量和内业计算绘图劳动强度大,进度缓慢,精度较低。1955年兰新线勘测中首先采用了航测技术,1956年7月铁道部正式成立了航空勘察事务所,1956—1960年间各地区设计院陆续成立了航测组(科)。

20世纪60年代,工程测量仪器设备开始更新,60年代中期购进了瑞士威尔特T1、T2、T3经纬仪,瑞士004型、030型水准仪,前民主德国蔡司的The30型、The010光学经纬仪,Ni004型自动安平水准仪。测量操作由繁变简,勘测手段、操作方法有所改进,工程测量的规范细则也陆续制定,开始采用2m钢瓦横基尺及铁三院研制的对数光楔测距仪测量距离,采用光学经纬仪测量角度,采用倾斜式水准仪测量高程。内业计算由算盘、计算尺发展到使用手摇计算机及半电动计算机,减轻了内业、外业劳动强度,外业勘测进度加快,精度提高。

20世纪50~60年代航测仪器较落后,主要是大型复照仪、纠正仪、СТД-2立体量测仪、单投影转绘仪、多倍投影仪、C5精密立体测图仪、立体坐标量测仪(CK-2和1818)、

---

❶ 注:铁三院于2017年更名为中国铁路建设集团有限公司。

Zeiss19/1318、摄影经纬仪以及1318自动立体测图仪，开展模拟测图。

20世纪70年代，引进了自动安平水准仪及短程红外测距仪陆续用于测量作业。70年代后期和80年初期大量购置瑞士DM501、DM502、DI35、DI4L等型光电测距仪，使长期以来陈旧落后的测量仪器得到更新换代，逐步向轻型化、测程长、精度高、操作简便发展。70年代进口了Topcart B型、Stereometragrpha F型、A10型等立体测图仪及激光刺点仪等。

20世纪80年代，光电技术、电子技术、无线通信（对讲机）技术在工程测量中由点到面迅速推广应用。应用的DI4L、DM502、DM503、DM504、DI1600等短程红外测距仪，Ni025、NA2、B1、Ni007自动安平水准仪，袖珍计算器和既可编程序又可打印成果的PC-1211、PC-1500小型计算机，已成为工程勘测中不可缺少的仪器设备。为使用新的测量手段和操作方法而研究开发的电算程序，正在投入应用并逐步取代了传统的测量作业模式。光电测距技术使距离测量产生了质的飞跃，并在各项工程测量中发挥着重要的作用。20世纪80年代以后，立体量测仪、多倍摄影仪、纠正仪、单投影转绘仪等相继被淘汰，引进了A10型和AG1型立体测图仪以及较先进的AC1、BC2、BC3等解析测图仪、AMH立体测图仪、OR-1正射投影仪。"八五"期间又购入美国的ALPHA-2000解析测图仪、TD4工作站、Inter Graph工作站等，光学仪器、机械仪器已基本被光电和电子计算器配套设备所代替。航测成图采用解析测图技术。

20世纪90年代，光电子、GPS技术的应用开始向小型、综合、全方位发展。全站仪应用于导线测量、地形测量及站场极坐标测量等勘测任务，全野外数字化测图得到应用。航测成图方法由解析测图向数字测图过渡，全数字化摄影测量工作站的引进，实现航测方法成图完全替代外业实测成图，极大提高了生产率。

进入21世纪，随着勘测设计队伍整体技术水平的提高，全站仪、电子水准仪、GPS等测量仪器设备的升级换代，勘测设计一体化、精密工程测量、GPSRTK、遥感、数码航测、LIDAR、GIS、三维信息化模型等技术应用于铁路勘测、施工、运营之中，铁路工程测量技术发展到了一个崭新的阶段。特别是高速铁路的大量建设，一些测绘新技术、新设备得以推广应用，推动了铁路工程测量技术的进一步发展。主要有以下几个特点：

（1）GNSS、GIS、RS技术在铁路工程项目应用中紧密结合，在勘测、设计、施工、运营管理一体化方面发挥重大作用。

（2）铁路三维测量、建模信息化技术在铁路勘察设计、施工建设和运营管理中得到推广应用。

（3）测量机器人作为多传感器集成系统在人工智能方面得到进一步发展，其应用范围进一步扩大，在高铁精密控制测量、监测中发挥重要作用，甚至在影像、图形和数据处理方面的能力进一步增强。

（4）在铁路建设和运营管理中，变形观测数据处理的发展基于地理信息系统，并进一步与大地测量、工程地质、轨道、桥梁、隧道结构等专业相结合，解决铁路建设以及运行期间的安全监测、灾害防治等各种问题。

（5）大地测量和多传感器工业测量的混合测量系统在铁路建设和运营管理中得到发展和应用。

（6）高速铁路精密工程控制测量技术通过引进、消化吸收和再创新，形成了我国高速铁路精密工程控制测量的技术标准体系。

第三节　铁路工程测量主要技术标准与展望

一、铁路工程测量主要技术标准

(一)国家技术标准

铁路工程测量现行的主要技术标准由国家标准、测绘行业标准、铁路行业标准及有关技术规定组成,有关测量类的国家标准及测绘行业标准较多,有大地测量、控制测量、工程测量、摄影测量、制图等,在此不一一列举。

(二)铁路行业标准和技术文件

除执行国家测绘地理信息行业标准外,在铁路工程测量中主要使用的铁路行业标准及有关技术规定如下。

1. 铁路工程测量主要行业标准

(1)《铁路工程测量规范》(TB 10101—2009);
(2)《高速铁路工程测量规范》(TB 10601—2009);
(3)《改建铁路工程测量规范》(TB 10105—2009);
(4)《铁路工程卫星定位测量规范》(TB 10054—2010);
(5)《铁路工程摄影测量规范》(TB 10050—2010);
(6)《铁路轨道检查仪》(TB/T 3147—2012);
(7)《高速铁路工程静态验收技术规范》(TB 10760—2013);
(8)《高速铁路工程动态验收技术规范》(TB 10761—2013);
(9)《高速铁路轨道工程施工技术指南》(铁建设〔2010〕241号);
(10)《铁路工程沉降变形观测与评估技术规程》(Q/CR 9230—2016)。

2. 铁路工程测量主要技术文件

(1)《客运专线铁路变形观测评估技术手册》(工管技〔2009〕77号);
(2)《运营高速铁路精密测量控制网管理办法》(铁总运〔2015〕126号);
(3)《运营高速铁路基础变形监测管理办法》(铁总运〔2015〕113号);
(4)《高速铁路无砟轨道线路维修规则(试行)》(TG/GW 115—2012,铁运〔2012〕83号);
(5)《高速铁路有砟轨道线路维修规则(试行)》(TG/GW 116—2013,铁运〔2013〕29号);
(6)《新建时速200公里客货共线有砟轨道铁路轨道控制网测设补充规定》(铁总建设〔2013〕88号)。

二、铁路工程测量技术展望

随着空间技术、计算机技术、信息技术以及通信技术的发展,测绘科学技术在这些新技术的支撑和推动下,以"3S"技术为代表的现代测绘科学技术,使测绘学科从理论到手段均发生了根本性的变化,铁路工程测量领域同样也有深刻的变化,从最初的偏重勘测设计阶段的工程测量,到目前在勘测设计、施工建设、运营管理各阶段均发挥着重要的作用,尤其在高速铁路建设过程中,铁路工程测量技术已经成为高速铁路建设中的关键技术之一。铁路工程测量近年来的发展主要表现在勘测设计一体化、勘测数据采集及处理自动化、测量过程智能化、测绘成果和产品数字化、信息管理可视化、测绘成果传递和共享网络化等方面。铁路工程测量呈现了精确、可靠、快速、简便、实时、持续、动态、遥测等特点和发展趋势。展望未来,铁路工程测量将在以下几方面得到显著发展:

(1)铁路工程测量仪器设备向航空航天器、测量机器人、测地机器人、自动化传感器等方向发展,并集多种测量技术和手段于一体,应用范围进一步扩大,图形、图像、通信和数据处理能力进一步加强。

(2)铁路工程测量数据采集从一维、二维到实时三维,从接触式测量方式向非接触式测量方式发展,测量平台从传统的航测、地面测量,向高分卫星数据、SAR、车载 LIDAR、机载 LIDAR、数码航摄等发展,从静态走向动态。数据从测量点、线路平纵断面线、线路地形图等简单的几何元素向高密度空间三维、点云、三维可视化以及设计模型的构建方向发展。

(3)随着各项新技术的应用,勘测手段和勘测流程将发生变化,勘测数据采集这项繁重的外业大部分工作将逐步转由室内空间大数据来完成和替代,大大减少外业勘测投入,同时提高勘测精度。

(4)铁路施工测量中的轨道板打磨、安装、轨道精调等对测量精度要求高,这些精密工程测量有的甚至已经达到工业测量的精度要求,传统的工程测量仪器已经不能满足要求,需要开发适合铁路建造技术相适应的测量仪器设备。施工建设过程中对沉降变形的控制要求严格,并实时监控施工建设过程,这就要求实现现场适时监测、远程网络控制、智能预警管理等工程测量的信息化、智能化。

(5)目前高速铁路运营监测从定性和传统经验管理向定量化科学管理转变;从静态检测向动态检测、综合检测转变;从分散的单独系统向覆盖全路的综合化、网络化、智能化系统转变。铁路运营监测仅仅依靠传统的大地测量、工程测量手段已经远不能满足需要,向快捷实时、自动化、智能化、网络化方向发展,这是铁路工程测量技术发展史上巨大的机遇和挑战。

第一篇 勘测设计阶段的测量

勘测设计阶段的测量工作主要是在地形上研究和实地勘测的基础上选定最经济合理的线路,然后把线路标定在地面上,习惯简称为勘测。其可分为新建铁路勘测和既有铁路勘测,对应预可行性研究、可行性研究、初步设计、施工图设计四个不同设计阶段,分别为踏勘、初测、定测、补充定测四个勘测阶段。本篇的主要内容包括各勘测阶段的控制测量(平面控制测量、高程控制测量)、摄影测量与遥感制图(地形测量)、专项测绘(既有铁路里程丈量、中线测量、中平测量、水文勘测、横断面测量、跨线道路、电线等交叉测量、既有构筑物或设备测量等)。

第一章 控 制 测 量

铁路控制测量是沿线路建立平面、高程控制网的测量工作,是为铁路建设提供统一的参考框架,为各项测量工作提供基准,具有控制全局、提供基准和控制测量误差积累等重要作用,在铁路工程测量中占有重要的基础地位。对于高速铁路及满足特殊构筑物进行的控制测量,由于其控制精度要求达毫米级,属于精密工程测量范畴,故又习惯称为"精测网"。铁路工程测量的平面、高程控制网,按施测阶段、施测目的及功能可分为勘测控制网、施工控制网、运营维护控制网。在勘测、施工、运营维护"三网合一"的理念下,各阶段平面控制测量以基础平面控制网(CPⅠ)为基准,高程控制测量以线路水准基点控制网为基准。其中,对于长大隧道、特大桥梁等特殊构筑物,根据其长度、平面线型、施工特点、控制重点和精度等在线路控制网的基础上可建立适合构筑物特点的独立控制网。

第一节 坐标和高程系统

一、坐标系统

测量中使用的坐标系统是建立在一定大地基准上的用于表达地球表面空间位置及其相对关系的数学参照系,一个完整的坐标系统是由坐标系和基准两方面要素所构成。坐标系是描述空间位置的表达形式;基准是指为确定点的空间位置,采用的地球椭球或参考椭球的几何参数和物理参数,及其在空间的定位、定向方式、采用的单位长度的定义。以下介绍铁路工程测量中常用的坐标系统。

1. 1954 年北京坐标系

新中国成立后,我国大地测量进入了全面发展时期,在全国范围内开展正规、全面的大地测量和测图工作,迫切需要建立一个参心大地坐标系。鉴于当时的历史条件,暂时采用了克拉索夫斯基椭球参数,并与苏联 1942 年坐标系进行联测,通过计算建立了我国大地坐标系,定名为 1954 年北京坐标系。其中高程异常是以苏联 1955 年大地水准面差距重新平差结果为依据,按我国的天文水准路线传算过来的。

因此,1954 年北京坐标系可以认为是苏联 1942 年坐标系的延伸。它的原点在苏联的普尔科沃,相应的椭球为克拉索夫斯基椭球。椭球采用的参数数值为:

长半轴 $\alpha = 6\,378\,245$ m;

扁率 $f = 1/298.3$。

1954 年北京坐标系存在如下缺点:

(1)椭球参数有较大误差。克拉索夫斯基椭球参数与现代精确的椭球参数相比,长半轴约大 109 m。

(2)参考椭球面与我国大地水准面存在着自西向东明显的系统性的倾斜,在东部地区大地水准面最大达 +68 m。这使得大比例尺地图反映地面的精度受到影响,同时对观测元素的归算提出严格的要求。

(3)几何大地测量和物理大地测量应用的参考面不统一。我国在处理重力数据时采用赫尔墨特 1900—1909 年正常重力公式,与这个公式相应的赫尔墨特扁球不是旋转椭球,它与克拉索夫斯基椭球不一致,这给实际工作带来麻烦。

(4)定向不明确。椭球短轴的指向既不是国际上较普遍采用的国际协议原点 CIO,也不是我国地极原点 JYD1968.0;起始大地子午面也不是国际时间局 BIH 所定义的格林尼治平均天文台子午面,从而给坐标换算带来一些不便和误差。

(5)鉴于该坐标系是按局部平差逐步提供大地点成果,因而不可避免地出现一些矛盾和不够合理的地方。

2. 1980 年西安坐标系

我国于 1978 年决定建立新的坐标系,大地原点设在陕西泾阳县永乐镇,简称西安原点,相应的坐标系称为 1980 年西安坐标系。1980 年西安(大地)坐标系统采用的地球椭球参数数值如下:

长半轴:$\alpha = 6\,378\,140$ m;

扁率:$f = 1/298.257$;

地球引力常数 $GM = 3.986\,005 \times 10^{14}$ m$^3 \cdot$ s^{-2};

地球自转角速度 $\omega = 7.292\,115 \times 10^{-5}$ rad $\cdot$ s^{-1};

地球重力场二阶带球谐系数 $J_2 = 1.082\,63 \times 10^{-3}$。

西安 80 坐标系统的特点:

(1)该椭球的短轴平行于地球质心指向 JYD1968.0 的方向;

(2)起始大地子午面平行于格林尼治平均天文台起始子午面;

(3)椭球面同似大地水准面在我国境内符合最为密合;

(4)西安 80 坐标系统进行了全国天文大地网整体平差,提高了平差结果的精度。

但全国天文大地网整体平差时,采用了大地原点固定、以天文方位角与起始边作控制的单点自由网平差法,天文方位角与起始边的系统误差无条件地带入整网平差结果中,整体平差后的全国天文大地网存在较大的系统性扭偏。西安80坐标系存在以下问题:

(1)只能提供二维坐标,不能提供高精度三维坐标;

(2)采用了国际大地测量协会(IAG)1975年推荐的椭球,该椭球与IERS推荐的椭球相比,长半轴大了3m;

(3)椭球短轴指向JYD1968.0极原点,与国际上通用的椭球短轴指向不一致。

3. 2000国家大地坐标系

2000国家大地坐标系(CGCS2000)的原点为包括海洋和大气的整个地球的质量中心;2000国家大地坐标系的Z轴由原点指向历元2000.0的地球参考极的方向,该历元的指向由国际时间局给定的历元为1984.0作为初始指向来推算,定向的时间演化保证相对于地壳不产生残余的全球旋转;X轴由原点指向格林尼治参考子午线与地球赤道面(历元2000.0)的交点;Y轴与Z轴、X轴构成右手正交坐标系。2000国家大地坐标系的尺度为在引力相对论意义下的局部地球框架下的尺度。

2000国家大地坐标系采用的地球椭球参数数值为:

长半轴:$a = 6\ 378\ 137\text{m}$;

扁率:$f = 1/298.257\ 222\ 101$;

地球引力常数 $GM = 3.986\ 004\ 418 \times 10^{14} \text{m}^3 \cdot \text{s}^{-2}$;

地球自转角速度 $\omega = 7.292\ 115 \times 10^{-5} \text{rad} \cdot \text{s}^{-1}$。

2000国家大地坐标系的框架由2000国家大地控制网点组成。

按精度不同可划分为三个层次:

(1)2000国家GNSS大地控制网中的连续运行观测站,其精度为mm级。

(2)国家测绘局GNSSA、B级网、总参测绘局GPS一、二级网以及由中国地震局、总参测绘局、中国科学院、国家测绘局共建的中国地壳运动观测网,还有其他地壳形变GPS监测网等中除了CORS站以外的所有站。2000国家GNSS大地网提供的地心坐标的精度平均优于±3cm。

(3)2000国家大地坐标系下的一、二、三、四等天文大地网点。一、二等48 919个天文大地网点的高精度地心坐标,平均点位精度达到±0.11m。

4. WGS-84坐标系

WGS-84坐标系的全称是World Geodetic System-84(世界大地坐标系-84),它是一个地心地固坐标系统。WGS-84坐标系由美国国防部制图局建立,于1987年取代了当时GPS所采用的坐标系统WGS-72坐标系而成为GPS所使用的坐标系统。

WGS-84坐标系的坐标原点位于地球的质心,Z轴指向BIH1 984.0定义的协议地球极(Conventional Terrestrial Pole)方向,X轴指向BIH1 984.0零度子午面和CTP赤道的交点,Y轴与X轴和Z轴构成右手坐标系。

WGS-84坐标系采用的椭球参数为:

长半轴:$a = 6\ 378\ 137\text{m}$;

扁率:$f = 1/298.257\ 223\ 563$;

地球引力常数(含大气层)$GM = 3.986\ 005 \times 10^{14} m^3 \cdot s^{-2}$；

地球自转角速度 $\omega = 7.292\ 115 \times 10^{-5} rad \cdot s^{-1}$；

正常化二阶带球谐系数 $\overline{C}_{2,0} = -484.166\ 85 \times 10^{-6}$。

WGS-84 坐标系是目前 GNSS 所采用的坐标系统，自 1987 年 1 月 10 日之后，GNSS 卫星星历均采用 WGS-84 坐标系统，因此 GNSS 网点测站坐标及测站之间的坐标均属于 WGS-84 系统。

5. 地方独立坐标系

我国各大中城市和地区为当地规划和建设的需要，建立城市坐标系和地区坐标系，这些坐标系的特点是相互独立、使用方便。在常规测量中，地方独立坐标系是一种不同于国家坐标系的参心坐标系，是高斯投影平面坐标系。

地方独立坐标系隐含着一个与当地平均海拔高程对应的参考椭球。该椭球的中心、轴向和扁率与国家参考椭球相同，其长半径则有一改正量。将参考椭球称为"地方参考椭球"。下面讨论地方参考椭球长半径与国家参考椭球长半径的关系。

设某地方独立坐标系位于海拔高程为 h 的曲面上，该地方的大地水准面差距为 ζ，该曲面离国家参考椭球的高度为：

$$dN = h + \zeta \tag{1-1-1}$$

根据假定，两椭球的中心一致、轴向一致、扁率相等，仅长半径有一变值，即有：

$$\frac{dN}{N} = \frac{da}{a} \tag{1-1-2}$$

即：

$$da = \left(\frac{a}{N}\right) \cdot dN \tag{1-1-3}$$

式中：a——国家参考椭球长半径；

N——相应于该椭球的地方独立控制网原点的卯酉圈曲率半径。

这样，使得地方参考椭球的半径 a_L 为：

$$a_L = a \tag{1-1-4}$$

式中：a_L、a——地方参考椭球和国家参考椭球的扁率。

于是，地方参考椭球和国家参考椭球的关系可以表述为：

(1) 椭球中心位置一致：

$$X_0 = 0; Y_0 = 0; Z_0 = 0 \tag{1-1-5}$$

(2) 椭球三个坐标轴轴向一致：

$$\varepsilon_x = 0; \varepsilon_y = 0; \varepsilon_z = 0 \tag{1-1-6}$$

(3) 椭球扁率相等：

$$a_L = a \tag{1-1-7}$$

(4) 地方参考椭球与国家参考椭球相比，长半径有一定增量：

$$da = (dN/N) \cdot a \tag{1-1-8}$$

$$a_L = a + da \tag{1-1-9}$$

通过建立地方独立坐标系，可以有效减小投影变形产生的影响，即地面点之间由坐标反算出的长度与实测的长度尽可能相符。下面介绍的铁路工程独立坐标系大多是建立在地方参考椭球之上。

6. 铁路工程独立坐标系

铁路线路工程控制网一般均为带状,长度在几十公里、几百公里甚至上千公里,不但作为测绘大比例尺带状地形图的控制基础,还作为施工放样的依据。我国的铁路工程建设,在测图时坐标系通常采用国家统一3°带高斯正形投影平面直角坐标系(以下简称3°带坐标系),但在施工放样中,要充分考虑投影变形对施工放样的影响,由坐标反算的边长值与现场实测值尽量一致,这就需要通过建立合适的工程独立坐标系统来实现。

按照《铁路工程测量规范》(TB 10101—2009)、《高速铁路工程测量规范》(TB 10601—2009)的规定,速度250~350km/h的高速铁路测量要求线路设计高程面上的投影长度变形不大于10mm/km,速度200km/h及以下的铁路测量要求线路设计高程面上的投影长度变形不大于25mm/km。控制投影变形可以通过选择不同的投影方式或者选择合适地投影面和投影带实现,主要有以下3种数学模型。

(1)对于铁路线路走向基本为南北向的,其东西摆动在一定范围内,通过改变投影面高程H_m,使它与高斯正形投影变形相抵偿,这种方法不改变国家统一的高斯投影3°带的中央子午线,此方法称为抵偿高程面的高斯正投影统一3°带平面直角坐标系,简称抵偿坐标系。

(2)对于铁路线路走向基本为南北向的,其东西摆动在一定范围内,还可以通过改变中央子午线Y_m的位置,不改变归化高程面,使它与高程归化引起的变形相抵偿,这种方法称为任意中央子午线的高斯正投影平面直角坐标系,简称任意中央子午线坐标系。

(3)对于铁路线路走向基本为东西向的,它既经过坐标系的中央,又穿越坐标带的边缘,通过选择合适的高程参考面和中央子午线,共同抵偿两项归算改正变形,这种方法称为具有高程抵偿面的任意带高斯正形投影。

7. 坐标转换

坐标转换包括同一坐标系统下不同坐标表示形式之间的转换和不同坐标系统之间的坐标转换。

1)空间直角坐标系与空间大地坐标系间的转换

在相同的基准下,将空间大地坐标(B,L,H)转换为空间直角坐标(X,Y,Z)公式为:

$$X = (N+H)\cos B\cos L \tag{1-1-10}$$

$$Y = (N+H)\cos B\sin L \tag{1-1-11}$$

$$Z = [N(1-e^2)+H]\sin B = \left[N \cdot \frac{a^2}{b^2}+H\right]\sin B \tag{1-1-12}$$

式中:N——卯酉圈的半径;

a——参考椭球的长半轴;

b——参考椭球的短半轴;

e——参考椭球的第一偏心率。

$$N = \frac{a}{\sqrt{1-e^2\sin^2 B}} \tag{1-1-13}$$

$$e^2 = \frac{a^2-b^2}{a^2} = 2f-f^2 \tag{1-1-14}$$

式中：a——地球椭球长半轴；

b——地球椭球的短半轴；

f——参考椭球的扁率，$f = \dfrac{a-b}{a}$。

在相同的基准下，将空间直角坐标转换成为空间大地坐标的公式为：

$$L = \arctan\left(\frac{Y}{X}\right) \tag{1-1-15}$$

$$B = \arctan\left(\frac{Z(N+H)}{\sqrt{(X^2+Y^2)}\,[N(1-e^2)+H]}\right) \tag{1-1-16}$$

$$H = \frac{Z}{\sin B} - N(1-e^2) \tag{1-1-17}$$

在采用上式进行转换时，需要采用迭代的方法，先利用下式求出大地纬度 B 的初值。

$$B = \arctan\left(\frac{Z}{\sqrt{X^2+Y^2}}\right) \tag{1-1-18}$$

然后，利用该初值求定大地高 H、N 的初值，再利用所求出的 H 和 N 的初值再次求定 B 值。

将空间直角坐标 (X,Y,Z) 转换成为空间大地坐标 (B,L,H)，也可以采用如下的直接算法：

$$L = \arctan\left(\frac{Y}{X}\right) \tag{1-1-19}$$

$$B = \arctan\left(\frac{Z + e'^2 b\sin^3\theta}{\sqrt{X^2+Y^2} - e^2 a\cos^3\theta}\right) \tag{1-1-20}$$

$$H = \frac{\sqrt{X^2+Y^2}}{\cos B} - N \tag{1-1-21}$$

其中：

$$e'^2 = \frac{a^2-b^2}{b^2} \tag{1-1-22}$$

$$\theta = \arctan\left(\frac{Z \cdot a}{\sqrt{X^2+Y^2} \cdot b}\right) \tag{1-1-23}$$

2）球面坐标与平面坐标系间的转换

球面坐标与平面直角坐标间的转换采用的是投影变换的方法。在我国一般采用的是高斯投影。

由大地坐标 (B,L) 计算高斯平面坐标 (x,y) 的高斯正算公式如下：

$$\begin{aligned}x =\ & l(B) + \frac{t}{2}N\cos^2 B\,\ell^2 + \frac{1}{24}N\cos^4 B(5 - t^2 + 9\eta^2 + 4\eta^4)\ell^4 + \\ & \frac{t}{720}N\cos^6 B(61 - 58t^2 + t^4 + 270\eta^2 - 330t^2\eta^2)\ell^6 + \\ & \frac{t}{40\,320}N\cos^8 B(1\,385 - 3\,111t^2 + 543t^4 - t^6)\ell^8 + \cdots \end{aligned} \tag{1-1-24}$$

$$y = N\cos B\ell + \frac{1}{6}N\cos^3 B(1 - t^2 + \eta^2)\ell^3 +$$

$$\frac{1}{120}N\cos^5 B(5 - 18^2 + t^4 + 14\eta^2 - 58t^2\eta^2)\ell^5 +$$

$$\frac{1}{5\,040}N\cos^7 B(61 - 479t^2 + 179t^4 - t^6)\ell^7 + \cdots \quad (1\text{-}1\text{-}25)$$

式中,$l(B)$ 为子午线弧长;$N = \dfrac{a}{\sqrt{1 - e^2\sin^2 B}}$ 为卯酉圈半径;$t = \tan B$;ℓ 为经差,$L = L - L_0$;L_0 为中央子午线经度。$l(B)$ 为从赤道到投影点的椭球面弧长,可用下式计算:

$$l(B) = \alpha[B + \beta\sin 2B + \gamma\sin 4B + \delta\sin 6B + \varepsilon\sin 8B + \cdots] \quad (1\text{-}1\text{-}26)$$

其中:

$$\alpha = \frac{a + b}{2}\left(1 + \frac{1}{4}n^2 + \frac{1}{64}n^4 + \cdots\right)$$

$$\beta = -\frac{3}{2}n + \frac{9}{16}n^3 - \frac{3}{32}n^5 + \cdots$$

$$\gamma = \frac{15}{16}n^2 - \frac{15}{32}n^4 + \cdots \quad (1\text{-}1\text{-}27)$$

$$\delta = -\frac{35}{48}n^3 + \frac{105}{256}n^5 - \cdots$$

$$\varepsilon = \frac{315}{512}n^4 + \cdots$$

和:

$$n = \frac{a - b}{a + b} \quad (1\text{-}1\text{-}28)$$

由高斯平面坐标 (x, y) 计算大地坐标 (B, L) 的高斯反算公式如下:

$$B = B_f + \frac{t_f}{2N_f^2}(-1 - \eta_f^2)x^2 +$$

$$\frac{t_f}{24N_f^4}(5 + 3t_f^2 + 6\eta_f^2 - 6t_f^2\eta_f^2 - 3\eta_f^4 - 9t_f^2\eta_f^4)x^4 +$$

$$\frac{t_f}{720N_f^8}(-61 - 90t_f^2 - 45t_f^4 - 107\eta_f^2 + 162t_f^2\eta_f^2 + 45t_f^4\eta_f^2)x^6 +$$

$$\frac{t_f}{40\,320N_f^8}(1\,385 + 3\,633t_f^2 + 4\,095t_f^4 + 1\,575t_f^6)x^8 + \cdots \quad (1\text{-}1\text{-}29)$$

$$L = L_0 + \frac{1}{N_f\cos B_f}x + \frac{1}{6N_f^3\cos B_f}(-1 - 2t_f^2 - \eta_f^2)x^3 +$$

$$\frac{1}{120N_f^5\cos B_f}(5 + 28t^2 f + 24t^4 f + 6\eta_f^2 + 8t_f^2\eta_f^2)x^5 +$$

$$\frac{1}{5\,040N_f^7\cos B_f}(-61 - 662t_f^2 - 1\,320t_f^4 - 720t_f^6)x^7 + \cdots \quad (1\text{-}1\text{-}30)$$

其中,下标为 f 的项需要基于底点纬度 B_f 来计算。关于底点纬度的计算,可以采用下面的级数展开式计算：

$$B_f = \bar{y} + \bar{\beta}\sin 2\bar{y} + \bar{\gamma}\sin 4\bar{y} + \bar{\delta}\sin 6\bar{y} + \bar{\varepsilon}\sin 8\bar{y} + \cdots \quad (1\text{-}1\text{-}31)$$

其中：

$$\bar{\alpha} = \frac{a+b}{2}\left(1 + \frac{1}{4}n^2 + \frac{1}{64}n^4 + \cdots\right)$$

$$\bar{\beta} = \frac{3}{2}n - \frac{27}{32}n^3 + \frac{269}{512}n^5 + \cdots$$

$$\bar{\gamma} = \frac{21}{16}n^2 - \frac{55}{32}n^4 + \cdots \quad (1\text{-}1\text{-}32)$$

$$\bar{\delta} = \frac{151}{96}n^3 - \frac{417}{128}n^5 + \cdots$$

$$\bar{\varepsilon} = \frac{1\,097}{512}n^4 + \cdots$$

且：

$$\bar{y} = \frac{y}{\alpha} \quad (1\text{-}1\text{-}33)$$

3) 不同坐标系统间坐标转换

不同坐标系统间坐标转换本质上是不同基准间的转换，不同基准间的转换方法有很多，其中最为常用的有七参数转换法和四参数转换法。

(1) 七参数转换法

设两空间直角坐标系间有七个转换参数，即 3 个平移参数、3 个旋转参数和 1 个尺度参数 (图 1-1-1)。

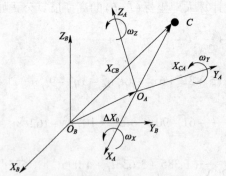

图 1-1-1　布尔沙七参数转换

若：$(X_A \quad Y_A \quad Z_A)^T$ 为某点在空间直角坐标系 A 的坐标；

$(X_B \quad Y_B \quad Z_B)^T$ 为该点在空间直角坐标系 B 的坐标；

$(\Delta X_0 \quad \Delta Y_0 \quad \Delta Z_0)^T$ 为空间直角坐标系 A 转换到空间直角坐标系 B 的平移参数；

$(\omega_X \quad \omega_Y \quad \omega_Z)$ 为空间直角坐标系 A 转换到空间直角坐标系 B 的旋转参数；

m 为空间直角坐标系 A 转换到空间直角坐标系 B 的尺度参数。

则由空间直角坐标系 A 到空间直角坐标系 B 的转换关系为：

$$\begin{bmatrix} X_B \\ Y_B \\ Z_B \end{bmatrix} = \begin{bmatrix} \Delta X_0 \\ \Delta Y_0 \\ \Delta Z_0 \end{bmatrix} + (1+m)R(\omega) \begin{bmatrix} X_A \\ Y_A \\ Z_A \end{bmatrix} \quad (1\text{-}1\text{-}34)$$

其中：

$$R(\omega_X) = \begin{pmatrix} 1 & 0 & 0 \\ 0 & \cos\omega_X & \sin\omega_X \\ 0 & -\sin\omega_X & \cos\omega_X \end{pmatrix} \quad (1\text{-}1\text{-}35)$$

$$R(\omega_Y) = \begin{pmatrix} \cos\omega_Y & 0 & -\sin\omega_Y \\ 0 & 1 & 0 \\ \sin\omega_Y & 0 & \cos\omega_Y \end{pmatrix} \quad (1\text{-}1\text{-}36)$$

$$R(\omega_Z) = \begin{pmatrix} \cos\omega_Z & \sin\omega_Z & 0 \\ -\sin\omega_Z & \cos\omega_Z & 0 \\ 0 & 0 & 1 \end{pmatrix} \quad (1\text{-}1\text{-}37)$$

一般 ω_X、ω_Y 和 ω_Z 均为小角度，将 $\cos\omega$ 和 $\sin\omega$ 分别展开成泰勒级数，仅保留一阶项，则有：

$$\cos\omega \approx 1 \quad (1\text{-}1\text{-}38)$$

$$\sin\omega \approx \omega \quad (1\text{-}1\text{-}39)$$

则有：

$$R(\omega) = R(\omega_Z) \cdot R(\omega_Y) \cdot R(\omega_X) = \begin{bmatrix} 1 & \omega_Z & -\omega_Y \\ -\omega_Z & 1 & \omega_X \\ \omega_Y & -\omega_X & 1 \end{bmatrix} \quad (1\text{-}1\text{-}40)$$

也可将转换公式表示为：

$$\begin{bmatrix} X_B \\ Y_B \\ Z_B \end{bmatrix} = \begin{bmatrix} X_A \\ Y_A \\ Z_A \end{bmatrix} + \begin{bmatrix} \Delta X_A \\ \Delta Y_A \\ \Delta Z_A \end{bmatrix} + K \begin{bmatrix} \omega_X \\ \omega_Y \\ \omega_Z \\ m \end{bmatrix} \quad (1\text{-}1\text{-}41)$$

其中：

$$K = \begin{bmatrix} 0 & -Z_A & Y_A & X_A \\ Z_A & 0 & -X_A & Y_A \\ -Y_A & X_A & 0 & Z_A \end{bmatrix} \quad (1\text{-}1\text{-}42)$$

（2）四参数转换法

关于坐标转换，严格的转换方法常见的为经典七参数法，其数学模型一般为 Bursa 模型、Mondensky 模型等。这些模型对公共点的坐标精度、高程系统、公共点的图形强度以及数量均有严格要求。而事实上,在工程中的现有已知资料或多或少地会出现某些缺陷,从而无法获得比较理想的计算结果,平面四参数法相对经典七参数法而言,条件较低,比较容易实现。在工程上两个不同的二维平面直角坐标系之间转换时,通常使用四参数模型。下面以解决如何将 WGS-84 坐标转换为 1954 年北京坐标或者其他地方坐标的坐标转换问题为例,介绍四参数法。

平面四参数法坐标转换方法的基本思想:

①将公共点的 WGS-84 坐标和 1954 年北京坐标或者其他地方坐标分别投影到高斯平面上,得到公共点在高斯平面内的 WGS-84 平面坐标和 1954 年北京坐标或者其他地方坐标。

②在平面内利用一组精度不太高的转换参数,把所有点的 WGS-84 平面坐标转换为 1954 年北京坐标或者其他地方坐标下的近似平面坐标。

③然后在公共点上求出近似坐标与其相应准确值之间的差值,称之为坐标转换异常。

④利用最小二乘法求出转换异常场的平面四参数,最终求出 WGS-84 平面坐标转换后精确的 1954 年北京坐标或者其他地方坐标。

平面四参数法坐标转换方法其具体步骤如下:

①空间直角坐标转换成大地坐标。利用空间直角坐标与大地坐标的转换公式,将 WGS-84 和 1954 年北京或者其他地方直角坐标转换成对应参考椭球的大地坐标(这一步不一定是必需的)。

②高斯投影。利用高斯投影正算公式,WGS-84 和 1954 年北京坐标或者其他地方坐标分别投影到高斯平面,得到 WGS-84 坐标系和 1954 年北京坐标或者其他地方坐标的高斯平面坐标。

③计算初始的坐标转换参数(若有概略的转换公式,这一步可省略)。

选一组公共点: $P_1, P_2, \cdots, P_i, \cdots, P_n (n \geq 3)$,对于公共点 P_i 有:

$$\begin{bmatrix} X_{54\text{或地方}} - X_{84} \\ Y_{54\text{或地方}} - Y_{84} \end{bmatrix} = \begin{bmatrix} 1 & 0 & X_{84} & Y_{84} \\ 0 & 1 & Y_{84} & X_{84} \end{bmatrix}_i \begin{bmatrix} \Delta X \\ \Delta Y \\ m \\ \theta \end{bmatrix}_0 \quad (1\text{-}1\text{-}43)$$

其中, $X_0 = (\Delta X, \Delta Y, m, \theta)_0^T$ 为 1 组精度不太高的初始坐标转换参数。

下面分 3 种情况,讨论 X_0 的求解问题:

a. 任取 1 个公共点 P_i,求出 1 组坐标转换参数。并设定旋转量 θ 和尺度因子 m,均为 0,即只存在坐标平移量 ΔX 和 ΔY,就有,

$$(\Delta X, \Delta Y, m, \theta)_0^T = (X_{54\text{或地方}} - X_{84}, Y_{54\text{或地方}} - Y_{84}, 0, 0)_0^T$$

b. 利用其中的任意 2 个公共点 P_i 和 P_j,分别代入方程式(1-1-43),联立解方程组可以求得 1 组转换参数 $(\Delta X, \Delta Y, m, \theta)_0^T$。

c. 利用其中的任意 3 个或以上公共点,采用最小二乘原理,求出 1 组转换参数 $X_0 = (\Delta X, \Delta Y, m, \theta)_0^T$。即利用间接平差法可得:

$$X_0 = (B^T P B)^{-1} B^T P L$$

其中:

$$X_0 = \begin{bmatrix} \Delta X \\ \Delta Y \\ m \\ \theta \end{bmatrix}_0;$$

$$B = \begin{bmatrix} 1 & 0 & X_{84} & Y_{84} \\ 0 & 1 & Y_{84} & X_{84} \end{bmatrix};$$

$$L = \begin{bmatrix} X_{54或地方} - X_{84} \\ Y_{54或地方} - Y_{84} \end{bmatrix}$$

$B = (B_1, B_2, \cdots, B_i, B_n)^T, L = (L_1, L_2, \cdots, L_i, L_n)^T$，$P$ 取单位矩阵。

④用已求出或已知的 1 组精度不太高的转换参数，将 WGS-84 高斯平面坐标$(X, Y)_{WGS-84}$转换成近似的 1954 年北京或者其他地方高斯平面坐标$(X, Y)_{54或当地}$，则坐标转换异常为：

$$\begin{bmatrix} \delta x \\ \delta y \end{bmatrix} = \begin{bmatrix} X_{54或地方} - X' \\ Y_{54或地方} - Y' \end{bmatrix} \tag{1-1-44}$$

⑤对于公共点 P_i，坐标转换异常为：

$$\begin{bmatrix} \delta x \\ \delta y \end{bmatrix} = \begin{bmatrix} X_{54或地方} - X' \\ Y_{54或地方} - Y' \end{bmatrix}_i = \begin{bmatrix} \Delta X \\ \Delta Y \\ m \\ \theta \end{bmatrix} \tag{1-1-45}$$

⑥利用最小二乘原理，求出平面坐标转换的 4 个参数：

$$X_{54或地方} = (\Delta X_{54或地方}, \Delta Y_{54或地方}, m, \theta)^T$$

即利用间接平差法可得：

$$X_{54或地方} = (B^T PB)^T B^T PL$$

其中：

$$X_{54或地方} = \begin{bmatrix} \Delta X \\ \Delta Y \\ m \\ \theta \end{bmatrix}_0$$

$$B = \begin{bmatrix} 1 & 0 & X' & Y' \\ 0 & 1 & Y' & X' \end{bmatrix}$$

$$L = \begin{bmatrix} X_{54或地方} - X' \\ Y_{54或地方} - Y' \end{bmatrix}$$

$B = (B_1, B_2, \cdots, B_i, B_n)^T, L = (L_1, L_2, \cdots, L_i, L_n)^T$，$P$ 取单位矩阵。

⑦利用求出的转换参数，将需要转换的点的近似 1954 年北京坐标系坐标或者其他地方高斯平面坐标转换成最终的 1954 年北京坐标系坐标或者其他地方高斯平面坐标，对于已知点、待测点分别有：

$$\begin{bmatrix} X_{54\text{或地方}} \\ Y_{54\text{或地方}} \end{bmatrix} = \begin{bmatrix} \Delta X \\ \Delta Y \end{bmatrix} + (1+m)\begin{bmatrix} X' \\ Y' \end{bmatrix} + \begin{bmatrix} 0 & \theta \\ \theta & 0 \end{bmatrix}\begin{bmatrix} X' \\ Y' \end{bmatrix} \quad (1\text{-}1\text{-}46)$$

$$\begin{bmatrix} X_{54\text{或地方}} \\ Y_{54\text{或地方}} \end{bmatrix} = \begin{bmatrix} \Delta X \\ \Delta Y \end{bmatrix} + (1+m)\begin{bmatrix} X' \\ Y' \end{bmatrix} + \begin{bmatrix} 0 & \theta \\ \theta & 0 \end{bmatrix}\begin{bmatrix} X' \\ Y' \end{bmatrix} - \begin{bmatrix} mx \\ my \end{bmatrix} \quad (1\text{-}1\text{-}47)$$

其中,对于待测点转换公式中的修正值 mx、my 可由坐标分量异常的中误差获得。

二、高程系统

1. 1956 年黄海高程系统

在新中国成立前,我国曾在不同时期以不同方式建立坎门、吴淞口、青岛和大连等地验潮站,得到不同的高程基准面系统。在新中国成立后的 1956 年我国根据基本验潮站具备的条件,对以上各验潮站进行实地调查与分析,认为青岛验潮站位置适中,地处我国海岸线的中部,而且青岛验潮站所在港口是具有代表性的规律性半日潮港,避开了江河入海口,外海海面开阔,无密集岛屿和浅滩,海底平坦,水深在 10m 以上等有利条件,因此,在 1957 年确定青岛验潮站为我国基本验潮站,验潮井建在地址结构稳定的花岗石基岩上,以该站 1950—1956 年 7 年间的潮汐资料推求的平均海平面作为我国的高程基准面。以此高程基准面作为我国统一起算面对高程系统名谓"1956 年黄海高程系统"。

2. 1985 国家高程基准

"1956 年黄海高程系统"的高程基准面的建立,对统一全国高程有其重要的历史意义,对国防和经济建设、科学研究等方面都起了重要作用。但从潮汐变化的周期来看,确定"1956 年黄海高程系统"的平均海水面所采用的验潮资料时间较短,还不到潮汐变化的一个周期(一个周期一般为 18.61 年),同时又发现验潮资料中含有粗差,因此有必要重新确定新的国家高程基准。

新的国家高程基准面是根据青岛验潮站 1952—1979 年 19 年间的验潮资料计算确定,根据这个高程基准面作为全国高程的统一起算面,称为"1985 国家高程基准"。

为了长期、牢固地表示出高程基准面的位置,作为传递高程的起算点,必须建立稳固的水准原点,用精密水准测量方法将它与验潮站的水准标尺进行联测,以高程基准面为零推求水准原点的高程,以此高程作为全国各地推算高程的依据。在"1985 国家高程基准"系统中,我国水准原点的高程为 72.26m。

1985 国家高程基准与 1956 年黄海高程系统转换关系为:1985 国家高程基准 = 1956 年黄海高程 − 0.029m。

3. 地方高程基准

由于各种原因,在我国的不同历史时期和不同地区曾采用多个高程系统,如"吴淞高程基准""珠江高程基准""广州高程基准""大沽零点高程""波罗的海高程"和"大连零点高程"等。不同高程系统间的差值因地区而异,具体差值以当地测绘主管部门提供值为准。

第二节 平面控制测量

平面控制测量是确定控制点平面坐标的测量工作,一般采用卫星定位测量、导线测量等方法进行施测。

铁路工程平面控制测量包括框架控制网(CP0)测量、基础平面控制网(CPⅠ)测量、线路平面控制网(CPⅡ)测量和轨道控制网(CPⅢ)测量。各级控制网的精度根据铁路工程列车设计时速、工程规模等条件合理设计。

一、平面控制网设计

控制网设计根据其目的、精度、接收机数量、测区地形及交通状况,按照优化设计的原则进行设计,还要结合线路走向、测区范围内的国家三角点、GNSS 点在地形图上进行控制网形设计,同时考虑与相关工程和不同阶段既有控制资料的联测设计。

控制网的设计满足下列准则:

(1)铁路平面控制网在 CP0 的基础上按三级布设。第一级为基础平面控制网(CPⅠ),第二级为线路平面控制网(CPⅡ),第三级为轨道控制网(CPⅢ)。

(2)各级控制网的等级精度设计根据铁路工程列车设计时速、工程规模等条件合理确定,满足相应等级的要求。布网要求一般满足表 1-1-1 要求。

各级平面控制网布网技术要求及适用范围 表 1-1-1

铁路设计标准(km/h)	控制网级别	测量方法	测量等级	点间距	备注
—	CP0	卫星定位	CP0	50km 左右	专门设计
250~350	CPⅠ	卫星定位	二等	≤4km 一对点或一个点	点对间距≥800m
	CPⅡ	卫星定位	三等	600~800m	—
		导线	三等	400~800m	附合导线网
	CPⅢ	自由测站边角交会	测角中误差 1.8″	50~70m 一对点	
200	CPⅠ	卫星定位	三等	≤4km 一对点或一个点	点对间距≥800m
	CPⅡ	卫星定位	四等	400~600m	附(闭)合导线长度 ≤5km
		导线	四等		
	CPⅢ	自由测站边角交会	测角中误差 2.5″	50~70m 一对点	—
≤160	CPⅠ	卫星定位	四等	≤4km 一对点或一个点	点对间距≥800m
	CPⅡ	卫星定位	五等	400~600m	附(闭)合导线长度 ≤5km
		导线	一级		
	CPⅢ	导线	二级	150~200m	

注:1. 当 CPⅡ采用 GNSS 测量时,CPⅠ可 4km 设一点;当 CPⅡ采用导线测量时,CPⅠ的点间距为不超过 4km 设一对相互通视的点。

2. 轨道类型为无砟轨道时,比照 250~350km/h 有关要求执行。

(3)控制网布设符合因地制宜、技术经济合理、确保质量的原则。按式(1-1-48)计算,网的平均可靠率 $\tilde{r}$ 在 0.25~0.5 之间。其中,桥梁控制网宜大于 0.5。

$$\tilde{r} = \frac{r}{n} \qquad (1\text{-}1\text{-}48)$$

式中:r——控制网中多余观测数;

n——控制网中的总观测数。

上式说明:设控制网的总点数为 M,接收机台数为 N,每站最少观测时段数或者重复设站数为 a,全网可能进行的同步观测数为 T,则,每个同步观测时段的独立边为 $N-1$,总的独立观测数 $n=T\times a\times(N-1)$,控制网的必要观测数 $L=M-1$,多余观测数 $r=n-L$。

(4)基准设计满足投影长度变形限值的要求。

(5)控制网尽量布设成三角形网或大地四边形网,一、二、三、四等控制网除边缘点外,每点的连接点不少于 3 个,控制网同步图形之间的连接采用边连式或网连式。

(6)控制网布设、测量、数据处理等作业过程经过技术设计,设计行车速度 200km/h 及以上铁路工程控制测量技术设计方案和技术成果需要进行评审或评估。

二、卫星定位测量

卫星定位测量是指利用两台或两台以上卫星信号接收机同时接收多颗定位卫星信号,确定地面点相对位置的测量方法。

具有全球导航定位能力的卫星定位系统称为全球卫星导航系统(Global Navignon Satellite System),简称 GNSS。目前正在运行的全球定位系统有美国的 GPS、俄罗斯的 GLONASS、欧盟的 GALILEO 和我国的北斗导航系统。卫星定位系统是利用空间飞行的卫星不断向地面广播发送某种频率并加载某种特殊定位信息的无线电信号来实现定测测量的定位系统。卫星定位系统一般包括三个部分:空间运行的卫星星座、地面控制部分和用户部分。多个卫星系统向地面广播发送某种时间信号、测距信号和卫星星历信号。地面控制部分是指地面控制中心通过接收上述信号来精确测定卫星的轨道坐标、时钟差异,判断卫星运转是否正常,并向卫星注入新的轨道坐标,进行必要的轨道修正。用户部分是指用户卫星信号接收机接收卫星发送的上述信号并进行处理计算,确定用户的位置。图 1-1-2、图 1-1-3 分别为卫星在天空中分布示意图及 GNSS 卫星信号接收机(图片来源于网络)。

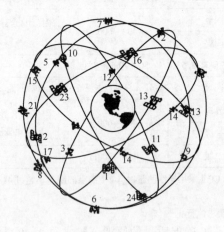
图 1-1-2 GPS 卫星在天空中分布示例图

图 1-1-3 GNSS 卫星信号接收机

1. 等级与技术标准

铁路工程卫星定位测量按逐级控制的原则,划分为一、二、三、四、五等。各等级卫星定位测量控制网的主要技术指标,见表 1-1-2。

卫星定位测量控制网的主要技术要求　　　　　　　　　　表1-1-2

等　级	固定误差 a(mm)	比例误差系数 b(mm/km)	基线方位角中误差 (″)	约束点间的边长相对中误差	约束平差后最弱边边长相对中误差
一等	≤5	≤1	0.9	1/500 000	1/250 000
二等	≤5	≤1	1.3	1/250 000	1/180 000
三等	≤5	≤1	1.7	1/180 000	1/100 000
四等	≤5	≤2	2.0	1/100 000	1/70 000
五等	≤10	≤2	3.0	1/70 000	1/40 000

各等级控制网相邻点间弦长精度小于按式(1-1-49)计算的标准差。

$$\sigma = \pm \sqrt{a^2 + (b \cdot d)^2} \tag{1-1-49}$$

式中：σ——基线弦长标准差(mm)；

　　　a——固定误差(mm)；

　　　b——比例误差系数(mm/km)；

　　　d——相邻点间距离(km)。

2. 选点、埋石

1) 选点

选点准备工作符合下列要求：

(1) 收集、研究布网设计和测区的资料，包括测区1:50 000或更大比例尺的地形图、既有的各类测量控制点、布网方案设计、线路平面图和纵断面图等。

(2) 了解测区的交通、通信、供电、气象等资料。

点位选择符合下列要求：

(1) 点位便于安置接收设备和操作。点周围视野开阔和对天空通视情况良好，高度角15°以上不得有成片障碍物阻挡卫星信号。

(2) 点位远离大功率无线电发射台(如电视塔、微波站等)，其距离不宜小于200m，远离高压输电线，其距离不宜小于50m；特殊情况下不能满足距离要求时，使用抗干扰性能强的接收机进行观测。

(3) 点位基础坚实稳定，易于保存，并便于利用常规测量方法扩展与联测。

(4) 附近不应有强烈干扰卫星信号接收的物体，如大型建筑物等。

(5) 点位周边交通方便，宜于寻找和到达。

选点作业还应完成下列工作：

(1) 在实地按要求选择和标定点位。

(2) 实地绘制点之记。

(3) 点位对空通视条件困难，障碍物阻挡卫星信号严重时，宜使用罗盘仪测绘点位环视图。

(4) 当所选点位需进行高程联测时，实地踏勘高程联测路线，提出观测建议。

(5)利用既有控制点时,对旧点标石的稳定性、完好性、觇标的安全性逐一检查,符合要求方可利用;当觇标不能利用或影响卫星信号接收时,对观测提出处理意见。

(6)确定到达所选点位的交通方式、交通路线以及到达点位所需时间。

2)埋石

卫星定位测量控制点均埋设桩橛,其规格类型及埋设方法符合《铁路工程测量规范》(TB 10101—2009)和《高速铁路工程测量规范》(TB 10601—2009)各等级有关规定,在冻土地区,埋深大于最大冻土深度0.3m。埋设采用现场浇灌混凝土桩或预制桩,混凝土的配比为1:2:3(水泥:砂子:碎石)。当地面开挖困难,可在稳固建筑物上进行设标,也可在水泥路面设标。水泥路面设标要用电钻打孔后,将金属标志用固结剂或速凝水泥镶嵌在路面上,标石及埋设规格符合图1-1-4的规定。

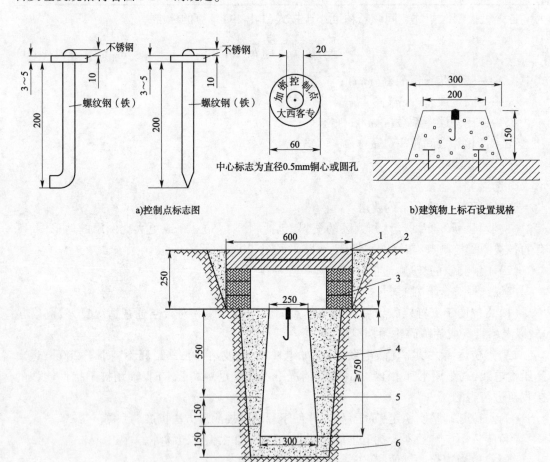

图1-1-4 标石及埋设规格(尺寸单位:mm)
1-盖;2-土面;3-砖;4-素土;5-冻土线;6-贫混凝土

3. 外业观测

各级平面控制测量作业的基本技术要求见表1-1-3。

各级平面控制测量作业的基本技术要求　　　　表1-1-3

项目		等级					
		一等		二等	三等	四等	五等
		框架控制网	专用网				
静态测量	卫星截止高度角(°)	≥15	≥15	≥15	≥15	≥15	≥15
	同步观测有效卫星总数	≥4	≥4	≥4	≥4	≥4	≥4
	时段长度(min)	300	≥120	≥90	≥60	≥45	≥40
	观测时段数	≥4	≥2	≥2	1~2	1~2	1
	数据采样间隔(s)	30	10~60	10~60	10~60	10~30	10~30
	PDOP 或 GDOP	—	≤6	≤6	≤8	≤10	≤10
快速静态测量	卫星截止高度角(°)	—	—	—	—	≥15	≥15
	有效卫星总数	—	—	—	—	≥5	≥5
	观测时间(min)	—	—	—	—	5~20	5~20
	平均重复设站数	—	—	—	—	≥1.5	≥1.5
	数据采样间隔(s)	—	—	—	—	5~20	5~20
	PDOP(GDOP)	—	—	—	—	≤7(8)	≤7(8)

注:平均重复设站数≥1.5 是指至少有50%的点设站2次。

开展GNSS测量作业一般按照下述步骤开展工作:

(1)制定观测计划

在观测工作实施前,依据GNSS网的布设方案以及投入观测的接收机数量、卫星星历预报情况、观测时段长度、交通运输和通信条件,编制观测计划。

(2)接收机检验

用于数据采集的GNSS接收机及附属设备要按照要求进行定期检定,合格后方可使用。在控制测量前,还需对GNSS接收机和天线等设备进行常规检验。由于埋设的标石大都没有强制对中装置,因此,为了提高对中精度,需检验基座水准器和光学对中器是否合格。

(3)接收机参数设置

同步观测的接收机,相应的参数设置要保持一致。其参数主要包括数据采集率和卫星高度角,通常在观测前,将各个接收机统一进行参数设置。

(4)外业观测

①CP 0 外业观测要求

CP 0 测量前对参加人员进行技术交底,组织学习测量技术方案。CP 0 测量宜采用同一型号的卫星定位接收机,测量前对使用的仪器进行检查,保证仪器电池、内存等处于良好工作状态。

每个CP 0 测量组到达现场后提前观测一次,了解锁定卫星时间,以确定提前开机时间,并将相关情况告知测量总负责人,由总负责人下达开机观测命令。

CP 0 观测时仪器直接安置在强制归心标顶座上,标志指北,拧紧归心螺丝,整平圆水准气泡,准确测量基座至天线特定部位的高度(精确至 mm),做好记录,以备数据处理时将仪器高度转换至相位中心。如徕卡 RX1230 卫星定位接收机,测量时选择"观测墩"即"PILLAR",从天线下沿量至强制归心标盘面量取仪器高,每 60°量取并记录一个数据,总共得到 6 个数据,最后取均值输入仪器。再如天宝 R8 卫星定位接收机,选择量高方式为"护圈中心",从天线的护圈中心量至强制归心标盘面,每 60°量取并记录一个数据,总共得到 6 个数据,最后取均值输入仪器。CP 0 观测量高如图 1-1-5 所示。

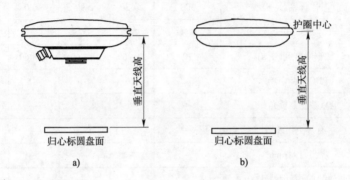

图 1-1-5　CP 0 观测量高示意图

CP 0 复测可连续观测 24h,上午 8:00 必须开始记录数据(在 8:00 以前开始锁星)至第二天上午 8:00 结束。CP 0 复测也可每 6h 观测 1 个时段,观测不少于 4 个时段,且其中一个时段为晚间观测。观测时记录早(8:00)、中(14:00)、晚(20:00)、凌晨(2:00)四组气象数据(气温、气压和天气状况),信息获取方式:可收听当地的天气预报或自带温度计和气压计直接量测。

观测过程中注意查看仪器电量,每组备两块大蓄电池。2h 记录一次仪器状态,此过程中不得遮挡天线;仪器自配电池只允许在更换蓄电池时可使用,更换完后取出,时段内不得断电。观测时各组之间必须保持通信联系,有问题及时反馈测量总负责人。测量完毕及时将记录卡数据备份到计算机和磁盘。

作业时必须注意安全,白天两人轮流查看仪器,夜间为保证作业人员安全,必须由两人共同查看仪器。如果出现仪器工作不正常,立即通知测量总负责人。

②CP Ⅰ、CP Ⅱ观测技术要求

CP Ⅰ依据对应等级测量要求,按照标段,统一测量、整体平差,并做好标段间的公用点对协议。测量前按要求进行仪器检校,经常对光学对中器进行检校。作业时保证天线严格对中和整平,天线定向标志线指向正北;对中误差小于 1mm,每个时段观测前、后各量天线高一次,两次较差值小于 2mm,取均值作为最后成果。观测过程中不得在天线附近 50m 以内使用电台,10m 以内使用对讲机;在一时段观测过程中不允许进行以下操作:接收机关闭又重新启动,进行自测试,改变卫星仰角限,改变数据采样间隔,按动关闭文件和删除文件等功能。同时观测记录气象元素。

观测时用仪器电子手簿进行自动记录点号、天线高,同时认真填写观测手簿。基本要求见表 1-1-4。

CP Ⅰ GNSS 观测基本要求　　　　　　　　　　表 1-1-4

级　　别		项　　目		
		二等	三等	四等
静态测量	卫星截至高度角(°)	≥15	≥15	≥15
	同时观测有效卫星总数	≥4	≥4	≥4
	时段长度(min)	≥90	≥60	≥45
	观测时段数	≥2	1~2	1~2
	数据采样间隔(s)	10~60	10~60	10~30
	PDOP 或 GDOP	≤6	≤8	≤10
对应旅客列车设计行车速度(km/h)		250~350	200	≤160

(5) 数据存储

每日观测结束后,及时将存储介质上的数据进行传输、拷贝,并及时将外业观测记录结果录入计算机,利用随机软件进行基线解算。

4. 数据处理

1) 框架控制网(CP 0)基线解算与质量控制

外业观测结束后及时进行观测数据全面检查和质量分析。原始数据的检查和验收符合下列要求:

(1) 观测成果符合调度命令和相应等级的测量作业基本技术要求;

(2) 测量手簿记录项目完整有效。

基线解算后外业数据的质量检核符合下列要求:

(1) 同一时段观测值的数据剔除率宜小于10%。

(2) 基线解质量指标符合处理软件的规定。

(3) 采用单基线处理模式时,对于同一数学模型的基线解,其同步时段所组成的环进行同步环闭合差检验。

(4) 利用批处理软件处理的基线,当基线质量满足软件规定时,可不进行同步环检核。

(5) 对采用不同数学模型的基线解,其同步环组成的环按独立环闭合差的要求检核。

(6) 由若干条独立基线组成的独立环或附合路线进行闭合差检验。

(7) 重复观测的基线进行较差检验。

框架控制网 CP 0 的基线向量解算使用适合长基线的高精度 GNSS 解算软件,利用精密星历,采用多基线模式进行解算。基线向量解算引入的起算点坐标位置基准为 ITRF 或 IGS 国际地球参考框架下的坐标成果,该坐标框架与采用的精密星历坐标框架保持一致。起算点选用联测的 GNSS 永久性跟踪站点或国家 A、B 级 GNSS 点,其点位坐标精度优于 0.1 m。

基线解算完成后按下列规定进行外业数据质量检核,同一基线不同观测时段的基线向量各分量及边长较差满足式(1-1-50)要求:

$$\left.\begin{array}{l}d_{\Delta X} \leqslant 3\sqrt{2}R_{\Delta X}\\ d_{\Delta Y} \leqslant 3\sqrt{2}R_{\Delta Y}\\ d_{\Delta Z} \leqslant 3\sqrt{2}R_{\Delta Z}\\ d_s \leqslant 3\sqrt{2}R_s\end{array}\right\} \quad (1\text{-}1\text{-}50)$$

式中 R 值(R_s、$R_{\Delta X}$、$R_{\Delta Y}$、$R_{\Delta Z}$)按下式计算:

$$R_C = \left[\frac{n}{n-1} \cdot \frac{\sum_{i=1}^{n}\frac{(C_i - C_m)^2}{\sigma_{C_i}^2}}{\sum_{i=1}^{n}1/\sigma_{C_i}^2}\right]^{1/2} \quad (1\text{-}1\text{-}51)$$

式中:n——同一基线重复观测的总时段数;
　　i——时段号;
　　C_i——i 时段基线的某一坐标分量或边长;
　　C_m——各时段基线的某一坐标分量或边长加权平均值;
　　$\sigma_{C_i}^2$——i 时段相应于 C_i 分量的方差。

基线向量的独立(异步)闭合环或附合线路的各坐标分量闭合差满足下式要求:

$$\left.\begin{array}{l}Wx \leqslant 2\sigma_{W_x}\\ Wy \leqslant 2\sigma_{W_y}\\ Wz \leqslant 2\sigma_{W_z}\end{array}\right\} \quad (1\text{-}1\text{-}52)$$

$$\left.\begin{array}{l}\sigma_{W_x}^2 = \sum_{i=1}^{r}\sigma_{\Delta x(i)}^2\\ \sigma_{W_y}^2 = \sum_{i=1}^{r}\sigma_{\Delta y(i)}^2\\ \sigma_{W_z}^2 = \sum_{i=1}^{r}\sigma_{\Delta z(i)}^2\end{array}\right\} \quad (1\text{-}1\text{-}53)$$

式中:i——时段号;
　　r——闭合环或附合线路中的基线数。

环线全长闭合差满足:

$$W_s \leqslant 3\sigma_W \quad (1\text{-}1\text{-}54)$$

$$\sigma_W^2 = \sum_{i=1}^{r}WD_iW^T \quad (1\text{-}1\text{-}55)$$

$$W = \left[\frac{\omega_{\Delta X}}{\omega} \quad \frac{\omega_{\Delta Y}}{\omega} \quad \frac{\omega_{\Delta Z}}{\omega}\right] \quad (1\text{-}1\text{-}56)$$

$$\omega = \sqrt{\omega_{\Delta X}^2 + \omega_{\Delta Y}^2 + \omega_{\Delta Z}^2} \quad (1\text{-}1\text{-}57)$$

式中:D_i——环线中第 i 条基线的方差,即协方差阵。

2)基础平面控制网(CPⅠ)、线路平面控制网(CPⅡ)基线解算与质量控制

CPⅠ、CPⅡ基线解算可采用广播星历和一般商用软件进行。基线解算可采用多基线解或单基线解,快速静态宜以观测单元为单位进行解算。当基线长度大于30km或需要高精度处理时,宜采用精密星历或专用的计算软件。基线向量解算满足下列要求:

(1)基线解算中每个同步环图形选定一个起算点。起算点按连续跟踪站、已知点、单点定位结果的顺序选择。起算点的精度不低于20m。

(2)控制网基线解算时,长度小15km的基线采用双差固定解;15km以上的基线可在双差固定解和双差浮点解中选择最优结果;30km以上的基线宜采用三差解。快速静态模式测量的基线必须采用合格的双差固定解作为基线解算的最后结果。

(3)由基线处理结果计算的重复观测基线较差、同步环闭合差、独立环闭合差、附合路线闭合差见表1-1-5的规定。

基线质量检验限差　　　　　　　　　　　　　表1-1-5

检验项目	限差要求(mm)			
	X坐标分量闭合差	Y坐标分量闭合差	Z坐标分量闭合差	环线全长闭合差
同步环	$W_x \leq \frac{\sqrt{n}}{5}\sigma$	$W_y \leq \frac{\sqrt{n}}{5}\sigma$	$W_z \leq \frac{\sqrt{n}}{5}\sigma$	$W \leq \frac{\sqrt{3n}}{5}\sigma$
独立环(附合路线)	$W_x \leq 3\sqrt{n}\sigma$	$W_y \leq 3\sqrt{n}\sigma$	$W_z \leq 3\sqrt{n}\sigma$	$W \leq 3\sqrt{3n}\sigma$
重复观测基线长度较差	$d_s \leq 2\sqrt{2}\sigma$			

注:σ 为相应等级规定的测量中误差,$\sigma = \sqrt{a^2+(b\cdot d)^2}$,$n$ 为闭合环边数。

3)网平差计算

(1)无约束平差

CP0、CPⅠ、CPⅡ控制网在基线的质量检验符合要求后,根据控制网技术设计方案,以所有独立基线构成控制网,进行无约束平差。无约束平差中基线向量各分量的改正数的绝对值满足下式要求:

$$\left.\begin{array}{l} V_{\Delta X} \leq 3\sigma \\ V_{\Delta Y} \leq 3\sigma \\ V_{\Delta Z} \leq 3\sigma \end{array}\right\} \tag{1-1-58}$$

当基线观测值改正数的绝对值超限时,可认为该基线或其附近存在粗差基线,采用软件提供的方法或人工方法处理或剔除粗差基线,直至符合上式要求。

(2)约束平差

以无约束平差或最小约束平差确定的有效观测值为基础,在国家坐标系、地方坐标系或铁路工程独立坐标系下进行三维约束平差或二维约束平差。作为约束条件的已知坐标、已知距离、已知方位,可以作为强制约束条件的固定值,也可作为加权约束的观测值。平差结束输出相应坐标系的坐标、基线向量改正数、边长、方位角、转换参数和精度信息。

作为约束条件的已知点进行兼容性检验,剔除存在误差较大的已知点或明显不兼容的已知点,检验方法可采用实测基线比较法、附合路线坐标闭合差计算法。

①实测基线比较法是利用较高精度的边长观测结果来检验已知点的兼容性,限差按地面点应有的等级精度计算确定。

②附合路线坐标闭合差计算法是在两已知点之间,选取连接它们的基线向量计算附合路线闭合差,闭合差的限差按基线向量的精度和地面点应有的等级精度计算。

约束平差基线向量改正数与无约束平差的同名基线改正数的较差(d_{vx}、d_{vy}、d_{vz})符合式(1-1-59)的规定,否则,认为参与约束的已知坐标、已知距离、已知方位角误差太大,删除误差较大的约束值,直至下式满足：

$$\left.\begin{array}{l}d_{vx} \leq 2\sigma \\ d_{vy} \leq 2\sigma \\ d_{vz} \leq 2\sigma\end{array}\right\} \tag{1-1-59}$$

不符合式(1-1-59)规定时,对边长、方位角、点位精度进行分析。删除误差大的约束值。删除约束点后不能控制起算时联测新的已知点,直至满足要求。

4)平差成果输出

平差结束后输出框架网 CP 0 在指定坐标系统下的空间直角坐标和大地坐标,并根据独立坐标系投影带的划分,输出 CPⅠ、CPⅡ控制点的工程独立坐标系坐标,以及各基线向量改正数、边长、方位角及其精度信息。

三、导线测量

导线测量是指在地面上按一定要求选定一系列的点依相邻次序连成折线,在点上设置测站,测量各线段的边长、转折角,再根据起算数据确定各点的平面位置的测量方法。

1. 铁路导线的等级及主要技术要求

隧道洞内或不能采用 GNSS 观测的地段,CPⅡ测量可以采用导线形式,附合在洞外CPⅠ控制点上。

导线控制网可布设成附合导线、闭合导线或导线网。各等级导线测量的主要技术要求见表 1-1-6。

导线测量的技术要求　　　　　表 1-1-6

等级	测角中误差(″)	测距相对中误差	方位角闭合差(″)	导线全长相对闭合差	测 回 数			
					0.5″级仪器	1″级仪器	2″级仪器	6″级仪器
二等	1	1/250 000	$\pm 2.0\sqrt{n}$	1/100 000	6	9	—	—
三等	1.8	1/150 000	$\pm 3.6\sqrt{n}$	1/55 000	4	6	10	—
四等	2.5	1/80 000	$\pm 5\sqrt{n}$	1/40 000	3	4	6	—
一级	4	1/40 000	$\pm 8\sqrt{n}$	1/20 000	—	2	2	—
二级	7.5	1/20 000	$\pm 15\sqrt{n}$	1/12 000	—	—	—	3

注：1. 表中 n 为测站数。

2. 当边长短于 500m 时,二等边长中误差小于 2.5mm,三等边长中误差小于 3.5mm,四等、一级边长中误差小于 5mm,二级边长中误差小于 7.5mm。

2. 导线网的设计及选点、埋石

导线网的布设如下：

(1)导线网用作测区的首级控制时,布设成环形网,且宜联测 2 个已知方向。

(2)加密网可采用单一附合导线或结点导线网形式。

(3)结点间或结点与已知点间的导线段宜布设成直伸形状,相邻边长不宜相差过大,网内不同环节上的点也不宜相距过近。

(4)导线相邻边长不宜相差过大,相邻边长之比不宜小于 1∶3。

导线点位的选定如下:

(1)点位选在土质坚实、稳固可靠、便于保存的地方,视野相对开阔,便于加密、扩展和寻找。

(2)相邻点之间通视良好,其视线距障碍物的距离,三、四等不宜小于1.5m;四等以下宜保证便于观测,以不受旁折光的影响为原则。

(3)当采用电磁波测距时,相邻点之间视线避开烟囱、散热塔、散热池等发热体及强电磁场。

(4)相邻两点之间的视线倾角不宜过大。

(5)充分利用旧有控制点。

3. 外业观测

导线测量分为水平角测量和边长测量。在观测前,需进行仪器相关项目检验工作。全站仪误差主要有:测距加常数、乘常数误差,竖轴倾斜误差,横轴倾斜误差,视准轴误差,补偿器误差,度盘偏心误差,竖盘指标差误差等。全站仪示意图如图1-1-6所示。

1)水平角观测

水平角观测所使用的全站仪、电子经纬仪和光学经纬仪各项要求:

(1)照准部旋转轴正确性指标:管水准器气泡或电子水准器长气泡在各位置的读数较差,1″级仪器不超过2格,2″级仪器不超过1格,6″级仪器不超过1.5格。

(2)光学经纬仪的测微器行差及隙动差指标:1″级仪器不大于1″,2″级仪器不大于2″。

图1-1-6 全站仪

(3)水平轴不垂直于垂直轴之差指标:1″级仪器不超过10″,2″级仪器不超过15″,6″级仪器不超过20″。

(4)补偿器的补偿要求,在仪器补偿器的补偿区间,对观测成果应能进行有效补偿。

(5)垂直微动旋转使用时,视准轴在水平方向上不产生偏移。

(6)仪器的基座在照准部旋转时的位移指标:1″级仪器不超过0.3″,2″级仪器不超过1″,6″级仪器不超过1.5″。

(7)光学(或激光)对中器的视轴(或射线)与竖轴的重合度不大于1mm。

水平角观测宜采用方向观测法,水平角方向观测法的技术要求见表1-1-7。

水平角方向观测法的技术要求　　　　　表1-1-7

等　级	仪器等级	半测回归零差(″)	同方向测回间2C互差(″)	同一方向值各测回间互差(″)
四等及以上	0.5″级仪器	4	6	4
	1″级仪器	6	9	6
	2″级仪器	8	13	9
一级及以下	2″级仪器	12	18	12
	6″级仪器	18	—	24

注:当观测方向的垂直角超过±3°的范围时,该方向2C互差可按相邻测回同方向进行比较,其值满足表中一测回内2C互差的限值。

当观测方向不多于3个时,可不归零。当观测方向多于6个时,可进行分组观测。分组观测包括两个共同方向(其中一个为共同零方向)。其两组观测角之差,不大于同等级测角中误差的2倍。分组观测的最后结果,按等权分组观测进行测站平差。各测回间均匀配置度盘。采用全站仪或电子经纬仪时可不受此限制。观测在通视良好、成像清晰稳定时进行。观测过程中,气泡中心位置偏离值不得超过一格;四等以上的水平角观测,当观测方向的垂直角超过±3°时,宜在测回间重新整置气泡位置。有垂直轴补偿器的仪器可不受此限制。

水平角观测误差超限时,在原度盘位置上重测,并符合下列规定:

(1)同方向测回间2C互差超限时,重测超限方向,并联测零方向。
(2)下半测回归零差或零方向的2C互差超限时,立即重测该测回。
(3)测回中重测的方向数超过方向总数的1/3时,该测回数据作废并重测。
(4)测站中重测的方向测回数超过总测回数的1/3时,该测站全部成果作废并重测。

2)距离观测

边长测量采用全站仪或光电测距仪观测。测距仪的精度等级按表1-1-8划分。

测距仪的精度分级　　　　　　　　　　　　表1-1-8

精度等级	每千米测距标准偏差	精度等级	每千米测距标准偏差
Ⅰ	$\lvert m_d \rvert \leq 2mm$	Ⅲ	$5mm < \lvert m_d \rvert \leq 10mm$
Ⅱ	$2mm < \lvert m_d \rvert \leq 5mm$	Ⅳ	$10mm < \lvert m_d \rvert$

注:表中 m_d 按测距仪出厂标称精度的绝对值,归算到1km的测距标准偏差。

边长测量的技术要求符合表1-1-9的规定。

边长测量的技术要求　　　　　　　　　　　　表1-1-9

等级	使用测距仪精度等级	每边测回数 往测	每边测回数 返测	一测回读数较差限值(mm)	测回间较差限值(mm)
二等	Ⅰ	4	4	2	3
	Ⅱ			5	7
三等	Ⅰ	2	2	2	3
	Ⅱ	4	4	5	7
四等	Ⅰ			2	3
	Ⅱ	2	2	5	7
	Ⅲ	4	4	10	15
一级及以下	Ⅰ			2	3
	Ⅱ	2	2	5	7
	Ⅲ			10	15
	Ⅳ	4	4	20	30

注:1.一测回是指仪器照准目标一次、读数2~4次的过程。
　　2.边长往返观测平距较差小于 $2m_D$。
　　3.测距边的斜距进行气象改正和仪器常数改正。

气象改正以观测时记录的气压、气温计算。气压、气温读数精度符合表1-1-10的规定。三等及以上等级测量在测站和反射镜站分别测记,四等及以下等级可在测站进行测记。当测边两端气象条件差异较大时,在测站和反射镜站分别测记。当测区平坦、气象条件差异不大时,也可记录上午和下午的平均气压、气温。当使用全站仪时,也可将气象条件输入仪器,让仪器自动进行气象改正。气象改正值按式(1-1-60)计算：

$$\Delta D = (n_0 - n) \cdot D \tag{1-1-60}$$

式中：D——测量斜距长(km)；

n——实际群折射率；

n_0——仪器基准折射率。

气压、气温读数精度要求　　　　表 1-1-10

测 量 等 级	干湿温度表(℃)	气压表(hPa)	测 量 等 级	干湿温度表(℃)	气压表(hPa)
二等	0.2	0.5	四等	0.5	1
三等	0.2	0.5	五等	1	2

测距仪与反光镜的平均高程面上的水平距离按式(1-1-61)计算：

$$D_p = \sqrt{s^2 - h^2} \tag{1-1-61}$$

式中：D_p——测距边两端点仪器与反光镜的平均高程面上的水平距离(m)；

s——经气象及加、乘常数等改正后的斜距(m)；

h——仪器与反光镜之间的高差(m)。

测距作业,测站对中误差和反光镜对中误差不大于2mm。当观测数据超限时,重测整个测回,如观测数据出现分群时,应分析原因,采取相应措施重新观测。四等及以上等级控制网的边长测量,分别量取两端点观测始末的气象数据,计算时取平均值。

4. 数据处理

外业观测工作结束后,及时整理和检查外业观测手簿或外业电子记录数据,确认观测成果全部合格后,方可进行数据处理。

1) 归心改正计算

当观测数据中含有偏心测量成果时,首先进行归心改正计算。

2) 测距边的精度评定,按式(1-1-62)~式(1-1-64)计算

(1) 往返测距单位权中误差

$$\mu = \sqrt{\frac{[pdd]}{2n}} \tag{1-1-62}$$

式中：μ——往返测距单位权中误差(mm)；

d——各边往返距离的较差(mm)；

n——测距的边数；

p——各边距离测量的先验权,其值为 $1/\delta D^2$,δD 为测距的先验中误差,可按测距仪的标称精度计算。

(2) 任一边的实际测距中误差

$$m_{Di} = \mu \sqrt{\frac{1}{P_i}} \tag{1-1-63}$$

式中：m_{Di}——第 i 边的实际测距中误差(mm)；

P_i——第 i 边距离测量的先验权。

(3) 网的平均测距中误差

$$m_D = \sqrt{\frac{[dd]}{2n}} \tag{1-1-64}$$

式中：m_D——平均测距中误差（mm）。

3) 测距边长的归化投影计算

(1) 归算到测区投影高程面上的测距边长度，按式（1-1-65）计算：

$$D = D_0 \left(1 + \frac{H_0 - H_m}{R_A}\right) \tag{1-1-65}$$

式中：D——归算到投影高程面上的测距长度（m）；

D_0——测距边两端平均高程面上的平距（m）；

H_0——投影面高程（m）；

H_m——测距边两端的平均高程（m）；

R_A——参考椭球体在测距边方向的法截弧曲率半径（m）。

(2) 归算到参考椭球面上的测距边长度，按式（1-1-66）计算：

$$D_1 = D_0 \left(1 - \frac{H_m + h_m}{R_A + H_m + h_m}\right) \tag{1-1-66}$$

式中：D_1——归算到参考椭球面上的测距长度（m）；

h_m——大地水准面高出参考椭球面的高差（m）。

(3) 测距边在高斯投影面上的长度，按式（1-1-67）计算：

$$D_2 = D_1 \left(1 + \frac{Y_m^2}{2R_m^2} + \frac{\Delta y^2}{24R_m^2}\right) \tag{1-1-67}$$

式中：D_2——测距边在高斯投影面上的长度（m）；

Y_m——测距边中点横坐标（m）；

Δy——测距边两端点横坐标增量（m）；

R_m——测距边中点的参考椭球平均曲率半径（m）。

4) 方位角闭合差计算公式

$$\omega_\alpha = \alpha_{BA} - \alpha_{CD} + \sum_{i=1}^{n+1} \beta_i - (n+1)180° \tag{1-1-68}$$

式中：ω_α——方位角闭合差；

α_{BA}——起始 CPⅠ边已知方位角；

α_{CD}——结束 CPⅠ边已知方位角；

β_i——水平角观测值；

n——导线环（段）的角度个数。

5) 平差计算

一级及以上导线计算，在方位角闭合差及导线全长相对闭合差满足要求后，采用严密平差法平差，使用的软件必须经行业有关部门鉴定，平差后的成果包括单位权中误差、测角中误差、点位中误差、边长相对中误差、点位误差椭圆参数和相对点位误差椭圆参数等精度评定数据，二级导线可采用近似平差法平差。

导线环（段）的测角中误差计算公式：

$$m = \sqrt{\frac{1}{N}\left[\frac{f_\beta^2}{n}\right]} \qquad (1\text{-}1\text{-}69)$$

式中：m——导线环(段)的测角中误差(″)；

f_β——导线环(段)的角度闭合差(″)；

N——导线环(段)的个数；

n——导线环(段)的角度个数。

四、三角形网测量

三角形网是由一系列相连的三角形构成的测量控制网,它是三角网、三边网、边角网的统称。三角形网布设成线形三角锁或大地四边形,宜采用边角网进行观测。三角形网和三角形网测量的统一概念,是对以往的三角网、三边网、三角形网的概念综合。由于目前全站仪的广泛应用,单纯的三角网、三边网已很少应用,所以不再严格区分。三角形网及导线测量方法可作为GNSS方法的一种补充,在不具备GNSS测量条件时采用。

1. 主要技术要求

各等级三角形网测量的主要技术要求符合表1-1-11的规定。

三角形网测量的技术要求　　　　　　　　　表1-1-11

等级	测角中误差(″)	三角形最大闭合差(″)	测边相对中误差	最弱边边长相对中误差	测回数		
					0.5″级仪器	1″级仪器	2″级仪器
二等	1.0	≤3.5	1/250 000	1/120 000	6	9	—
三等	1.8	≤7.0	1/150 000	1/70 000	4	6	9
四等	2.5	≤9.0	1/100 000	1/40 000	2	4	6
一级	5	≤15.0	1/40 000	1/20 000	—	—	2
二级	10	≤30.0	1/20 000	1/10 000	—	—	1

三角形网中的角度宜全部观测,边长可根据需要选择观测或全部观测;观测的角度和边长均作为三角形网中的观测量参与平差计算。首级控制网定向时,方位角传递宜联测2个已知方向。

2. 外业观测及数据处理

三角形网的水平角观测,宜采用方向观测法。二等三角形网也可采用全组合观测法。三角形网水平角观测与边长测量外业测量要求可见本章"(三)导线测量"。

当观测数据中含有偏心测量成果时,首先进行归心改正计算。三角形的测角中误差按式(1-1-70)计算：

$$m_\beta = \sqrt{\frac{[WW]}{3n}} \qquad (1\text{-}1\text{-}70)$$

式中：m_β——测角中误差(″)；

W——三角形内角和闭合差(″)；

n——三角形个数。

当测区需要进行高斯投影时,四等及以上等级的方向观测值,进行方向改化计算。四等网也可采用简化公式。

方向改化计算公式：

$$\delta_{1,2} = \frac{\rho}{6R_m^2}(x_1 - x_2)(2y_1 + y_2) \quad (1\text{-}1\text{-}71)$$

$$\delta_{2,1} = \frac{\rho}{6R_m^2}(x_2 - x_1)(y_1 + 2y_2) \quad (1\text{-}1\text{-}72)$$

方向改化简化计算公式：

$$\delta_{1,2} = -\delta_{2,1} = \frac{\rho}{6R_m^2}(x_1 - x_2)y_m \quad (1\text{-}1\text{-}73)$$

式中：$\delta_{1,2}$——测站点 1 向照准点 2 观测方向的方向改化值($''$)；

$\delta_{2,1}$——测站点 2 向照准点 1 观测方向的方向改化值($''$)；

x_1、x_2、y_1、y_2——1、2 两点的坐标值(m)；

R_m——测距边中点处在参考椭球面上的平均曲率半径(m)；

y_m——1、2 两点的横坐标平均值(m)。

高山地区二、三等三角形网的水平角观测，如果垂线偏差和垂直角较大，其水平方向观测值进行垂线偏差的修正。三角形网外业观测结束后，计算网的各项条件闭合差。各项条件闭合差不大于相应的限值。

（1）角-极条件自由项的限值

$$W_j = 2\frac{m_\beta}{\rho}\sqrt{\sum \cot^2\beta} \quad (1\text{-}1\text{-}74)$$

式中：W_j——角-极条件自由项的限值；

m_β——相应等级的测角中误差($''$)；

β——求距值。

（2）边（基线）条件自由项的限值

$$W_b = 2\sqrt{\frac{m_\beta}{\rho}\sum \cot^2\beta + \left(\frac{m_{s_1}}{s_1}\right)^2 + \left(\frac{m_{s_2}}{s_2}\right)^2} \quad (1\text{-}1\text{-}75)$$

式中：W_b——边（基线）条件自由项的限值；

$\frac{m_{s_1}}{s_1}$、$\frac{m_{s_2}}{s_2}$——起始边长相对中误差。

（3）方位角条件自由项的限值

$$W_f = 2\sqrt{m_{\alpha 1}^2 + m_{\alpha 2}^2 + nm_\beta^2} \quad (1\text{-}1\text{-}76)$$

式中：W_f——方位角条件自由项的限值；

$m_{\alpha 1}$、$m_{\alpha 2}$——起始边长相对中误差；

n——推算路线所经过的测站数。

（4）固定角自由项的限值

$$W_g = 2\sqrt{m_g^2 + m_\beta^2} \quad (1\text{-}1\text{-}77)$$

式中：W_g——固定角自由项的限值($''$)；

m_g——固定角中误差。

(5) 边-角条件的限值

三角形中观测的一个角度与由观测边长根据各边平均测距相对中误差计算所得的角度限差,按下式进行检核:

$$W_r = 2\sqrt{2\left(\frac{m_D}{D}\rho\right)^2(\cot^2\alpha + \cot^2\beta + \cot\alpha\cot\beta) + m_\beta^2} \quad (1\text{-}1\text{-}78)$$

式中:W_r——观测角与计算角的角值限值(″);

$\dfrac{m_D}{D}$——各边平均测距相对中误差(″);

$\alpha\backslash\beta$——三角形中观测角之外的另两个角;

m_β——相应等级的测角中误差(″)。

(6) 边-极条件的限值

$$W_z = 2\rho\frac{m_D}{D}\sqrt{\sum\alpha_W^2 + \sum\alpha_f^2} \quad (1\text{-}1\text{-}79)$$

$$\alpha_W = \cot\alpha_i + \cot\beta_i \quad (1\text{-}1\text{-}80)$$

$$\alpha_f = \cot\alpha_i \pm \cot\beta_{i-1} \quad (1\text{-}1\text{-}81)$$

式中:W_z——三边网角条件自由项的限值(″);

α_W——与极点相对的外围边两端的两底的余切函数之和;

α_f——中点多边形中与极点相连的辐射边两侧的相邻底角的余切函数之和,四边形中内辐射边两侧的相邻底角的余切函数之和以及外侧的两辐射边的相邻底角的余切函数之差;

i——三角形编号。

三角形网严密平差后提供单位权中误差、测角中误差、点位中误差、边长相对中误差、点位误差椭圆参数和相对点位误差椭圆参数等精度评定数据。一测站上有不同等级观测成果时,高等级的先进行平差,低等级的强制附合。

第三节　高程控制测量

高程控制测量是指沿线路建立高程控制网确定控制点高程值的测量工作。高程控制测量主要有水准测量、三角高程测量和 GNSS 高程测量等测量方法。

一、高程控制网设计

铁路高程控制测量等级划分为一、二、三、四、五等及精密水准,各等级高程控制宜采用水准测量。高程控制网的等级,根据铁路工程设计行车速度、用途和精度要求合理选择。线路水准基点控制网、轨道控制网(CPⅢ)的高程控制测量及布点要求,按表 1-1-12 的要求执行,困难条件下,水准路线长度可酌情放宽。大型桥梁和长大隧道根据工程规模和精度要求建立独立高程控制网。水准测量有困难的山岭地带、沼泽及水网地区,三等及以下高程控制测量可采用光电测距三角高程测量,二等高程控制测量可采用精密光电测距三角高程测量。首级网布设成附合路线或环形网,加密网宜布设成附合路线或结点网。各等级高程控制网的技术要求符合表 1-1-13 的规定。

高程控制测量等级、测量方法及布点要求　　　　　　　　　　表 1-1-12

控制网级别	铁路设计标准(km/h)	测量等级	测量方法	布点间距	使用地形
线路水准基点测量	250~350	二等	水准	≤2km	
	200	三等	水准		平原
			光电测距三角高程		山区或水域
	≤160	四等	水准		平原
			光电测距三角高程		山区或水域
CPⅢ控制点高程测量	250~350	精密水准	水准	50~70m	
	200	三等	水准	50~70m	平原
			自由测站三角高程		山区或水域
	≤160	五等	水准	150~200m	平原
			光电测距三角高程		山区或水域

注：无砟轨道铁路比照 250~350km/h 有关要求进行。

高程控制网的技术要求　　　　　　　　　　表 1-1-13

水准测量等级	每千米高差中数偶然中误差 M_Δ(mm)	每千米高差中数全中误差 M_W(mm)	附合路线或环线周长的长度(km)	
			附合路线长	环线周长
一等	≤0.45	≤1	—	≤1 600
二等	≤1	≤2	≤750	≤750
三等	≤3	≤6	≤150	≤200
四等	≤5	≤10	≤80	≤100
五等	≤7.5	≤15	≤30	≤30

注：表中，M_Δ 和 M_W 按式(1-1-82)、式(1-1-83)计算。

$$M_\Delta = \sqrt{\frac{1}{4n}\left[\frac{\Delta\Delta}{L}\right]} \qquad (1\text{-}1\text{-}82)$$

$$M_W = \sqrt{\frac{1}{N}\left[\frac{WW}{L}\right]} \qquad (1\text{-}1\text{-}83)$$

式中：Δ——测段往返高差不符值(mm)；
　　　L——测段长(km)；
　　　n——测段数；
　　　W——附合或环线闭合差(mm)；
　　　N——水准路线环数。

二、选点、埋石

高程控制网沿线布设浅埋基岩点和线路水准基点两种类型的高程控制点，组成统一的高程控制网。各类高程控制点沿线路布设，水准点位设在线路施工的影响范围外。

在地表沉降不均匀及地质不良地区，宜按每 10km 设置一个深埋水准点，每 50km 设置一个基岩水准点。基岩水准点和深埋水准点尽量利用国家或其他测绘单位埋设的稳定的基岩水准点和深埋水准点。基岩标是通过钻探方法埋设在地下完整基岩上的特殊观测点，是从地下基岩引至地表的标志点,是进行地面沉降水准测量的起始点或高程控制点,是铁路沿线布设的埋深水准点的测量基准点。

1. 基岩水准点

1)基岩水准点设计

基岩点根据沿线地质条件埋设至基岩;基岩点埋设标准如图 1-1-7 所示。标孔的设计通常标孔设计由地质设计和根据地质设计要求而编写的施工设计两部分组成。

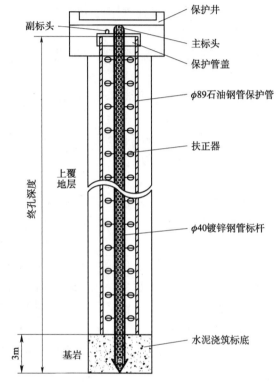

图 1-1-7　基岩水准点规格及埋设图

(1)地质设计要求

主要提出标孔的目的,标孔位置,标孔性质、结构类型、标底埋设位置,标杆、保护管口径、材料、岩芯采取率(或取土、取芯要求)、土工试验要求以及标孔斜、止水回填、录井、编录、提交成果等内容。

(2)标孔施工设计

在明确地质设计的基础上编写施工设计。每坐标至少含施工钻孔 2 个。在标孔施工设计中须明确提出下述内容:

①施工目的

标孔终孔孔深、终孔直径、孔斜、标的埋设。

②钻探设备

选用钻探设备类型、钻机、钻塔、水泵、拧管机、泥浆泵、搅拌机、照明发电设备的规格、数量。

③钻探施工设备安装

考虑场地条件修筑地基。选定机座的结构形式,提出安装质量要求。

④标孔结构

根据标身结构确定标孔结构。提出钻进方法、护孔措施及钻探工艺水平,有关标孔结构参数,如开孔直径、换径部位及孔径终孔直径、孔深、套管规格及下入深度等均须确切列出。

⑤施工技术

基岩标孔:为埋设基岩标钻孔,穿过松散覆盖层,进入相对稳定地层5m,钻孔到设计深度。

2)基岩点建造与施工(以2007年京沪高速铁路德州基岩点为例)

(1)基岩标施工概况

简述基岩点选址、交通、进场勘探、施工、监理和验收过程。

(2)成标技术要求

该基岩标的标底设计埋设地层为第三系固结性较好的黏土岩。

①成标深度的确定

根据实际揭露地层的物理力学性质,例如某点研究决定终孔孔深由预设的800m,最终确定保护管下至深度850.5m,终孔深度856.0m。

②施工技术要求

根据实际地层条件确定终孔孔深856m,终孔孔斜不超过1°;0~850.5m孔径ϕ245mm,钻进至终孔前,且在未下保护管前进行水文物探测井及终孔测斜,取得自然电位、电位电阻率、底梯电阻率三条曲线及终孔孔斜;0~850.5m全孔下ϕ177.8×8.05mm保护管,管外适当间距加焊弓形扶正器使其孔内居中,管外环状间隙水泥浆封固至地表并候凝48h以上;基岩目的层段钻进孔径ϕ152mm,至设计终孔深度终孔,终孔前取完整岩芯(采取率大于90%),分析、验证目的层岩性物理力学特征,确定终孔孔深;保护管内至孔底下标杆(含标底),标杆每间隔9m左右加滚轮式扶正器,上部为ϕ60×5mm标杆,下部为ϕ73×6mm标杆;孔底用密度约1.8g/cm^{3}水泥浆固标底,水泥浆返高约5m,保证标底与岩体固接牢固。

③技术依据

《建筑工程地质勘探与取样技术规程》(JGJ/T 87—2012);

《土工试验方法标准》(GB/T 50123—1999)。

(3)地层简述

基岩标地处华北断坳Ⅱ级大地构造单元中,沧县台拱的次一级双窑断凸构造上。

根据本孔物探测井曲线、钻进情况,参照区域地层资料,将本孔所揭露的地层简述如下:

①第四系(Q)

工作区第四系沉积广布,沉积厚度已超过400m约507.53m,咸淡水界面约120m,多为冲积、洪积、湖沼积和海积形成的砂性土和黏性土,呈不规则"互层"状,岩性组合较单调。从测井曲线解译结果可知,0~140m以黏性土为主,单层厚度最大达21m,可认为此期间沉积环境稳定,粉细砂呈薄夹层状,砂层厚度较小;140m~底界(507.53m)砂层层数增多,单层厚度增大,上段以砂性土、黏性土互层状产出,说明沉积环境不甚稳定,而下部砂层单层厚度增加,单层厚度大多大于5m,最厚可达30m,验证了当时较稳定的沉积环境,底部黏性土呈夹层状,说明以河流相为主的沉积环境。

②第三系(N)

本孔揭露的地层为明化镇组上段,岩性为砂岩与泥岩互层,本次揭露深度856.0m。从岩性特征上看,岩性仍以砂岩为主的河流相沉积,泥岩为薄层夹层,其中砂岩单层厚度最厚达34.5m。

(4)标孔结构

孔深:终孔孔深856.0m。

孔径:0～850.5m,孔径ϕ245mm;850.5～856.0m,孔径ϕ152mm。

孔斜:终孔孔斜0.2°。

保护管:-0.50～850.5.0m,为ϕ177.8×8.05mm石油套管。

裸眼:850.5～856.0m。

标杆:-0.55～427.81m,为ϕ60×5mm无缝钢管;427.81～856.0m,为ϕ73×6mm无缝钢管。

固井:0～850.5m保护管外水泥浆封固;853.0～856.0m,水泥浆封固标底。

(5)施工工艺与技术措施

①钻探设备及钻具组合

该标孔采用TSJ-1000水源钻机成孔,400型专用固井车固井,综合物探测井车物探测井,JSC-1测斜仪测斜。

钻具组合(自下而上):ϕ245mm牙轮钻头+ϕ152mm钻铤+ϕ121mm钻铤+ϕ73钻杆mm+主动钻杆组成。

②施工工艺

开钻前严格检查、校正钻塔,钻机安装保持水平周正,孔位、转盘中心、天车三点在同一垂直线上,钻机试运转正常。

采用泥浆正循环回转减压钻进工艺。按照设计要求,开钻采用ϕ245mm牙轮钻头钻进,依次钻进至820.0m、853.0m时分别于820.49～822.09m、853.32～855.7m连续取芯,分析、验证地层物理力学性质,并确定终孔深度856.0m;820.49～822.09m取芯后经过水文物探测井及终孔测斜,测取三条物探曲线,终孔孔斜斜度0.2°,经反复圆孔,并逐步调换泥浆清除孔底沉渣、岩屑,孔底确无沉淀后,全孔提吊下ϕ177.8×8.05mm保护管850.5m(高出地表0.50m),管外约200m加一组弓形扶正器,下管完毕管外环状间隙用密度1.79g/cm³水泥浆封固至地表,根据水泥强度特性,候凝3d,达到水泥强度标准后,探、扫水泥塞4.5m并进行基岩标标底埋设层段钻进。自850.5m采用ϕ152mm牙轮钻头钻进至856.0m,并用同径磨孔钻头将孔底磨平。终孔校正孔深,用优质泥浆彻底清除孔底沉渣、岩屑,确定孔内无沉淀后,逐步将泥浆置换为清水,而后进行下标工作。

标孔成孔完毕,将基岩标标底连接标杆加扶正器(除顶、底两根标杆约4.5m加一组三叉滚轮式扶正器外,其余每根标杆约9m加一组三叉滚轮扶正器)下至孔底,下部427.81～856.0m为ϕ73×6mm标杆,其上部至地表以上0.55m为ϕ60×5mm标杆。下标到底后标杆上部对接清水管线,泵送清水至孔底循环约半小时,以彻底清除孔底细小沉渣,最后采用高压注浆泵孔底注入密度1.83g/cm³水泥浆封固标底,水泥浆返高3.0m,确保标底与岩体固接牢固。最后,在保护管内水面以上灌入20cm机油,起隔离空气防止保护管、标杆氧化生锈的作用。

下标完毕,标杆顶部焊接不锈钢质测头,基岩标孔口加做孔口保护盖并砌筑 50cm × 50cm 孔口水泥护台。

③技术措施

采用加钻铤的塔式组合钻具和减压钻进工艺,根据地层变化合理控制钻进速度,开孔、变层时轻压、慢转,严禁孔内使用弯曲、磨偏钻具、钻头;定期(3d)检查钻塔、钻机的水平、稳固情况,保持天车、转盘中心、孔位三点在同一垂直线上;终孔测斜 0.2°,保证了基岩标的钻孔孔斜小于 1°的设计要求。

钻具丈量及时、准确,每日提下钻时校正孔深,以确保终孔孔的准确性。

为科学、客观判定基岩标标底埋设地层的岩性特征,根据原设计提供的区内地层资料在原设计深度前 10m 及其下部第三系岩层钻进中分别于 820.49～822.09m、853.32～855.7m 层段连续取芯,验证地层岩性及其物理力学性质,并取原状样送有资质的专业检测中心进行固结试验,并结合钻进情况,由相关各方共同确定基岩标标底的埋设位置,即确定最终成标深度。

下保护管及标杆前,均采用优质泥浆清除孔底沉淀、岩屑,孔口随时检测岩屑携带情况,确无沉淀后再将泥浆逐渐调稀至清水,最后下保护管或标杆。

根据孔深计算排管,并逐根丈量、编号,下管前仔细检查保护管质量,使用通径规通径,对圆度差、弯曲、丝扣磕碰的管材严禁下入孔内。

提吊法下入保护管。为使保护管稳固,底部加托盘,保护管采用丝扣刷密封油连接,保证管串连接紧密,保护管外加弓形扶正器,间距约 200m,使其居中。

保护管内下标底、标杆时,标杆逐根丈量、记录、编号,按序下入,并仔细检查各滚轮式扶正器的滚轮,保证扶正器滑动自如;为减少标杆细长而引起的弯曲变形,使其在保护管内居中,每根标杆(约 9m)加一组滚轮式扶正器,并且在顶、底两根标杆约 4.5m 加一组滚轮式扶正器,扶正器与保护管的内径间隙为 5mm。

为保证保护管的封固效果、注浆设备运转良好,固井前检查水泥质量,进场水泥必须有出厂水泥检验报告单;下入孔内的井管、钻具密封上紧;准确计算水泥浆量、替浆量的数据;注浆前注入一定量的前置液,保证良好的替浆效果,注浆时保持稳定的上返速度和排量,固井过程中详细记录固井时的各项技术参数,保持水泥浆密度的连续稳定性。

2. 深埋水准点建造与施工(以哈齐客运专线工程为例)

1)深埋水准点的设计

(1)深埋水准点埋深

根据初步设计阶段的地质资料,并参考 2008 年深埋点施工资料,本次埋标标底埋设位置进入新鲜基岩 3m 或进入 Q3al 砂层 1m 以上。

(2)标体结构

标体结构主要包括如下几部分。

标杆:标杆采用 φ32 国标镀锌管作。标底焊接三个锚固倒茬,逐步分节用 1 英寸高强管箍连接,直接插入孔底,进入新鲜基岩内约 3m 或进入 Q3al 砂层 1m 以上。标杆与基岩间定量注入高标水下水泥砂浆,使之与坐落地层固结成为整体。

保护管:采用 φ89 焊接钢管,用国标管箍连接,深入地下预计深度(高出标杆底部 2～4m),管底不进入标底坐落地层。管外分多次密实回填"瓜子片"或粗砂加固,并自孔口沿保护管外与钻孔孔壁之间灌注水泥浆止水固结,以加强保护管对标杆的保护。

扶正器:杆杆扶正采用套环式扶正器。扶正器之间的间距为3~6m,以保证标杆位于保护管中间,不扭曲。

考虑到哈齐客运专线沿线冬季气候寒冷,冻土层埋深一般在地表以下2~3m,本方案拟采用在地表至地下3m段设井管保护井。深埋标标体结构如图1-1-8所示。

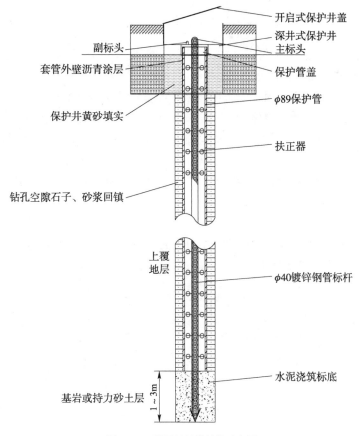

图1-1-8　深埋标标体结构示意图

2)深埋水准点的施工工艺

(1)定位、开孔

定位:根据委托方现场指定具体点的埋设位置进行各标点定位。

开孔:首先人工开挖约1.0m,再采用螺钻布断面探点,探孔2~5m,确保探明地下无管线等障碍后,经委托方代表确认后方可钻进施工。

(2)钻进成孔

地表以下0~3m,采用φ200三翼钻头钻进,完成后下入φ200保护井井管,固定并临时起到护壁作用。

地表3m以下,换用φ110三翼钻头钻进,钻进中经常用水平尺检查校正钻杆垂直度,保证钻孔垂直度不大于1°;检测泥浆黏稠度,保证孔壁稳定不致坍孔和过度扩孔;钻至设计层位深度,换用螺纹钻头取土器在孔底取土,鉴定孔底土层性质,达到层位要求后提钻终孔,若未达到预定地层继续钻进。

进入基岩时,换金刚石钻头钻进,并取芯鉴定岩性。钻进中经常用水平尺检查校正钻杆垂直度,保证钻孔垂直度不大于1°;用流速计检测泥浆黏稠度,保证孔壁稳定不致坍孔和过度扩孔;达到层位要求后提钻终孔。

钻孔检测:检测成孔的孔径、孔斜、孔深,在钻孔不合格情况下进行重复扫孔、清孔、检测,合格后准备标体安装。

(3)标体安装

清孔结束下入 $\phi 89$ 保护管至孔底。

保护管内逐节下入标杆至孔底;最上一截保护管地面以下 $0\sim 3m$ 段(冻土层段),在管壁外涂抹沥青层,并用塑料薄膜包裹。

从标杆内向孔底定量注入水泥浆固孔,保证水泥浆返至基岩面或坐落地层面。

套管外孔隙分批次回填碎石(俗称"瓜子片")或粗砂,振动摇晃保护管,保证回填密实,并注入水泥初步固结,待其沉降凝固后,进一步捣实固结至保护井底面,并装入保护井底板。

安装固定标头、套管盖。

保护井管内,套管外空间回填黄砂,振捣密实。安装钢质一体化井盖,回填浇注井口地面。

安装埋设标点保护标识标牌。

(4)标点保护井

考虑到工程沿线地区冬季气候严寒,本方案标点保护井拟采用"冻土层井管保护井"方式埋设,保护井结构如图1-1-9所示。

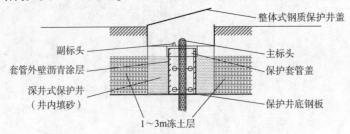

图1-1-9 冻土层井管保护井结构示意图

冻土层井管保护井施工要求如下:

标点地面 $0\sim 3m$ 段在钻孔阶段扩径打孔,孔径 $\phi 250$。

保护井埋深3m,采用 $\phi 200$ 钢管或PVC管作为井壁,底部设钢环托板。

本深度段 $\phi 89$ 保护管外壁涂抹沥青,并用塑料薄膜包裹;或者使用滑动塑料层包裹。再在保护井内填满黄砂密实,顶部水泥砂浆抹平与 $\phi 89$ 保护管头平齐。

$\phi 200$ 冻土层井管保护井井口采用专门钢质整体井盖,可从上面开启,必要时可加锁保护。

3)线路水准基点

线路水准基点不大于2km布设一个,复杂特大桥、隧道口附近和车站范围内增设水准点。为便于施工单位施工放样对高程点的引用,考虑线路水准基点与平面控制点共用,共用点的标石埋设规格符合水准基点埋设的标石规格要求。水准基点选在土质坚实、安全僻静、观测方便和利于长期保存的地方。严寒冻土地区水准基点标石埋设至冻土线0.3m以下。

在稳固的建筑物(构筑物)如楼房、桥墩等上可设墙脚标石,埋设时要加固结剂或速凝水泥,埋设规格符合图1-1-10的规定。

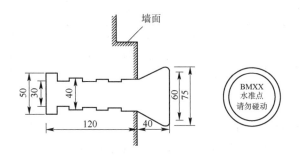

图 1-1-10 墙脚水准点标石埋设图(尺寸单位:mm)

标石埋设完成后,现场填写点位说明,丈量标石至明显地物的距离,绘制点位示意图。

三、水准测量

水准测量又名"几何水准测量",是用水准仪和水准尺测定地面上两点间高差的方法。在地面两点间安置水准仪,观测竖立在两点上的水准标尺,按尺上读数推算两点间的高差。

水准测量的各等级主要技术要求符合表 1-1-14 的规定。

水准测量限差要求(单位:mm) 表 1-1-14

水准测量等级	测段往返测高差不符值	附合路线或环线闭合差		检测已测测段高差之差
		平原	山区	
一等	$\pm 1.8\sqrt{K}$	$\pm 2\sqrt{L}$	$\pm 2\sqrt{L}$	$\pm 3\sqrt{R_i}$
二等	$\pm 4\sqrt{K}$	$\pm 4\sqrt{L}$	$\pm 4\sqrt{L}$	$\pm 6\sqrt{R_i}$
三等	$\pm 12\sqrt{K}$	$\pm 12\sqrt{L}$	$\pm 15\sqrt{L}$或$\pm 4\sqrt{n}$	$\pm 20\sqrt{R_i}$
四等	$\pm 20\sqrt{K}$	$\pm 20\sqrt{L}$	$\pm 25\sqrt{L}$或$\pm 6\sqrt{n}$	$\pm 30\sqrt{R_i}$
五等	$\pm 30\sqrt{K}$	$\pm 30\sqrt{L}$	$\pm 30\sqrt{L}$	$\pm 40\sqrt{R_i}$

注:K 为测段水准路线长度,单位为 km;L 为水准路线长度,单位为 km;R_i 为检测测段长度,以 km 计。

水准测量的主要技术要求符合表 1-1-15 的规定。

水准测量的主要技术要求 表 1-1-15

等级	水准仪类别	水准尺类型	视距(m)		前后视距差(m)		测段的前后视距累积差(m)		视线高度(m)		数字水准仪重复测量次数
			光学	数字	光学	数字	光学	数字	光学(下丝读数)	数字	
一等	DSZ_{05}、DS_{05}	铟瓦	≤30	≥4且≤30	≤0.5	≤1.0	≤1.5	≤3.0	≥0.5	≤2.8且≥0.65	≥3次
二等	DSZ_1、DS_1	铟瓦	≤50	≥3且≤50	≤1.0	≤1.5	≤3.0	≤6.0	≥0.3	≤2.8且≥0.55	≥2次
三等	DSZ_1、DS_1	铟瓦	≤100	≤100	≤2.0	≤3.0	≤5.0	≤6.0	三丝读数	≥0.35	≥1次
三等	DSZ_2、DS_2	双面木尺单面条码	≤75	≤75							

续上表

等级	水准仪类别	水准尺类型	视距（m）		前后视距差（m）		测段的前后视距累积差（m）		视线高度（m）		数字水准仪重复测量次数
			光学	数字	光学	数字	光学	数字	光学（下丝读数）	数字	
四等	DSZ_1、DS_1	双面木尺单面条码	≤150	≤100	≤3.0	≤5.0	≤10.0	≤10.0	三丝读数	≥0.35	≥1次
	DSZ_3、DS_3	双面木尺单面条码	≤100	≤100							
五等	DS_3	—	≤100	—	大致相等		—		—		—

对于新购置的仪器、水准标尺进行全面检验，新购仪器、水准标尺的检验项目、方法和要求按《国家一、二等水准测量规范》（GB/T 12897—2006）与《国家三、四等水准测量规范》（GB 12898—2009）中的有关规定执行。水准测量所使用的仪器及水准尺类型必须符合相应等级的要求，宜采用相应等级的数字水准仪及其自动记录功能采集数据。数字水准仪见图1-1-11。水准测量的观测方式按表1-1-16中相应等级测量的规定执行。在进行水准观测时，一般遵循以下观测要求。

图1-1-11 某型号数字水准仪

水准测量的主要方式　　　　　　　　　　　　　　　表1-1-16

等级	水准仪等级	水准尺	观测次数		往返较差或闭合差（mm）	观测方法
			与已知点联测	附合或环线		
一等	DS_{05}	铟瓦	往返	往返	$1.8\sqrt{L}$	奇数站：后—前—前—后 偶数站：前—后—后—前
二等	DS_1	铟瓦	往返	往返	$4\sqrt{L}$	奇数站：后—前—前—后 偶数站：前—后—后—前
三等	DS_1	铟瓦	往返	往测	$12\sqrt{L}$	后—前—前—后
	DS_3	双面		往返		
四等	DS_3	双面	往返	往返	$20\sqrt{L}$	后—后—前—前，或后—前—前—后
五等	DS_3	单面	往测	往测	$30\sqrt{L}$	后—前

注：1. 结点之间或结点与高级点之间，其路线的长度，不大于表中规定的0.7倍。

2. L为往返测段、附合或环线的水准路线长度，以 km 计。

（1）观测前30min，将仪器置于露天阴影处，使仪器与外界气温趋于一致。往返测宜安排在不同的时间段进行。晴天观测时给仪器打伞，避免阳光直射。扶尺时借助尺撑，使标尺上的气泡居中，标尺垂直。

（2）测量时仪器距前、后视水准标尺的距离尽量相等，其前后视距差小于表1-1-15规定的限值，可以消除或削弱与距离有关的各种误差对观测高差的影响，如 i 角误差和垂直折光等影响。

(3) 每一测段的往测与返测,其测站数均为偶数,由往测转向返测时,两水准标尺互换位置,并重新整置仪器,用来削减两水准标尺零点不等差等误差对观测高差的影响。

(4) 在连续各测站上安置水准仪的三脚架时,使其中两脚与水准路线方向平行,而第三脚轮换置于路线方向的左侧与右侧。

(5) 同一测站上观测时,不得两次调焦;转动仪器的倾斜螺旋和测微螺旋,其最后旋转方向均为旋进,以避免倾斜螺旋和测微器隙动差对观测成果的影响。

水准测量观测的限差符合表 1-1-17 的规定。

水准测量观测的限差(单位:mm)　　　　表 1-1-17

等　级		项　目			
		基、辅分划(黑红面)读数之差	基、辅分划(黑红面)所测高差之差	检测间歇点高差之差	上下丝读数平均值与中丝读数之差
一等		0.3	0.4	0.7	3
二等		0.5	0.7	1	3
三等	光学测微法	1	1.5	3	—
	中丝读数法	2	3		
四等		3	5	5	—
五等		4	7	—	—

水准观测中,测站观测限差超限必须立即重测,否则从水准点或间隙点起重测。两次观测高差较差超限时应重测。测段往返测高差较差超限必须重测,重测后选用往返合格的成果。如果重测结果与原测结果分别比较,较差均不超过限差时,取三次结果的平均值。观测作业结束后,及时整理和检查外业观测记录,在全面检查确认观测成果全部符合规定后,才能进行计算。四等及以上高程控制测量均计算路线(或环线)闭合差,以测段往返测高差不符值,按式(1-1-82)计算每千米高差中数偶然中误差 M_Δ。当高程控制网的附合路线或环线超过 20 个时,还应以附合或环线闭合差,按式(1-1-83)计算每千米高差中数全中误差 M_W。四等及以上水准测量在全线测量贯通后采用严密平差方法进行整体平差,并求出各点的高程中误差。水准测量数据取位符合表 1-1-18 的规定。

水准测量数据取位　　　　表 1-1-18

等　级	往(返)测距离总和(km)	往(返)测距离中数(km)	各测站高差(mm)	往(返)测高差总和(mm)	往(返)测高差中数(mm)	高程(mm)
一、二等	0.01	0.1	0.01	0.01	0.1	0.1
三、四等	0.01	0.1	0.1	0.1	0.1	1
五等	0.1	0.1	1	1	1	1

四、三角高程测量

三角高程测量,通过观测两点间的水平距离和天顶距(或高度角)求定两点间高差的方法。它观测方法简单,受地形条件限制小,是测定大地控制点高程的基本方法。用全站仪直接测定两点间距离与角度进而计算两点间高差的方法称为光电测距三角高程测量。

1. 光电测距三角高程测量

光电测距三角高程测量,宜布设成三角高程网或高程导线,视线高度和离开障碍物的距离不得小于 1.2m。高程导线的闭合长度不超过相应等级水准线路的最大长度。光电测距三角高程测量观测的技术要求符合表 1-1-19 的规定。

光电测距三角高程测量观测的主要技术要求　　　　　　　　表 1-1-19

等　级	仪器等级	边长(m)	观测方式	测距边测回数	垂直角测回数	指标差较差(″)	测回间垂直角较差(″)
三等	1″	≤600	2 组对向观测	2	4	5	5
四等	2″	≤800	对向观测	2	3	7	7
五等	2″	≤1 000	对向观测	1	2	10	10

光电测距三角高程测量的主要技术要求符合表 1-1-20 的规定。

光电测距三角高程测量的主要技术要求(单位:mm)　　　表 1-1-20

测量等级	对向观测高差较差	附合或环线高差闭合差	检测已测测段的高差之差
三等	$\pm 25\sqrt{D}$	$\pm 12\sqrt{\sum D}$	$\pm 20\sqrt{L_i}$
四等	$\pm 40\sqrt{D}$	$\pm 20\sqrt{\sum D}$	$\pm 30\sqrt{L_i}$
五等	$\pm 60\sqrt{D}$	$\pm 30\sqrt{\sum D}$	$\pm 40\sqrt{L_i}$

注:D 为测距边长;L_i 为测段间累计测距边长,以 km 计。

三等光电测距三角高程测量按单程双对向或双程对向方法进行两组对向观测。测站间两组对向观测高差的平均值之较差不大于 $12\sqrt{D}$ mm。

光电测距三角高程测量可结合平面导线测量同时进行。仪器高和反射镜高量测,在测前、测后各测一次,两次互差不得超过 2mm。三、四等测量时,宜采用专用测尺或测杆量测。距离采用不低于 Ⅱ 级精度的测距仪观测,取位至 mm。测距限差符合表 1-1-17 相应仪器等级的规定。导线点作为高程转点,转点间的距离和竖直角必须往返观测,并宜在同一气象条件下完成。计算高差时考虑大气折光差和地球曲率的影响。两点间高差采用往返观测平均值。测距时,测定气温,读至 0.5℃,并在斜距中加入气象改正。竖直角不宜大于 20°,否则,适当增加测回数,提高竖直角和距离的测量精度。光电测距三角高程测量时观测时间的选择取决于成像是否稳定。但在日出、日落时,大气垂直折光系数变化较大,不宜进行长边观测。

三角高程高差按式(1-1-84)~式(1-1-87)进行计算。

(1)用光电测距的斜距计算高差:

单向观测:

$$\Delta h_{1.2} = S_{1.2}\sin V_{1.2} + \frac{S_{1.2}^2\cos^2 V_{1.2}}{2R}(1-1-K) + i_1 - l_1 \qquad (1-1-84)$$

对向观测:

$$\Delta h_{1.2} = \frac{S_{1.2}\sin V_{1.2} - S_{2.1}\sin V_{2.1}}{2} + \frac{1}{2}(i_1 + l_2) - \frac{1}{2}(i_2 + l_1) \qquad (1-1-85)$$

(2)用水平距离计算高差:

单向观测:

$$\Delta h_{1.2} = D_{1.2}\tan V_{1.2} + \frac{1-K}{2R}D_{1.2}^2 + i_1 - l_1 \qquad (1\text{-}1\text{-}86)$$

对向观测:

$$\Delta h_{1.2} = D_{1.2}\frac{\tan V_{1.2} - \tan V_{2.1}}{2} + \frac{1}{2}(i_1 + l_2) - \frac{1}{2}(i_2 + l_1) \qquad (1\text{-}1\text{-}87)$$

式中:$\Delta h_{1.2}$——点 1 至点 2 间的高差;

$S_{1.2}$——点 1 至点 2 间的斜距;

$D_{1.2}$——点 1 至点 2 间的水平距离;

$V_{1.2}$——点 1 至点 2 间的垂直角;

i_1、i_2——点 1、点 2 的仪器高;

l_1、l_2——点 1、点 2 的反射镜高;

K——折光系数;

R——地球平均曲率半径。

一组测量中,各边球差改正后,当往返测高差较差超限时,应往返重测。重测的往返高差较差仍然超限,但往返测高差平均值与原往返测高差平均值之差小于各等级水准测量限差时,其结果取 2 次往返测高差平均值的均值。

2. 精密光电三角高程测量

精密光电测距三角高程测量主要用于困难山区代替二等水准测量,所采用的全站仪具自动目标识别功能,仪器标称精度不低于 0.5″、1mm + 1ppm,使用的全站仪经过特殊加工,能在全站仪把手上安装反射棱镜,反射棱镜的安装误差不得大于 0.1mm,并使用特制的水准点对中棱镜杆。

精密光电测距三角高程测量观测时采用两台全站仪同时对向观测,在一个测段上对向观测的边数为偶数,不量取仪器高和觇标高,观测距离一般不大于 500m,最长不超过 1 000m,竖直角不宜超过 10°。测段起、止点观测为同一全站仪、棱镜杆,观测距离在 20m 内,距离大致相等。

所采用的全站仪具自动目标识别功能,并满足表 1-1-21 的要求。

仪器精度指标　　　　　　　　　　表 1-1-21

等　级	最低测角精度	最低测距精度	等　级	最低测角精度	最低测距精度
二等	0.5″	1mm + 1ppm × D	三等	1.0″	1mm + 2ppm × D
精密水准	1.0″	1mm + 2ppm × D			

注:D 为距离,单位为 m。

精密三角高程测量观测时采用两台全站仪同时对向观测,在一个测段上对向观测的边为偶数条边,不量取仪器高和觇标高,观测距离一般不大于 500m,最长不超过 1000m,竖直角不超过 10°,测段起、止点观测为同一全站仪、棱镜杆,观测距离在 20m 内,距离大致相等。观测中加入气象和地球曲率改正。

精密三角高程测量观测的主要技术要求符合表 1-1-22 的规定。

精密三角高程测量观测的主要技术要求　　　　　表 1-1-22

等级	边长	测回数	指标差较差（"）	测回间垂直角较差（"）	测距较差（mm）	各测回高差较差（mm）
二等	100m 以内	2	5	5	3	$\pm 4\sqrt{S}$
	100～500m	4				
	500～800m	6				
	800～1 000m	8				
精密水准	150m 以内	2	5	5	3	$\pm 8\sqrt{S}$
	150～600m	4				
	600～800m	6				
	800～1 000m	8				
三等	200m 以内	2	6	6	3	$\pm 12\sqrt{S}$
	200～700m	4				
	700～1 000m	6				

注：S 为视线长度，单位为 km。

五、GNSS 高程测量

GNSS 高程测量是利用全球定位系统(GPS)测量技术直接测定地面点的大地高，或间接确定地面点的正常高的方法。

在采用传统地面观测技术确定地面点的位置时，平面位置和高程通常是分别独立确定的，这样做的原因主要有两个：一个是平面位置和高程分别基于不同的参考基准，确定平面位置时，通常以参考椭球面为基准，而确定高程位置时，则以大地水准面或似大地水准面为基准；另一个是确定平面位置和高程所采用的观测方法不同，水准位置通常通过测水平角、测边的方法来确定，而高程则是通过水准测量或测竖直角和测边的方法来确定，由于观测方法不尽相同，因而进行观测时所要求的观测条件也不相同。

采用包括 GNSS 在内的空间定位技术，虽然可以同时确定出点的三维位置，但所确定出的高程是相对于一个特定参考椭球的，即所谓的大地高，而不是实际应用中广泛采用的于地球重力位密切相关的正高或正常高。不过，如果能够设法获得相应点上的大地水准面差距或高程异常，就可以进行相应高程系统的转换，将大地高转换成正高或正常高。

1. 高程系统及相互关系

（1）大地高

大地高系统是以参考椭球面为基准的高程系统。地面点的大地高定义为由地面点沿通过该点的参考椭球面法线至参考椭球面的距离。大地高也称为椭球高，以符号 H 表示。大地高是一个纯几何量，不具有物理意义。它是大地坐标的一个分量，与基于参考椭球面的大地坐标系有着密切的关系。显然，大地高与大地基准有关，同一个点在不同的大地基准下，具有不同的大地高。

（2）正高

正高系统是以地球不规则的大地水准面为基准面的高程系统。某点的正高是从该点出发,沿该点与基准面间各个重力等位面的垂线所量测出的距离。需要指出的是,重力中的内在变化将引起垂线平滑而连续的弯曲,因而在一段垂直距离上,与重力正交的物理等位面并不平行(即垂线并不完全与椭球的法线平行)。正高用符号 H_g 表示。正高的测定通常通过水准测量进行。大地高可分解为正高 H_g 和大地水准面差距 N 两部分,正高具体明确的物理意义。

（3）正常高

似大地水准面是由各地面点沿正常重力线向下量取正常高后所得到的点构成的曲面。与大地水准面不同,似大地水准面不是一个等位面,它没有确切的物理意义,但与大地水准面较为接近,并且在辽阔的海洋上与大地水准面一致。沿正常重力线方向,由似大地水准面上的点量测到参考椭球面的距离被称为高程异常,用符号 ζ 表示。大地高又可分解为正常高 H_r 与高程异常 ζ 两部分。我国的高程系统是以似大地水准面为基准的正常高系统,高程系统及相关关系如图 1-1-12 所示。

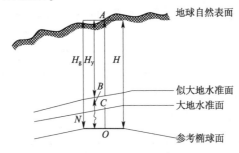

图 1-1-12　高程系统及相互关系

（4）不同高程系统间的关系

大地高、正高和正常高之间的相互关系如下：

$$H = H_g + N \text{ 或 } H_g = H - N \tag{1-1-88}$$

$$H = H_r + \zeta \text{ 或 } H_r = H - \zeta \tag{1-1-89}$$

$$H_r = H_g + \frac{g_m - r_m}{r_m} H_g \text{ 或 } H_g = H_r - \frac{r_m - g_m}{r_m} H_r \tag{1-1-90}$$

2. GNSS 水准

虽然正高和正常高均可以通过水准和重力测量得到,但是这些方法的作业成本非常高,而作业效率又相对较低。随着 GPS 的出现,采用 GPS 技术测定点的正高和正常高,即所谓的 GNSS 水准。

如果大地水准面差距已知,就能够通过式(1-1-88)进行大地高与正高间的相互转换,但当其未知时,则需要设法确定大地水准面差距的数值。确定大地水准面差距的基本方法有大地水准面模型法、重力测量法和几何内插法及残差模型法等方法。

（1）大地水准面模型法

大地水准面模型是一个代表地球重力场形状的数学面,通常由有限次阶次的球谐多项式构成,具有如下形式：

$$N = \frac{GM}{R\gamma} \sum_{n=2}^{n_{\max}} \sum_{m=0}^{n} \left(\frac{a_e}{R}\right)^n P_{n,m}(\sin\phi)(C_{nm}^* \cos m\lambda + S_{nm} \sin m\lambda) \tag{1-1-91}$$

式中：ϕ、λ——计算点的地心纬度和经度；

R——计算点的地心半径;
γ——椭球上的正常重力;
a_e——地球赤道半径;
G——万有引力常数;
M——地球质量;
$P_{n,m}$——n 次 m 阶伴随 Legendre 函数;
C_{nm}^*, S_{nm}——大地水准面差距所对应参考椭球重力位 n 次 m 阶球谐系数;
$n_{\max}$——球谐展开式的最高阶次。

大地水准面模型的适用性范围很广,可在陆地、海洋和近地轨道中使用,不过目前全球性的模型在某些区域其精度和分辨率有限。

(2) 重力测量法

重力测量法的基本原理是对地面重力观测值进行 Stokes 积分,得到大地水准面差距。其中 Stokes 积分为:

$$N = \frac{R}{4\pi\gamma} \iint_s \Delta g S(\psi) \mathrm{d}S \tag{1-1-92}$$

式中:R——地球平均半径;
γ——全球正常重力的平均值;
$S(\psi)$——Stokes 函数;
Δg——某个地面表面单元的重力异常(等于归化到大地水准面上的观测重力值减去椭球上相应点处的正常重力值);
ψ——从地心所量测的计算点与重力异常点间的角半径。

采用该方法所得到大地水准面差距的精度与重力观测值的质量和覆盖密度有关。与大地水准面模型相似,该方法所确定出的相对大地水准面差距精度要优于绝对大地水准面差距,其相对精度可达数十万分之一。

(3) 几何内插法

在一个点上进行 GNSS 观测,可以得到该点的大地高。若能够得到该点的正常高 H_g,就可以根据式(1-1-93),计算出该处的大地水准面差距 N:

$$N = H - H_g \tag{1-1-93}$$

式中,H 可通过水准测量确定。

几何内插法的基本原理就是通过一些既进行 GNSS 观测又具有水准资料的点上的大地高水准面差距,采用平面或曲面拟合、配置、三次样条等内插方法,得到其他点上的大地水准面差距。下面简单介绍常用的多项式内插法。

零次多项式(常数拟合):

$$N = a_0 \tag{1-1-94}$$

一次多项式(平面拟合):

$$N = a_0 + a_1 \mathrm{d}B + a_2 \mathrm{d}L \tag{1-1-95}$$

二次多项式(二次曲面拟合):

$$N = a_0 + a_1 \mathrm{d}B + a_2 \mathrm{d}L + a_3 \mathrm{d}B^2 + a_4 \mathrm{d}L^2 + a_5 \mathrm{d}B \mathrm{d}L \tag{1-1-96}$$

式中：$dB = B - B_0$；

$dL = L - L_0$；

$B_0 = \dfrac{1}{n}\sum B$；

$L_0 = \dfrac{1}{n}\sum L$；

n——进行 GNSS 观测的点的数量。

利用其中一些具体水准资料的所谓公共点上大地高和正高，可以计算出这些点上的大地水准面差距 N。若要采用零次多项式内插，需要确定 1 个拟合系数，至少需要 1 个公共点；若要采用一次多项式进行内插，要确定 3 个拟合系数，至少需要 3 个公共点；若要采用二次多项式进行内插，要确定 6 个参数，则至少需要 6 个公共点。以进行二次多项式拟合为例，存在一个这样的公共点，就可以列出一个方程，即：

$$N = a_0 + a_1 dB_i + a_2 dL_i + a_3 dB_i^2 + a_4 dL_i^2 + a_5 dB_i dL_i \tag{1-1-97}$$

若存在 m 个这样的公共点，则可列出一个由 m 个方程组成的方程组

$$\begin{cases} N_1 = a_0 + a_1 dB_1 + a_2 dL_1 + a_3 dB_1^2 + a_4 dL_1^2 + a_5 dB_1 dL_1 \\ N_2 = a_0 + a_1 dB_2 + a_2 dL_2 + a_3 dB_2^2 + a_4 dL_2^2 + a_5 dB_2 dL_2 \\ \cdots \\ N_m = a_0 + a_1 dB_m + a_2 dL_m + a_3 dB_m^2 + a_4 dL_m^2 + a_5 dB_m dL_m \end{cases} \tag{1-1-98}$$

将式（1-1-98）写成矩阵形式，则有：

$$\boldsymbol{V} = \boldsymbol{A}\boldsymbol{x} + \boldsymbol{L} \tag{1-1-99}$$

式中：$\boldsymbol{A} = \begin{bmatrix} 1 & dB_1 & dL_1 & dB_1^2 & dL_1^2 & dB_1 \cdot dL_1 \\ 1 & dB_2 & dL_2 & dB_2^2 & dL_2^2 & dB_2 \cdot dL_2 \\ & & & \cdots & & \\ 1 & dB_m & dL_m & dB_m^2 & dL_m^2 & dB_m \cdot dL_m \end{bmatrix}$

$\boldsymbol{x} = \begin{bmatrix} a_0 & a_1 & a_2 & a_3 & a_4 & a_5 \end{bmatrix}^T$

$\boldsymbol{V} = \begin{bmatrix} N_1 & N_2 & \cdots & N_m \end{bmatrix}^T$

通过最小二乘法可以求解出多项式的系数：

$$\boldsymbol{x} = -(\boldsymbol{A}^T \boldsymbol{P} \boldsymbol{A})^{-1}(\boldsymbol{A}^T \boldsymbol{P} \boldsymbol{L}) \tag{1-1-100}$$

式中：$\boldsymbol{P}$——大地水准面差距值的权阵，可根据正高和大地高的精度加以确定。

几何内插法简单易行，不需要复杂的软件，可以得到相对于局部参考椭球的大地水准面差距信息，适用于那些具有足够既有正高又有大地高的点并且分布和密度较为合适的地方。该方法所得到大地水准面差距精度信息与公共点的分布、密度和质量及大地水准面的光滑度等因素有关。由于该方法是一种纯几何的方法，进行内插时未考虑大地水准面起伏变化，因而一般仅适用于大地水准面较为光滑的地区，如平原地区。但对于大地水准面起伏较大的地区，如山区，这种方法的准确度有限。另外，通过该方法得到的拟合系数，仅适用于确定这些系数的 GNSS 网范围内。

(4)残差模型法

几何内插法是一种纯几何的方法,进行内插时未考虑大地水准面起伏变化,因而内插精度和适用范围均受到很大的限制。残差模型法则较好的克服了几何内插法的一些缺点,其基本的思路也是内插,不过与几何内插法所针对的对象不同,残差法内插的对象并不是大地水准面差距或高程异常,而是它们的残差模型,其基本思路是:首先,根据大地水准面模型式(1-1-91)计算地面点 P 的大地水准面差距 N_P;对 P 点进行常规水准联测,利用这些点上的 GNSS 观测成果和水准资料求出这些点的大地水准面差距 N'_P;求出采用以上两种不同方法所得到的大地水准面差距的差值 $\Delta N_P = N'_P - N_P$,即所谓的大地水准面模型的残差值;算出 GNSS 网中所有进行了常规水准联测点上的大地水准面模型残差值;根据所得到的大地水准面模型残差值,采用内插方法确定出 GNSS 网未进行过常规水准联测点上的大地水准模型残差值 ΔN_i,并利用这些值对这些点上由大地水准面模型所计算出大地水准面差距 N_i 进行改正,得出经过改正后的大地水准面差距值 $N'_i = N_i + \Delta N$。

仿照式(1-1-94)~式(1-1-100)的推导过程,可以得到残差模型的推导系数,进而通过 GNSS 测量大地高的方法内插出 GNSS 点所在位置的正常高或正高。

六、跨河水准测量

跨河水准测量是视线长度超过规定,跨越河流、湖泊、沼泽等的水准测量。

线路跨越江河、湖海及深沟时,各等级水准测量按下列规定进行:

跨河水准测量可采用一般观测方法进行观测,但在测站上变换仪器高度观测两次,两次高差之差符合表 1-1-23 的规定。

跨河水准测量两次观测高差之差(单位:mm)　　　　表 1-1-23

测量等级	高差之差	测量等级	高差之差
一、二等	≤1.5	四等	≤7
三等	≤5	五等	≤9

跨河水准测量根据视线长度和仪器设备等情况,按表 1-1-24 的规定选用适当方法进行观测。当跨河距离超过表中的规定时,按照测区情况进行专项设计。

跨河水准测量方法及其适用的距离(单位:m)　　　　表 1-1-24

观测方法		最长跨距	观测方法	最长跨距
直接读尺法	三、四等	300	光学测微法	500
直接读尺法	五等	500	倾斜螺旋法	1 500
微动觇板法	三等	500	经纬仪倾角法	3 500
微动觇板法	四等	1 000	测距三角高程法	3 500
微动觇板法	五等	1 500	GNSS 测量法	

注:视线长度超过上表规定时,采用的方法和要求,依据测区条件进行专项设计。

跨河水准测量采用双线过河,并按等精度在两岸联测,组成四边形闭合环。采用直接读尺法、微动觇板法、光学测微法、倾斜螺旋法、经纬仪倾角法和测距三角高程法进行跨河水准测量时,根据跨河视线长度按下列规定确定测回数、组数和限差。观测的测回数及组数,按表 1-1-25 的规定执行。

跨河水准测量观测的测回数和组数   表1-1-25

跨河视线长度(m)	一等		二等		三等		四等		五等	
	双测回数	半测回组数	双测回数	半测回组数	双测回数	半测回组数	双测回数	半测回组数	双测回数	半测回组数
≤300	4	2	2	2	2	1	2	1	1	1
301~500	6	4	2	2	2	2	2	2	1	1
501~800	8	6	6	4	4	3	2	2	1	1
801~1 000	10	6	8	4	4	3	2	2	2	1
1 001~1 200	12	8	8	6	4	4	3	2	2	2
1 201~1 500	14	8	10	6	4	4	3	2	2	2
1 501~1 800	18	12	12	8	6	4	4	3	3	2
1 801~2 000	20	12	14	8	6	4	4	3	3	2
>2 000	10s	12	7s	8	3s	4	4	3	4	2

注:表中 s 为跨河视线长度千米数,尾数凑整到0.5或1。

各双测回高差互差限值 $dH_限$,按式(1-1-101)计算:

$$dH_限 = 4 \cdot M_\Delta S \sqrt{N \cdot S} \quad (1\text{-}1\text{-}101)$$

式中:$dH_限$——测回间高差互差限值(mm);

M_Δ——相应等级的每千米水准测量的偶然中误差(mm);

N——双测回的测回数;

S——跨河视线长度(km)。

当只用一台水准仪或两台经纬仪进行跨河水准测量不能组成双测回时,测回数为表1-1-19所列数值的2倍。计算单测回高差互差限值 $dH_限$ 时,N 按单测回数计。采用直接读尺法、微动觇板法、光学测微法、倾斜螺旋法和经纬仪倾角法进行跨河水准测量时,仪器的选用与检校、场地的选定与布设、觇板设计与制作、观测程序与方法、记录与计算及跨河点高程检测等技术要求符合现行《国家一、二等水准测量规范》(GB/T 12897—2006)和《国家三、四等水准测量规范》(GB/T 12898—2009)中的有关规定。采用测距三角高程法进行一、二等跨河水准测量时,场地布设、垂直角观测程序、测回间高差互差的检算按下列规定执行,其他技术要求符合现行《国家一、二等水准测量规范》(GB/T 12897—2006)的有关规定。按图1-1-13的平行四边形或等腰梯形选定跨河点,布设场地,视线垂直角小于1°。A、B 和 C、D 分别为两岸安置仪器(或标尺)的位置,均埋设固定标石,中间嵌入水准标志。

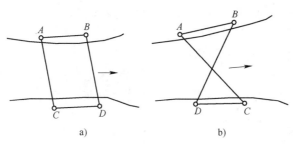

图1-1-13 三角高程跨河场地布设图形

垂直角观测程序：

(1) 观测近标尺：在 A、D 设站，同时观测本岸近标尺，测定 b_B 和 b_{CI}。

(2) 观测远标尺：两岸仪器同步观测对岸远标尺，测定 α_{AD} 和 α_{CB}。

(3) 将两岸仪器分别搬至同岸的 B、C 设站，依次完成近、远标尺的观测和读数。

(4) 完成上述观测后，观测员、仪器、标尺相互调岸，并按相同程序和方法进行观测。也可在测完半数测回后调岸。两台仪器分别在两岸相同时段对向观测 1 条边的成果组成 1 个单测回，总测回数为表 1-1-19 中双测回数的 2 倍。

测回间高差互差的检算：

每条边各单测回高差的互差符合式(1-1-101)规定的限值，其中 N 为单测回数。

由平行四边形或梯形的四条边组成的独立闭合环，用同一时段的各条边高差计算闭合差 W 不大于式(1-1-103)计算的限值：

$$W = 6 \cdot M_W \cdot \sqrt{s} \tag{1-1-102}$$

式中：M_W——每千米水准测量的全中误差限值(mm)；

　　　s——跨河视线长度(km)。

七、数据处理

1. 数据预处理

观测作业结束后，及时整理和检查外业观测记录，或由电子水准仪中将电子记录传输至计算机，在全面检查确认观测成果全部符合规定后，才能进行计算。

2. 闭合差计算

水准测量路线闭合差 W 的计算公式为：

$$W = (H_0 - H_n) + \sum h' + \sum \varepsilon + \sum \lambda \tag{1-1-103}$$

式中：H_0、H_n——水准测量路线两端点的已知高程；

　　　$\sum h'$——水准测量路线中各测段观测高差加入标尺长度改正数 δ_f、标尺温度改正 ∂ 后的往返测高差中数之和；

　　　$\sum \varepsilon$——水准测量路线中各测段的正常水准面不平行改正数之和；

　　　$\sum \lambda$——水准测量路线中各测段重力异常改正数之和。

水准测量路线中每个测段的高差改正数可按下式计算，即：

$$v = -\frac{R}{\sum R} W \tag{1-1-104}$$

式中：W——水准测量路线已加入各项改正后的闭合差；

　　　R——测段长度或测段测站数；

　　　$\sum R$——水准路线总长度或总测段数。

3. 水准测量外业高差改正

二等水准、精密水准测量计算高差时考虑加入下列改正：

(1) 水准标尺长度改正；

(2) 水准标尺温度改正；

(3) 正常水准面不平行改正；

(4) 重力异常改正；

(5) 固体潮改正；

(6) 路(环)线闭合差改正。

三等水准、四等水准测量计算高差改正数加入下列改正：

(1) 水准标尺长度改正；

(2) 正常水准面不平行改正；

(3) 路(环)线闭合差改正。

4. 偶然中误差及全中误差计算

以测段往返测高差不符值，计算偶然中误差 M_Δ，当闭合环或附合路线超过 20 个时，计算每公里观测高差的全中误差 M_W、M_Δ 和 M_W 按式(1-1-82)、式(1-1-83)计算。

5. 平差计算

水准网平差进行整网条件平差或间接平差，计算取位按表 1-1-26 进行。

水准测量数据取位   表 1-1-26

等 级	往(返)测距离总和 (km)	往(返)测距离中数 (km)	各测站高差 (mm)	往(返)测高差总和 (mm)	往(返)测高差中数 (mm)	高程 (mm)
二等、精密水准	0.01	0.1	0.01	0.01	0.1	0.1
三、四等	0.01	0.1	0.1	0.1	0.1	1

6. 高程控制测量完成后，提交的成果资料

(1) 技术设计书；

(2) 外业观测手簿及仪器检定证书；

(3) 外业高差各项改正数计算资料；

(4) 测量平差计算表；

(5) 高程成果表；

(6) 水准点点之记；

(7) 水准路线联测示意图；

(8) 技术总结报告。

第四节　误差理论与测量平差

一、误差理论

测量(观测)数据是指用某种手段获取地球与某实体空间分布的有关信息数据。任何观测数据总包含有用的信息和干扰两部分，干扰亦称误差。

测量仪器、观测者、外界条件三者是引起误差的主要来源，其综合因素统称为观测条件。从某种环境观测条件的好坏客观上亦反映出观测成果质量的高低。但无论观测条件如何，在观测过程中，观测结果总是受上述种种因素的影响而产生这样或那样的误差，在某种意义上，测量中产生的误差是不可避免的，问题在于客观条件允许范围内，测量工作者如何控制或限制误差的影响，以确保观测成果的质量。

1. 误差的分类

按测量误差对测量结果的影响性质可分为偶然误差、系统误差和粗差三类。

1) 偶然误差

在同等观测条件下,大小、符号变化呈偶然性(即无规律性),但从大量误差的总体统计而言,又具有一定的规律性,这种误差称为偶然误差。

观测数据中的偶然误差是普遍存在的,从在量观测数据中可以发现,由于偶然因素的影响(照准、读数外界条件和仪器本身等)使观测数据忽大忽小,其符号呈正负变化,这种误差即是偶然误差。

在一定观测条件下,一系列的测量观测值其误差大小及符号通常表现出偶然性,从总体而言却具有一定的统计规律,它的总体影响服从或近似服从正态分布的随机变量。

对单个观测值偶然误差而言,其大小、符号无规律性,呈现出一种偶然(随机)性,但从测量实践中发现,在相同观测条件下,大量偶然误差分布却表现出一定的统计规律性。在相同观测条件上所得到的一组独立的观测误差,只要观测量的误差总个数足够大,出现在各区间内的误差频率就会稳定在某一常数(理论频率)附近,当观测个数越多,稳定程度就越大。

图 1-1-14 表示在观测条件不变的情况下,一组误差的频率在各区间内的分布:

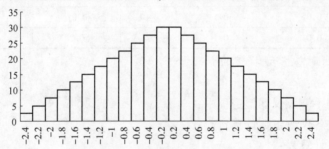

图 1-1-14 误差分布直方示意图

当 $n→∞$ 时,误差区间间隔相应缩小,此时长方形所形成的折线将变成(图 1-1-15)所示的光滑曲线。这种曲线即是误差概率分布曲线或称为误差分布曲线。

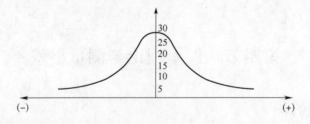

图 1-1-15 误差分布曲线图

随着 n 的逐渐增大,偶然误差的频率分布以正态分布为其极限。当 $n→∞$ 时,经验分布的极限称为误差理论分布。大多数测量误差是服从正态分布的,因此通常将正态分布看作偶然误差的理论分布。

现用概率理论的术语概括偶然误差的几个特性:

(1) 在一定观测条件下,误差的绝对值有一定的极值,而超出一限值的误差,其出现的概率为零;

(2)绝对值较小的误差比绝对值较大的误差出现的概率大;

(3)绝对值相等的正负误差出现的概率相同;

(4)偶然误差的数学期望为零,即偶然误差的理论平均值的误差为零。

2)系统误差

在相同观测条件下,一系列观测数据其误差大小符号呈现出系统倾向性,或按一定规律变化,这种误差称之为系统误差。如钢尺量距时,尺长误差所引起的距离误差与所测距离长度成正比,距离越长,积累误差越大,这种误差属于系统误差。同时亦发现由于外界因素的变化而产生观测数据周期性的误差,这种具有线性、周期性现象等有规律的误差被称为规律性系统误差。

系统误差对观测结果的影响一般具有累积的作用,它对成果质量有着显著的影响。系统误差与偶然误差在观测过程中是同时产生的,观测过程中,应采取措施消除或削弱其影响,使系统误差处于可以忽略不计的程度或在整个观测误差中处于次要的地位。当系统误差的存在对观测结果的影响不能用简单的方法排除时,亦可在数据处理(软件)中设法予以消除或削弱其影响。

3)粗差

粗差指在正常观测条件下出现的最大的误差大于规范中规定的误差,通常比偶然误差大好几倍。工程测量中规定大于中误差二倍的误差为限差。一般测量过程规定大于三倍中误差的误差为极限误差。超过极限误差的观测值被认为是错误或粗差,在一定程度上是可以避免的。当今测绘新技术时代,如全球定位(GPS)系统、地理信息系统(GIS)、遥感技术(RS)以及其他高精度的自动化数据采集中,当粗差混入信息之中,难以用简单方法加以剔除时,应通过数据处理方法加以识别与消除,以确保测量成果的准确性。

2. 衡量精度的指标

精度,即指误差分布的密集或离散程度。用一个数字概念来反映误差分布的密度或离散程度的大小,称之为衡量精度的指标。

常用的精度指标有:

(1)方差和中误差

我国现行规范中规定采用中误差为衡量精度的标准。中误差按下式定义和计算:

$$\sigma = \pm \sqrt{\frac{[\Delta\Delta]}{n}} \text{ 或 } \sigma^2 = \frac{[\Delta\Delta]}{n} \qquad (1\text{-}1\text{-}105)$$

中误差表示每个独立观测值的精度,是观测值的中误差。中误差的平方称为方差。

(2)平均误差

在一定观测条件下一组独立观测值的偶然误差绝对值的数学期望称为观测值的平均误差,是一组独立观测值的偶然误差绝对值的算术平均值的极限值,也是真误差绝对值的平均值,用 θ 表示。

$$\theta = \pm \frac{[|\delta|]}{n} \qquad (1\text{-}1\text{-}106)$$

(3)或然误差

或然误差:大于它和小于它的误差出现概率相等的真误差;相当于一组真误差按大小顺

序排列,处于中间的那个误差,通常用 ρ 表示。

中误差、平均误差、或然误差在理论上不管用那种来衡量精度,其作用都是一样的。当观测次数趋向无限时,三者还存在如下的概略关系式:

$$\left.\begin{array}{l}\theta = \pm 0.7979\sigma \approx \pm \dfrac{4}{5}\sigma \\ \rho = \pm 0.6745\sigma \approx \pm \dfrac{2}{3}\sigma\end{array}\right\} \quad (1\text{-}1\text{-}107)$$

(4) 极限误差

在大量同精度观测数据中误差在 $(-\sigma, +\sigma)$、$(-2\sigma, +2\sigma)$、$(-3\sigma, +3\sigma)$ 的概率分布分别为:

$$\left.\begin{array}{l}p(-\sigma < \Delta < +\sigma = 68.3\%) \\ p(-2\sigma < \Delta < +2\sigma = 95.5\%) \\ p(-3\sigma < \Delta < +3\sigma = 99.7\%)\end{array}\right\} \quad (1\text{-}1\text{-}108)$$

即大于中误差 (σ) 的偶然误差绝对值重现概率为 31.7%,而大于 2 倍中误差 (2σ) 的偶然误差绝对值重现概率为 4.5%,而大于 3 倍中误差 (3σ) 的偶然误差绝对值重现概率为 0.3%。通常概率接近零的事件被认为实际不可能发生的事件,故以 3 倍中误差 (3σ 或 3m) 作为偶然误差的极限值 ($\Delta_{限}$) 也称之为极限误差,即:

$$\Delta_{限} = 3\sigma$$

在测量工作中,采用 2 倍中误差 (2σ) 作为极限误差,即认为观测值误差超过极限误差 (2σ) 时,被认为是粗差错误,不应采用或删去。

(5) 相对误差

从观测结果单靠中误差并不能完全反映观测结果的好坏,就距离而言,两段距离长度不同,其观测值中误差相同,但两者精度并不相同,故采用另一种办法来衡量精度,即通常采用的相对误差,它是观测值的中误差与观测值之比。它是个无名数,一般用 1/N 或 (M_s/s) 表示其分子化为 1,其分母即可体现相对精度的高低,在距离实测中所产生的距离 (或点位) 闭合差即可得到相对闭合差的相对精度。

3. 误差传播定律在测量上的应用

(1) 水准测量的精度

当各测站高差的观测精度相同时,水准测量高差的中误差与测站数的平方根成正比。其公式为:

$$\sigma_{h_{AB}} = \sqrt{N}\sigma_{站} \quad (1\text{-}1\text{-}109)$$

式中:$\sigma_{h_{AB}}$——A、B 两点间高差的中误差;

N——A、B 两点间测站数;

$\sigma_{站}$——各测站观测高差是精度相同的独立观测值的中误差。

当各测站的距离大致相等时,水准测量高差的中误差与距离的平方根成正比。其公式为:

$$\sigma_{h_{AB}} = \sqrt{S}\sigma_{公里} \quad (1\text{-}1\text{-}110)$$

式中：S——A、B 两点间的距离；

$\sigma_{公里}$——每公里观测值的中误差。

（2）距离测量的精度

距离 S 的测量中误差，等于单位长度中误差的 $\sqrt{S}$ 倍，或者说，距离 S 的中误差与 S 的平方根成正比。其公式为：

$$\sigma_s = \sqrt{S}\sigma \qquad (1\text{-}1\text{-}111)$$

式中：σ——单位长度观测中误差；

σ_s——距离测量中误差。

（3）同精度独立观测值的算术平均值的精度

N 个同精度独立观测值的算术平均值的中误差，等于各观测值的中误差除以 $\sqrt{N}$。其公式为：

$$\sigma_x = \frac{\sigma}{\sqrt{N}} \qquad (1\text{-}1\text{-}112)$$

式中：σ——独立观测值中误差；

σ_x——算术平均值中误差。

（4）若干独立误差的联合影响

测量工作中一个观测结果同时受到许多独立误差的联合影响，如：照准误差、读数误差、目标偏心差和仪器偏心差等对测角产生独立影响，此时观测结果的真误差应是各个独立误差的代数和，即 $\Delta_Z = \Delta_1 + \Delta_2 + \cdots + \Delta_n$，又各种误差是相互独立的，误差出现又是随机偶然的，由于各分量彼此相互独立的，它们之间方差关系式为 $\sigma_Z^2 = \sigma_1^2 + \sigma_2^2 + \cdots + \sigma_n^2$，即观测结果的方差（$\sigma_Z^2$）等于各独立误差对应的方差（$\sigma_i^2$）之和。

（5）交会定点的精度

测量工作中，通常用点位方差来衡量交会点的精度，点位方差等于该点在两个互相垂直方向上的方差之和，交会点 P 的点位方差为：

$$\sigma_P^2 = \sigma_x^2 + \sigma_y^2 = \left(\frac{S^2\sigma^2}{\rho^2}\right)(\cot^2 L_1 + \cot^2 L_2 + 2) \qquad (1\text{-}1\text{-}113)$$

式中：σ_P——交会点的中误差；

σ_x、σ_y——两个互相垂直方向上的中误差；

S——两点间距离；

ρ——弧度化秒的常数，取 206265；

L_1、L_2——两个独立角度观测值。

4. 权与定权的方法

一定观测条件对应一定的误差分布，而一定的误差分布对应着一个确定的方差（或中误差）。为了比较各观测值之间的精度可通过方差之间的比例关系来衡量观测值之间的精度高低。权即是表征精度的相对数字指标。

在测量实际工作中，精度的绝对数字指标可根据预先给定的条件确定，然后根据平差结果估算出精度的绝对数字指标（方差）。

(1) 权的定义

对一组观测值 $L_i(i=1,2,\cdots,n)$，它们对应一组方差 $\sigma_i^2(i=1,2,\cdots,n)$，若选定某一常数为单位权数中误差（或方差）$\sigma_0$，则定义观测值的方差 σ_i^2 与单位权方差 σ_0^2 之比为观测值（L_i）的权（P_i），即：

$$P_i = \frac{\sigma_0^2}{\sigma_i^2} \tag{1-1-114}$$

由此可导出观测值之间的比例关系为：

$$P_1:P_2:\cdots P_n = \frac{\sigma_0^2}{\sigma_1^2}:\frac{\sigma_0^2}{\sigma_2^2}:\cdots\frac{\sigma_0^2}{\sigma_n^2} = \frac{1}{\sigma_1^2}:\frac{1}{\sigma_2^2}:\cdots\frac{1}{\sigma_n^2} \tag{1-1-115}$$

由此可见，一组观测值的权之比等于相应方差的倒数之比，即方差（或中误差）越小，其权越大；或精度越高，其权越大。因此可用权来比较各观测值之间精度的高低。在一定观测条件下，方差是用来衡量观测值的绝对精度，而权仅仅用来比较各观测值之间精度高低的比例关系；一组观测值的权，其大小是随单位权中误差 σ_0 不同而异，但一组权之间的比例关系始终不会改变。

(2) 单位权中误差

水准网中通常以某路线长度 S 为观测高差 h_s 的精度为标准，并令 $\sigma_0 = \sigma_s$，其他观测高差的精度都与它作比较，由此可见，中误差等于 σ_0 的观测值，其权必然等于1，或是权为1的观测值的中误差必然等于 σ_0，通常称 σ_0 为单位权中误差。为实际需要或计算上的方便，σ_0 可任意选定，可不等于某一个观测值的中误差，或选取某一假定观测值作为单位权观测值，如水准网中选 $\sigma_0 = \sqrt{2}\sigma$，即代表路线长度为2km的观测高差为单位权观测值 δ^2 的中误差即是单位权的中误差。

在确定一组同类型元素观测值的权时，所选取的单位权中误差 σ_0 的单位，一般应与观测值中误差的单位相同，由于是单位权中误差平方（σ_0^2）与观测值中误差平方（σ_i^2）之比，故权一般是一组无量纲的数值。当所确定权的观测值含有两种以上不同类型元素时，如其权观测值（或函数）含有角度和长度，而它们的中误差的单位分别为"s"和"mm"。若选取单位权中误差的单位为s，则各个角度观测值的权是无量纲（无单位），而此长度观测值的权则为"s^2/mm^2"量纲。

5. 中误差计算及其应用

1) 不同精度的真误差计算单位权中误差

同精度的独立观测值的中误差为：

$$\sigma = \pm\sqrt{\frac{\sum_0^n \Delta i^2}{n}} \tag{1-1-116}$$

当观测值为不同精度的独立观测值时，求得单位权中误差的估值（$\hat{\sigma}_0$），即：

$$\hat{\sigma}_0 = \pm\sqrt{\frac{\sum_{i=1}^n P_i \Delta i^2}{n}} \tag{1-1-117}$$

2)真误差计算中误差的应用

在一般情况下,观测值的真误差是无法知道的,可根据闭合差来计算实际作业中某观测值的中误差。在测量工作中常用两种误差来计算观测值中误差的估值。

(1)由三角形闭合差求测角中误差:

三角网中由几个三角形所组成,同精度独立观测各三角形的三个内角,其三角形内角和的闭合差分别为 $W_1,W_2,\cdots,W_n$,则由三角形闭合差计算的内角和中误差为:

$$\sigma_\Sigma = \pm\sqrt{\frac{\sum_{i=1}^{n}W_i^2}{n}} \tag{1-1-118}$$

当三角形个数 n 为有限时,可求得测角中误差(σ_β)的估值 $\hat{\sigma}_\beta$:

$$\hat{\sigma}_\beta = \pm\sqrt{\frac{\sum_{i=1}^{n}W_i^2}{3n}} \tag{1-1-119}$$

(2)由双观测值之差观测值的中误差:

在测量工作中(如水准测量)对一系列观测量进行成对观测(如往、返观测或两次观测),假定同一观测对精度相同,不同观测对精度不同。由双观测值之差的单位权中误差公式。

当 n 为有限值时,其单位权中误差估值为:

$$\hat{\sigma}_0 = \pm\sqrt{\frac{\sum_{i=1}^{n}P_i d_i^2}{2n}} \tag{1-1-120}$$

各观测值平均值($\overline{L}_i$)的中误差估值为:

$$\hat{\sigma}_{\overline{L}_i} = \pm\frac{1}{2}\sqrt{\frac{\sum_{i=1}^{n}d_i^2}{n}} \tag{1-1-121}$$

二、测量平差

测量平差的基本任务是处理一系列带有偶然误差的观测值,求出未知量的最可靠值,并评定测量成果的精度。一个测量平差问题,首先要由观测值和待求量间组成数学模型,然后采用一定的平差原理对待求量进行估计,这种估计是最优的,最后计算和分析成果的精度。

1. 平差数学模型

测量平差的数学模型是描述观测量与未知量间数学函数关系的模型,是确定客观实际本质、特征的模型。一般为几何模型和物理模型,或几何物理综合模型。几何模型,如水准网、边角网、GNSS 网等所建立的函数模型;物理模型,如与时间有关的速度、加速度、位移、应变等描述观测量与未知量之间关系的模型。

数学模型分为线性模型和非线性模型两类;测量平差通常是基于线性模型的。对非线性函数模型,通常将其用泰勒(级数)公式展开化为线性函数形式。

(1)条件平差

以条件方程为函数模型的平差方法称之为条件平差。一般而言,若有几个观测值

($\tilde{L}_{n\cdot 1}$),其 t 个必须观测的,则应列出 $r=n-t$ 个条件方程。如水准网图(图 1-1-16),A 为已知其方程的水准点,B、C、D 为未知高程点,网中观测向量为:

$$\tilde{L}=[\tilde{h}_1,\tilde{h}_2,\tilde{h}_3,\tilde{h}_4,\tilde{h}_5,\tilde{h}_6]^{\mathrm{T}}$$

为确定 B、C、D 三点高程,其必要观测数 $t=3$,多余观测数 $r=n-t=3$,故应列出 3 个(线性无关)条件方程,即:

$$f_1(\tilde{L})=\tilde{h}_1+\tilde{h}_2-\tilde{h}_3$$
$$f_2(\tilde{L})=\tilde{h}_2+\tilde{h}_5-\tilde{h}_6$$
$$f_3(\tilde{L})=-\tilde{h}_3-\tilde{h}_4+\tilde{h}_6$$

$$A_{3.6}=\begin{bmatrix}1 & 1 & -1 & 0 & 0 & 0\\ 0 & 1 & 0 & 0 & 1 & -1\\ 0 & 0 & -1 & -1 & 0 & 1\end{bmatrix}$$

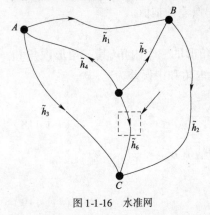

图 1-1-16 水准网

则:

$$A_{3.6}\tilde{L}_{61}=0 \quad (1\text{-}1\text{-}122)$$

对独立三角网的几种类型而言,条件方程:包括图形条件、圆周闭合条件、极条件(或称边长条件)。在任何闭合图形中,如所有顶点都进行了角度观测,则根据几何定理,每个平面三角形之三内角和必须等于 $180°$,每个多边形内角之和必须等于 $(n-2)\times 180°$(其中 n 为多边形边数)。

条件(方程)总数应等于多余观测的数目。为了确定多余观测的数目,应先确定最少必需观测(值)的数目。如从一条起算边出发每确定一个新点最少需要两个角(度),以此类推,如独立三角网图 1-1-17 所示,网内条件总数即是多余观测数目。观测角总数 $(w=17)$,网内三角点总数 $(p=6)$,则多余观测数 (r) 为:

$$r=w-2(p-2)$$

则:

$$r=w-2p+4=9$$

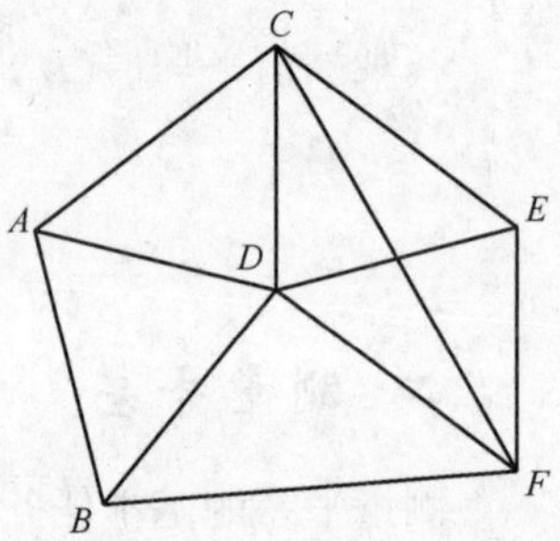

图 1-1-17 三角网

其中:图形条件 6 个,圆周条件 1 个,极条件 2 个。条件平差的函数模型为:

$$A\Delta+w=0 \quad (1\text{-}1\text{-}123)$$

(2)间接平差

在平差几何模型中选定 t 个独立量作为参数(未知数),并通过 t 个独立(量)参数确定该几何模型,模型中所有观测量都是 t 个独立参数的函数。

在测量控制网中通常采用待定点坐标为平差参数建立观测方程。一般而言,选择几何模型中 t 个独立量为平差参数将每一个观测量表达为所选参数的函数,列出函数关系式(即观测方程),并以此为平差函数模型即间接平差法函数模型。

如图 1-1-16 水准网,A 为已知高程 (H_A),而 B、C、D 点为待定点高程,其平差参数分别为 $\tilde{X}_1$、$\tilde{X}_2$、$\tilde{X}_3$,由此可列出观测方程为:

$$\left.\begin{aligned}\bar{h}_1 &= \bar{X}_1 - H_A \\ \bar{h}_2 &= -\bar{X}_1 + \bar{X}_2 \\ \bar{h}_3 &= \bar{X}_2 - H_A \\ \bar{h}_4 &= \bar{X}_3 + H_A \\ \bar{h}_5 &= \bar{X}_1 - \bar{X}_3 \\ \bar{h}_6 &= \bar{X}_2 - \bar{X}_3\end{aligned}\right\} \quad (1\text{-}1\text{-}124)$$

间接平差的函数模型是未知量为独立参数,多余观测数不随平差方法不同而异,每个观测量均可表达成 t 个参数的函数,即:

$$\tilde{L}_{n\cdot 1} = F(\tilde{X}), \quad \tilde{L}_{n\cdot 1} = B_{n\cdot t}\tilde{X}_{t\cdot 1} + d \text{ 或 } BX = l + \Delta \quad (1\text{-}1\text{-}125)$$

(3)附有参数的条件平差

条件平差中如观测值个数为 n,必要观测数为 t,则可列出 $r = (n-t)$ 个条件方程,当增设 $\mu(0<\mu<t)$ 个独立量作为参数时,每增设一个参数即增加一个条件方程。故以含有参数的条件方程作为平差函数模型并称为附有参数的条件平差。

一般而言,若观测值个数为 n,必要观测数为 t,多余观测数 $r=(n-t)$,增加 u 个独立参数后,应列出 $c=(r+u)$ 个条件方程,其一般形式为:

$$F_{c\cdot 1} = (\tilde{L}\tilde{X}) = 0 \quad (1\text{-}1\text{-}126)$$

条件(线性)方程形式为:

$$A_{c\cdot n}\tilde{L}_{n\cdot 1} + B_{c\cdot u}\tilde{X}_{u\cdot 1} + A_0_{c1} = 0 \quad (1\text{-}1\text{-}127)$$

或

$$A\Delta + B\tilde{X} + w = 0 \quad (1\text{-}1\text{-}128)$$

式中: $W = AL + A_0, A\tilde{L} = A(L+\Delta)$,其中 Δ 为观测值的改正数。条件方程总数 $c = r+u$,多余观测数 $r = c-u$。

(4)附有限制条件的间接平差

间接平差时,选出 t 个独立量为平差参数,每一个观测值与所选参数间的函数关系组成 t 个观测方程。如果平差中选定 u 个参数($u>t$),其中包含 t 个独立参数,多选 $s=(u-r)$ 个参数,必然也是 t 个独立参数的函数,在 u 个参数之间也存在着 s 个函数关系,用来约束参数之间应满足的关系,因此选定 $u>t$ 个参数进行间接平差时,除了建立 n 个观测方程外,还需增加 S 个约束参数的条件方程,故称为附加限制条件的间接平差。

一般而言,附加限制条件的间接平差组成的方程:

$$\left.\begin{aligned}\tilde{L}_{n\cdot 1} &= F\left(\tilde{X}_{u1}\right) \\ \phi_{s\cdot 1}\left(\tilde{X}\right) &= 0\end{aligned}\right\} \quad (1\text{-}1\text{-}129)$$

线性形式函数模型为:

$$\left.\begin{array}{c}\tilde{L}_{n\cdot 1}=B_{nu}\tilde{X}_{u1}+d_{n\cdot 1}\\ C_{su}\tilde{X}_{u1}+W_{s\cdot 1}=0\end{array}\right\} \qquad (1\text{-}1\text{-}130)$$

此时,$S=u-t$,$r=n-t=n-(u-s)$

2. 最小二乘原理

在生产实践中,常遇到利用一组观测数据来估计某些未知数的问题,如果观测无误差,设质点运动的初始位置 $\hat{a}(\varepsilon=0$ 时刻),质点运动的平均速度为 $\hat{B}$,只要在两个不同时刻 ε_1 和 ε_2 观测质点相应位置 Y_1、Y_2,并分别建立两个方程,即可求出 $\hat{a}$ 和 $\hat{B}$ 的值。但在实际观测时,考虑观测值带有偶然误差,故观测时总作多余观测,此时,在不同时刻($\varepsilon_1,\varepsilon_2,\cdots,\varepsilon_n$)分别测定其位置,得出一组观测值($Y_1,Y_2,\cdots,Y_n$),由此得到函数模型为:

$$v_i=\hat{a}+\varepsilon_i\hat{B}-Y_i(i=1,2,\cdots,n) \qquad (1\text{-}1\text{-}131)$$

令:$Y_{n\cdot 1}=\begin{bmatrix}y_1\\y_2\\\vdots\\y_n\end{bmatrix}$,$B_{n\cdot 2}=\begin{bmatrix}1&\varepsilon_1\\1&\varepsilon_2\\\vdots&\vdots\\1&\varepsilon_n\end{bmatrix}$,$\hat{X}_{2\cdot 1}=\begin{bmatrix}\hat{a}\\\hat{B}\end{bmatrix}$,$V_{n\cdot 1}=\begin{bmatrix}v_1\\v_2\\\vdots\\v_n\end{bmatrix}$

则式(1-1-131)为:

$$V=B\hat{X}-Y \qquad (1\text{-}1\text{-}132)$$

式(1-1-132)即是间接平差的函数模型。

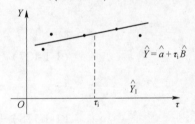

图 1-1-18　最小二乘原理示意图

由于观测值存在观测误差,从图 1-1-18 中可看出,观测数据绘出的观测点上下摆动不成直线,对参数 $\hat{a}$ 和 $\hat{B}$ 进行最佳估计,即使各观测点对直线的距离取最小值(即各观测点到直线的偏差绝对值之和为最小值)。当在不同的"最佳"状态下可以求得相应参数 $\hat{a}$ 和 $\hat{B}$ 的不同估值时,一般应用最小二乘原理,要求用最佳拟合于各观测点的估计曲线,并使观测点到该曲线的偏差的平方和为最小。

按最小二乘原理应满足:

$$\sum_{i=1}^{n}v_i^2=\sum_{i=1}^{n}(\hat{a}+\varepsilon_i\hat{B}-y_i)^2=\min \qquad (1\text{-}1\text{-}133)$$

在式(1-1-133)条件下解出参数估值 $\hat{a}$ 和 $\hat{B}$ 可表达为:

$$V^{\mathrm{T}}V=(B\hat{X}-Y)^{\mathrm{T}}(B\hat{X}-Y)=\min \qquad (1\text{-}1\text{-}134)$$

式中:$\hat{X}$——未知参数的估计向量(如 $\hat{X}=[\hat{a}\hat{B}]^{\mathrm{T}}$),式(1-1-134)的 $\hat{X}$ 估计称为 $\tilde{X}$(真值)的最小二乘估计,此方法称为最小二乘法。

不论观测值属于何种统计分布,均可按最小二乘原理进行参数估计。

第五节　测绘仪器常规检校方法

各类测绘仪器均应定期在具有测绘仪器检定资质的部门进行检定,每年检定一次,检定合格的仪器方可使用。在每次项目开工前,要进行常规检验和校正。

一、全站仪常规检校

全站仪的常规检验和校正项目如下,常规检校记录见表1-1-27。

全站仪常规检验记录　　　　　　　　　　　表1-1-27

仪器名称			编号		检验员		
					日期		
作业内容							
检验校正		检验			校正后检验		
圆水准器		气泡在任何位置		居中	气泡在任何位置		居中
长水准器		气泡在任何位置		居中	气泡在任何位置		居中
十字丝		纵丝与标志点		重合	纵丝与标志点		重合
视准误差	方法一	正镜读数		差	正镜读数	差	合格
		倒镜读数		合格	倒镜读数		
	方法二	正倒镜实测差值	mm	合格	正倒镜实测差值	mm	合格
指标误差	正镜读数		差值/2	合格	正镜读数	差值/2	合格
	倒镜读数		″		倒镜读数	″	
光学对中器		光学对中器中心与地面点中心在任何位置的差值	<>1mm		光学对中器中心与地面点中心在任何位置的差值	<>1mm	
光电测距三轴平行性		发射、接受、照准三轴		平行	发射、接受、照准三轴		平行

(1)望远镜光学性能的检验。

(2)调焦镜运行正确性的检验。

(3)照准部旋转是否正确的检验。照准部旋转轴正确,各位置气泡读数较差,1″级仪器不应超过2格,2″级仪器不应超过1格。

(4)垂直微动螺旋使用正确性的检验,视准轴在水平方向上不产生偏移。

(5)照准部旋转时仪器底座稳定性的检验,仪器底座位移指标:1″级仪器不应超过0.3″,2″级仪器不应超过1″。

(6)水平轴倾斜误差(水平轴不垂直于垂直轴之差)i角的检验:1″级仪器不应超过10″,2″型仪器不应超过15″。

将仪器安置在距一较高墙壁 $D=100m$ 左右处整平,选定墙上一固定的高目标点 P,仰角 α 大于30°为宜。以正镜位对准 P,制动照准部,纵转望远镜,在墙脚定点 P_1。拧松照准部制动螺旋,平转,以倒镜位对准 P,拧紧照准部制动螺旋,纵转望远镜,使视线在墙脚定点 P_2。如 P_1 和 P_2 重合,则表明横丝垂直于竖轴,否则应进行校正。

$$i'' = \frac{P_1 P_2}{2D}\cot\alpha \cdot \rho''$$

（7）视准轴误差（2C，视准轴不与水平轴正交所产生的误差）的检验，1″级仪器不应超20″，2″级仪器不应超过30″。

$$2C = L - R \pm 180°$$

（8）竖盘指标差的检验，1″级仪器不应超8″，2″级仪器不应超过10″。

$$i = \frac{1}{2}(L + R - 360°)$$

（9）对中器的检验和校正，对中误差不应大于1mm。

光学对中器的检验投影法，检校的具体方法步骤如下：

①置全站仪于脚架上，将仪器整平。

②在仪器下方地面上，平放一张白纸，固定仪器照准部，调整对点器目镜，直至对点器目镜中分划板上的圆圈清晰为止，然后，将对点器分划板圆圈中心标绘在白纸上，为第一位置 A_1。

③转动仪器照准部120°，固定之，按步骤（2）的方法，将对点器分划板圆圈中心标绘在白纸上，为第二位置 A_2。

④将仪器照准部再转动120°，固定之，按上述方法在白纸上标绘出第三位置 A_3。

如果白纸上的三个投影点 A_1、A_2、A_3 重合，说明对点器视准轴与仪器垂直轴一致；如果三点分离，则两轴不一致，需要进行对点器调校。调校的方法：

将对点器目镜后面盖板上的4个螺旋取下，并将目镜管伸出至尽头，把盖板移出，可以看到目镜管的两个固定螺旋，将这两个固定螺旋松开，移动目镜管，使对点器分划板圆圈中心与 A_1、A_2、A_3 组成的三角形中心一致，固定目镜固定螺旋。再按上述方法检查对点器的对中精度，直到符合要求为止，即可固定对点器盖板。

（10）测距加常数及棱镜常数的检验。

在100m长的一条直线上选择 A、B、C 3点，首先将仪器置于 A 点测得 D_{AB}、D_{AC} 两段距离，然后将仪器搬至 B 点，测得 D_{BC}，则仪器的加常数 C 为：

$$C = D_{AC} - (D_{AB} + D_{BC})$$

二、水准仪常规检校

水准仪进行以下项目的常规检验和校正；水准仪的技术指标见表1-1-28，一般检视记录见表1-1-29，自动安平水准仪补偿性能测定见表1-1-30，i 角的检验记录见表1-1-31。

水准仪的技术指标　　　　　　　　表1-1-28

序号	技术指标项目	一等	二等	三等	四等	超限处理办法
1	倾斜螺旋隙动差	2.0″	2.0″			只许旋进使用
2	测微器任一点回程差	0.05mm	0.05mm			禁止使用送厂修理
3	测微器全程行差	1.0格	1.0格			禁止使用送厂修理
4	自动安平水准仪补偿误差	0.20″	0.30″			禁止使用
5	视线观测中误差	0.40″	0.55″			禁止使用

续上表

序号	技术指标项目	一等	二等	三等	四等	超限处理办法
6	调焦透镜运行误差	0.15mm	0.15mm	1.0mm	1.0mm	禁止使用
7	i 角	15″	15″	20″	20″	送厂校正
8	2C 角	40″	40″			禁止使用送厂校正
9	测站高差观测中误差	0.08mm	0.15mm	1.0mm	1.5mm	禁止使用
10	竖轴误差	0.05mm	0.10mm	0.3mm	0.5mm	禁止使用
11	自动安平水准仪磁致误差	0.02″	0.04″	0.12″	0.20″	禁止使用
12	数字水准仪系统分辨率(10m 视距)	0.02mm	0.02mm			
13	数字水准仪视距测量误差	10cm±2cm	10cm±2cm			

水准仪一般检视记录 表 1-1-29

仪器名称		编号		检验员	
				日期	
作业内容					
检验校正		检验		校正后检验	
圆水准器	气泡在任何位置		居中	气泡在任何位置	居中
长水准器	气泡在任何位置		居中	气泡在任何位置	居中
十字丝	横丝与标志点		重合	横丝与标志点	重合
自动补偿性能（mm）	圆气泡在分划线圆内各位置的高程			气泡倾斜时测出的高差与置平时测出的高差之差	合格
	前倾	后倾	左倾	右倾	置平		
i 角 =			合格		合格

自动安平水准仪补偿性能的测定 表 1-1-30

气泡居中	观测次数	A 标尺读数	B 标尺读数	AB 间高差
居中	1			
	2			
偏向 A 标尺	1			
	2			
偏向 B 标尺	1			
	2			
偏向左侧	1			
	2			
偏向右侧	1			
	2			

i 角的检验记录表   表1-1-31

水准标尺: No: No:

测站	观测次序	水准尺读数:		高差 $a-b$(mm)	i 角的计算
		A 尺读数 a	B 尺读数 b		
1	1				
	2				
	3				$S=20.6\text{m}$
	4				$2\Delta=(a_2-b_2)-(a_1-b_1)$
	中数				$=\quad\quad i=10\Delta=\quad\quad ''$
2	1				
	2				
	3				
	4				
	中数				

1. 水准仪的检视

应在作业前每天进行检验。

(1) 外观:各部件是否清洁;是否有划痕、污点、脱胶、镀膜脱落等现象。

(2) 转动部件:转动部件、各转动轴和调整制动螺旋等转动是否灵活、平稳;各部件有无松动、失调、明显晃动;螺纹是否完整和磨损程度等。

(3) 光学性能:望远镜视场呈像是否明亮、清晰、均匀、调焦性能是否正常等。若距离 100~150m 的标尺分划呈像模糊,则此望远镜不能使用。

(4) 补偿性能:自动安平水准仪的补偿器是否正常,有无黏摆现象。

(5) 设备件数:仪器部件、附件和备用零件是否齐全。

(6) 数字水准仪屏幕及各按键的电子功能是否正常;蓄电池与充电设备是否正常;记录卡与输出设备是否正常。

2. 水准仪上概略水准器的校验

应在作业前每天进行检验。

(1) 用脚螺旋将概略水准气泡导致中央,然后旋转仪器180°,此时,若气泡偏离中央,则用水准器改正螺丝改正其偏差的一半,用脚螺旋改正另一半,使气泡回到中央。

(2) 如此反复检校,直到仪器无论转在任何方向,气泡中心始终位于中央时为止。

3. 光学测微器隙动差和分划值的测定

(1) 此项检验应选择成像清晰稳定的时间进行。在距仪器 5~6m 处垂直竖立一支三等标准金属线纹尺或其他同等精度钢尺作标准尺,用其 1mm 刻划面进行此项检验。

(2) 观测方法。

测定时,应使测微器上所有使用的分划线均能受到检验,测定应进行三组,若按规定要求作全面检验时,三组应在不同气温下测定;若按规定要求出测前或跨河水准测量前检验时,可以在同一种气温下测定,每组应观测 5 个测回,每测回分往测(旋进或旋出)和返测(旋出或旋进)。

测定开始时,将仪器整置水平,并将测微器转到零分划附近处,然后取标准尺上 6 根其间隔为 5mm 的分划线,使中丝与一分划线重合,此时,在测微器上的读数位置应在 0~3 格范围。

①每测回的操作:

往测:旋进(或旋出)光学测微器依次照准 1~6 的每根分划线。每次照准时使中丝与分划线精密重合,并读取测微器读数为 a;

返测:往测完成马上进行返测,旋出(或旋进)光学测微器依次以相反方向照准 6~1 的每根分划线,读数方法同往测,读数为 b。

②其余各测回观测同①,5 个测回组成一组,以后各组的观测同第一组。

(3)计算方法:

①求出测微器隙动差 Δ:

$$\Delta = \frac{\sum(a_v - b_v)}{18} \tag{1-1-135}$$

式中:a_v、b_v——标准尺每根分划线的读数 a、b 的每组平均值。

②求出测微器分划值:

$$g = \frac{\sum l}{\sum L} \tag{1-1-136}$$

式中:l——中丝对准标准尺首、末分划间隔(mm);

L——对准首、末分划时测微器转动量(格)。

4. i 角的校验

i 角的检验目的是检校水准仪视准轴与水准管轴的关系是否平行。应在勘测项目开工后一周内每天检验 i 角,稳定后可每隔 15d 检验一次。

(1)准备

在一平坦场地上用钢卷尺依次量取一直线 I_1ABI_2 或 AI_1I_2B 或 AI_1BI_2,其中 I_1I_2 为安置仪器处,A、B 为立标尺处。在线段 I_1ABI_2 上使 $I_1A = BI_2$;在线段 AI_1I_2B 上使 $AI_1 = I_2B$;在线段 AI_1BI_2 上使 $AI_2 = I_1B$。设 $D_1 = BI_2$,$D_2 = AI_2$,使近标尺距离 D_1 为 5~7m,远标尺距离 D_2 为 40~50m。分别在 A、B 处各打一尺桩。

对于数字水准仪的准备按所用仪器说明书要求执行。

(2)观测方法

在 I_1、I_2 处先后安置仪器,仔细整平仪器后,分别在 A、B 标尺上各照准读数基本分划 4 次。对于双摆位自动安平水准仪,第 1、4 次置摆 Ⅰ 位置,第 2、3 次置摆 Ⅱ 位置。

对于数字水准仪,设置重复测量次数为 5 次,待仪器温度与环境温度充分平衡,并开机预温后方可进行检测。检测按说明书要求操作。

(3)计算方法

i 角按下式计算:

$$i = \Delta \cdot \frac{\rho}{D_2 - D_1} - 1.61 \times 10^{-5} \times (D_1 + D_2) \tag{1-1-137}$$

且

$$\Delta = \begin{cases} \dfrac{(a_2 - b_2) - (a_1 - b_1)}{2} & \text{按 } I_1ABI_2 \text{ 或 } AI_1I_2B \text{ 设站时} \\ (a_2 - b_2) - (a_1 - b_1) & \text{按 } AI_1BI_2 \text{ 设站时} \end{cases}$$

式中:i——i 角值(″);

ρ——206 265″;

a_2——在 I_2 处观测 A 标尺的读数平均值(mm);

b_2——在 I_2 处观测 B 标尺的读数平均值(mm);

a_1——在 I_1 处观测 A 标尺的读数平均值(mm);

b_1——在 I_1 处观测 B 标尺的读数平均值(mm);

D_1——仪器距近标尺距离(mm);

D_2——仪器距远标尺距离(mm)。

(4)校正

对于 i 角超限的仪器应进行校正。对于自动安平水准仪,应送有关修理部门进行校正。对于气泡式水准仪,按下述方法校正。

在 I_2 处,用倾斜螺旋将望远镜视线对准 A 标尺上的正确读数 a'_2,a'_2 按下式计算:

$$a'_2 = a_2 - \Delta \cdot \frac{D_2}{D_2 - D_1}$$

然后校正水准器改正螺丝使气泡居中。校正后将仪器望远镜对准标尺读数 b'_2。b'_2 应与下式计算结果一致,以此作检校。

$$b'_2 = b_2 - \Delta \cdot \frac{D_2}{D_2 - D_1}$$

校正需反复进行,使 i 角合乎要求为止。

三、水准标尺常规检校

水准标尺要进行以下项目的常规检验和校正,其技术指标见表 1-1-32,一般检视见表 1-1-33。

水准标尺的技术指标　　　　表 1-1-32

序号	技术指标项目	一等	二等	三等	四等	超限处理办法
1	标尺弯曲差	4.0mm	4.0mm	8.0mm	8.0mm	施加改正
2	一对标尺零点不等差	0.10mm	0.10mm	1.0mm	1.0mm	施加改正
3	标尺基辅分划常数偏差	0.05mm	0.05mm	0.5mm	0.5mm	采用实测值
4	标尺底面垂直性误差	0.10mm	0.10mm			采用尺圈
5	标尺名义米长偏差	100μm	100μm			禁止使用,送厂校正
6	一对标尺名义米长偏差	50μm	50μm	0.5mm	0.5mm	禁止使用
7	标尺分划偶然中误差	13μm	13μm			禁止使用
8	标尺分米分划误差			1.0mm	1.0mm	禁止使用
9	测前测后一对标尺名义米长变化	30μm	30μm			分析原因

水准尺一般检视记录　　　　表 1-1-33

标尺名称		尺号		检验员	
				日期	
作业内容					
检验校正	检验			校正后检验	

续上表

标尺名称			尺号		检验员			
					日期			
水准器	1	圆气泡在任何位置		居中	圆气泡在任何位置		居中	
	2	圆气泡在任何位置		居中	圆气泡在任何位置		居中	
与标准尺比长 (mm)	尺号		mm	合格	刻划字迹	清晰	连接处	牢固
			mm	合格		清晰		牢固

1. 水准标尺的检视

(1) 标尺有无凹陷、裂缝、碰伤、划痕、脱漆等现象。

(2) 标尺刻划线是否清晰,有无异常伤痕。

2. 水准标尺上圆水准器的检校

(1) 在距水准仪约 50m 处的尺桩上安置水准标尺,使水准标尺的中线(或边缘)与望远镜竖丝精密重合。如标尺上的气泡偏离,则用改正针将标尺圆形水准气泡导致中央。

(2) 将水准标尺旋转 180°,使水准标尺的中线(或边缘)与水准仪竖丝精密重合。观察气泡,若气泡居中,表示标尺此面已垂直,否则应重新对水准仪十字丝进行检校。

(3) 旋转水准尺 90°,用上述方法检查标尺另一面是否垂直。

(4) 如此反复检校多次,使标尺能按标尺上圆水准器准确地位于垂直位置。

3. 水准标尺分划面弯曲差的测定

(1) 测定方法

通过标尺两端引张一细直线,在标尺尺面的两端及中央分别量取分划面至此细直线距离。

(2) 计算方法

标尺弯曲差 f 按下式计算:

$$f = R_中 - \frac{R_上 + R_下}{2} \tag{1-1-138}$$

式中:$R_中$——中间读数(mm);

$R_上$——上端读数(mm);

$R_下$——下端读数(mm)。

当名义米长测定值为标尺尺带弧长时,f 不得大于 4mm,否则长度 L 应按下式改正:

$$L = L' - \frac{8f^2}{3L'} \tag{1-1-139}$$

式中:L'——标尺名义米长(mm)。

4. 一对水准标尺零点不等差及基、辅分划读数差的测定

(1) 准备

在距水准仪 20～30m 的等距离处打下三个尺桩,使桩顶间高差约 20cm。

(2) 观测方法

此项检验应进行 3 个测回。每一测回中,分别在 3 个桩上依次安置一对标尺,每次用光学测微器按基辅分划各读数 3 次,且望远镜的视轴位置应保持不变,测回间应变换仪器高。

对于双摆位的自动安平水准仪进行此项检验时,应将摆置于同一位置上。

对于数字水准仪,应设置重复测量次数 5 次,每测回每桩连续读数 4 次。

(3)计算方法

分别计算每根标尺基、辅分划所有读数的中数。两标尺基本分划读数中数的差,即作为一对标尺零点不等差。每根标尺基本分划读数的中数与辅助分划读数的中数的差,即为每根标尺基辅分划读数差常数。

5.一对水准标尺名义米长的测定

(1)准备

选择在温度稳定的室内进行此项检验,在检测前2h将三等标准金属线纹尺或同等精度的检查尺和被检测的水准标尺放入检测处。检测时,水准标尺应放置在一平台上,使标尺背面与平台充分接触。

(2)观测方法

每一标尺的基本分划与辅助分划均须检验,基本分划和辅助分划各须进行往、返测。往测时,测定基本分划面的 0.25~1.25m、0.85~1.85m、1.45~2.45m 三个米间隔,返测时测定 2.75~1.75m、2.15~1.15m、1.55~0.55m 三个米间隔。辅助分划面检定时,往测测定 0.40~1.40m、1.00~2.00m、1.60~2.60m 三个米间隔。返测时测定 2.90~1.90m、2.30~1.30m、1.70~0.70m 三个米间隔。

往测的观测:两个观测员分别注视检查尺左、右两端,同时读定"该部分间隔"的两个分划线边缘在检查尺上的读数,微动检查尺,然后再读取这两个分划线边缘在检查尺上的读数。两次"左右端读数差"的差应不大于 0.06mm,否则立即重测。如此依次测定三个米间隔,每测定一个米间隔需读记温度。

返测的观测:返测时两观测员应互换位置,其他操作与往测相同。

(3)计算方法

此项检验要求计算出每根标尺的每米间隔平均值。其基辅分划往返测中每一间隔名义米长按式计算:

$$l_i = \frac{A_{R1} - A_{L1} + A_{R2} - A_{L2}}{2} + \Delta l_i \qquad (1\text{-}1\text{-}140)$$

式中:A_{L1}——检查尺第一次左读数(mm);

A_{R1}——检查尺第一次右读数(mm);

A_{L2}——检查尺第二次左读数(mm);

A_{R2}——检查尺第二次右读数(mm);

Δl_i——检查尺长温度改正值(mm);

l_i——每一间隔名义米长值(mm)。

6.水准标尺分米分划误差的测定

(1)准备

此项检验用三等标准金属线纹尺或同等精度的检查尺在温度稳定的室内进行,在测定前2h,应将检查尺和被检验的水准标尺取出放在室内。

(2)观测方法

每一标尺的基本分划与辅助分划均须检验。检验时可将标尺分划面分三个部分,即从 0.1~1.0m、1.0~2.0m、2.0~2.9m。在每部分检验前应读记温度。

检验按部分进行,并由最下部分(分米注记最小者)开始,依次测定至最上部分。每一部分量测两次。第一次量测时,使检查尺的零分划对准该部分的起始分米分划线的边缘,一观测员在检查尺的零端注视其有否移动,另一观测员由起始分划线起,依次按各分米分划线的边缘在检查尺上读数;第二次量测时,检查尺略微移动,按分米分划线的相反次序,仍依其边缘为准,读定检查尺读数。

(3)计算方法

分米分划误差按下式计算:

$$\Delta l_i = L_i - L_0 + \Delta L_i - l_i \tag{1-1-141}$$

式中:Δl_i——各分米分划误差(mm);

L_i——各2分米分划线左、右边缘在检查尺上的读数中数(mm);

L_0——各部分起测分划线左、右边缘在检查尺上的读数中数(mm);

ΔL_i——检查尺长度与温度改正(mm);

l_i——各分米分划线距起测分划线的名义长度(mm)。

四、卫星定位仪常规检校

一般检视、通电检验、对中器、水准器的检校。检验内容和表式见表1-1-34。

卫星定位接收机常规检验记录表   表1-1-34

仪器名称		编号		检验员		
				日期		
作业内容						
一般检视		接收机及天线的外观是否良好			是	否
		各种部件及其附件是否齐全、完好			是	否
		需要紧固的部件是否紧固			是	否
		设备的使用手册是否齐全			是	否
通电检视		通电后有关信号灯、按键、显示系统是否正常			是	否
检验校正		检验		校正		
基座水准器	圆水准气泡是否居中		居中	不居中	圆水准气泡是否居中	居中	不居中
光学对中器	光学对中器中心与地面点中心的偏差小于1mm时合格,大于1mm时不合格		<1mm	>1mm	光学对中器中心与地面点中心的偏差小于1mm时合格,大于1mm时不合格	<1mm	>1mm
流动杆	流动杆气泡在1m处对点误差应小于1.5mm		<1.5mm	>1.5mm	流动杆气泡在1m处对点误差应小于1.5mm	<1.5mm	>1.5mm
备注						

1. 一般检视内容

(1)接收机、天线、数据链设备及手簿均应保持外观良好,允许有不影响计量性能的外观缺陷。检定对象应无碰伤、划痕、胶漆和腐蚀。部件结合处不应有缝隙,密封性良好,紧固部分不应有松动现象。

(2)接收机主机、天线、数据链及手簿控制器应标有仪器型号及序列号,天线类型应与主机匹配。

(3)数据链类型与接口应与接收机匹配,基准站与流动站数据链设备应匹配。

(4)手簿控制器接口应与接收机接口匹配。

(5)各种配件齐全。

(6)设备使用手册、后处理软件手册应齐全,软件须有效。

2. 通电检查内容

(1)接收机自检功能应正常。

(2)与电源正确连接后,各部分(包括主机、数据链和手簿控制器等)有关信号灯、按键、显示系统等工作状态应正常。

(3)利用自测试命令检测仪器工作必须正常;接收机锁定卫星的时间快慢、信噪比及信号失锁情况应符合厂方指标。

(4)基准站数据链发射状态与流动站数据链接收状态及指示应正常。

(5)手簿控制器自检及相关软件应启动正常,并应能正确显示接收机及数据链状态。手簿控制器软件应能根据要求设置基准站与流动站的各项参数。

(6)数传电台应满足《数传电台通用规范》(GB/T 16611),传输频率符合国家无线电管理委员会的要求。应有多个数据传输频点且频点应可调,调制参数应与接收机相应接口的通信参数一致,波特率不应低于 9 600bit/s,数据传输延迟时间应小于 1s,具备电源反接保护等功能。

第二章 摄影测量与遥感制图

摄影测量与遥感是利用非接触成像和其他传感器系统,通过记录、测量、分析与表达等处理,获取地球及其环境和其他物体可靠信息的工艺、科学与技术。其中摄影测量侧重于提取几何信息,遥感侧重于提取物理信息。摄影测量与遥感制图的主要任务是测绘各种比例尺的4D产品,为各种地理信息系统及工程应用提供基础数据。摄影测量在铁路工程中的应用非常广泛,尤其是地形图(即数字线划图,DLG)数据在铁路勘察设计的各个阶段都发挥着重要作用。近年来,伴随着机载激光雷达测量技术、新型数码航空摄影测量技术、三维地理信息技术以及三维协同和 BIM 技术在铁路行业的应用,数字正射影像图(DOM)和数字高程模型(DEM)的应用也越来越广泛。另外,伴随着摄影测量产品精度的提高,摄影测量技术的应用范围也不断扩大,如在既有铁路测量、横断面制作、工点地形图、三维虚拟踏勘系统制作以及针对特殊应用的专项测绘等方面都有大量应用。

第一节 摄影测量原理

摄影测量是利用摄影或遥感的手段获取目标物的影像数据,并采用量测或解译方式测定目标物的形状、大小、空间位置、性质及其相互关系,并用图形、图像和数字形式表达测绘产品的一门学科。摄影测量学是测绘学的分支学科,其主要任务是制作4D产品,为各种地理信息系统及工程应用提供基础数据(图1-2-1)。

图1-2-1 航空摄影测量基本原理

一、摄影测量基本原理

摄影测量表达像点与地面点之间的几何关系,基本原理来自于测量中的前方交会方法,即由两个已知位置(或摄站)摄取同一目标的影像,组建立体像对,然后利用每个影像的像点摄影光线进行交会,获取对应点的物方空间坐标。摄影测量像物两方关系如图1-2-2所示。

图1-2-2 摄影测量像物两方关系

在摄影测量构建的像点和物点的几何模型中,共线条件方程是其数学基础,也是各种摄影测量处理方法的重要理论基础。共线条件方程描述的是几何模型中的三点共线,即摄影中心 S、像点 a、地面点 A 位于一条直线上建立的模型(图1-2-3)。

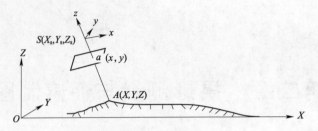

图 1-2-3　摄影测量三点共线几何关系

由图 1-2-3 可得到共线方程数学模型如下：

$$\begin{bmatrix} x \\ y \end{bmatrix} = \lambda \boldsymbol{R} \begin{bmatrix} X - X_s \\ Y - Y_s \\ Z - Z_s \end{bmatrix} \tag{1-2-1}$$

其中，λ 为摄影比例；$\boldsymbol{R}$ 为像方坐标系与物方坐标系之间的转换关系式，亦称之为旋转矩阵。

将共线方程数学模型分解后即可得到摄影测量中常用的经典共线方程表达式：

$$\begin{aligned} x &= -f \frac{a_1(X - X_s) + b_1(Y - Y_s) + c_1(Z - Z_s)}{a_3(X - X_s) + b_3(Y - Y_s) + c_3(Z - Z_s)} \\ y &= -f \frac{a_2(X - X_s) + b_2(Y - Y_s) + c_2(Z - Z_s)}{a_3(X - X_s) + b_3(Y - Y_s) + c_3(Z - Z_s)} \end{aligned} \tag{1-2-2}$$

共线方程是摄影测量学解决所有应用问题的理论关键，广泛用于基于单片的空间后方交会、基于立体像对的前方交会、基于解析方式的相对和绝对定向等摄影测量模型中。以常用的立体像对前方交会为例，该方式利用立体像对中得两张像片的内外方位元素和像点坐标来确定相应地面点在物方坐标系中的坐标，其基本过程采用两组共线方程完成。摄影测量前方交会原理如图 1-2-4 所示。

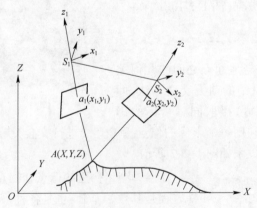

图 1-2-4　摄影测量前方交会原理

摄影测量在计算机技术和航空摄影测量技术发展的基础上，先后经历了模拟摄影测量、解析摄影测量、数字摄影测量阶段，目前正处于数字摄影测量阶段(图 1-2-5)。

图 1-2-5　测图仪及摄影测量系统

数字摄影测量也是基于摄影测量的基本原理,通过利用数字摄影测量系统(工作站)对所获取的数字影像进行处理,自动(半自动)提取被摄对象用数字方式表达的几何与物理信息,从而获得各种形式的数字产品和目视化产品。

数字摄影测量产品制作流程如图 1-2-6 所示。

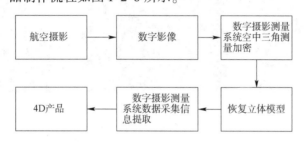

图 1-2-6　数字摄影测量产品制作流程

二、摄影测量的分类及应用

随着摄影测量学科理论和应用技术的发展,摄影测量的分类也更加细致,如按传感器平台(或摄影位置不同)考虑,可分为航天摄影测量、航空摄影测量、地面/近景摄影测量(图 1-2-7)、显微摄影测量;根据应用领域不同,又可分为地形摄影测量和非地形摄影测量;根据技术发展的历史又可以分为模拟摄影测量、解析摄影测量和数字摄影测量等。

图 1-2-7　摄影测量的分类

摄影测量具备以下几个方面优势:①无须接触物体本身而获得被摄物体信息;②由二维影像重建三维目标;③面采集数据方式;④同时提取物体的几何和物理特性,使得该技术在工程建设领域亦得到广泛应用。

在铁路工程中,该技术主要用于制作 4D 产品、铁路横纵断面以及铁路三维数字产品等(图 1-2-8),除显微摄影测量外,其他类别都在铁路工程项目中得到大力应用。本节只对航空测量的原理及应用进行讨论。

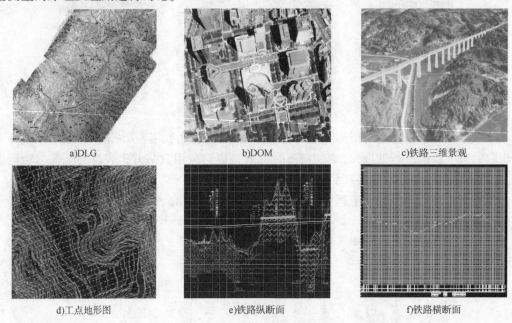

图 1-2-8　摄影测量产生的几种铁路产品

第二节　航空摄影

一、前期技术准备

在组织开展航空摄影测量项目之前,需要了解项目的基本需求,并根据需求进行基础资料的收集。基础资料主要包括小比例尺地形图、数字高程模型、线路方案及专业应用需求等,并根据线路方案及专业应用需求确定航飞范围,特别要注意站场和不良地质的加宽范围。然后进行摄区基本情况分析,根据成图范围、地形高差和线路走向,确定航摄设计用图。

在对基本需求了解并收集到相关资料之后,还要通过对项目的作业范围、当地的气候特征、地形条件、工作量等,对项目的航飞周期进行合理预判,并与航飞公司协调,做出合理的飞行计划。

二、空域申请及航飞协调

基于航线设计资料信息,需向空管部门提供飞行范围示意图并等待批复,在航摄飞行文件批复后(图 1-2-9)便可组织人员和设备进场,进入飞行协调阶段。

在飞行协调阶段,每天需要协调人员上报次日飞行计划(包括地面配合等),第二天,在天气满足飞行条件,不影响部队活动和民航航班的情况下,可以展开飞行任务。

ADS 系统航飞作业天地一体化配与实际航飞线路如图 1-2-10 所示。

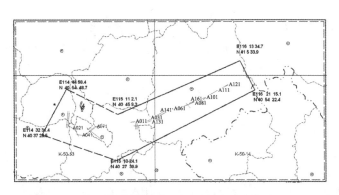

图 1-2-9　某铁路航飞批复的飞行示意图

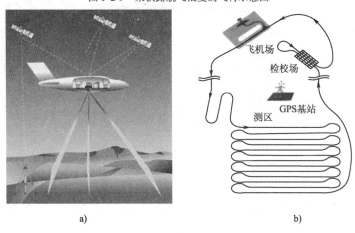

图 1-2-10　ADS 系统航飞作业天地一体化配合与实际航飞线路

空域申请及航飞协调流程如图 1-2-11 所示。

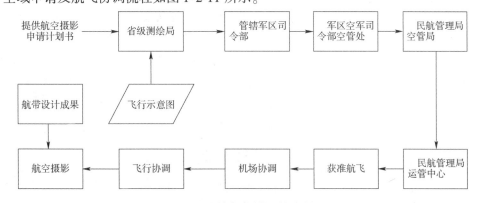

图 1-2-11　空域申请及航飞协调流程图

三、航线设计

在航线设计方面,在数码航摄仪出现之前,采用的方法基本上都是利用既有小比例尺地形图上,根据地形图人工判断地形高差、最高最低点等信息,进行分区并计算航片和航线之间的重叠度的方式进行航线设计,航线设计完成后由摄影员将设计航线信息输入到飞机导航系统中。数码航摄仪出现之后,各个型号的航摄仪基本上都有专用的航线设计软件用以设计航线,采用航线设计软件可以自动分析地形、航线重叠度等,甚至可以进行自动分区,设计成果可以直接输入航摄仪的飞控系统中,大大提高了航线设计效率(表1-2-1)。综上,航线设计内容包括:

(1)确定摄影比例尺,航摄比例尺根据成图要求确定;
(2)航摄分区的划分;
(3)基准高度的确定;
(4)航线的敷设;
(5)航摄基本参数的计算;
(6)航摄季节和时间的选定,航摄仪的选定和检定等。

航摄比例尺与测图比例尺的关系　　　　　　　　　表1-2-1

比例尺类型	航摄比例尺	测图比例尺	数字影像分辨率(cm)
大比例尺	1:2 000 ~ 1:3 500	1:500	4 ~ 7
	1:3 500 ~ 1:7 000	1:1 000	7 ~ 14
	1:7 000 ~ 1:14 000	1:2 000	14 ~ 28
中比例尺	1:10 000 ~ 1:20 000	1:5 000	20 ~ 40
	1:20 000 ~ 1:32 000	1:10 000	40 ~ 80
小比例尺	1:25 000 ~ 1:60 000	1:15 000	50 ~ 120
	1:50 000	1:50 000	70 ~ 160

航线设计示意图如图1-2-12所示。

需要注意的是,航线设计采用的基础资料是一般都是预可研阶段专业确定方案,稳定性不高(既有线改造除外),航飞过程中一定要保持与设计专业的密切联系,关注设计方案的变化情况,一旦方案出现较大的变化,航线设计需要根据铁路设计方案的变化及时进行调整。另外,在申请飞行许可阶段,一般没有精确的线路方案,这时应考虑适当加大空域范围,尽量避免后期因方案变动导致超出空域范围的情况。

四、航空摄影

在完成空域申请,并且完成航线设计并经过审批之后,即可开展航空摄影。

数据获取一般均采用固定翼飞机或者直升机作为空中平台,将航摄仪安装在空中平台上,按照设计航线进行航飞并获取相应的数据。目前铁路勘察设计中采用的航摄仪大部分都是数码航摄仪,不同类型的数码航摄仪(包括机载激光雷达)都有配套的航线设计软件,其成果能够直接导入控制系统中,省去人工录入的工作量,并且保证

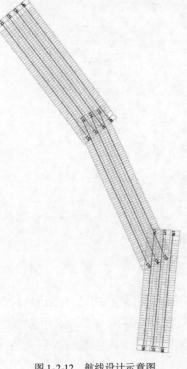

图1-2-12　航线设计示意图

了航飞资料的正确性。另外,目前的航摄设备基本上都配备专业的POS系统辅助航飞,数据获取的自动化非常高,对摄影员的要求也不再像对传统航摄仪操作的要求那么高。

飞行任务完成后,需对航飞数据快速进行预处理,查看质量,对存在问题的区域安排及时的重飞计划,最终完成数据的检查工作。

五、传统航空摄影影像处理

传统光学胶片相机在过去的半个世纪里一直是航测的主要设备之一,其成熟的软硬件工艺、应用流程、标准规范,以及一些生产单位拥有相应的软硬件环境,使得这种胶片式相机在目前的航测应用中仍然占据着一定的市场份额。

传统航空摄影与数码航空摄影的最主要区别之一在于获取成果的形式不同。传统航空摄影获取的成果是胶卷,需要经过冲洗及数字化扫描过程。航测底片的冲洗在暗室内进行,由显影药水配制、显影、定影、水洗、冲洗晒印等步骤组成,最终成果为纸质航片。

航测像片的扫描则是将纸质航片通过数字扫描仪进行数字化的过程,航测像片的扫描涉及扫描仪的校准、样本预扫、灰度曲线调整、正式扫描及扫描效果检验等步骤。扫描数字化是模拟影像数字化的过程,其核心在于采样和量化,即将模拟信号转换为可进行后续数字图像处理的数字影像。影像数字化原理如图1-2-13所示。典型扫描仪如图1-2-14所示。

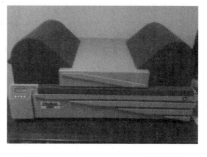

图1-2-13 影像数字化原理　　　　　　　图1-2-14 UltraScan 5000型扫描仪

六、数码航空摄影影像处理

在摄影测量软硬件发展过程中,硬件制作工艺的发展使得数码航摄仪的制图精度得到提高,从而越来越广泛应用于各行业中。由于数码影像不存在底片冲洗和扫描的环节,因此在该环节上数码航空摄影仪比传统光学胶片相机优势明显。

数码航空摄影成果直接是数字影像,省去了数字化扫描的过程,提高了因扫描带来的影像精度降低问题。但是,不同的数码航空摄影设备需要专门的软件将原始数据转换成通用影像格式后才能进行后续的工作。下面以大幅面数码航空摄影仪DMC230为例,简要介绍数码影像的处理过程。

1. 利用PPS软件处理生成影像

DMC230数码航空摄影仪航飞的原始数据分别存放在PART1、PART2、PART3、PART4四个文件夹下,而且是分波段存储的,这样的数据不能直接为航测内业所利用,必须经过数据预处理,将分波段存储的原始航空摄影数据转换为通用格式的(如TIFF、JPEG)单张航片。数据处理是基于DMC230数码航空摄影仪航飞的原始数据,使用DMC230的配套软件PPS进行数据批处理。数据处理在参数设置之后无需人工干预,以生成8bit的RGB影像为例,每天每台机器能处理单片250张左右,在工期紧任务重的状况下可以选择多台机器同时处理,大大缩短了数据处理工序的时间。

2. ISPQ 图像增强处理

基于ISPQ的图像处理需要预先调整某一单张航片的颜色,并以此航片为模板,将其他航片颜色与其相匹配,使得其他航片色调与模板影像的色调相一致,也可以对其中一张或者几张影像单独调色,生成单独的查找表文件。

在ISPQ中对图像颜色的处理是针对整幅影像的,局部颜色调整甚至更精细的调色工作还需要在PS中处理,但是在简单的颜色匹配后所有影像的色调大体一致,很大程度上减轻了PS图形处理的工作量。图像增强效果如图1-2-15所示。

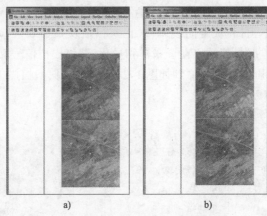

图1-2-15　DMC230图像预处理前后效果对比

第三节　刺点和调绘

一、首级控制测量

控制测量的目的是限制各项测量误差的传播和积累,是进行各项测量工作的基础。摄影测量成图过程中,通常需要有外业像控点参与空中三角测量。在铁路带状工程中,为了保证像控点的精度,减少误差积累,其测量工作必须遵循"从整体到局部、由高级到低级、先整体后碎步"的组织原则。为此,必须首先建立航测控制网,进行控制测量,然后逐级建网,最终进行像控点测量。利用外业像控点测量成果,可以在空中三角测量加密中实现绝对定向,将摄影资料与大地测量成果(工程测量成果)联系起来,利用立体模型测量地表真实的三维空间坐标。

在铁路工程中,如果仅仅为了完成航测成图,控制网的作用是为了联测并计算像控点,只需要布设四等GNSS控制网即可,其建网过程依据平面和高程控制测量分开的方式进行。平面控制测量采用GNSS静态测量的方式建立首级GNSS控制网,高程控制测量则主要通过联测足够数量的高程点,然后结合重力场模型,对其他控制点(包括像控点)进行高程拟合。

二、像控点布设与测量

像控点是摄影测量空中三角测量加密和测图的基础,像控点野外选择的好坏和在立体模型下判断的准确程度直接影响成果的精度,因此像控点布设和选刺是摄影测量流程中至关重要的一环。

像控点布设方案依据航空摄影仪类型、地形等级、成图比例尺、有无POS系统辅助等因素而异。

一般而言,航测外业控制测量的布点方案分为全野外布点方案和非全野外布点方案两种。对于航测方式无法达到精度成图比例尺要求的情况,以及采用内业加密方式无法保证成图精度的情况,或其他特殊情况(如落水点),通常采用前者,即直接以测量所得控制点资料进行内业测图或纠正使用;采取非全野外布点方案是目前铁路航测中常用的布点方案,尤其在目前大力推进POS系统应用以及引入高性能的数码航摄仪的情形下,这种无论按单航线方式还是按区域网方式的布点策略都可以在满足精度要求的情形下,大大减少外业作业的工作量。

某项目测段中POS辅助下的DMC影像像控点布设方案,如图1-2-16所示。

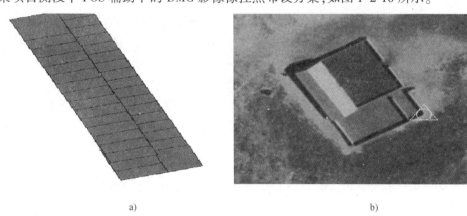

图1-2-16 某项目测段中POS辅助下的DMC影像像控点布设方案及位于房顶的像控点点位

1. 野外控制点的详细选择和优化

该步骤需保证布设的像控点的目标影像清晰和易于判别,同时尽可能满足航向和旁向3片及以上的重叠,针对带框标的光学相机数据在保证控制点离像片边缘大于1~1.5cm,其点位测量需满足相关规范的要求。

像控点需要野外实地测量,尤其是在交通困难的地区,外业工作量大,有些区域存在较大的安全风险。因此,对像控点的选择一定要根据用途目的、地形地貌情况进行仔细优化,尽可能减少野外刺点工作。

2. 像控点选刺

根据在影像上布设的点位,在现场找到明显的地物点,并在相应的航片上按照刺点要求标出其具体位置。同时,采用静态GNSS或者RTK等方式对选择的明显地物点进行测量。刺点工作中刺孔的直径、偏差等需满足相关规范要求。在选定像控点后,需对像控点进行编号、整饰和注记,形成点之记。按照相关规范要求,该步骤工作需在像片正反两面进行。像控点整饰注记如图 1-2-17 所示。

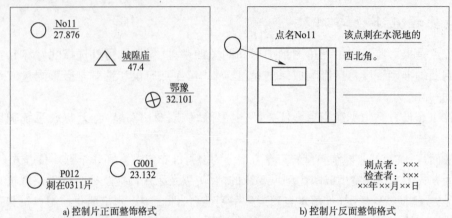

a) 控制片正面整饰格式　　　　b) 控制片反面整饰格式

图 1-2-17　像控点整饰注记

在内业计算现场测量像控点的坐标。

三、像片调绘

采用航测方式采集地形图,在立体模型下获取地形地貌以及地物的大小、位置等信息的获取,即完成"定位"信息的获取,但无法获取地物的属性(比如:建筑物的名称、材质、楼层等)信息。像片调绘的目的就是解决航空摄影测量立体模型下无法定性的问题。

在像片调绘之前,首先在室内进行像片判读,像片判读主要是根据影像所显示的各种规律,借助相应的仪器设备(红绿眼镜、立体镜)和资料(谷歌地图、百度地图等),采用一定判断特征(如纹理图案、特征形状、色调、阴影、位置布局等)和经验对影像进行分析判断,从而确定影像所表达的地物属性、特征。成功的像片判读可大大减少室外调查的工作量。像片判读常用的立体镜如图 1-2-18 所示。

像片调绘则是在像片判读的基础上,把影像所代表的地物识别和辨识出来,并按图式符号方式表示在航摄像片上,形成调绘片(图 1-2-19)。

图 1-2-18　像片判读常用的立体镜

图 1-2-19　像片调绘后的调绘片

像片调绘是内业采集编辑过程中确定地物属性的主要依据,依据成图比例尺和行业应用不同,像片调绘的内容、详细程度和重点处也不同;在铁路航测中像片调绘的重点在于线位左右的地物信息,如地名注记、电杆、矿物资源等,达到辅助铁路设计的目的。

第四节 内业成图

一、解析空中三角测量

1. 解析空中三角测量原理简述

解析空中三角测量,亦称电算加密或摄影测量加密,是以像片上量测的像点坐标为依据,采用严密的数学模型,按最小二乘法原理,用少量野外控制点(像控点)作为约束条件,在计算机上解求出所摄地区未知点的地面坐标。解析空中三角测量的理论基础为摄影测量的共线条件方程。首先,根据影像覆盖范围内一定数量的分布合理的地面控制点(已知其像点和地面点的坐标),基于共线条件方程实施单片后方交会来求解像片外方位元素,然后以内方位元素和求取的外方位元素为基础进行立体像对前方交会,达到解求所摄区域未知点的地面坐标的目的。解析空中三角测量原理见图1-2-20。

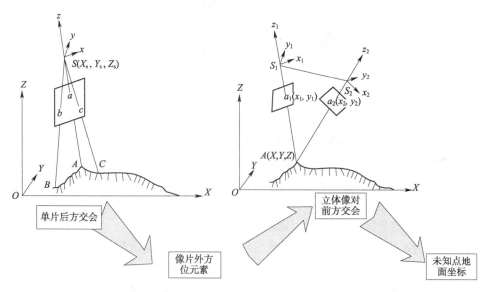

图 1-2-20 解析空中三角测量基本思路

解析空中三角测量是航测内业最为关键工序,其成果的优劣直接影响内业成图的质量和数学精度,对于摄影测量应用具有重要意义,主要表现在以下几个方面:

一是解析空中三角测量可不触及被测量目标即可测定其几何位置和几何形状,不受通视条件限制,正是因为解析空中三角测量测量技术的发展,才大大减少了野外像控点选刺的工作量。

二是解析空中三角测量的成果质量,决定了后续地形图成图的质量。在地形图采集时,需要根据空中三角测量成果在数字摄影测量工作站上恢复建立像对的立体模型,如果空中三角测量加密点精度不高,采集的地形图精度必然会受到影响。

三是解析空中三角测量可确定区域内所有像片的外方位元素,且其区域精度均匀,不受区域大小限制。

2. 解析空中三角测量的分类和应用流程

解析空中三角测量根据平差范围的大小,可分为单模型解析空中三角测量、单航线解析空中三角测量和区域网解析空中三角测量;根据平差计算中采用的数学模型,又可分为航带法解析空中三角测量、独立模型法解析空中三角测量和光束法解析空中三角测量。光束法解析空中三角测量以直接求取外方位元素为目的,是目前解析空中三角测量中常用的方法。

光束法空中三角测量平差的基本思想:以一张像片组成的一束光线作为一个平差单元,以中心投影的共线方程作为平差的基础方程,通过各光线束在空间的旋转和平移,使模型之间的公共光线实现最佳交会,将整体区域最佳地纳入控制点坐标系中,从而确定加密点的地面坐标及像片的外方位元素(图1-2-21)。

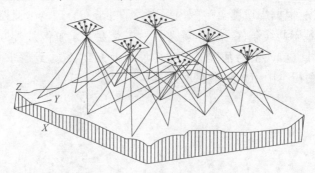

图1-2-21 光束法空中三角测量基本原理

解析空中三角测量经历了手动和自动两个阶段。随着技术的发展,现在一般的电算软件都实现了自动空中三角测量测量,如 Soset、Intergraph SSK、Orima 和 Inpho 等数字摄影测量空中三角测量加密软件。自动空中三角量测就是利用模式识别技术和多影像匹配等方法代替人工量测,在影像上自动选点和转点,同时自动获取像点坐标,提供给区域网程序平差解算,以确定加密点在所选定坐标系中的空间坐标和影像的各个定向参数。

自动空中三角测量的主要作业过程如下:

(1)输入数字影像以及其他参数信息

数字影像可以直接从空间飞行器中的数码航摄仪中产生,也可以利用数字化仪对已有的光学影像通过影像数字化扫描过程获得。获取数字影像后,还要输入航摄仪信息文件、地面控制点等信息文件。

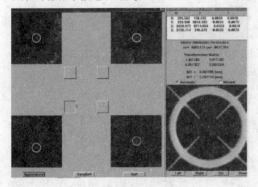

图1-2-22 胶片相机像片的框标内定向

(2)内定向

通过对数字影像中框标的自动/半自动识别与定位,来建立数字影像的扫描坐标与像片的像平面坐标之间的对应关系,见图1-2-22。

对于数码影像而言,由于其不存在机械框标,其内定向步骤可以直接依据其像素大小和像幅大小完成,即直接以其四个角点为框标完成内定向工作。

(3)自动点匹配与自动相对定向

自动点匹配是生成空中三角测量连接点的

过程,其重点在于影像同名点匹配,即在用提取特征点的方法,在相邻像幅影像的重叠范围内提取均匀分布的明显特征点,以这些特征点作为待匹配点,在其他相邻影像中进行影像匹配,然后采用相关系数法见式(1-2-3),作为匹配同名点的标准,以相关系数最大作为匹配结果,得到其在其他影像中的同名像点。同名点搜索匹配原理示意图如图 1-2-23 所示。

$$\rho(c,\gamma) = \frac{\sum_{i=1}^{m}\sum_{j=1}^{n}(g_{i,j} \cdot g'_{i+r,j+c}) - \frac{1}{m \cdot n}(\sum_{i=1}^{m}\sum_{j=1}^{n}g_{i,j})(\sum_{i=1}^{m}\sum_{j=1}^{n}g'_{i+r,j+c})}{\sqrt{\left[\sum_{i=1}^{m}\sum_{j=1}^{n}g_{i,j}^{2} - \frac{1}{m \cdot n}(\sum_{i=1}^{m}\sum_{j=1}^{n}g_{i,j})^{2}\right]\left[\sum_{i=1}^{m}\sum_{j=1}^{n}g'^{2}_{i+r,j+c} - \frac{1}{m \cdot n}(\sum_{i=1}^{m}\sum_{j=1}^{n}g'_{i+r,j+c})^{2}\right]}}$$

(1-2-3)

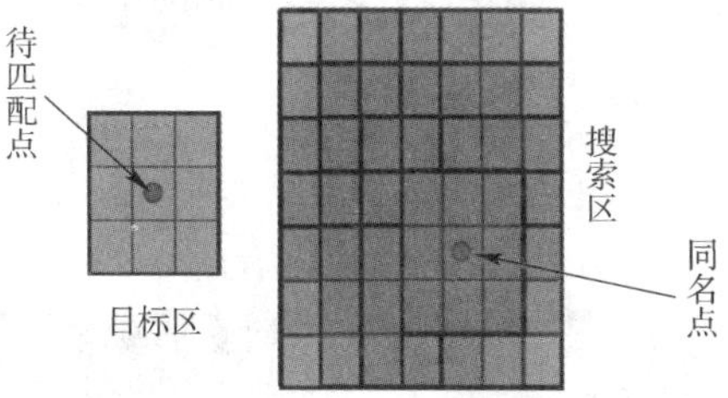

图 1-2-23 同名点搜索匹配原理示意图

上述基于二维空间内的同名点匹配方法效率相对低下,在目前主流摄影测量软件,通常采用核线匹配的方式获取同名点,即首先获取两幅影像的核线影像,然后进行核线相关,在待匹配点所在的核线上进行相关系数法的匹配搜索,获取同名点,从而将二维匹配转换为一维匹配(图 1-2-24)。特征匹配结果见图 1-2-25。

图 1-2-24 基于核线的一维相关匹配

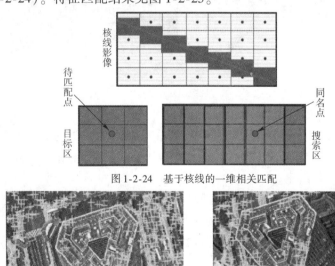

a)　　　　　　　　　　　　b)

图 1-2-25 特征匹配结果

为了保证影像匹配的可靠性,所选的点应足够多。然后,进行相对定向解算,并根据相对定向的结果剔除粗差后重新解算,直至不含粗差为止(图1-2-26、图1-2-27)。必要时可进行人工干预。

图1-2-26 前方交会后粗差分布

a)　　　　　　　　　　　　　　　　　b)

图1-2-27 匹配误差点示意图

(4)多影像匹配自动转点

对每幅影像中所选的明显特征点,在所有与其重叠的影像中,通过影像匹配进行自动转点,并对每一对点进行反向匹配,以检查并排除其匹配出的同名像点中可能存在的粗差。

(5)控制点的半自动量测

摄影测量区域网平差计算时,要求在区域的固定位置上设立一定的地面控制点。目前还无法采用影像匹配和模式识别的方法准确地自动量测控制点的像点坐标,只能手动对地面控制点影像进行识别并精确手工定位(图1-2-28),然后通过多影像匹配进行自动转点,得到其在相邻影像上的同名像点坐标。

(6)摄影测量区域网平差

把同名像点坐标和控制点的同名像点坐标作为原始的观测值,提供给摄影测量平差软件,进行区域网平差解算。一般采用光束法平差方式。

(7)成果输出

根据数字摄影测量工作站对空中三角测量加密格式的需要以及作业员的生产习惯,输出相应的空中三角测量加密成果。

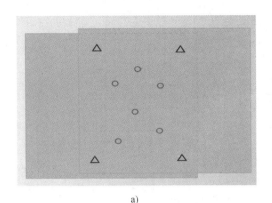

a)　　　　　　　　　　　　　　　b)

图 1-2-28　控制点与连接点图(控制点手动量测)

二、数字测图

数字测图是摄影测量的主要任务之一,是在完成解析空中三角测量测量后,在数字摄影测量工作站上利用空中三角测量加密成果恢复立体像对模型并进行地形图采集的过程。

针对铁路工程而言,数字测图的主要目的即是借助各类数字摄影测量工作站完成地形图采集与制作等工作。目前立体测图主要利用全数字摄影测量工作站进行立体测图。实际生产中一般采用国产的 JX-4C、Virtuozo、Mapmatrix 或国外的 SSK 等全数字摄影测量工作站进行立体测图(图 1-2-29)。

在立体模型下完成地形图采集后,在编图工作站上进行地形图的编辑和整饰,并按照标准规范或者设计专业需要完成地形图的分幅与分发。

图 1-2-29　地形图采集

随着技术的发展,现在处理的不仅仅是航空像片,还用卫星像片,现在无人机拍摄的小幅像片也成为一种比较实用的新型模式,但地形图采集和编辑的内容是一样的,这里不再赘述。

三、数字高程模型制作

数字高程模型(Digtal Elevation Model,DEM)是用一组有序数值来表示地面高程的一种实体地面模型。

DEM 的表达形式有多种,体系较为复杂,DEM 按格网类型可分规则格网和不规则三角网 TIN 两种,两种方式各有优缺点。规则格网存储量很小,便于数据处理和管理,但缺点是不能准确表示地形的结构与细部(图 1-2-30)。TIN 能较好地顾及地貌特征点、线,能更精确地表示地形,缺点是数据量大,数据机构较复杂,使用和管理也比较复杂(图 1-2-31)。要根据生产实际情况选用不同方式。目前较为常用的是规则格网,同时附加地形特征数据,如地形特征点、山脊线、山谷线、断裂线等,从而构成完整的 DEM。

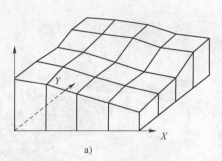

25.1	24.8	24.5	23.1	23.2
25.2	25.1	24.8	23.0	23.1
24.4	24.4	23.9	22.5	22.5
24.5	24.8	24.0	23.2	22.5
24.2	23.8	23.3	22.9	22.4

a)   b)

图 1-2-30   以规则格网存储的 DEM

数字高程模型生产主要三种方式：

(1) 航空摄影测量方法。利用数字摄影测量工作站进行等高线、高程点以及特征点线的采集，根据采集的矢量生成 DEM；或者利用影像自动匹配技术，自动生成 DEM 数据。

(2) 利用空间传感器方法。利用全球定位系统 GPS、机载激光雷达等进行数据采集并生成 DEM。近两年铁路行业很多设计院购买了机载激光雷达设备，可以快速获取地面三维点云数据，经过对这些点云数据的处理，可快速获取 DSM 或 DEM，节约了人力、物力。

图 1-2-31   以不规则三角网构建的 DEM

(3) 地形图扫描矢量化法。这是利用数字化仪对已有地图上的等高线、高程点、坎等具有准确高程信息的要求进行扫描数字化，根据矢量化的资料生成 DEM。

DEM 制作方式见图 1-2-32。

 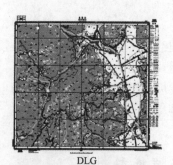

DLG

a) 摄影测量方式DEM制作　　地形图扫描方式DEM制作

b) 基于空间传感器方式的DEM制作

图 1-2-32   几种 DEM 制作方式

随着计算机技术、信息技术和自动化技术的发展,铁路勘察设计对 DEM 的依赖性越来越大,三维虚拟踏勘系统、铁路自动选线等都必须有高精度的 DEM 数据支持。基于 DEM 的登高线自动绘制和立体透视图制作见图 1-2-33。

a)　　　　　　　　　　　　　　　b)

图 1-2-33　基于 DEM 的登高线自动绘制和立体透视图制作

四、数字正射影像图制作

数字正射影像图(Digital Orthophoto Map)简称 DOM,是利用数字高程模型(DEM)对数字化航空像片或遥感影像,经逐像元微分纠正、镶嵌,并且按基本比例尺剪裁生成的影像数据。数字正射影像图是地面上的信息在影像图上真实的客观反映,所包含的信息丰富,可读性强。基于 DEM 进行数字微分纠正生成 DOM 见图 1-2-34。

具有精确测量性能的数字正射影像地图的生产方式主要有两种,一种是基于立体影像匹配的数字摄影测量法,另一种是基于 DEM 的单片数字微分纠正方法。两种方式的主要区别在于 DEM 建立过程的不同。数字摄影测量直接利用全数字

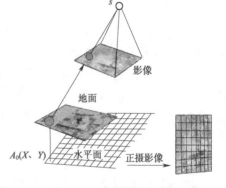

图 1-2-34　基于 DEM 进行数字微分纠正生成 DOM

摄影测量软件建立立体模型,采集 DEM,然后进行数字影像微分纠正;而单片数字微分纠正方法,则是利用已有的 DEM 数据,进行单片数字影像微分纠正。目前,后者应用更为广泛。

基于 DEM 的单片数字微分纠正制作 DOM 的关键步骤:

(1)影像定向。即是对影像的内外方位元素进行解算,以便获取相片上每一点的地理坐标。这一步可通过空中三角测量加密、带 POS 的航摄数据解算以及利用全野外刺点成果进行内业定向等手段来解决。

(2)单片正射影像生成。利用编辑好的对应区域 DEM 数据及影像定向成果对原始影像进行纠正,可得到单片正射影像,如图 1-2-35。

(3)正射影像的拼接。由于单张正射影像覆盖范围较小,且由相邻影像生成的正射影像重叠区域过大造成信息冗余,为了便于应用正射影像,通常对单幅正射影像按照地理范围进行拼接。拼接过程中要求影像之间的接边误差满足规范要求,无明显拼接痕迹,尤其针对建筑物,如房屋、路、桥等特征地物尽量避免拼接线穿过,对于相邻两幅色差较大的影像,其拼接沿着地物分界线走动,保证拼接后影像效果良好。

a) b)

图 1-2-35 原始影像(左)与单张正射(右)

(4)正射影像图像处理。对生成的数字正射影像进行 Photoshop 图像处理。要求处理后的影像反差适中,清晰度高,拼接缝不明显,相邻影像之间无明显色差。该项工作的技巧要求较高。在实际操作中主要包含反差处理、全图灰度均衡、水域处理、局部影像处理、拼接缝处理等。

针对数字影像色调、饱和度不相匹配或者镶嵌边缘不一致的情况,可以直接通过 Photoshop 图像处理软件对影像进行必要的处理。这种处理也可以在影像镶嵌之前进行,使它们基本上具有相同的反差和灰度,以避免在正射影像图上带来更多的边缘不一致现象。对于因落水导致的不完整,如果水面没有纹理或用图单位对水域要求不高,为了使影像完整,可以在 Photoshop 下复制其他地方水域并粘贴于此并进行一定的处理,更方便的方法是使用橡皮图章工具进行实时拷贝。

正射影像调色前后对比见图 1-2-36。

a)正射影像调色处理前   b)正射影像调色处理后

图 1-2-36 正射影像调色前后对比图

(5)图廓注记和分幅。在数字正射影像的图像处理完成后还需要对其进行图廓注记,图廓注记通常包括图名、图号、坐标系、成图时间、制作单位、结合表等,也可以由用户单位提供要求。正射影像图廓分幅见图 1-2-37。

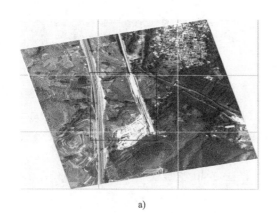 

a)　　　　　　　　　　　　　　　b)

图 1-2-37　正射影像图廓分幅

五、横断面测量

利用航空摄影测量技术绘制横断面已成为提高铁路勘察设计的重要方法之一。目前航测方法制作横断面常用的方法有两种：一种是根据专业提供的断面位置、宽度要求，直接在立体模型下采集生成横断面；另一种是通过采集特征点、线、面，先建立不规则三角网，根据不规则三角网自动生成横断面。

1. 直接采集横断面法

首先在数字摄影测量工作站中恢复立体像对模型；然后将中线资料，需要采集的横断面信息按照规定的格式，输入摄影测量工作站中，并与立体模型叠加显示；根据断面方向和宽度，在立体模型下人工采集横断面线上的特征点（地形变化点、地物点等），输出横断面文件后就可以直接生成横断面图（图 1-2-38）。

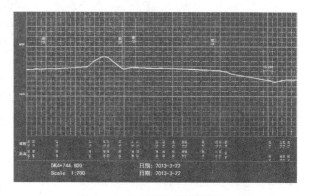

图 1-2-38　计算机生成横断面图

这种方法的特点：操作简单，只关心横断面点位上的信息，精度高，并且能够人为判断和横断面相交的地物的属性（如房子、道路中心、沟心等）；缺点是自动化程度不高。

2. 利用不规则三角网生成横断面法

不规则三角网制作横断面方法是基于数码航摄以及多基线影像自动匹配技术的发展而提出的，这种方法借鉴了利用激光点云制作横断面的思想，不需要关心某个横断面线，而是先建立感兴趣区域的不规则三角网，根据不规则三角网采用内插的方式自动提取横断面线上的特征点。

（1）影像匹配，提取地形点

通过影像匹配技术可获取立体像对上的同名点对，将所有匹配成功的点进行高程解算后就得到海量的点云数据。具体流程如图 1-2-39 所示。

数字航空摄影仪获取的影像具有分辨率高、覆盖范围广、色彩保真度好的优点，通过影像匹配确定的同名点对范围更广，且具备更高的可靠性，提取到的点数据量更大，精度更高。

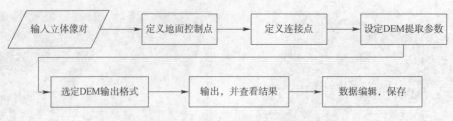

图 1-2-39 立体像对提取 DEM 流程图

(2) 点云分类

根据线路中线在横断面里程处生成横断面线(图 1-2-40 中竖线),按照横断面线提供的位置信息对附近点云数据进行精细分类。

针对横断面生产工作进行点云分类,一般采用拉断面的方法即可(图 1-2-41)。

图 1-2-40 断面线指示点云分类位置

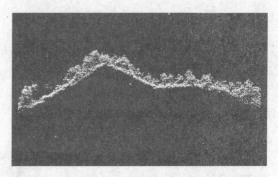

图 1-2-41 沿断面线所拉的断面

(3) 构建不规则三角网

在不规则三角网构建的过程中,充分考虑了地形特征的影响。通过添加特征点、特征线,结合提取出的海量点云数据来进行不规则三角网的构建,尽可能地保证地形的真实性。

在由地面点构建的不规则三角网(TIN)上根据线位和断面要求,切绘出所需的横纵断

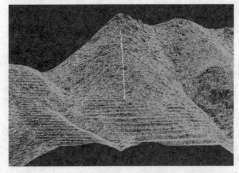

图 1-2-42 根据 TIN 内插出交点高程值

面。首先在二维平面下计算断面线与所有三角形边的交点平面坐标,然后根据平面坐标由 TIN 内插出所有交点高程值(图 1-2-42),最后进行横断面与特征线和地物的相交处理。

将外业实测的中桩高程与 TIN 模型上高程进行对比,分析 TIN 模型的精度。对于超出规定要求的,需要在立体模型下逐个检查分析,判断误差原因;对于无法准确判断的(如阴影遮挡、植被覆盖等),需要外业进行调查补测。

(4) 横断面制作

在不规则三角网构建完成后,根据中线提供的位置信息和断面表提出的断面要求,在 TIN 模型上切绘横断面。

采用不规则网法制作横断面的关键是建立精确的不规则三角网。这种方法的特点:横断面制作自动化程度高,横断面的数量越密集,这种方法的优势越明显;缺点是工序复杂。

第五节　POS 技术在摄影测量中的应用

定位测姿系统(Position and Orientation System,POS 系统)的核心思想是采用动态差分 GPS(即 DGPS)技术和惯性测量单元(Inertial Measurement Unit,IMU)直接在航测飞行中测定传感器的位置和姿态,并经严格的联合数据处理(即卡尔曼滤波),获得高精度的传感器的外方位元素,从而实现无控制点或少地面控制的传感器定位和定向。

一、技术原理

摄影测量最基本的任务之一就是利用立体像对上每对同名像点的投影光线进行交会,获得对应地物点的空间坐标。为了得到正确的交会结果,必须恢复摄影影像上每一条投影光线在摄影时刻的空间位置与方向,而其空间位置与方向是由航空摄影仪的内方位元素和摄影时刻的外方位元素所决定的。内定向可以通过航摄仪鉴定来完成,外定向则要用其他更复杂的技术途径来解决。传统航空摄影测量都需要使用野外控制点并通过空中三角测量加密求解外方位元素,而野外控制点的测量历来是一项工作量大、作业成本高的测量过程,特别是在荒漠、森林、高山等困难地区更是如此。因此,尽量减少野外控制点数量,甚至实现无野外控制点定位一直是摄影测量的重要研究方向之一。

近 20 年来,全球定位系统(GPS)的精度大大提高,同时惯性导航系统(Inertial Navigation System,INS)在精度不断提高的同时成本也在不断降低。GNSS/INS(或者 GNSS/IMU)组合系统的出现为各种导航与制导需求提供了强大的技术支持,也为无地面控制的航空摄影测量与遥感的实现提供了可能。组合系统在空中测得的位置数据和姿态数据,经过校验和预处理之后,可以直接给出传感器曝光瞬间的外方位元素,从而部分乃至全部摆脱传统摄影测量对地面控制点的依赖。

差分 GNSS 分为两大类:伪距差分和载波相位差分。其中,伪距差分以伪距作为观测量进行差分处理,能得到米级定位精度;载波相位差分通过处理两个测站载波相位观测量,可使定位精度达到厘米级,大量应用于需要高精度位置领域。在 GNSS/INS 辅助航空摄影测量中主要采用载波相位差分技术。利用安装在飞行器上的动态 GNSS 接收机,与设在一个或多个基准站的 GNSS 信号接收机同步而连续地观测 GPS 卫星信号,同时记录数码相机曝光瞬间的时间标记,通过载波相位测量差分定位技术的离线数据后处理获取曝光瞬间的摄影中心的三维坐标。如果采用实时动态差分技术,还必须架设数据发射电台,以便把必要的数据发送给作业飞机上的接收电台(图 1-2-43)。

INS 是 20 世纪初发展起来的一种自主式导航系统,其基本原理是根据牛顿提出的相对惯性空间的力学定律,利用陀螺、加速度计等惯性元件来感测飞机或其他载体的运动加速度,然后经过积分运算,从而求出导航参数,以确定载体位置和提取姿态信息。

IMU 获取的是航空摄影中相机曝光瞬间的姿态信息,即滚动角、俯仰角和航偏角。虽然 DGPS 系统可量测传感器的位置和速率,具有高精度、误差不随时间积累等优点,但其动态性能差(易失锁)、输出频率低,不能量测瞬间快速的变化,没有姿态量测功能。而 IMU 有姿态量测功能,具有完全自主、无信号传播,既能定位、测速,又可快速量测传感器瞬间的移动,输出姿态信息等优点,但主要缺点是误差随时间迅速积累增长。可以看出 DGPS 与 IMU 恰好是互补的,因此,最优化的方法是对两个系统获得的信息进行综合,这样可得到高精度的位置、速率和姿态数据。

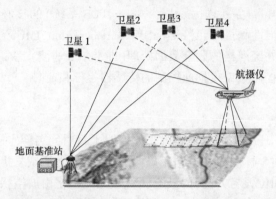

图 1-2-43　机载载波相位差分 GNSS 定位示意图

GNSS/INS 辅助航空摄影测量是通过 GNSS 载波相位测量差分定位技术获取航空摄影仪的位置参数,应用与航摄仪紧密固连的高精度惯性测量单元(IMU)直接测定航摄仪的姿态参数,通过 IMU、DGPS 数据的联合后处理技术获得测图所需的每张像片高精度外方位元素的航空摄影测量理论、技术和方法。IMU/DGPS 系统测量原理如图 1-2-44 所示。

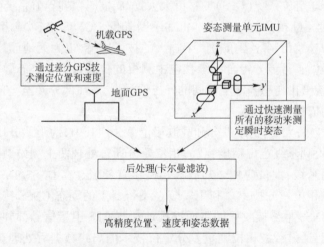

图 1-2-44　IMU/DGPS 系统测量原理图

GPS/INS 数据在摄影测量中的应用非常广泛。当用于传统框幅式航空相机时,通过对其数据的精确后处理,可以直接获取相机中心点在曝光瞬间的坐标位置及主光轴的姿态信息,从而实现无地面控制点或只需少量地面控制点的航空摄影测量。当同线阵 CCD 相机联合使用时,可以获取线阵图像连续变化的位置和姿态,这样可抛弃传统的多项式拟合方法,完成线阵 CCD 图像的准确定位。若与高精度激光扫描仪集成,可实现实时三维测量,自动生成数据表面模型,并推算数字高程模型。另外还可应用于 SAR 图像的精确几何校正。图 1-2-45 为 GPS/INS 组合定位定向系统在摄影测量中的应用图。

POS 辅助航空摄影测量的方法主要包括:直接定向法和 POS 辅助空中三角测量方法。

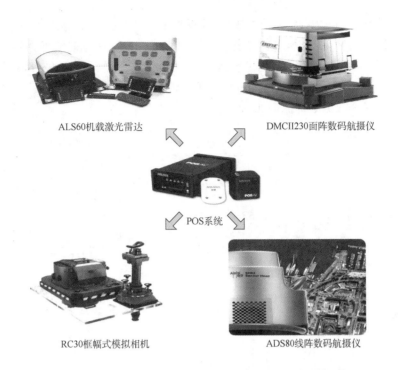

图 1-2-45　GNSS/INS 组合定位定向系统在摄影测量中的应用图

1. 直接定向法

在已知 GNSS 天线相位中心、IMU 及航摄仪三者之间空间关系的前提下,可直接对 POS 系统获取的 GNSS 天线相位中心的空间坐标 (X,Y,Z) 及 IMU 系统获取的侧滚角、俯仰角、航迹角进行数据处理,获取航空影像曝光瞬间的摄站中心三维空间坐标 (X_S,Y_S,Z_S) 及其航摄仪三个姿态角 (φ,ω,κ) ,从而实现无地面控制条件下直接恢复航空摄影的成像过程。

直接定向法的优点:整个测区不需要进行空中三角测量、不需要地面控制点。这不仅带来了与传统的空中三角测量以及 GNSS 辅助控制三角测量相比实质上的费用上的降低,同时还带来了处理时间的大大缩短。

直接定向法的缺点:缺少了多余观测,计算过程中出现的任何问题,例如采用错误的 GNSS 基站坐标,都将直接影响最终的结果。此外,由于对于几何模型考虑比较简单,导致即使区域网结构十分完美且检校场及 GNSS/IMU 数据联合处理准确无误,直接传感器定向所能达到的精度仍然难以满足大比例尺测图的需要。

2. POS 辅助空中三角测量方法

GNSS/INS 辅助空中三角测量方法是将基于 IMU、DGPS 技术直接获取的每张像片的外方位元素,作为带权观测值参与摄影测量区域网平差,获得更高精度的像片外方位元素成果的方法,该方法国际上称 Integrated Sensor Orientation,简称 ISO。

二、应用介绍

1. POS 数据处理

GNSS/INS 数据的处理主要通过卡尔曼滤波来实现。一般情况下,POS 数据处理软件都是硬件设备厂商随硬件一起提供,不同的厂商提供的 POS 数据处理软件也不一样。比如,Applanix 公司提供的 POSPAC,IGI 公司提供的 AERControl 等,但其基本原理都是一样的。

GNSS/INS 联合平差解算主要是由数据分离、差分 GNSS 解算和 GNSS/IMU 联合平差处理三部分构成。同时需要外业辅助,提供基站数据和实测的偏心分量。

GNSS/IMU 联合数据处理流程如图 1-2-46 所示。

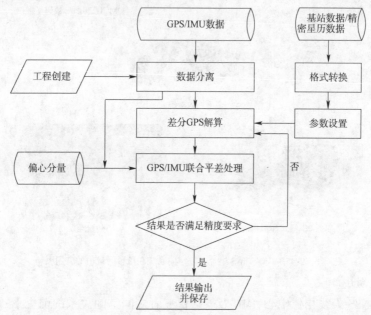

图 1-2-46　GNSS/IMU 联合处理流程图

2. 相机检校

POS 系统记录了飞行过程中 GNSS 天线相位中心的位置信息和 IMU 的姿态信息。通过对获取的 POS 数据进行后处理即可获取每幅影像准确的外方位元素。IMU 一般与航摄仪紧密固连,安装时尽量保证各轴方向高度一致。但实际安装后 IMU 与航摄仪的各轴指向间总存在着一个微小的角度差,即偏心角(Misalignment Angle)。由于 IMU 固定在航摄仪上,所以偏心角可以认为保持不变。但由于无法采用常规的集合方法来量取这个偏心角,因此通常采用飞行检校场的方法来确定偏心角,即在一个有足够数量和精度控制点的检校区进行检校飞行,然后采用传统空中三角测量方法计算出每张相片的外方位元素,再通过与GNSS/INS 组合系统量测获得的位置和姿态数据进行计算,来求得偏心角的最佳估计值。

相机(视准轴)检校是利用获取特定检校场数码影像,根据 POS 处理结果获取初始外方位元素,然后利用空中三角测量原理进行平差处理,改正初始外方位元素以求取 IMU 与数码相机视准轴之间的角度偏差,最终获取准确的每张影像的外方位元素。

为了提高相机检校的精度,一般情况下需要布设单独的检校场。以 DMC Ⅱ 230 为例,选择地物较少(尤其是高大建筑物),无大面积水域,且地物规则清晰的区域作为检校场地,飞行三条平行航线及两条垂直航线,并在检校场内均匀布设一些控制点。

以 DMC Ⅱ 230 系列为例,Z/I 公司推荐采用 SSK + PosPac 组合软件进行相机检校,该处理方式严谨,SSK 具有很强的自动匹配和转刺、自动粗差探测和剔除功能,且相机检校过程分使用外业控制点和无需外业控制点两种,其自动化程度较高。首先利用 SSK 空中三角测量加密软件对检校场的航片进行空中三角测量加密,然后将空中三角测量加密成果导入 PosPAC 中,解算影像外方位元素,通过对比空中三角测量加密前后影像外方位元素值,计算相机角元素改正值,并利用该改正值对整个测区的影像外方位元素进行改正。

利用检校结果对原始外方位元素进行改正,对新的外方位元素重新建立测区工程,在立体模式观看检校后的影像是否存在视差,并导入外业控制点数据进行精度检查。

利用改正后的外方元素建立的测区模型,在固定外方位元素的情形下进行空中三角测量平差后,其连接点整体误差在 0.5 个像素以内。

由于利用相机检校值改正的外方位元素建立的定向模型精度非常高,在加入外业控制点数据用于检查时,通过在立体模式下量测检查点,然后进行精度评定,即可得到检查点的精度分析报告,用于评定相机检校的精度及外业检查点精度。

3. POS 辅助空中三角测量

在 POS 辅助航空摄影测量航摄系统中,集成了 POS 定位定向系统、时间控制系统等,通过控制器可实现数码相机航摄与 POS 系统的时间同步,然后通过后期的 POS 解算获取单张相片曝光瞬间的位置和姿态信息,获取初始外方位元素,利用相机检校得到的角度改正值对所有角元素进行改正,提高外方位元素精度。

POS 辅助空中三角测量,即 GNSS/INS 辅助空中三角测量(GNSS/INS-assisted Aerotriangulation),国际上也称为 ISO(Integrated Sensor Orientation),是将给予 GNSS/INS 组合系统直接获取的每张像片的外方位元素,作为带权观测值参与摄影测量区域网平差,获得更高精度的像片外方位元素成果,从而实现更精确的像片定向,其坐标系见图 1-2-47。

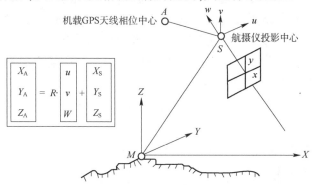

图 1-2-47　GNSS/INS 辅助空中三角测量坐标系示意图

GNSS/INS 辅助空中三角测量实际使用时将 GNSS/INS 的结果代入到空中三角测量运算中,利用像片匹配的连接点和地面控制点等辅助数据,可以获得更高精度的结构。国际上大量实验证明,即使仅用像片连接点而不用地面控制点进行联合平差,也能大大提高 GNSS/INS 获得外方位元素的精度,尤其是高程的精度和稳定性。如果再加入地面控制点,则整个模型非常稳健,计算结果的精度接近于常规空中三角测量结果。有研究结果表明,仅用 1 个地面控制点就可以达到很高的精度,使用 2 个地面控制点精度进一步提高,当加到 3 个、4 个地面控制点时,精度虽有提高但已不明显,因此考虑到粗差的检测以及整体的稳定性,一般在测区 4 角加入地面控制点比较合理。众多实验表明,利用导航数据的光束法区域网平差有较好的可靠性,尤其是作为控制信息的空中导航数据,可以使区域网大大稳定,即使当导航数据的相对精度较差时,通过联合平差也可以极大地减少地面控制点。此时,地面控制点的作用不再仅仅是提高区域网平差的精度,而是为区域网确定一个基准和消除导航数据中的系统误差,或是作为质量保证和质量评估。

根据国内外的大量生产及实践经验,GNSS/INS辅助航空摄影测量有其明显的优势。IMU引入后一般可以不必飞行GNSS空中三角测量必需的构架航线,这从航空摄影时间、材料费用、扫描加密及自动空中三角测量等多方面节省时间和经费。GNSS空中三角测量中需要进行的漂移误差改正需要大量的地面高程控制点(或者构架航线)以及大量的像片连接点,只有这样才可以获得几何稳定的摄影测量解。这种方法对于密林地区、流动沙丘等地区难以实现。而采用IMU数据后,由于可以获得高精度的外方位元素初值,GNSS/INS辅助空中三角测量方法所需的连接点数量和分布情况就不需要很多和很严格。同时,只有GNSS/INS组合传感器才能实现直接传感器定向,这在难以进行常规空中三角测量加密测图的区域(如大面积密林、沙漠、水域、西部冰川等地区)以及单航带的带状工程测图(如铁路、油气管线等项目)中尤其重要。

4. 应用案例——蒙西至华中煤运通道1:2 000地形图测绘

1)工程概况

蒙西煤运通道跨越内蒙古自治区、陕西省、山西省、河南省和湖北省5省(区),北起内蒙古的浩勒报吉,贯通方案自北向南途径阿布达尔、乌审旗、靖边、延安、秋林、三门峡、百底、川口、邓州市、荆门等地。由于线路较长,测区内包括Ⅰ、Ⅱ、Ⅲ、Ⅳ四种地形,在北部内蒙古境内,大部分地区为沙漠,在陕西省、山西省、河南省以及湖北省境内,地形多为崎岖的山地,也有少部分的丘陵地区。线路途径的大部分地区地形复杂,给外业工作组织带来很大困难。浩勒报吉至荆门段新建铁路正线约1 414km,比较线约2 208km。由于线位较长、地形复杂以及地方原因,比较方案较多,线位曲折较多,弯曲较大。

为满足方案研究、初测要求,采用POS辅助的大幅面数码航空摄影仪DMC230进行航摄,以获取1:10 000及1:2 000地形图。

2)生产过程

(1)航线设计

由于蒙西煤运通道项目线路较长,航飞架次比较多,这里不便占用太大篇幅逐一进行阐述,选择其中某一段进行说明。

相机参数见表1-2-2。

DMC Ⅱ230 相机基本参数　　　　　　　　　　表1-2-2

参考相机	PAN	—
序列号	00119896	
行/列像素个数(像素)	15 552 × 14 144	
像元大小(μm)	5.600 × 5.600	—
像幅大小(mm)	87.091 2 × 79.206 4	—
焦距(mm)	92.049 0	±0.002
主点偏移(mm)	$X = -0.000\ 9, Y = -0.005\ 2$	±0.002

根据在 1∶50 000 地形图上完成的初步设计方案,利用 1∶250 000 数字高程模型辅助进行航线设计,设计航线如图 1-2-48 所示。

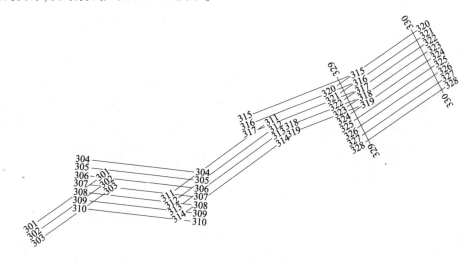

图 1-2-48　蒙西煤运通道航线设计(局部)示意图(逆时针旋转 90°)

(2)POS 数据解算

POS 数据解算使用与硬件匹配的 PosPac 软件完成。

(3)空中三角测量加密

分别采用 LPS + Orima 和 SSK 两种摄影测量工作站进行空中三角测量加密,这里选用 LPS + Orima 空中三角测量加密方式对上述航线中的 320～330 测段进行空中三角测量加密,并做精度分析。

(4)地形图采集和编辑

完成空中三角测量加密后,利用 JX4、MapMatrix 数字摄影测量工作站进行地形图采集,之后利用 MapEditor 地形图编辑软件进行地形图编辑(图 1-2-49、图 1-2-50)。

图 1-2-49　蒙西煤运通道 1∶10 000 地形图示例　　图 1-2-50　蒙西煤运通道 1∶2 000 地形图示例

3)精度分析

该测段地形以山区为主。为了保证成图精度,外业共布设了 12 个像控点,图 1-2-51 为该测段像控点布设示意图。

空中三角测量加密中,对像控点的加密精度进行了统计分析,平面最大残差为 0.244m,

高程最大残差为 0.197m,控制点最大残差为 0.262m,满足铁路测绘 1∶2 000 地形图的精度要求。图 1-2-52 为像控点残差统计图表。

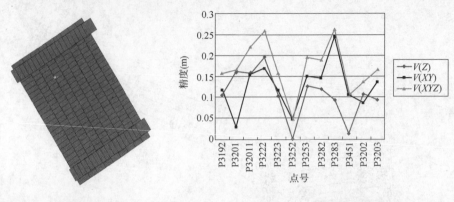

图 1-2-51　像控点布设示意图　　　图 1-2-52　像控点残差统计图

另外,通过外业 RTK 实测地形点与航测内业测量同名点的比较,统计地形图实际精度情况,对该项目应用 DGPS/IMU 辅助空中三角测量进行铁路带状地形图的精度进行分析。其平面及高程精度统计见表 1-2-3。

地形图精度分析(单位:m)　　　　　　　　　　　　　表 1-2-3

误差分量	D_x	D_y	D_{xy}	D_z
中误差	0.269	0.164	0.315	0.104

4)应用分析

蒙西煤运通道作为"十二五"规划里的第一条大规模铁路项目,深受各界重视,线路经过的部分地区地形比较复杂,比较方案也比较多,因此在预可分性研究阶段工期十分紧张,也给测绘地形图带来了很大压力。从整个项目的进展以及精度分析来看,效率及效果都达到了预期目标。这在很大程度上归功于使用 POS 辅助空中三角测量技术。另外,POS 辅助空中三角测量技术的使用,大幅度减小了外业工作量以及空中三角测量加密的时间,提高了内外业的工作效率。其主要优点表现在以下几个方面:

一是,相对于传统常规空中三角测量方法(不用 POS 辅助航空摄影测量),外业控制点选刺数量大大减少,大幅减少了外业工作量,提高了工作效率,为顺利完成预可行性研究任务提供保障。

二是,内业方面,由于 POS 的精度比较高,使用 POS 辅助空中三角测量时,利用导航数据的光束法区域网平差有较好的可靠性。尤其是作为控制信息的空中导航数据,可以使区域网大大稳定,即使当导航数据的相对精度较差时,通过联合平差也可以极大地减少地面控制点。实际生产表明,使用 POS 辅助空中三角测量相对于常规空中三角测量,自动化程度更高,工作效率至少是常规空中三角测量的 3~5 倍。

三是,测绘地形图精度满足实际勘察设计应用的要求。从上述统计的平面和高程精度统计中可以看出,利用 POS 辅助完成的空中三角测量加密及地形图测量精度均满足 1∶2 000 地形图精度的要求。

四是,可靠性更高。相对于常规空中三角测量的加密方式而言,POS 辅助空中三角测量在内业处理方面由于需求的外控点数量稀少,因此减少了人工量测的不确定性和降低了人为因素造成误差存在的可能。另外,通过前期的高精度 POS 数据,能够及时有效地对外业刺点错误及坐标转换错误等进行检查,以保证加密精度的可靠性。

第六节 机载激光雷达测量

机载激光雷达(LIDAR,Light Detection And Ranging)集成激光测距技术、GNSS 定位技术、惯性导航技术为一体,是一种快速高效获取地表三维空间点的新型航空摄影技术。

一、技术原理

机载激光雷达数据获取示意图见图 1-2-53。已知空间点 O_s 的坐标 (X_s,Y_s,Z_s) 及该点到地面点 $P(X,Y,Z)$ 的向量 S,则 P 点的坐标可由 O_s 加 S 得到。其坐标 (XS,YS,ZS) 可利用动态差分 GNSS 给出;向量的模可用激光测距仪测量投影中心到地面待定点的距离得到,记录激光脉冲从发射到被地面目标发射回来后的时间延迟,然后再乘以光速 c 即可得出距离;向量的方向可用高精度姿态测量装置 IMU 测得,分别表示为俯仰角、侧滚角和航偏角。具备了以上三个基本要素后每个激光脚点的三维空间直角坐标 (X,Y,Z) 即可精确求出。

通过机载 LIDAR 航飞获取 LIDAR 点云数据、影像数据和 POS 数据,依据获取数据的类别可分为点云数据处理、影像数据处理、POS 数据处理。由于三维激光扫描仪和相机都与同一 POS 系统关联,因此前期基于 POS 数据的几何地理定位处理是一样的。解算后 POS 数据既能为脉冲发射瞬间提供精确的位置信息和角度信息,也能为像片曝光瞬间提供较为精确的外方位元素。通过差分 GNSS 数据处理、IMU 和 GNSS 组合姿态确定、坐标变换等处理过程,并结合 LIDAR 的测距数据实现激光脚点的

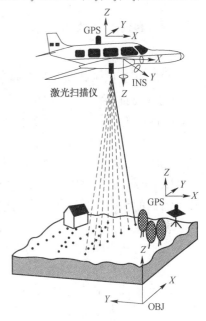

图 1-2-53 机载激光雷达数据获取示意图

三维坐标精确解算后,要利用航飞获取的检校场点云进行扫描系统安置角的检校,然后对海量点云进行分块处理。

二、数据获取

1. GNSS 星历预测

在实际飞行之前,需要对当天的 PDOP 值进行预测。有些商用软件(如 GrafNav)可以通过网络下载卫星星历预报数据来计算某天某一时刻的 PDOP 值以及卫星数目。原则上,需要选择 PDOP 值小于 4、卫星数大于 5 的时间段进行飞行。然而,考虑到整个测区的面积大小和延伸长度,测区越大预测精度越低,并且考虑到实际情况有可能会更差,因此在确定航飞时间段时,在 PDOP 值大于 3 时需要小心谨慎。

2. 地面通电测试与准备工作

正式飞行之前，需要将设备进行再次地面通电，以保证经过多天的放置之后，设备依然工作正常。

3. 数据获取

根据航线设计成果，制定每天飞行计划，按照航线轨迹飞行。空中的操作流程一般是固定的，高级的激光雷达设备在使用操作上往往十分简单，用户只需进行触动几个按钮就可以完成整个航飞任务，其他所有工作都由计算机来完成。但是操作员必须随时观察设备运行状况，并做好飞行记录。

需要注意的是，不同厂家不同型号的设备都会有相应的操作流程，在使用设备之前，技术支持人员需要组织摄影员进行仪器操作的技术讲解和培训，确保每位摄影员都熟练掌握了设备的操作流程之后才允许独立使用。

三、数据预处理

1. POS 数据处理

LIDAR 数据预处理部分主要是指 GNSS/IMU 数据的联合处理，该步骤是 LIDAR 数据后处理的基础，它为随后的 LIDAR 检校、相机检校提供了有效的精度保障。目前，国内外关于 GNSS/IMU 数据联合处理的软件种类众多，但其原理基本一致。其主要是由数据分离模块、差分 GNSS 解算模块和 GNSS/IMU 联合平差处理三部分构成；基本原理是先将 POS 数据分离为 GNSS 数据和 IMU 数据，再用地面基站 GNSS 数据与机载动态 GNSS 数据进行差分处理，求得机载动态 GNSS 每一采样时刻（采用频率通常为 1Hz 或 2Hz）的三维坐标，而 IMU 能以非常高的频率记录飞机平台的空中姿态变化，同时也能获得空间坐标，但没有 GNSS 获取的坐标精度高，通过 DGPS 与 IMU 的相互改正及联合平差，经过内插后能够获取航迹线上任意一点的空间坐标和任意时刻平台的空中姿态。

2. LIDAR 检校

理论上，LIDAR 扫描仪的主光轴与 IMU 的主轴应该是严格平行的，但由于设备运输、安装、温度差异、老化等原因导致 LIDAR 扫描仪的主光轴与 IMU 的主轴之间存在一个较小的角度差值（视准轴误差）。LIDAR 检校的目的就是消除 LIDAR 扫描仪主光轴与 IMU 主光轴之间的角度误差。此误差包括系统误差和随机误差两个方面，检校的最终目标是确定整套系统的系统性误差，并对所求的原始脚点数据进行改正，使其只剩下随机误差。

系统误差通常是侧滚角（Roll）、俯仰角（Pitch）和航偏角（Heading）。首先在检校场数据中选择一块典型地形的数据进行检校，得到理想的检校参数并运用到整个检校场和测区。经过检校的激光数据，不同航带、不同架次的数据都能很好地匹配，由此便可进行进一步的数据处理。目前 LIDAR 检校主要分为两类：一种是根据三个角度的影响特点，采用不同的地物及航线，手动计算三个角度；另一种是根据搜寻多航带间的连接线来自动解算 Roll、Pitch、Heading。

3. 相机检校

机载雷达测量系统通常集成了高分辨率的 CCD 数码相机。数码影像数据的获取与激光点云数据的采集同步进行，其连续、直观、易判断的特点与激光点云数据相辅相成，可以提供更为丰富的空间信息。结合影像获取瞬间的外方位元素信息和激光点云数据提取的 DEM 数据对数码影像进行正射纠正后可以获取高精度、高分辨率的数字正射影像(DOM)。在制作 DOM 过程中,准确的外方位元素获取至关重要。机载雷达测量系统上配置的 POS 系统记录了飞行过程中 GNSS 天线相位中心的位置信息和 IMU 的姿态信息,通过对获取的 POS 数据进行后处理即可获取每幅影像较为准确的外方位元素。但机载雷达系统在集成的过程中不可避免地会导致系统误差的存在,为获取准确的外方位元素必须考虑这种系统误差的影响。对于 LIDAR 系统中的数码相机而言,实际作业中主要关心偏心分量和偏心角的获取上,偏心分量主要指 GNSS 天线相位中心、激光仪器中心、数码相机中心在空间上的偏移量,可以通过在每次航摄作业时实地测量获取该分量。同样,IMU 视准轴与数码相机视准轴之间也存在一个角度偏差,即偏心角。LIDAR 系统中的相机检校的目的就是为了获取该偏心角,由于这里的相机检校不同于传统意义上相机检校(在摄影测量领域,相机检校主要是指获取相机镜头的畸变系数的过程),因此也称为相机视准轴检校。相机(视准轴)检校是利用获取特定检校场数码影像,根据 POS 处理结果获取初始外方位元素,然后利用空中三角测量原理进行平差处理,改正初始外方位元素以求取 IMU 与数码相机视准轴之间的角度偏差,最终获取准确的每张影像的外方位元素的过程。相机检校可采取两种方式进行:无控制点情形下的相机检校和基于控制点改正下的相机检校,两种方式都类似于传统空中三角测量加密流程。

在无外控点约束平差的情形下,通过大量同名连接点进行无约束平差可以很好地消除模型内部误差,达到修正外方位元素的目的。但这种情况外方位元素 6 个观测值之间的相互影响,不利于相机检校求取角度改正值的求取,且无法求取两个椭球之间的偏移量。因此,无控制点情形下的相机检校平差过程通常保证初始外方位元素的线元素保持不变。

在有外控点的情况下,可以利用外控点改正初始外方位元素的线性值,外控点参与的约束平差能够为整个测区提供更稳固的平差模型,减少了线性元素对角元素改正值的影响。

4. 坐标转换

坐标系统是所有测量工作的基础,因此坐标系统选择的适当与否关系整个工程的质量。在实际应用中,国家统一坐标系统有时不能满足工程建设的需要,例如当采用国家统一坐标系时往往会因为距离中央子午线较远而使变形超限,所以必须针对不同的工程采用适合它的独立坐标系统。对于线路工程而言,使投影长度变形控制在允许的精度范围之内是建立独立坐标系统主要解决的问题。由于控制数据和测量成果大都是位于施工坐标系下,因此 LIDAR 数据也需转换到施工坐标系。为了更好地控制投影变形和精确地计算变形值,从而满足铁路施工需要,保证控制网施工测量的精度,施工坐标系采用任意带的高斯—克吕格投影,保证在其范围内的地图同椭球上原形保持相似,而且由于范围小,长度和面积变形都不大,并能够应用简单公式计算投影变形引起的改正数。而航飞时采用的是 WGS-84 坐标系统,直接导致 WGS-84 坐标系和施工坐标系的基准面不一致,所以必须进行基准面的转换。常用的转换方法有三参数、四参数、七参数等。三参数是一种坐标平移的方法,不考虑坐标轴之间的旋转和尺度参数;四参数除了考虑坐标平移之外,另外考虑了尺度的变化,适用于小范围且精度要求不高的情况;七参数同时考虑了坐标平移、坐标轴之间的旋转以及尺度变化,是最精确的坐标转换模型。

四、激光点云分类

LIDAR 获取的是按照时间进行采样和存储的不规则三维激光脚点数据。这些离散的激光脚点有的是落在地面上,有的是落在建筑物、植被、车辆等地物上。为了生成数字高程模型以及方便后续的各种工程应用,需要提取地面点。从原始点云数据中去除非地面点的过程被称作滤波。点云分类是对激光脚点打在何种地物上进行区分,简单来说,就是将打在不同地物的激光脚点按属性(例如:地面点、植被点、建筑物点、电力线点等)分层的过程。

利用机载激光雷达测量的数据进行地物的分类和识别等自动化、智能化处理具有很大的难度,目前国外先进的自动分类软件虽能一定程度上减轻手动分类的工作量,但还不能满足实际生产实践的需要,因此需要在自动结果的基础上进行手动精细分类。根据工程应用目的的不同,将点云滤波分为两类,即线状点云滤波和区域点云滤波。线状点云滤波主要是考虑工程中以纵横断面为生产目的进行的有针对性的点云滤波方式,区域点云滤波则是主要考虑以生产 DEM 为目的进行的点云滤波方式,两种滤波方式的主要区别在"线"和"面",因涉及的范围不同,滤波过程中考虑的重点也不一样。

针对不用应用目的采用不同的滤波分类方法,其大致流程如图 1-2-54 所示。

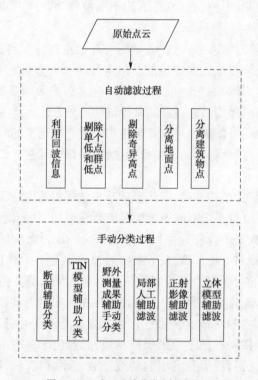

图 1-2-54 点云滤波分类方法流程图

在对原始激光点云进行滤波分类时,首先根据数据特点、测区地形起伏、植被覆盖情况,通过反复试验找出一套合适的自动分类参数,然后对工程中所有的点云数据块进行自动分类。自动分类的好坏决定着后期精细分类的工作量大小,因此选择合适的参数尤为重要。

但目前自动分类还无法达到完全令人满意的效果,还存在一些不足之处,主要因为地形情况千差万别,且无规律,一套参数很难对所有的点云都适用。例如:建筑物上的点被分为地面点,打到植被上的点被误分为地面点,一些小的地形不连续的部分被平滑或去掉,等等。为此,需用人机交互方式,利用点云、影像、外业资料等多种数据源,综合运用断面图形、不规则三角网渲染模型、野外测量成果辅助、正射影像、立体模型辅助等多种手段进行手动分类,才能达到令人满意的效果。

LIDAR 获取的点云密度非常密,在相对航高为 1 500m 左右时其间距可达 0.6~0.7m 之间,实际地形只需要一些地形变化点构建不规则三角网就可以正确表达,地面点信息有较大冗余。使用大量点构建三角网效率低,地形渲染显示、断面计算速度慢,数据存储量大,因此使用地形关键点构建 DEM 能够达到比较理想的状态。在从地面点中提取关键点时,需设置提取关键点的容差值(即什么样的点可以作为关键点)。由关键点构建的三角网模型和由地形点构建的三角网模型之间的高程差异小于在提取关键点时设置的容差。

需要指出的是,在几何定位趋于成熟的条件下,滤波分类技术已成为 LIDAR 数据处理的关键环节,分类精度的高低直接影响到生产成果的质量、效率及应用范围。在 POS 解算为每张像片曝光瞬间提供较为精确的外方位元素后,可充分利用 POS 辅助空中三角测量加密,在提高加密的效率和精度的同时,大大减少野外刺点的数目。并且利用经过修正后的外方位元素以及基于 LIDAR 点云制作的 DEM 用于精确 DOM 的制作。在具备 DEM 和 DOM 后可制作出种类丰富、功能多样的地理信息产品,例如地形图、横纵断面图、影像地形图、各种专题图、三维虚拟踏勘系统等。

五、应用实例

下面以张家口至唐山铁路定测为例,详细介绍机载激光雷达技术在铁路勘察设计中的应用。

1. 项目概况

张家口至唐山新建铁路(以下简称张唐线)正线全长 678km。测区有一半属于Ⅲ-Ⅳ级地形,地形陡峭,部分地区人车很难到达,按照传统的外业方法需要投入大量的人力、物力和时间。考虑勘察设计的工期以及地形条件,决定采用机载激光雷达,通过与 Leica 公司协商,以租赁的方式租借 Leica 公司的 ALS60 激光雷达设备,于 2009 年 4 月下旬开始进行机载雷达数据获取,2009 年 5 月下旬完成数据获取。完成正线航飞里程 450km,Lidar 数据覆盖面积为 1 119.7km^2。

2. 数据处理

数据处理主要包括 POS 解算、Lidar 检校、相机检校及点云分类等,这里重点介绍点云精细分类的数据处理。

激光雷达主要通过从激光点云中分类出的地面点来构建数字高程模型,在数字高程模型上切绘出横纵断面、工点地形等,因此,点云分类效果直接决定后续成果精度。本项目主要工作是完成横断面和工点地形的测绘工作,为了保证成果的质量,针对点云粗分类的诸多不足以及铁路定测要求测绘成果精度较高的特点,在分类方法上积极创新,在分类过程中仔细认真,全力做好点云分类工作。该项目中应用了以下几种适合铁路应用的点云分类处理方法。

(1) 手动分类

在采用拉断面方式进行手动分类前,需要进行一些准备工作,包括关联视图和建立可编辑的 TIN 模型。关联视图的目的是当在 TIN 模型上拉断面时,在另一视图上及时的反映断面上激光点云的分布情况,然后利用分类工具对激光点云的所属类别进行编辑修改,进而正确分离出地面点,剔除非地面点。建立 TIN 模型的目的是使作业者更加直观地发现自动分类中有问题的区域,当手动分类后 TIN 模型及时更新反映分类后地形变化。

(2) 区域性分类错误修正

可采用对 TIN 模型上被削平区域(例如:被削掉的山头)运行分类宏的方式进行分类处理,即事先将需要修改的区域用多边形标注,后续仅处理多边形标注范围内的点云数据,根据需要处理的点云面积大小不同,需要对处理的参数进行适当的调整。

同样,对于落在水面上的激光点云可以采用该方法进行改正。在区域性的修改分类激光点云后,可以用断面辅助的方法对某些有异常的地方做进一步的修正。

(3) DOM 辅助点云分类

可采用与激光点云严格配准后的 DOM 辅助手动分类,通过 DOM 来判定激光点云的地物属性,进而辅助判定该点是地面点还是非地面点。例如该点如果落在房顶上,可判定该点不是地面点,如果该点打在土路上,可判定该点为地面点。断面辅助分类点云的方式只是从高程信息和周围点云的关系角度来进行精细分类,而叠加 DOM 能提供该点的属性信息,能提高点云分类的精确性和效率。

(4) 外业实测点辅助点云分类

在植被非常茂密的区域激光点无法或很少打到地面上时,可利用外业实测点(图 1-2-55 中方框所示)判断地形趋势,从而指导分类。

根据外业实测点,可判定地形走势大致如图 1-2-56 中折线所示,折线下面的 5 个点为错误点。

 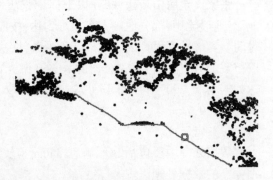

图 1-2-55 外业实测高程点辅助精细分类　　图 1-2-56 外业实测高程点辅助精细分类(显示错误点)

3. 质量控制和精度检查

为了保证后期设计工作顺利进行,对机载三维激光雷达产生的横纵断面和工点地形进行了多道检核程序,以保证成果精度满足设计要求。

如果有数字正射影像和外业实测点,要用来进行辅助点云分类,分类对后续成果精度起到决定性作用。用外业中桩高程检核精细分类之后的数据,其差值不大于表 1-2-4 规定。

不同等级地形的外业中桩与 Lidar 高程限差　　　　　表 1-2-4

地　　形	Ⅰ	Ⅱ	Ⅲ	Ⅳ
中桩与 Lidar 高程差值(m)	≤0.2	≤0.3	≤0.4	≤0.5

中桩高程与 Lidar 高程差值小于上表中规定的,直接采用中桩高程作为横断面零点高程;对于超出上表规定的,内业进行逐个检查分析,判断误差原因,误差主要原因见表 1-2-5。

误差原因及其分析　　　　　表 1-2-5

原　　因	分　　析	表　　述
变坡点缺少 Lidar 点	通过断面能够判断该点位于变坡位置上	坎上/坎下缺点,采用中桩高程
变坡点缺少 Lidar 点	通过断面能够判断该点位于变坡位置上,但根据周围 Lidar 点不能确定该点高程的正确性	坎上/坎下缺点,外业检核
外业中桩点错误	通过断面分析,该点明显没有位于地面点构成的剖面上,内业无法判断正确与否	外业检核
分类错误	该点的比较误差是因为人为的分类误差造成的,通过重新分类,能够得到正确的高程值	分类错误,内业改正
植被茂密导致缺少 Lidar 点	根据周围 Lidar 点能确定该点高程的正确性	采用中桩高程
植被茂密导致缺少 Lidar 点	根据周围 Lidar 点不能确定该点高程的正确性	外业检核

在加强过程质量控制的基础上,对生产成果进行更加严格的检核,需要对以下内容进行全面检核:

(1)横断面成果检核;

(2)纵断面成果检核;

(3)地形成果检核。

采用中桩处外业实测点与 Lidar 高程的对比来进行精度的统计,精度情况大体见表 1-2-6。

Lidar 精度情况　　　　　表 1-2-6

Lidar 精度检测统计						
误差区间(m)	$D_z>10$	$10≥D_z>2$	$2≥D_z>1$	$1≥D_z>0.5$	$0.5≥D_z>0.3$	$0.3>D_z$
点数	11	133	464	1700	2657	9825
百分比(%)	0.07	0.90	3.14	11.49	17.96	66.43

4. 应用分析

张唐线共完成横断面 24378 个,纵断面 326.14km,局部地形 190 个,检查 RTK 打线精度约400km,不但作业效率得到极大提高,而且节省了大量外业资源。将外业实测中桩点高程与Lidar高程进行精度统计,成果满足专业需要。

所有横纵断面和工点地形成果都完全按照各专业要求按时保质予以提交,有效地解放了生产力,节省了生产成本,提高了产品精度,缩短了工期,保证了后续设计工作的顺利进行。

张唐铁路定测阶段采用的机载三维激光雷达技术尚属国内首次,该技术的应用在铁路勘测行业是一次重要的变革,此技术不仅加快了横、纵断面和局部地形的获取速度,而且极大地提高了断面、地形成果的精度,使铁路勘测技术的发展向前迈进了一大步,为铁路事业又好又快发展做出贡献。

第七节　近景摄影测量

近景摄影测量即将摄影相机安装在地面上进行测量,既可采用测量专用的量测相机,也可利用一般的非量测相机,可采用无固定摄站模式,也可采用固定摄站模式。

一、技术原理

近景摄影测量过程本质上是获取近景摄影测量影像对的内方位元素、系统误差改正参数和影像对的相对外方位元素的过程。其中相机内方位元素、相机系统误差改正参数(主要指相机镜头畸变差改正系数)以及相机对与摄影基线之间的位置姿态关系可使用数码相机相对检校技术在摄影测量控制场中预先检定得到,数字影像对的相对外方位元素可通过数字影像对拍摄时的摄影定向以及相机对与摄影基线之间的位置姿态关系计算得到。数码相机相对检校通过控制点成像,由控制点物方、像方坐标按成像共线方程解算相机内方位元素、相机镜头畸变差改正系数以及相机对与摄影基线之间的位置姿态关系,进而在已知摄站位置(针对固定摄站模式)或外控点改正(针对非固定摄站模式)情形下通过平移、旋转、放缩等得到其绝对外方位元素,完成立体像对的绝对定向。近景摄影测量见图1-2-57、图1-2-58。

图1-2-57　无固定摄站近景摄影测量　　　　图1-2-58　固定摄站模式下近景摄影测量

随着多基线近景摄影测量技术的出现,近景摄影测量技术实现了由双目视觉向多目视觉的过渡,从而提高了匹配的自动化程度和前方交会的精度,使得目前的近景摄影测量可对普通单反数码相机获取的影像数据进行自动空中三角测量处理并绘制完成各种比例尺的线划地形图,同时还可快速实现精密三维重建。近景摄影测量相关技术应用见图1-2-59、图1-2-60。

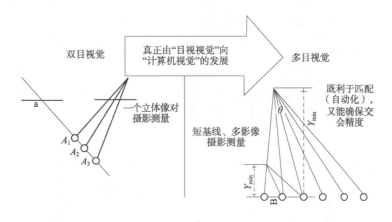

图 1-2-59 近景摄影测量中的单基线与多基线技术

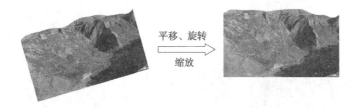

图 1-2-60 近景摄影测量相对定向过渡到绝对定向

在铁路工程中,铁路工点(隧道洞口等)地形测量一直是铁路勘测测量过程中的难题,利用近景摄影测量可用于困难地区铁路工点测绘。依据常规的近景摄影测量原理完成铁路困难工点的测绘需在工点待测量部位布设一定数量的控制点用于实现立体像对的相对定向,进而实现摄影测量功能。考虑到控制点布设困难的原因,常用的有固定摄站模式,即用经纬仪+相机组合方式完成隧道洞口等工点的地形测量,系统采用近景摄影测量原理,由相机检校获取普通数码相机的内方位元素和系统改正参数实现数字影像的内定向;由经纬仪获取摄影测量像对的定向元素,在没有控制点支持的情况下,实现摄影测量的相对、绝对定向;在定向基础上,由摄影测量工作站软件直接使用定向参数进行摄影测量数据加工,获得工点等目标对象的等高线图和数字模型。铁路近景摄影测量相机检校场见图1-2-61,近景摄影测量铁路工点测量流程见图1-2-62。

图 1-2-61 铁路近景摄影测量相机检校场

在山地坡度较大的区域,该方法比传统的动态RTK作业法、全站仪作业法优势明显(图1-2-63),同时近景摄影测量在铁路工程中的应用范围还有待进一步挖掘。

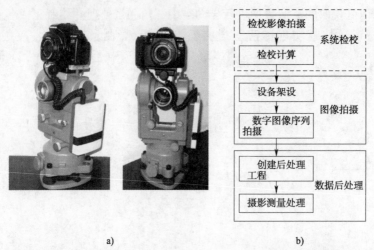

图 1-2-62 采用的近景摄影测量系统及近景摄影测量铁路工点测量流程

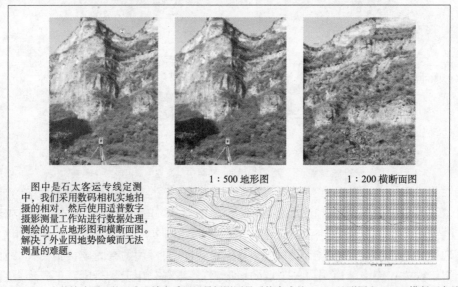

图 1-2-63 在某铁路项目的困难区域中采用近景摄影测量系统完成的 1∶500 地形图和 1∶200 横断面产品

二、应用介绍

作为一项新的摄影测量技术,近景摄影测量技术已经在部分铁路项目中得以应用,取得了很好的经济和社会效益。如在山西肖家洼专用线定测时,针对线路所在区域内山地地形陡峭,采用传统作业方式外业工作量大,危险性高。采用近景摄影测量技术完成了全线 30 多个隧道洞口的 1∶500 地形图和横断面的测量。

下面以肖家洼专用线为例,介绍近景摄影测量在铁路工程中的应用。

1. 项目简介

山西锦兴肖家洼煤矿铁路专用线工程,线路位于吕梁山地的西侧的低山丘陵区,是吕梁山地向黄河峡谷的延伸部分。上部多覆盖有厚层黄土,由于长期水流侵蚀和切割作用,形成以黄土梁、峁和深切冲沟为主的典型黄土丘陵地貌,地形起伏较大且凌乱破碎,测区内山高沟深,地形复杂,不利于传统手段外业勘测,经过综合分析决定采用无地面控制的近景摄影测量与RTK/全站仪野外测量相结合的方式进行。

贯通线由兴县站(不含)至肖家洼,线路长度14.84km;疏解线由兴县站(不含)至线路所,线路长度2.667km。全线设计隧道9座,需完成18个隧道口及若干洞身1:500地形图的测量与成图及横断面绘制任务。

2. 数据获取

1)拍摄计划

隧道洞口1:500地形成图范围平均为线路两侧各60m,沿线路方向120m,每个洞口平均设站4～6处,进行定点拍照,拍照数量依地形而定,同时完成摄站点的坐标采集及测区被遮挡区域的地形点采集(多为深沟)。总共需完成18个隧道洞口的近景摄影及坐标采集工作。

2)摄影站点布设

进行合理的摄站点布设是完成外业拍照、模型恢复、立体量测的重要前提。

(1)根据现有的1:2 000或者1:10 000地形图,在平面图上进行站点布设及通视分析(图1-2-64)。

(2)根据现有1:2 000或者1:10 000地形图制作沿线三维场景,在三维可视化系统中进行站点布设及通视分析(图1-2-65),利用通视分析工具对拍摄方案进行评估,并根据地形情况进行方案调整。

图1-2-64　平面地形图上布站设计

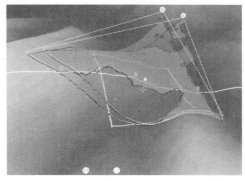

图1-2-65　三维可视化环境下布站设计

(3)现场选点

在现场确认内业选点是否合理,对测区附近进行现场踏勘,寻找合适的拍照地点。

3)外业拍摄

每一摄站在开始拍照前,将经纬仪瞄准某个明显目标(控制标或者明显地物)并拍照(图1-2-66),记录像片号、经纬仪水平角、天顶角。

(1)后视方向观测

将经纬仪瞄准某个已知点,记录经纬仪水平角和天顶角。该步骤可与步骤(2)合并为一个环节,即对准已知点(控制标)拍照,并记录水平角、天顶角。

尽量将后视观测点设置在较远处,以减少点位量测误差的传递效应。

(2)量测像片拍摄

将相机对准测区,根据测区范围规划拍照张数,每拍一张照片,记录影像片号、经纬仪平角和天顶角。要求像片覆盖整个测区,相邻像片重叠度大于10°(25%左右)。

a) 经纬仪瞄准另一摄站点拍照（方式一）　　　　b) 经纬仪瞄准远方控制标拍照（方式二）

图 1-2-66　相机对测量区域拍照

在进行一条摄影基线的左右站拍照，在后一摄站拍照时，需查看前一摄站像片，对相同区域拍摄对应像片，要求左右站配对像片重叠度大于 80%。

拍摄立体相对位置具体要求，如图 1-2-67 所示。

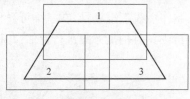 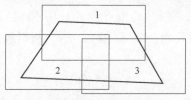

a) 左站拍照区域示意图　　　　b) 右站拍照区域规划示意图

图 1-2-67　拍摄立体相对位置具体要求

经纬仪读数误差小于 10s。在拍照过程中，测区距离 <300m 时，经纬仪水准气泡置平误差小于 40s（长水准格偏差不超过 2 格）；测区距离大于 300m 时，置平误差小于 20s（长水准格偏差不超过 1 格）。

(3) 复核

完成量测相片拍摄后，再次观测后视目标并记录读数，并重新量测并记录仪器高。两次记录的后视目标水平方位角和天顶角偏差均小于 20s。此外还需观察水准气泡位置，并做记录。

4) 外业测量

(1) 摄影站点坐标量测

使用 GNSS 快速静态或者 RTK 量测摄站点坐标。快速静态观测时间 15~20min，RTK 采集时间大于 10s。绝对量测误差小于 5cm。左右站相对误差小于 2cm。

(2) 地形补测

由于地形遮挡，某些区域无法左右站都通视，该区域将无法通过立体量测获取地形点，因此需野外实测补点。

完成摄站点布设之后，及时划出地形遮挡区域，使用 RTK 或全站仪对地形进行局部补测。

3. 数据处理

1) 影像畸变校正

使用像片镜头畸变软件对所有照片进行畸变校正批处理。后续处理使用的像片必须为畸变校正后像片。

2）数据录入与相机安置偏移校正

使用近景摄影测量系统数据处理软件录入外业记录数据，保存为工程文件。在检校片中量取经纬仪瞄准目标的像平面坐标，并输入距目标的距离，软件自动计算 φ、Ω 偏角。

3）定向文件输出与质量检查

（1）定向文件输出

将拍摄的每张影像的外方位元素一起输出，用于立体采集定向使用（图1-2-68）。

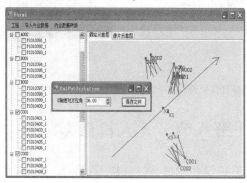

图1-2-68　输出外方位元素

（2）数据检查

逐基线建立工程，通过检校片检查绝对精度（立体量测坐标与实际坐标相比较，重点检查景深方向误差）；要求 X，Y 轴方向误差均小于 2 个像素（或小于 8cm），景深方向误差小于 6 个像素（或小于 20cm）。相片质量检测（1）见图1-2-69。

通过同一站相邻片重叠区域的符合情况检查外业拍照及数据记录精度。要求同站内相邻影像同名点偏差不超过 1.5 个像素，相片质量检测（2）见图1-2-70。

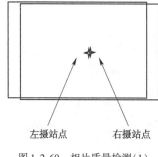

图1-2-69　相片质量检测（1）

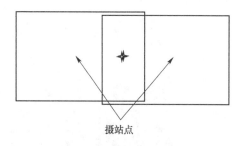

图1-2-70　相片质量检测（2）

4. 立体采集

（1）将畸变校正后影像、影像外方位元素文件、测图区域规划图提交给测图人员。

（2）在数字摄影测量工作站上逐像对采集等高线、沟坎边沿等地形突变处单独采集特征线。采集成果转变为 0.5m 间隔散点输出。

（3）按照 1:500 地形图图式，对规定区域工点地形成图。

（4）以密集点云为数据源，根据横断面绘制要求，输出断面图。

肖家洼煤矿铁路专用线工点地形见图1-2-71。

 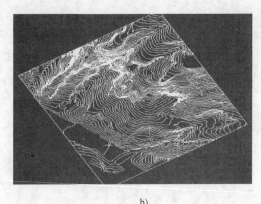

a)   b)

图 1-2-71 肖家洼煤矿铁路专用线工点地形及近景摄影测量制作的工点地形图

第八节 无人机摄影测量

无人机是通过无线电遥控设备或机载计算机程控系统进行操控的不载人飞行器。无人机低空摄影测量系统是一个集成了摄影传感器、飞行器姿态控制系统、航线控制飞行系统、数据存储传输系统以及航摄影像数据后处理系统的新型摄影测量与遥感平台。

一、技术原理

无人机系统在设计和最优化组合方面具有突出的特点,是集成了高空拍摄、遥控、遥测技术、视频影像传输和计算机影像信息处理的新型应用技术。利用无人机快速、方便的特点获取高分辨率空间数据,通过 3S 技术在系统中的集成应用,达到实时对地观测和空间数据快速处理能力(图 1-2-72、图 1-2-73)。

图 1-2-72 无人机航拍

无人机航空摄影测量原理类似于传统航空摄影测量,即通过搭载在无人机平台上的传感器快速获取影像数据,然后对获取的影像按传统方式进行内外业处理工作,以制作应用所需的各类产品(如 4D 产品等)。无人机航拍系统组织架构见图 1-2-74。

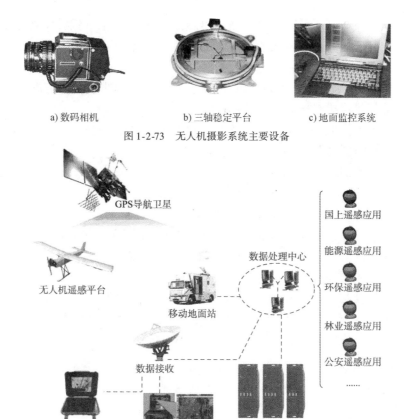

图 1-2-73　无人机摄影系统主要设备

图 1-2-74　无人机航拍系统组织架构

无人机低空摄影测量系统所采用的无人机是按照国际上通用标准设计,并且其研制的目的主要是作为遥感平台。在进行航空立体成像时,飞机携带相机沿飞行线(或条带)获取航空像片。由于无人机姿态不稳定,受气流影响大,航向及旁向重叠度要比正常大飞机的重叠度要大,一般情况下航向重叠度为 70%～80%,旁向重叠度大致 30%～40%。像片重叠意味着在相隔一定距离的不同位置拍摄同一目标。存在视差意味着可以构成立体像对,并可进一步获得立体模型,在此基础上,可进行后续空中三角测量加密和立体测图等工作。几种无人机航拍系统见图 1-2-75。

图 1-2-75　几种无人机航拍系统

相对于传统大飞机(相对于无人机)航空摄影,无人机在获取数据方面具有以下特点:

(1)无人机、飞艇等飞行器都易受气流和风向影响,偏角和滚角大(其中以飞艇的摄影质量最差),后续处理比较困难;

(2)无人机上面搭载的一般都是非量测相机,需要提前对非量测相机进行畸变检校,畸变检校没有专业航摄像机严格,会对量测精度造成一定的影响;

(3)无人机承重小,携带的数码相机相幅比较小,拍摄的低空照片像幅很小,因此像片数量非常大,处理起来比较困难;

(4)无人机上携带的POS系统定位精度差,由获取的外方位元素精度差,也会导致自动匹配困难。

由于无人机获取数据方面的特点,在后续数据处理方面,无人机航摄数据处理因其特殊性也与传统航摄存在较大差异,传统的影像匹配方法应用到无人机影像时往往得不到较好的效果。因此采用现有的摄影测量工作站完成空中三角测量工作比较困难,目前针对无人机的像片处理软件主要在全自动化摄影测量处理上进行提升。以武汉大学、中国测绘科学研究院、适普软件有限公司、航天远景科技有限公司等为代表的国内诸多科研机构和公司都针对无人机开发了专用的无人机空中三角测量加密、影像快速配准的程序,已在生产中开始大规模推广应用。无人机航测生产流程如图1-2-76所示。

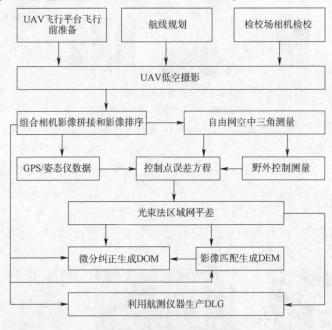

图1-2-76 无人机航测生产流程

二、无人机航空摄影测量技术的优势

作为一种新的摄影测量作业模式,无人机航空摄影测量系统相对传统摄影测量而言,有较为明显的优势:

(1)无人机结构简单、使用成本低,不但能完成有人驾驶飞机执行的任务,更适用于有人飞机不宜执行的任务,执行任务灵活性高,且还具有小型轻便、低噪节能、高效机动、影像清晰、轻型化、小型化、智能化等特点。

（2）无人机航空摄影测量系统具有运行成本低的特点。

（3）无人机航空摄影空域协调简单（尤其是在不影响民航和军用的情况下），无需专用跑道，起降简单，可大大缩短数据获取周期。

（4）对于小区域的补图、更新作业而言，传统航测方式很不经济，无人机可以很方便地进行小区域的航空拍摄。

（5）无人驾驶飞机为航拍摄影提供了操作方便，易于转场的遥感平台。起飞降落受场地限制较小，在操场、公路或其他较开阔的地面均可起降，其稳定性、安全性好，转场等非常容易。

（6）无人机航拍影像具有高清晰、大比例尺、小面积、高现势性的优点，特别适合获取带状地区航拍影像（公路、铁路、河流、水库、海岸线等）。

正是基于上述优势，无人机航空摄影测量系统正逐渐成为航空摄影测量系统的有益补充，是空间数据获得的重要工具之一。尤其是在我国各领域信息化建设均飞速发展的形势下，各行业数字化建设进程明显加快，有关单位使用无人机进行小区域航空航拍技术，在实践中取得了明显成效和经验。这种以无人机为空中平台的航空技术，适应国家经济和文化建设发展的需要，为中小城市特别是城、镇、县、乡等地区经济和文化建设提供了有效的航空技术服务手段。

随着我国改革开放的进一步深入，经济建设迅猛发展，各地区的地貌发生巨大变迁。现有的航空遥感技术手段已无法适应经济发展的需要，新的航测技术为日益发展的经济建设和文化事业服务。以无人驾驶飞机为空中航空摄影平台的技术，正是适应这一需要而发展起来的一项新型应用性技术，能够较好地满足现阶段我国对航空遥感业务的需求，对陈旧的地理资料进行更新。

此外，无人机航拍摄影技术可广泛应用于国家生态环境保护、矿产资源勘探、海洋环境监测、土地利用调查、水资源开发、农作物长势监测与估产、农业作业、自然灾害监测与评估、城市规划与市政管理、森林病虫害防护与监测、公共安全、国防事业、数字地球以及广告摄影等领域，有着广阔的市场需求（图1-2-77）。

a)

b)

图1-2-77　无人机航摄应用

在铁路工程中，无人机航摄技术应用刚刚起步。线位方案的微小调整、航空申请困难、成图工期要求紧张、既有线改造中原有部分区域地形图现势性差等现象经常存在，这些问题都可以通过无人机航空摄影方式解决。

三、应用案例

2012年在山西大同高家窑煤矿铁路专用线初测时采用无人机进行了航拍,完成全线1:2 000地形图的测绘工作。实践证明该技术应用效果良好,值得进一步深入研究和推广。

航线设计:由于山西大同高家窑煤矿铁路专用线线路较长,航飞架次比较多,选择其中某一段进行说明。

相机参数见表1-2-7。

cannon5D Mark Ⅱ 相机基本参数　　　　　　表1-2-7

相机型号	佳能5D Mark Ⅱ	相机型号	佳能5D Mark Ⅱ
像片大小(pixel)	5 616×3 744	径向畸变系数 $k_2(10^{-16})$	-5.29
焦距(mm)	24.0	偏心畸变系数 $p_1(10^{-8})$	7.808 779 067 0
像主点 x_0	2 805.233 0	偏心畸变系数 $p_2(10^{-8})$	-6.146 270 181 8
像主点 y_0	1 909.968 0	非正方形比例(10^{-6})	-2.498 976
焦距 f	3 805.025 7	非正交性畸变(10^{-5})	-1.792 839 7
径向畸变系数 $k_1(10^{-9})$	7.896 315 866 8		

根据在1:50 000地形图上完成的初步设计方案,利用1:250 000数字高程模型辅助进行航线设计,设计航线如图1-2-78所示。

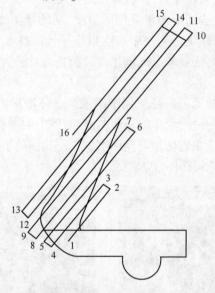

图1-2-78　山西大同高家窑煤矿铁路专用线航线设计示意图(局部)

航向重叠度能达到65%~75%,旁向重叠度35%~50%,但是受天气及相机姿态的影响,所拍摄影像间的预设重叠度无法得到严格的保证,相邻影像间会存在一定的旋偏角和上下错动。相邻影像对比见图1-2-79。

1. 数据处理

(1)数据质检

航飞数据获取以后,根据航飞控制系统记录的POS数据以及影像,对飞行质量和影像质量进行质检,确保航飞重叠度满足航线设计要求,对不满足设计要求的测区及时安排外业补飞。

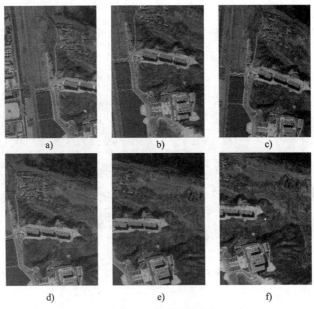

图.1-2-79 相邻影像对比

(2)相机检校和影像畸变校正

从图1-2-80a)中可以直接看出边缘像片点的镜头畸变值较中间大,而图1-2-80b)给出了镜头畸变大小与点离像主点距离的模拟的函数关系。

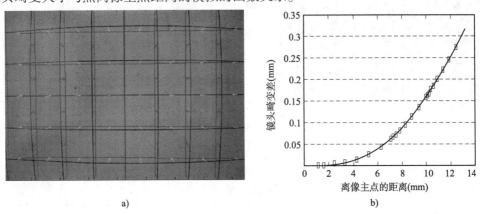

图1-2-80 相机检校和影像畸变校正

因此,利用无人飞行器进行航空摄影测量时,必须在任务前或后对相机进行标定;航空摄影完成后,利用相机标定参数对获取的影像进行畸变校正,为后期提高空中三角测量精度奠定基础。

2. 控制点布设

(1)按照无人机航空摄影1:2 000图规范要求进行外控点布设,原则按照均匀布设、边角加密的方式进行,大面积弱纹理区域(水域、森林及农田等)边界加密。

(2)根据测区和天气情况选择飞行前布控和飞行后布控两种方式进行,飞行前采用布设标志板的方式,有利于提高精度;飞行后布控,尽量选择特征明显的标志点。本项目采用后面一种布控的方式。

3. 空中三角测量加密

分别采用 PixelGrid 和 Inpho 两种摄影测量工作站进行空中三角测量加密,并做精度分析(图1-2-81、图1-2-82)。

图1-2-81　PixelGrid 主界面

图1-2-82　Inpho 主界面

4. 地形图采集和编辑

完成空中三角测量加密后,利用 JX4、MapMatrix 数字摄影测量工作站进行地形图采集,之后利用 MapEditor 地形图编辑软件进行地形图编辑。该铁路专用线1:2 000 地形图见图1-2-83。

5. 应用分析

该测段地形以山区为主,为了保证成图精度,外业共布设了245个像控点,并选取了63处质检点进行地形图质检。

外业 RTK 实测地形点与航测内业测量同名点比较,统计地形图实际精度情况,对该项目应用无人机空中三角测量进行铁路带状地形图的精度进行分析。

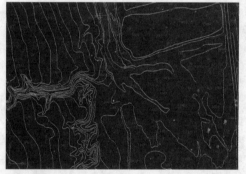

图1-2-83　山西大同高家窑煤矿铁路专用线1:2 000
地形图示例

其平面及高程中误差精度统计见表1-2-8。

地形图精度分析(单位:m)　　　　表1-2-8

误差分量	D_x	D_y	D_{xy}	D_z
中误差	0.302	0.285	0.415	0.406

质检结果满足我国数字航空摄影测量规范规定的1:2 000 地形图Ⅱ级、Ⅲ级地形测图的精度要求。

随着无人飞行器硬件和软件的发展,POS 辅助空中三角测量技术应用于无人飞行器低空摄影测量是完全可行的。另外,GNSS 与北斗导航系统的联合动态定位在低空摄影测量中蕴含着巨大潜力,采用无人飞行器进行航空摄影测量技术在工程测量中的应用具有广阔的前景。

第九节 遥感制图

一、遥感基本原理

遥感顾名思义就是遥远感知事物的意思,从字面上理解,就是远距离不接触"物体"而获得其信息。它是通过遥感器"遥远"地采集目标对象的数据,并通过对数据的分析来获取有关地物目标信息的一门科学和技术。正如读"遥感"此词的本身,就相当于一个简单的遥感过程,人眼作为"遥感器",通过对这两个字的反射光谱响应(明暗差异),作为一种字符形式反馈到人脑,经过人脑的分析或解译而传达"遥感"这个信息。

遥感广义的含义是泛指各种非接触、远距离的探测技术,根据物体对电磁波的反射和辐射特性以获取物体信息的一种技术。狭义的含义指从远距离、高空以至外层空间的各种平台上,利用可见光、红外、微波等探测器,通过摄影或扫描,信息感应、传输和处理,从而识别地面物质的性质和运动状态的一门现代化技术科学。简言之,就是不直接接触目标物体,在距离地物几千米到几百千米甚至上千千米的飞机、飞船、卫星上,使用光学或电子光学仪器(称为传感器)接收地面物体反射或发射的电磁波信号,并以图像胶片或数据磁带记录下来,传送到地面,经过信息处理、判读分析和野外实地验证,最终服务于资源勘探、动态监测和有关部门的规划决策。通常把这一接收、传输、处理、分析判读和应用遥感数据的全过程称为遥感技术(图1-2-84)。

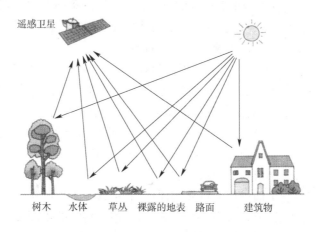

图1-2-84 遥感卫星原理

遥感采集的数据可以有多种形式,包括电磁波(光、热、无线电等)、力(重力、磁力等)、声波等,在铁路勘察设计中涉及的一般是电磁波遥感的范畴。电磁波遥感是利用电磁波获取物体的信息,即利用航天、航空(包括近地面)遥感平台上的遥感仪器,获取地球表层(包括陆圈、水圈、生物圈、大气圈)特征的反射或发射电磁辐射能的数据,通过数据处理和分析,定性、定量地研究地球表层的物理过程、化学过程、生物过程、地学过程,为资源调查、环境监测等服务。

电磁波遥感之所以能够根据收集到的电磁波来判断地物目标和自然现象,是因为一切物体,由于其种类、特征和环境条件的不同,而具备完全不同的电磁波的反射或发射辐射特性。因此,遥感技术主要是建立在物体反射或发射电磁波的原理之上的。

遥感技术是当今科技发展的一项前沿技术,自20世纪70年代起我国即开始利用国内外遥感卫星开展一系列的卫星遥感技术的研究、应用与推广工作。经过近50年的发展,遥感技术在气象、地矿、测绘、农林、水利、海洋、地震和城市建设等方面都有广泛应用。进入21世纪以来,遥感技术的发展和应用随着卫星传感器获取数据的时空分辨率以及轨道定位控制精度的不断提高而更加深入。

当前,遥感技术已经在信息化、数字化领域发挥着越来越重要的作用,在世界各国大力发展遥感对地观测技术的同时,我国连续五个"五年计划"均将其列为重大发展项目,这充分说明遥感技术的应用前景和发展潜力。

二、遥感的特点

当代遥感的发展主要表现在它的多传感器、高分辨率和多时相特征上。

(1) 多传感技术。目前的传感器已能全面覆盖大气窗口的所有部分。光学遥感可包含可见光、近红外和短波红外区域。热红外遥感的波长可达到 $8 \sim 14\mu m$。微波遥感观测目标物电磁波的辐射和散射,分为被动微波遥感和主动微波遥感,波长范围为 $1 \sim 100cm$。

(2) 高分辨特点。全面体现在空间分辨率、光谱分辨率和温度分辨率三个方面,长线阵CCD成像扫描仪可以达到 $1 \sim 2m$ 的空间分辨率,成像光谱仪的光谱细分可以达到 $5 \sim 6m$ 的空间分辨率。热红外辐射计的温度分辨率可以从 $0.5K$ 提高到 $0.3 \sim 0.1K$。

(3) 多时相特征。随着小卫星群计划的推行,可以用多颗小卫星实现每 $3 \sim 5d$ 对地表重复一次采样,获得高分辨率全色图像成像光谱仪数据。多波段、多极化方式的雷达卫星,将能解决阴雨多雾情况下的全天候和全天时对地观测。

随着传感器技术、航空航天技术和数据通信技术的不断发展,航空航天遥感传感器数据获取技术趋向三多(多平台、多传感器、多角度)和三高(高空间分辨率、高光谱分辨率和高时相分辨率)的特点。卫星遥感的传感器从框幅式光学相机、缝隙、全景相机发展到光机、光电扫描仪、CCD线阵、面阵扫描仪、激光扫描仪和合成孔径雷达等。卫星遥感的空间分辨率从IKONOS的1m,进一步提高到Quick Bird(快鸟)的0.62m。

利用遥感技术进行勘察资料的信息获取、勘察成果的综合分析,不仅速度快、质量高,而且能够对工程情况作出较全面、科学、可靠的评价,满足铁路工程勘察质量要求高、工期要求短、勘察手段多样化的要求,节省人力、物力和财力。遥感科学的不断发展,使得遥感技术已广泛应用于铁路勘察选线、初步设计方案地形图更新、铁路沿线生态环境影响评估、铁路沿线工程地质调查等方面,并成为铁路工程勘察设计中的一种有效手段。

图1-2-85~图1-2-90分别为国际上几种常用卫星的影像示例。

三、遥感在铁路勘察设计中的应用

遥感技术目前在铁路勘察设计中的应用基本上都是在预可行性研究阶段或者初测阶段,主要是为铁路勘察设计提供基础资料,如测绘地形图、不良地质判释、环境分析,等等。下面介绍利用遥感技术为铁路勘察设计提供的产品及解决方案。

图 1-2-85　某水库真彩色 ETM + 卫星影像
数据（RGB 为 5、4、3 波段）

图 1-2-86　某地区 IKONOS 卫星影像
（1m 全色 +4m 多光谱）

图 1-2-87　某市 Quick Bird 数据一角

图 1-2-88　某地区 ALOS 数据一角

图 1-2-89　某地区 GeoEye 卫星影像

图 1-2-90　WorldView 卫星影像示例

1. 遥感在高速铁路勘察设计中的应用方法

1）在线路选线中的应用

（1）制作遥感影像图，为现场踏勘当"导游"

现场踏勘是铁路勘察设计必不可少的一个重要环节，利用遥感影像图辅助踏勘可以达到事半功倍的效果。进行现场踏勘之前，先将航线设计时的设计方案叠加到影像图上，与地形图进行比较分析，确定变化区域与重点踏勘地点，在影像图上标注出来，做到心中有数。

现场踏勘的重点之一就是调查沿线的控制点，包括沿线的高速公路、特大桥、车站、新建水库、军事设施、城市范围扩张、特殊地形、飞机场、弹药库、其他大型建筑物等，而旧军用图上一般年代久远,诸如高速公路、城市范围扩张、飞机场、军事设施、大型建筑物等新建地物在旧军用图上很难及时反映出来,而卫星影像的获取周期短、现势性强,利用卫星影像制作的卫星正摄影像图能清晰地将这些控制点信息及其相对关系完整展现出来。

图 1-2-91 是京郑客运专线方案竞选时购买的某市 SPOT5 高清晰度卫星影像数据,空间分辨率 2.5m。该地区没有制作影像地图,所以没有地名标注,但从影像上很容易区分出车站、铁路走向、建筑物、道路桥梁等影像线路方案设计的重要地物。设计方案从火车站引出,由于该地区发展速度快,地形图信息更新慢,无法满足线路方案设计的需要,专业人员不得不多次现场踏勘选线。现场踏勘的缺点是没有整体视野,如果预计的现场情况无法满足方案要求,必须重新设计,重新踏勘。而卫星影像图弥补了专业人员现场踏勘的不足,从总体上把握全局,有目的的局部踏勘,省时省力,达到事半功倍的效果。

图 1-2-91　STOT5 多光谱融合数据影像样例

(2)修测地形图,为设计提供现势性强的基础地形图资料

地形图是铁路设计的基础资料,如果现势性不强,则会"误导"设计人员作出与实际地形或者实际需求不相符的方案,会导致方案的不稳定性并不断修改,增加了设计人员的工作量。而高分辨率卫星每天都在不停地获取数据并不断存档,其现势性非常强,利用卫星影像对旧有的地形图进行修测,则可快速提供专业性强、满足设计要求的地形图资料。

利用卫星影像修测地形图速度快、费用低。地形一般情况下不会发生大的变化,因此主要修测城镇居民地、道路交通、水系及部分地物类型,还应对变化的地名进行更改。修测地形图的比例尺一般比制作影像图的比例尺小一档,如 TM 图像只能修测 1:250 000 比例尺的地形图,SPOT(多光谱)图像修测 1:100 000 比例尺的地形图。修测 1:50 000 比例尺地形图最好使用分辨率在 5m 左右的卫星影像,例如,IRS-1C 上的全色影像分辨率为 5.8m,而 SPOT 全色影像分辨率为 10m,勉强可用于该比例尺地形图的修测。IKONOS 影像分辨率为 1m,可用于 1:10 000 比例尺地形图的修测。

被修测的地形图数字化后形成数字栅格地形图(DRG)或数字矢量地图(DLG),利用 DRG 或 DLG 对卫星影像进行纠正,将 DRG 或 DLG 与纠正后的影像进行叠合,然后去除 DRG 或 DLG 上已变化的地物,绘上变化后的地物,形成更新的地形图。图 1-2-92 为地形图修测前后对比图。

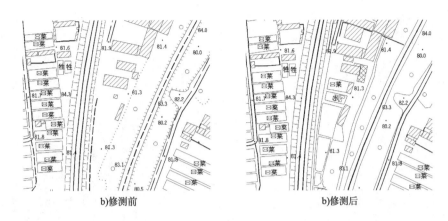

图 1-2-92 地形图修测前后对比图

(3) 检查错误、优化线路方案

预科研阶段线路方案一般都是在 1∶50 000 或者 1∶10 000 地形图上设计的,由于地物变化(新建地物、河流改道等),可能出现不合理的地方,为了优化设计方案,需要把设计方案与正摄影像图按坐标叠加,检查设计方案的合理性。

图 1-2-93 是某地区新建铁路方案竞选时利用卫星正摄影像图制作线路影像平面图的一部分,图中虚线四边形框内区域内是一个已建成的飞机场,图中下方虚线方案是最初设计的线路方案,恰好从飞机场中间穿过,因为地形图上没有这个机场,由于竞标时间紧迫,现场踏勘时忽略了这个重要地物。上方实线方案是根据正摄影像图修改的,避开飞机场后的线路方案走向。

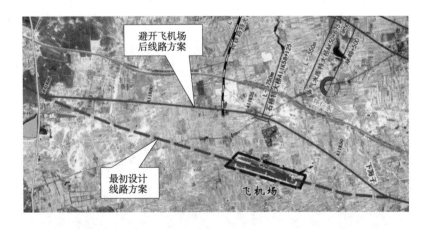

图 1-2-93 某地区新建铁路利用卫星影像优化设计方案

图 1-2-94 是某铁路线竞标过程中制作的线路卫星影像平面图的一部分。图中显示了收集的高速公路资料与按照纠正过的卫星影像图描绘的高速公路的差别。从图中可以看出,收集的高速公路在将近 20km 的范围内是一条直线穿过,如果是开阔的平原、沙漠地区还有可能,但如果在山区,显得有点不合情理。通过卫星正射影像图的检查,证实了判断是正确的。图中指示的修测后的高速公路走向是合理、正确的,也符合地形特点。

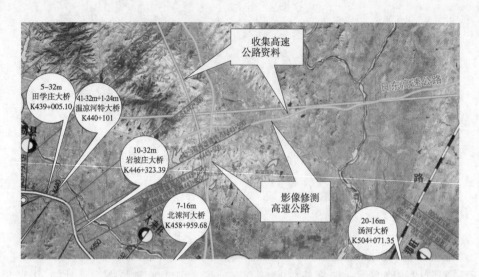

图 1-2-94　某铁路线竞标过程中利用卫星影像纠正高速公路资料

(4) 制作线路平面影像图，展示设计方案

以往的设计方案最终都是在地形图上表示出来，如果不是专业人员，或者对地形图不理解的人员，看起方案来很不方便。而采用在影像地图上表示设计方案，因为是图片的形式，与日常的照片相似，很容易理解。这种情况通常在做工作汇报时使用。

图 1-2-95 是天津站轨道交通枢纽总布置图，影像底图是 Quick Bird 卫星影像数据，全色影像分辨率为 0.61m，多光谱影像分辨率为 2.8m，经过融合生成 0.61m 的彩色影像图。图中设计方案为天津地铁 2 号、3 号、9 号线及京津城际在天津站交会的综合枢纽示意图，由线站处提供。

图 1-2-95　天津站轨道交通枢纽总布置示意图(Quick Bird:0.61m)

除了制作线路影像平面图外，还有线路平面示意图(影像)、线路影像平纵断面所图、站场枢纽示意图，等。

(5)测绘地形图

随着现代摄影测量与遥感技术的发展,利用光学卫星获取的卫星立体像对可以测绘地形图,并且卫星获取的影像数据的地面分辨率、时间分辨率及光谱分辨率越来越高。大量实验研究表明,利用0.5m分辨率的 Word View 或者 Geo Eye 卫星立体像对,按照《铁路工程摄影测量规范》(TB 10050—2010)要求,可以满足1:5 000地形图精度,部分地形条件下甚至可以达到1:2 000地形图的精度。最重要的是,利用卫星立体相对测绘地形图,为常规方法无法获取或者获取困难的地区(如西部测图、国外铁路勘察设计项目等)提供了一种简单快捷的方式。

使用航空像片测绘地形图的技术已比较成熟,它的进一步发展是与计算机和自动控制技术相结合,实现测图自动化。但航空像片覆盖面积小,不可能在短时间内拍摄地球上的全部陆地,而且价格昂贵。卫星立体像对具有其独特的优势是常规航空摄影测量无法比拟的,比如:不受人为因素影响,不需要办理航飞批文;卫星不停地获取并存档数据,部分地区可以随时获取数据,效率高;可以获取全球任意地方的卫星数据,无国界限制,等等。正是这些优点,使得利用卫星立体像对测绘地形图技术在铁路勘察设计中开始广泛应用。比如,在哈萨克斯坦铁路项目中使用 ALOS 卫星立体像对测绘 1:25 000 地形图,在泛亚铁路中缅边界采用 WorldView 卫星立体像对修测 1:2 000 地形图并测绘 1:5 000 地形图等。

在实际应用中要根据不同地区、不同目的、不同精度选用不同的数据源及作业方式,进行遥感数据测绘地形图。不同地区通常分为以下几种:

①一般地区:主要使用立体摄影测量方法(邻轨立体影像、同轨立体影像)。

②困难地区:如多雨地区、沙漠地区和西藏无人区,主要使用相干雷达测绘。

③特殊地区:如水下地形和冰面地形,主要使用特殊遥感方法测绘。

2)在线路运营管理的应用

将 RS、GIS 和 GPS 集成应用于线路运营管理中,可实时监控车辆的运行状态,确保运行安全,使铁路运输部门、管理部门足不出户就可对目前的铁路线路上运行的列车情况了如指掌。这对实现铁路运输管理自动化、减少运输服务时间、提高铁路运输整体效益具有重要意义。如通过 GIS 技术获得铁路沿途的电子地图,将铁路各段区域图储存起来,其精度、信息量远高于印刷的铁路交通图。加上 GNSS 后,列车所在位置、行驶方向、速度等信息就能随时显示在电子地图上。但由于铁路建设和铁路交通状况是不断变化的,即使将 GIS 和 GNSS 结合使用仍不能及时反映这些变化,加入 RS 就可以及时发现铁路的变化并在电子地图平台上及时修改刷新。RS 是 GIS 重要的数据源和数据更新手段,同样 GIS 也为 RS 中的数据处理提供辅助信息,用于语义和非语义信息的自动提取。

另外,可以搭建实时三维信息平台。在铁路投入使用之前通过最新的航空、卫星影像数据搭建出三维系统,并通过卫星影像数据实时更新。在此三维系统里添加空间地理信息数据,如铁路沿线的所有铁路局、火车站的信息,遇紧急情况时,指挥部门能通过该系统及时了解当地状况并能及时联系当地管理部门进行指导,部署工作。

(1)在环境保护及资源调查中的应用

环境保护是我国的一项基本国策,基于地球空间信息技术的环境监测、评估、保护体系是未来环境发展的一个方向。以前的环境保护、资源调查一般是现场踏勘的形式进行,难度比较大,很难做到全面及时。

利用遥感技术不仅可以对铁路的运行状况、沿线地质环境变化、人类活动的影响等进行动态的监测。而且可以在大灾(洪水、地震、山体滑坡等)期间监测线路状况,从而做出相应的防灾减灾决策。

通过开展以遥感技术为先导的综合勘测,可随时获取铁路沿线地形地貌、地层(岩层)、构造、地质灾害、植被、人类活动及环境变化等情况,还可提供 DTM、各种比例尺地形图、透视图、各种地质专题图、各种统计数字等资料。这样,可对铁路沿线地质灾害的类别、规模、分布情况、危害程度、灾害发生时间的预测、监测、整治、救灾抢修部署等提供依据。

目前可以采用的方法大体上可以分为两种:一种是利用航空立体像对在数字摄影工作站或三维立体模块上恢复立体模型,在立体模型下对植被、水体、土地等环境资源的分布分类、开采利用、非法破坏占用等信息进行目视解译,并制作各种环境专题地图;另一种是利用计算机辅助进行自动、半自动分类。对于分类结果,利用地理信息系统及判释解译的各种信息以及航片、卫片等影像信息,建立环境监测、保护、评估信息管理系统,通过该系统能对环境空间信息进行查询、分析、监测,为环境评估、决策提供及时、准确的信息。

要从购买的遥感影像上获取有用的环境信息,必须对原始影像进行判释,提取有用的信息,这个过程就是遥感解译(分类)技术。目前,遥感解译有人工解译与计算机解译两种,人工解译就是根据个人的经验对影像信息进行分析、判断,解译的正确性很大程度上取决于个人的经验,很难实现对海量信息的定量化分析。随着计算机技术的发展,目前发展了很多基于地物波谱特性的计算机自动、半自动的解译技术,计算机能根据影像像元的灰度值进行对比计算,判断不同地物的归属。

计算机解译技术不但能极大地提高解译速度,减少因为经验原因造成的不一致,提高解译的可靠性,同时还能大大降低外业调查的劳动强度。ERDAS 提供的计算机解译技术主要有监督分类、无监督分类、专家分类、子像元分类等,通过自动、半自动方式进行信息分类,对经过分类的结果进行重新编码,赋予不同的属性值,从而达到分类的目的,但对于复杂的地理环境难以进行有效的综合分析。图 1-2-96 是利用 ERDAS 的无监督分类技术进行的分类,图中不同的灰度区域代表了不同的分类结果,同一种灰度区域表示同一种地物(如植被、水系、地块等)。

图 1-2-96 利用 ERDAS 的无监督分类进行植被、水系信息提取(未进行分类后处理)

根据数字高程模型,利用 ERDAS 提供的地形分析功能对地形进行坡度、坡向、地势分析,制作坡度、坡向及地势图(图 1-2-97)。

利用正射影像可以提供植被分布图,分析城市绿地分布(图1-2-98),分析线路穿过区域需要毁坏的绿地面积分析,对环境影响进行评估,等等。

图1-2-97　彩色地势图　　　　　　　图1-2-98　利用正射影像图分析城市绿地分布

(2)在不良地质判释中的应用

首先,地质工作负担着维护矿产资源的国家所有权、保护地质环境、实施地质勘查工作的科学管理的任务。遥感方法正在成为地质工作的重要手段。地质工作,特别是中小比例尺的区域地质调查工作,通常要同时对几千平方公里,以致几十万平方公里范围的区域地质特征进行全面的野外调查和研究,追溯地质历史和各种地质动力过程,解决物质构成、构造等一系列基础地质问题,探讨成矿的条件和规律。常规地质工作需要耗费巨大的人力、物力和财力。实践证明,遥感技术可以在短时间内提供大区域的宏观数据,在一定程度上减少野外地质调查工作量,减轻地质工作者的劳动强度,加快地质调查的速度。

其次,地质现象受环境因素,如植被、地貌、气象、人文等因素的影响。地质工作需要在对这些纷繁的环境因素进行综合分析的基础上,透过表象提取实质性的信息,达到认识地质现象本质的目的。遥感方法获取的地面信息恰恰就是按各种空间分辨率所确定的一定范围地物综合信息,是对物探、化探、钻探等勘探手段的一种有效补充。它以直观清晰的图像显示现代地表景观,反映大量地表和浅地表的地质信息,在一定程度上弥补了常规地质勘查技术的不足,为解决地质问题的多解性增添了一种新的科学依据。

另外,地质工作不仅要研究地表的地质现象,还要研究那些被第四纪松散沉积物、水体所掩盖而未直接出露地表,或隐伏在基岩之下,甚至在地壳深部的地质体和构造现象。这些问题通常是常规地质工作面临的难题。按电磁波谱辐射理论,遥感数据反映的虽然只是地表与浅地表各种地物的信息,但这些信息中有一部分是那些受地下隐伏地质体、隐伏构造控制和影响的地物的异常。遥感方法可以为发现和识别那些隐伏的地质特征提供有用的手段。

随着铁路、公路等工程建设的快速发展,各项工程建设任务重、时间紧、要求高,这就需要勘察、设计技术手段不断进行创新。在铁路、公路线路工程的新建、改(扩)建中,工程地质作用日益突出,当线路走向、技术条件确定以后,地质条件就成为设计线路位置和线路上各种建筑物,如车站、桥梁、隧道、路基等的决定性因素之一,地质勘察工作直接关系工程设计、建设的质量和进度,特别是线路不良地质病害会给线路的施工、运营带来巨大的损失。通常的地面调查方法,由于视野所限或交通不便等,给地质勘察带来许多困难。遥感技术具有影像逼真,信息丰富,视野广阔,获取信息速度快,不受交通及地形的限制,并可在室内条件下全天候地进行反复解译和研究的特点,因而成为勘测的先进手段,是工程勘测现代化的重要组成内容之一,备受广大勘测人员欢迎。应用遥感技术进行地质判释,间接获取大量信息,可指导地质调绘、进行综合地质选线,从而提高地质勘察质量、改善劳动条件、加快勘测效率。

对于地质专业,需要利用卫星影像进行各种不良地质情况判释解译,制作地质判释图,为铁路勘察设计提供准确的地质资料。利用遥感卫星影像进行地质判释的应用比较早,技术也比较成熟,地质专业在这方面做的工作比较多,这里不再赘述。

2. 遥感在铁路勘察设计不同阶段的技术标准

遥感的内容比较宽泛,包括常规光学遥感、微波遥感、高光谱遥感等。遥感技术也广泛应用于测绘、水利、军事、农林、环境、人文等诸多领域。作为测绘专业,现仅针对铁路勘察设计的不同阶段,从影像的分辨率、制图精度、影像质量、影像图要素、图面整式等方面制定遥感应用的标准。

(1) 预可行性研究阶段

该阶段主要用遥感影像主要制作小比例尺地形图、专业示意图,修测中小比例尺地形图。该阶段制图比例尺比较随意,有时甚至不考虑比例尺,完全以实际需要为目的进行制图(表1-2-9)。

预可行性研究阶段所需要的地图比例尺　　　　表1-2-9

	影像分辨率	制图精度	影像图要素	图面整饰	影像质量
1:250 000 以及更小比例尺的影像图	采用30m分辨率或者优于30m分辨率的真彩色遥感影像	线路方案、地物偏离实际影像位置不超过图上2mm	线路方案,大于5km的比较方案,市级以上城市地名,高速公路,铁路线位及名称	图框、图名,制图单位。不标注投影信息及坐标格网。或者根据实际需要整饰	影像清晰,反差始终,没有连续大块云雾
1:100 000 影像图	采用15m或者优于15m分辨率的真彩色遥感影像数据	线路方案、地物偏离实际影像位置不超过图上2mm			
1:50 000 影像地形图制作	采用5m或者优于5m分辨率的真彩色遥感影像数据	线路方案、地物偏离实际影像位置不超过图上1mm	线路方案(包括比较方案),大于1km的桥,省级以上等级公路,乡镇以上城市名称,铁路线位及名称	按照对应比例尺地形图要素符号及图幅要求整饰	
1:50 000 地形图修测	采用10m或者优于10m分辨率的遥感影像数据	线路方案、地物偏离实际影像位置不超过图上1mm		地形图要素按照既有地形图符号表示	
任意比例尺影像图	参考以上比例尺区间,选择合适的遥感影像数据	—	—	—	

(2)可行性研究阶段

这个阶段需要大比例地形图用于线路方案的比选,一般需要 1:10 000 和 1:2 000 比例尺地形图。根据前期完成的科研项目和实际生产项目,利用卫星立体像对可以制作 1:5 000 比例尺精度的地形图,在山区可以制作 1:2 000 比例尺精度的地形图(表 1-2-10)。

可行性研究阶段所需要的地图比例尺　　　　　　　　　表 1-2-10

	影像分辨率	制图精度	要素	图面整饰	影像质量
1:10 000 地形图修测	采用1m 或者优于1m 分辨率的真彩色遥感影像数据				
1:10 000 地形图制作	采用2.5m 或者优于2.5m 分辨率的真彩色遥感影像数据				影像清晰,反差始终,没有连续大块云雾,且云雾面积不超过整个制图面积的5%
1:5 000 地形图制作	采用0.5m 或者优于0.5m 分辨率的遥感影像数据	大比例尺的制图要求与航测制图要求一致。采用《铁路工程摄影测量规范》(TB 10050—2010)标准			
1:5 000 地形图修测	采用1m 或者优于1m 分辨率的遥感影像数据				
1:2 000 地形图修测	采用0.5m 或者优于0.5m 分辨率的遥感影像数据				

3. 遥感在铁路勘察设计不同阶段的应用案例

如前所述,遥感技术主要的应用还是在铁路勘察设计的预可行性和可行性研究阶段。本节的应用介绍也以这两个阶段的应用为主。

1)工程应用案例一:哈萨克斯坦铁路项目

(1)工程概况

阿斯塔纳—阿拉木图新建铁路工程地处哈萨克斯坦境内,南起阿拉木图市,线路经由卡普恰盖、巴卡纳斯、巴尔喀什、阿克恰套、卡拉干达、维什尼奥夫卡终到阿斯塔纳市。测区位于亚洲中部地区,平均海拔高度为 640m,测区为Ⅱ级地形。测区地理位置为北纬 44.3 度、东经 71.5 度,至北纬 51.1 度、东经 78.6 度。全线正线里程 1 010km,比较方案 1 080km。

在工程研究初期,需要制作 1:500 000 的线路平面遥感影像图作为方案总体示意图并辅助设计人员进行现场踏勘。为了进行更加精细的设计,需要为设计人员提供 1:25 000 比例尺的地形图。

(2)遥感制图

现场踏勘是铁路勘察设计重要而困难的一个环节,哈萨克斯坦铁路项目作为境外项目增加了现场踏勘的作业与人员调度难度。利用卫星影像数据资源多、现势性强、制图效率高等特点,辅助设计人员进行"针对性"的踏勘可以达到事半功倍的效果。利用 TM 等卫星影像制作了 1:500 000 卫星影像示意图,局部重点区域利用 ALOS 卫星影像制作了大比例尺的影像图。在进行现场踏勘之前,将航线设计时的设计方案叠加到影像图上,与地形图进行比较分析,确定变化区域与重点踏勘地点,在影像图上标注出来,为外业踏勘人员起到了指向和定位的作用。

(3)卫星立体像对测绘地形图

该项目测绘地形图比例尺为1∶25 000,等高距为10m(图1-2-99)。根据成图比例尺的要求,选择ALOS全色2.5m分辨率的卫星立体像对数据。因为工期紧张,到实地外业测量控制点不现实,考虑项目设计阶段及对精度的需要,全线统一从Google地球上选取控制点,保证相对精度,用收集的1∶100 000比例尺既有地形图进行检核,地物与地貌属性参照1∶100 000图补充完善。

图1-2-99 ALOS卫星立体像对采集1∶25 000比例尺地形图示例

(4)三维踏勘系统

利用ALOS卫星影像产生DEM与DOM建立三维场景,根据线路设计方案制作三维模型,并将三维模型、地理信息与三维场景关联,为设计专业的设计工作提供有价值的参考信息,使得管理者和技术负责人不用下现场进行实地调查,也能对现场整体概况进行把握,从而使工作开展更有针对性,并且辅助决策和设计工作(图1-2-100)。

图1-2-100 三维虚拟踏勘系统效果图(部分)

2）工程应用案例二：坦赞铁路项目

（1）工程概况

坦赞铁路全长 1 860.543km，其中坦桑尼亚境内 975.911km，赞比亚境内 884.632km。东起坦桑尼亚首都达累斯萨拉姆的库拉西尼港站，西南至赞比亚新卡比利姆博西站，并与纵贯赞比亚南北的中央铁路接轨。该中央铁路穿越赞比亚盛产铜锰矿的铜带省，北与刚果民主共和国，南与津巴布韦、博茨瓦那、南非铁路相连。赞比亚铜带省的铜、锰等矿产经该中央铁路南可抵达南非的德班港进入印度洋，西可经刚果安哥拉铁路抵达安哥拉的本格拉港进入大西洋，也可东经坦赞铁路抵达坦桑尼亚的达累斯萨拉姆港进入印度洋。

坦赞铁路 1970 年 10 月开工，1975 年 10 月建成并试运营，1976 年 7 月 14 日正式移交给坦桑尼亚、赞比亚两国政府。目前，坦赞铁路线下基础基本良好，路基、路基边坡、排水系统、防护设施、桥梁墩台、梁体牢固，隧道衬砌、仰拱坚固。经过 40 多年的考验，事实证明我国向坦桑尼亚、赞比亚两国提供了一个质量良好的铁路工程，然而由于管理不善、只用不养，造成事故不断，频繁脱线，整个线路上部设施失修严重，状态恶化，限速区段不断，严重威胁行车安全，制约行车速度。

在当今世界政治格局发生变化的形势下，坦赞铁路仍是坦桑尼亚、赞比亚等国经济发展的一条重要运输通道，是落实我国外交战略的一个重要阵地。研究与推进坦赞铁路的振兴与发展，有利于中国、坦桑尼亚、赞比亚三国共赢。

为满足坦赞铁路改造方案要求，需要制作全线遥感影像示意图，并对竣工时的 1∶2 000 地形图进行数字化和更新，对部分重点段落及改线段落制作 1∶5 000 比例尺的地形图，所有影像及更新要保证资料的现势性。

（2）遥感制图

坦赞铁路作为我国第一条援外铁路项目，我国铁路部门虽然掌握了当时的大量测绘资料，但是 40 多年间线路沿线也发生了巨大变化，既有地形图资料已经不能满足工程设计的需要，必须重新提供现势性强的基础资料供设计人员使用。为了辅助设计人员有针对性地进行现场踏勘以及开展方案研究，首先利用 TM 卫星影像制作小比例尺的卫星影像图，在现场踏勘之前，将既有铁路资料及重点区域设计方案叠加到影像图上，为外业踏勘人员提供指导。

（3）地形图修测

根据相关部门提供的坦赞铁路竣工时的 1∶2 000 地形图，利用高分辨率卫星 WorldView 对旧地形图进行修测，确保基础资料具有较强的现势性，通过修测可以快速提供专业满足设计要求的地形图资料。图 1-2-101 为修测前后地形图对比示例。

（4）卫星立体测图

根据设计专业要求，本次坦赞铁路改造工程局部重点区域（城镇、车站、改线段落等）需要测绘 1∶5 000 地比例尺地形图。经过多种方案的对比，最后采用地面分辨率为 0.5m 的 WorlView-1/2 卫星立体影像对进行地形图采集。控制点采用 GNSS 静态测量方案现场实测，使用 MapMatrix 摄影测量工作站中的卫星立体测图模块建立立体模型并进行立体测图，使用 MapEditor 铁路地形图通用编辑工作站进行采集成果的编辑与整饰。图 1-2-102 为 MapMatrix 立体测图软件中的相对定向模块界面与摄影测量工作站。

a)修测前　　　　　　　　　　　　　　　b)修测后

图 1-2-101　修测前后 1∶2 000 地形图(局部)

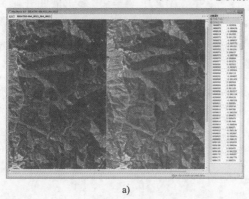 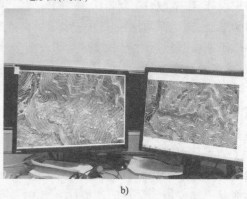

a)　　　　　　　　　　　　　　　　　b)

图 1-2-102　Map Matrix 立体测图软件与摄影测量工作站

第三章 专项测绘

本章所述的专项测绘主要是为了满足设计需要所进行的勘测工作,其中包括新线初、定测和既有线初、定测。

初测主要是为可行性研究提供铁路沿线大比例带状地形图、工点地形图及沿线水文、地质勘探资料等。主要是对踏勘中认为最有价值的比较方案,进行较为详细的测量,测出各方案沿线的 1∶2 000 及 1∶10 000 比例尺带状地形图,桥梁、隧道和其他工程需要的工点地形图等。传统的初测工作包括插大旗、导线测量、高程测量、地形测量。由于测量手段的进步,插大旗一般在室内影像图或地形图上完成,导线和高程测量由卫星定位测量取代,地形测量主要采用航空摄影测量方法进行。初测中的工程测量工作主要包括满足初测需要的平面和高程控制测量、地形测量(主要采用航空摄影测量方法)、水文勘测等。

定测主要根据已批准的可行性研究方案,结合现场的地形、水文、地质情况,将线路中心线在地面上标定出来,然后沿线路测量纵断面和横断面等。主要测量工作包括满足定测需要的平面和高程控制测量、补充地形测量、中线测量、中平测量、水文勘测、横断面测量、跨线道路、电线交叉测量等。定测阶段地形图原则上利用初测地形图,但应根据设计需要对初测地形图进行核对、修测。控制工点、桥梁、隧道、取土场、弃土(碴)场、大型临时工程等根据设计需要测绘工点地形图,测绘比例尺一般在 1∶500 ~ 1∶10 000 之间。

既有铁路勘测是为了满足土建改造、扩能改造、增建二线、电气化改造以及既有线复测等工程的需要而进行的测量工作。主要的测量工作有控制测量、里程测量、中线测量、中平测量、地形测量、横断面测量、既有构筑物或设备测量等。其中控制测量、地形测量、横断面测量方法同新线勘测。习惯将初测的"里程测量""中线测量""中平测量"这三项主要的测量工作称为"三贯通"。

第一节 线 路 测 量

一、线路控制测量

线路控制测量是沿线路方向建立平面和高程控制网,为勘察设计、建设施工、运营维护提供平面和高程基准。铁路工程线路平面控制测量按照分级布设的原则,分为基础平面控制网 CPⅠ、线路平面控制网 CPⅡ 和轨道控制网 CPⅢ 测量。

1. 基础平面控制网 CPⅠ 测量

CPⅠ 控制网主要为勘测设计、施工、运营维护提供坐标基准。

在初测阶段建立基础平面控制网(CPⅠ)和高程控制网,在测量工作开展前,根据测区地形、地貌及线路工程情况进行平面控制网设计。测量等级符合《铁路工程测量规范》

(TB 10101)、《高速铁路工程测量规范》(TB 10601)规定要求,全线一次布网,整体平差。

CPⅠ控制网沿线路走向布设,控制点宜设在距离线路中心 50~1 000m 范围内,埋设在稳定可靠、便于测量、不易被施工破坏的地方,并按照规定埋石、作点之记。采用边联式方式构网,形成三角形或大地四边形组成的带状网。当测区内高等级平面控制点精度和密度不能满足基础平面控制网 CPⅠ起闭要求时,首先施测框架平面控制网 CP 0。

CPⅠ控制网测量的技术要求按照第一篇第一章"控制测量"要求执行。

当初测阶段布设 CPⅠ平面控制网困难时,可沿线路每 8km 左右布设一对 GNSS 点作为初测首级控制,点对间距以 500~800m 为宜,按四等 GNSS 网技术要求施测。在线下工程施工前,全线建立完整的 CPⅠ平面控制网。

专业勘测需要时,布设初测导线。初测导线起闭于 CPⅠ平面控制网点或初测 GNSS 点。初测导线可采用 GNSS 或全站仪测量。采用 GNSS 测量时,按照五等 GNSS 网技术要求施测;采用全站仪导线测量时,按二级导线测量要求施测。

2. 线路平面控制网 CPⅡ测量

在定测阶段建立线路平面控制网 CPⅡ,CPⅡ控制点起闭于 CPⅠ控制点,测量等级符合《铁路工程测量规范》(TB 10101)、《高速铁路工程测量规范》(TB 10601)规定要求。

CPⅡ控制点沿线路方向布设,距离线路中心 50~200m 范围内,埋设在稳定可靠、便于测量、不易被施工破坏的地方,并按照规定埋石、作点之记。CPⅡ控制网测量的具体方法和技术要求按照第一篇第一章"控制测量"要求执行。

当定测阶段布设 CPⅡ平面控制网困难时,沿线在首级控制网的基础上加密 GNSS 控制点,按五等 GNSS 网技术要求施测。在线下工程施工前,全线建立完整的 CPⅡ平面控制网。

3. 线路高程控制测量

线路高程控制测量主要目的是建立沿线的高程基准,为勘察设计、建设施工、运营维护提供高程基准。

线路水准基点沿线路方向布设,并与国家水准点联测,形成附合水准路线或闭合路线。

水准点宜设在距线路中线 50~300m 的范围内,一般每 2km 左右设置一个,在大型车站、长大桥梁、隧道等重点工程附近增设水准点。水准点可与 CPⅠ、CPⅡ控制点共桩,共桩点符合水准点埋设要求。水准点埋设在土质坚实、稳定可靠、便于测量、利于长期保存的地方,并按照规定埋石、作点之记。

线路高程控制测量的具体方法和技术要求按照第一篇第一章"控制测量"要求执行。

在勘测阶段不具备条件时,可根据设计需要建立相应的高程控制网。一般,行车速度 250~350km/h 的铁路勘测按照四等水准要求施测,可采用水准测量、光电测距三角高程测量,行车速度 200km/h 及以下的铁路勘测按五等水准要求施测,可采用水准测量、光电测距三角高程测量和 GNSS 高程拟合。在线下工程施工前,全线建立完整的线路水准基点控制网。

二、地形测量

地形测量是用与铁路工程选线、勘测设计或管理的沿线路走向所测绘地形图的工作。

地形图测量宜优先采用航测成图,也可采用全站仪数字化测图法、RTK 数字化测图法测图,摄影测量方法成图参照第一篇第二章摄影测量与遥感制图。

1. 初测地形图测绘的一般要求

初测阶段一般测绘 1:2 000 和 1:10 000 线路地形图,其测绘范围根据铁路等级、地形条件及设计需要等合理确定,应能满足线路、站场方案比选、优化及构筑物布置的需要。

1:2 000 地形图铁路中线每侧测绘宽度宜为 200m。航测成图时宜为 300m。

1:10 000 地形图铁路中线每侧测绘宽度不宜小于 2km。

当两条线路相距很远或中间地带为大河与高山时,中间地带的地形图可不测绘。

当设计专业有需要时测绘工点地形图[控制工点、桥梁、隧道、取土场、弃土(碴)场、大型临时工程等],测绘比例尺为 1:500 ~ 1:10 000。

2. 数字化地形图的平面坐标、高程系统和投影

(1)平面坐标系统宜采用 1980 西安坐标系;高程系统采用 1985 国家高程基准,也可以采用独立高程系,当采用独立高程系时,应与 1985 国家高程基准联测。

(2)平面坐标投影采用高斯—克吕格正形投影。

3. 地形图等级及精度指标

(1)地形等级划分。

地形等级主要根据测段内测图范围中的大部分地形的地面坡度和地面高差来确定,主要划分符合表 1-3-1 的要求。当地面坡度与高差有矛盾时,一般以地面坡度为主。

地 形 等 级 表　　　　　　　表 1-3-1

地 形 等 级	Ⅰ	Ⅱ	Ⅲ	Ⅳ
地面坡度(°)	<3	3 ~ 10	10 ~ 25	25 以上
地面高差(m)	<25	25 ~ 150	150 ~ 350	350 以上

(2)地形图的基本等高距的规定(表 1-3-2)

地形图的基本等高距　　　　　　　表 1-3-2

地形图比例尺	1:500	1:1 000	1:2 000	1:5 000	1:10 000
基本等高距(m)	0.5;1	1;2	1;2	2;5;10	5;10

注:同一测区的同一种比例尺地形图,宜采用同一种基本等高距。

(3)地物点在图上的点位中误差不大于表 1-3-3 的规定。

点 位 中 误 差 表　　　　　　　表 1-3-3

地形图比例尺	点位中误差(mm)
1:500、1:1 000	1.6
1:2 000	Ⅰ、Ⅱ级地形:1.0;Ⅲ、Ⅳ级地形:1.2;困难时:1.6
1:5 000、1:10 000	Ⅰ、Ⅱ级地形:0.5;Ⅲ、Ⅳ级地形:0.8;困难时:1.2

(4)高程注记点、等高线的高程中误差不大于表 1-3-4 的规定。

高程注记点和等高线的高程中误差表　　　　　　　　　　　　　表 1-3-4

比例尺	地形等级							
	Ⅰ		Ⅱ		Ⅲ		Ⅳ	
	误差类别							
	高程注记点(m)	等高线(m)	高程注记点(m)	等高线(m)	高程注记点(m)	等高线(m)	高程注记点(m)	等高线(m)
1:500	0.20	0.25	0.40	0.50	0.60	0.75	0.80	1.00
1:1 000	0.40	0.50	0.60	0.75	0.80	1.00	1.20	1.50
1:2 000	0.60	0.75	0.96	1.20	1.60	2.00	2.00	2.50
1:5 000	0.90	1.00	1.20	1.50	2.00	2.50	3.00	3.50
1:10 000	1.20	1.50	2.00	2.50	3.2	4.00	4.80	6.00

注：隐蔽和困难地区,可按表中规定放宽到 1.5 倍。

4．数字化测图方法

1）全站仪数字化测图

(1) 图根点设置

图根点设置可以采用导线法和 RTK 方法,采用导线法时,等级按照二级导线的要求进行点位布设、测量和平差计算;采用 RTK 法时,测量时用支撑架对中、整平天线后进行测量,测量时间宜为 10～30s。每一图根点进行两次以上数据采集,或转换基准站进行两次测量,两次测量较差小于相应等级图根点点位、高程中误差 2 倍时取均值作为成果,若超限应分析原因并进行重测。

(2) 野外测量的步骤

步骤 1：在测站上安置仪器、整平、对中、量取仪器高。

步骤 2：打开电源开关,建立文件名,然后建站(在建站过程中,需输入点号、测站点名、仪器高、后视点名),若进行坐标测量,在提示输入测站坐标及后视坐标时将相应的坐标输入,也可以直接选择提前导入至仪器存储卡的坐标;若是进行原始数据测量,将其坐标都输为零,瞄准后视点置零。

步骤 3：用照准仪瞄准碎部点花杆上的棱镜,按测距键测出距离,在按存储键将数据存进仪器中,再进行下一个碎部点测量,直到测完本站可观测所需的碎部点的范围,就可搬到下一站。

(3) 数据采集

全站仪测得的原始观测数据直接储存在仪器中,原始数据格式选择三维坐标,并按照顺序进行点号累加。测等高线时,除了测量特性线外,还应尽量多测一些加密的点,以满足计算机建模的需要,也能更加详尽地反映地貌。

(4) 绘制草图

全站仪只能采集单点数据,而地物的一些属性、地物间的相互关系等还必须人工记录,草图是室内的数据处理和图形编辑的重要依据,故数字化测图中绘制草图是必不可少的。草图上的内容必须正确、清楚、规范而完整,即所有注记、点位相对关系、线条符号等必须符合实际、图面清晰美观、图式符号运用规范,重要的信息及时而完整地记录下来。草图上的内容一般包括测站信息和测站地形略图。测站信息包括测图日期、测站点、定向点、仪器高、本站碎部点起点号和止点号、点号加常数、增设测站点号,以及镜高、编码、坎比高等项的错误改正信息等。

(5)全站仪数字化测图规定

①仪器对中误差不得大于5mm;仪器高和棱镜高量至0.01m。

②数据采集开始前和结束后,对后视点的距离和高程进行检核,距离较差不大于图上0.1mm,高程较差不大于1/6基本等高距。检测结果超限时,本站已测的碎部点必须重测。

③观测距离符合表1-3-5的规定。

全站仪测图最大观测距离(单位:m)　　　　　　表1-3-5

测图比例尺	1:500	1:1 000	1:2 000	1:5 000	1:10 000
观测距离	240	360	600	900	1 200

④数据采集编码宜采用"地形码+信息码"的形式,必要时现场绘制草图,标明点的连接关系。

2)RTK数字化测图

(1)求解转换参数的高等级控制点大于4个,并包含整个测图区域,均匀分布于周围。

(2)数据采集开始前,宜检测1个以上不低于图根精度的已知点。平面较差不大于图上0.2mm,高程较差不大于1/5基本等高距。

(3)根据测图比例尺的精度要求在GNSS控制器上设置精度指标,当点的精度满足精度指标时存储测量点成果。

(4)在测量记录各个点时,输入测量点的属性(点号、代码),必要时现场绘制草图,标明点的连接关系。

5.地形测绘的注意事项

(1)形图图例符号符合现行标准《国家基本比例尺地图图式》(GBT 20257.1)和铁路行业现行标准《铁路工程制图图形符号标准》(TB/T 10059)的规定。

(2)地形点的分布及密度,能反映地形、地貌的真实情况,满足正确插入等高线的需要。1:2 000、1:5 000、1:10 000地形图高程点的注记至0.1m,1:500、1:1 000地形图高程点的注记至0.01m。

(3)图根点可用导线法、光电支导线法和RTK法测设,起闭于初测导线点或GNSS点,相对于邻近点位中误差不大于图上0.1mm,高程中误差不大于1/10基本等高距。

(4)在测站上作业前,核对后视点的距离和高程,并重测前站所测的明显地物点或数个测点进行检查。观测时间较久及移站前均应检查后视方向。

(5)三角点、GNSS点、导线点和水准点应测出其位置并注明编号及高程。

(6)地物点编绘内容:各类建筑物应分别测绘;省、县、乡等行政区划界线;树林、竹园、果园、菜园、稻田、旱地、荒地、苗圃等各种植被及其他地类界;铁路、公路、大车路、小路并注明去向,铁路、公路并注明公里标的位置及里程;各种电力线、通信线、管线、电缆及各种栅栏、地下管线、检修井等;池塘、沟渠、河流(注明河名、流向及通航情况)、泉、井、水库、沼泽、桥梁、虹吸管、提灌设备等;明显的不良地质分界线和坟地范围;村镇名称、地名、道路、主要单位及国家规定的文物保护单位、自然保护区;其他各种地貌、地物,当不能按实际情况测绘时,均按规定图例描绘。

(7)使用航测地形图时,按上述内容进行现场核对、修正,必要时进行现场补测。

6. 地形图平面和高程精度的检查和质量评定

(1)地物点在图上的点位中误差符合表 1-3-6 的规定。

点 位 中 误 差 表　　　　　　　　　表 1-3-6

地形图比例尺	点位中误差(mm)
1:500、1:1 000	1.6
1:2 000	Ⅰ、Ⅱ级地形:1.0;Ⅲ、Ⅳ级地形:1.2;困难时:1.6
1:5 000、1:10 000	Ⅰ、Ⅱ级地形:0.5;Ⅲ、Ⅳ级地形:0.8;困难时:1.2

(2)检查时点位中误差按式(1-3-1)、式(1-3-2)计算:

①当用高精度方法检查时:

$$m_s = \pm \sqrt{\frac{\sum \Delta_s^2}{n}} \tag{1-3-1}$$

②当用同等精度方法检查时:

$$m_s = \pm \sqrt{\frac{\sum \Delta_{1s}^2}{2n}} \tag{1-3-2}$$

式中:m_s——检测时点位中误差(mm);

Δ_s——高精度检查点位与图上同名点位较差(mm);

Δ_{1s}——同精度检查点位与图上同名点位较差(mm);

n——同一地面横坡的检查点数。

(3)等高线高程中误差符合表 1-3-7 的规定。检查时高程中误差按式(1-3-3)、式(1-3-4)计算:

①当用高精度方法检查时:

$$m_h = \pm \sqrt{\frac{\sum \Delta_h^2}{n}} \tag{1-3-3}$$

高程注记点和等高线的高程中误差表　　　　　　　　　表 1-3-7

比 例 尺	地 形 等 级							
	Ⅰ		Ⅱ		Ⅲ		Ⅳ	
	误 差 类 别							
	高程注记点(m)	等高线(m)	高程注记点(m)	等高线(m)	高程注记点(m)	等高线(m)	高程注记点(m)	等高线(m)
1:500	0.20	0.25	0.40	0.50	0.60	0.75	0.80	1.00
1:1 000	0.40	0.50	0.60	0.75	0.80	1.00	1.20	1.50
1:2 000	0.60	0.75	0.96	1.20	1.60	2.00	2.00	2.50
1:5 000	0.90	1.00	1.20	1.50	2.00	2.50	3.00	3.50
1:10 000	1.20	1.50	2.00	2.50	3.2	4.00	4.80	6.00

②当用同等精度方法检查时:

$$m_h = \pm \sqrt{\frac{\sum \Delta_{1h}^2}{2n}} \tag{1-3-4}$$

式中：m_h——检测时高程中误差(m)；
　　Δ_h——高精度检查点的高程与图上内插高程之差(m)；
　　Δ_{1h}——同精度检查点的高程与图上内插高程之差(m)；
　　n——同一地图横坡的检查点数。

7. 定测阶段地形图测量

线路平面图原则上利用初测地形图，但应对初测地形图进行核对、修测，在遇到下列情况时对初测地形图进行修测、补测：

(1) 原地形图有明显错漏，影响线路位置或工程措施时。

(2) 地形、地貌、地物发生重大变化时(如新建工矿企业、重大管线、公路桥、高速公路互通、军事设施、机场导航台、无线信号铁搭、高压走廊、环保敏感点、风景或文物保护区、油库、变电站、不良地质、矿产等)。

(3) 线路中心线两侧地形宽度不足或改移公(道)路、沟渠、三电(电力线、通信线、广播电视线)及地下管线迁改等工点设计对地形宽度有特殊要求时。

(4) 对线路位置有控制性的地貌如河流、沙丘、水闸或池塘等，虽在范围以外，视需要测绘其全部或一部分。

(5) 村庄、房屋在拆迁范围以内时，分栋测出。一般地段为线路中心线两侧 30m 范围，车站、高填、深挖、隧道出入口等地段根据拆迁需要适当加宽分栋范围。

(6) 原有控制点(导线点、图根点)不能满足修测和补测需要时，进行补测。

补测地形的各项要求同初测地形图测量。桥梁、隧道、取土场、弃土(碴)场、大型临时工程等局部地形图测绘按各专业设计需要进行测绘，测绘精度应满足相应比例尺地形图测绘要求。

三、中线测量

中线测量是指将设计的铁路中心线测设到地面的工作。中线测量是铁路定测阶段的主要工作，根据放线资料将线路中心线在地面上标定出来。中线测量前，仔细理解设计要点，认真核对线路设计资料，正确制定测量精度要求，在此基础上编制中线测量方案。

1. 中线测量技术要求

(1) 线路中线测量前，检查测区平面控制点和水准点分布情况。如控制点精度和密度不能满足中线测量需要时，平面按五等 GNSS 或一级导线、高程按五等水准测量精度要求加密。

(2) 线路控制桩可采用极坐标法、RTK 法和拨角放线法测设，并钉设方桩及中桩。

(3) 控制桩间宜通视，桩间距离宜为 200~400m，困难时不小于 100m，并设在便于置镜的地方。

(4) 新建铁路注明与既有铁路接轨站的里程关系。

(5) 中线上钉设公里桩和加桩。直线上中桩间距不宜大于 50m，曲线上中桩间距不宜大于 20m。如地形平坦且曲线半径大于 800m 时，圆曲线内的中桩间距可为 40m。在地形变化处或设计需要时，另设加桩。

(6) 断链宜设在百米标处，困难时可以设在整 10m 桩上，不设在车站、桥梁、隧道和曲线范围内。

(7) 隧道顶按隧道专业要求加桩。

(8)新建双线铁路在左右线并行时,以左线钉设桩橛,并标注贯通里程。在绕行地段,两线分别钉桩,并分别标注左右线里程。

(9)中桩桩位限差为:纵向 $S/2\,000+0.1$(S 为转点至桩位的距离,以 m 计);横向 $0.1\,\text{m}$。

(10)中桩高程可采用光电测距三角高程测量、水准测量或 RTK 测量。中桩高程宜观测两次,两次测量成果的差值不大于 $0.1\,\text{m}$。

2. 定线测量的要素计算

(1)圆曲线要素及其计算

在曲线实地测设前,必须进行曲线要系及其主要点的里程计算。在图 1-3-1 中 R 及 α 均为已知数据,R 是在设计中按线路等级及地形条件等因素选定的,α 是线路定测时测出的,其余要素可按式(1-3-5)计算得出。

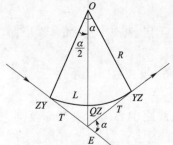

图 1-3-1 曲线元素示意图

$$\left.\begin{array}{l} T = R \cdot \tan\dfrac{\alpha}{2} \\ q = 2T - 2 \\ L = \dfrac{\pi}{180} \cdot \alpha \cdot R \\ E = R \cdot \left(\sec\dfrac{\alpha}{2} - 1\right) \end{array}\right\} \quad (1\text{-}3\text{-}5)$$

式中,T 为切线长;R 为曲线半径;α 为偏角;L 为曲线长;E 为外矢矩;q 为曲线要素。

圆曲线的起点 ZY(称为直圆点),即直线与圆曲线的连接点,圆曲线的中点 QZ(称为曲中点)和圆曲线的终点 YZ(称为圆直点),即圆曲线与直线的连接点,总称为圆曲线的主要点。在这些点上的标桩称为圆曲线的控制桩。

(2)带缓和曲线的圆曲线要素及其计算

列车自直线进入曲线要改变方向,要有一个渐变的过程。为了达到这些目的,通常在直线与圆曲线之间加设过渡曲线,这种起着过渡作用的曲线称为缓和曲线。它还用于连接不同曲率半径的圆曲线,当圆曲线两端加入缓和曲线后,圆曲线内移一段距离,方能使缓和曲线与直线衔接,而内移圆曲线可采用移动圆心或缩短半径的办法实现。具有缓和曲线的圆曲线,其主要点为 ZH(直缓点)、HY(缓圆点)、QZ(曲中点)、YH(圆缓点)、HZ(缓直点),曲线要素可用下列公式求得。

$$\left.\begin{array}{l} T = m + (R + P) \cdot \tan\dfrac{\alpha}{2} \\ L = \dfrac{\pi R \cdot (\alpha - 2\beta_0)}{180°} + 2l_0 \\ E = (R + P) \cdot \sec\dfrac{\alpha}{2} - R \end{array}\right\} \quad (1\text{-}3\text{-}6)$$

式中,α 为偏角;T 为切线长;L 为曲线长;E 为外矢矩;R 为圆曲线半径;l_0 为缓和曲线长度;m 为切线增长的距离,$m = \dfrac{l_0}{2} - \dfrac{l_0^3}{240R^2}$;$P$ 为圆曲线相对于切线的内移量,$P = \dfrac{l_0^2}{24R}$;β_0 为缓和曲线角度,$\beta_0 = \dfrac{l_0}{2R} \cdot P$。

则缓和曲线任意一点的坐标为：

$$x = 1 - \frac{\alpha}{40R^2 l_0^2} + \frac{l_0^9}{3456R^4 l_0^4} \quad (1\text{-}3\text{-}7)$$

$$y = 1 - \frac{l^3}{6Rl_0} - \frac{l^3}{336R^3 l_0^4} + \frac{l^{11}}{42245R^5 l_0^5} \quad (1\text{-}3\text{-}8)$$

3. 全站仪中线测量

全站仪测设中线时，一般先沿路线方向布设导线控制点，进行导线控制测量，其包括高精度的平面控制和高程控制，然后进行中线放样。平面按五等 GNSS 或一级导线、高程按五等水准测量精度要求布设。

在进行中线测量时，以控制点为基础，根据设计路线的地理位置和几何关系计算铁路中线上各桩点的坐标，编排逐桩坐标表，然后实地放线，同时测定中桩的地面高程。

1）全站仪法步骤

坐标放样是先把测站点、后视点坐标以及仪器高输入全站仪，再输入放样点坐标和棱镜高。调用极坐标的放样程序，仪器自动计算放样，并将值存入存储器中。然后便可放样出设计点的坐标位置。具体方法如图 1-3-2 所示。

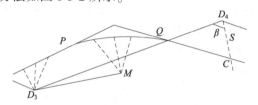

图 1-3-2　全站仪中线放样图

（1）在 D_4 点安置仪器，后视 D_3 点。

（2）输入仪器高和测站点 D_4 的坐标，再输入后视点 D_3 的坐标。

（3）输入棱镜高和要放样的点 C_i 的坐标，调用放样程序。这时，仪器自动计算出极角 β 和极距 s 值，并显示在显示屏上。

（4）松开水平制动，转动照准部，使极角 β 值变为 $0°00'00''$。

（5）在望远镜照准的方向上，置反射棱镜并测距 d（这时，仪器将测的距离 d 与 s 比较，显示屏上显示其差值 $\Delta D = d - s$），前后移动棱镜，直到 ΔD 为零时为止，这点即为要放样的点 C_i 的确切位置。

（6）在中桩位置定出后，随即测出该桩的地面高程（Z 坐标）。这样纵断面测量中的中平测量就无须单独进行，大大简化了测量工作。重复上述步骤（3）~（6），测设其他中桩位置。

2）全站仪法注意事项

（1）中线测量采用Ⅲ级及以上测距精度的全站仪进行施测。

（2）线路控制桩从平面控制点直接测设。特殊困难条件下，可从平面控制点上发展附合导线或支导线。支导线边数不超过一条。

（3）线路控制桩观测一测回，取其平均值，计算测点实测坐标，以便中线加桩测量。

（4）线路控制桩的距离和竖直角观测限差符合表 1-3-8 的规定。

距离和竖直角观测限差　　　　表1-3-8

测距仪精度等级	测距中误差(mm)	同一测回各次读数互差(mm)	测回间读数互差(mm)	竖直角指标差较差(″)	竖直角测回间较差(″)	往返测平距较差(mm)
Ⅰ、Ⅱ	<5	5	7	10	10	$2m_D$
Ⅲ	5~10	10	15			

(5)采用极坐标法测量中桩时,直接从平面控制点、加密控制点或线路控制桩上测设,测设距离不宜大于500m。

4. RTK中线测量

实时动态测量技术(Real Time Kinematic,简称RTK)是以载波相位观测量为根据的实时差分GNSS测量。它的工作原理是在参考站上安置一台GNSS接收机,对所有可见GNSS卫星进行连续地观测,并将其观测数据,通过无线电传输设备,实时地发送给用户观测站。在用户站上,GNSS接收机在接收GNSS卫星信号的同时,通过无线电接收设备,接收参考站传输的观测数据,然后根据相对定位的原理,实时地计算并显示用户站的三维坐标及其精度。

RTK是以载波相位观测量为根据的实时差分GNSS测量,它能够实时提供测站点在指定坐标系中的厘米级精度的三维定位结果。RTK测量系统通常由三部分组成,即GNSS信号接收部分(GNSS接收机及天线)、实时数据传输部分(数据链,俗称电台)和实时数据处理部分(GNSS控制器及其随机实时数据处理软件)。

动态定位测量(RTK测量)常用于勘测阶段的中线测量,也可用于野外数字化测图、断面、水文勘测及既有线测量等。

1)资料收集

(1)地形图:线路平面图或测区地形图、交通图。

(2)控制点:线路GNSS控制点(平面坐标、高程、WGS-84坐标)、水准点。

(3)线路中线资料、其他放样点、线、面资料。

(4)其他和测量相关的资料。

2)作业测区的划分

(1)将整个线路测区划分为若干个作业测区,以连续3~5对首级GNSS控制点之间的线路段落作为一个作业测区,每个作业测区的长度不宜超过30km。线路测区划分见图1-3-3。

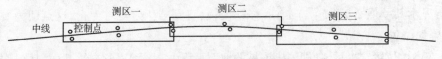

图1-3-3　线路测区划分示意图

(2)求解转换参数:

①每个作业测区分别进行求解转换参数。

②平面坐标转换应用七参数或三参数、四参数法,高程转换应用拟合法。使用随机软件进行求解。

③转换参数可根据测区控制点的两套坐标求得。控制点精度平面在D级及以上,高程在四等水准及以上,两套坐标分别是WGS-84大地坐标(B,L,H)或(X,Y,Z),和平面坐标、正常高(x,y,h)。

④宜运用一个测区中的 4~8 个已知的 GNSS 点进行平面和高程点进行求解,平面点不得少于 3 个,高程点不得少于 4 个,应包围作业测区并均匀分布(图 1-3-4)。

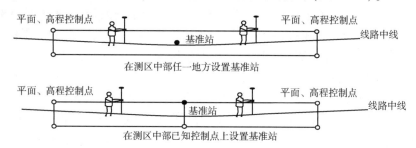

图 1-3-4　RTK 求解转换参数时已知平面、高程控制点与线路测区位置分布示意图

⑤相邻测区求解转换参数所用控制点将相邻区域内的控制点作为共用点使用。

⑥转换参数求解可分内业求解和外业实测求解。在已知控制点两套坐标不全时,可在现场采集数据后计算转换参数。在采集地形点时可先测后求转换参数。放样平面或高程点时必须对先求解转换参数,残差合格后方可进行放样。

⑦转换参数残差:平面坐标小于 ±15mm,高程小于 ±30mm。

(3)数据检查:

①检查过程应留有原始记录,并进行资料整理,检查结果可作为质量检查以及验收是否合格的依据。

②每次作业前必须对已知 GNSS 点进行检核,坐标、高程符合表 1-3-9 限差要求,确保系统正常。如检查结果超限,必须及时查找原因,直到校核无误方可开始作业。

检核点实测坐标、高程与已知值互差限差(单位:mm)　　　　表 1-3-9

检 核 点	X 坐标	Y 坐标	高　程
已知 GNSS 点、水准点	20	20	40

③作业过程中,对测区线路附近的导线点、水准点进行坐标、高程采集测量,随时检查 RTK 系统,确保其工作状态正常。在改变作业测区、基准站迁站、基准站重新启动时,应对最后两个中线桩进行检核,检核限差见表 1-3-10。

检核限差参考值(单位:cm)　　　　表 1-3-10

检 核 点	实测值与理论值互差	
	平面点位	高程
控制桩(方桩)	2.5	3.5
中桩(板桩)	7	5

④中线放样坐标与设计坐标较差不大于 5cm。

四、横断面测量

横断面就是垂直于线路方向的地面轮廓线。测量横断面的目的是要在纸上如实反映线路垂直方向的地形起伏情况,绘制横断面图,以进行路基等工程设计,计算土石方及圬工数量。

1. 横断面测量的目的及布设方法

横断面施测的宽度和密度根据地形情况、地质情况及设计需要而定。初测阶段,受地形、建筑物限制、线路通过困难或需对不同方案做比较的地段做控制断面测量,测量要求和精度同定测;定测阶段横断面间距一般不大于20m,一般在直线转点、曲线控制桩、公里桩和线路纵、横向地形明显变化处测绘横断面。在大中桥头、隧道洞口、挡土墙等重点工程地段及不良地段,按专业设计要求布设。

横断面测量里程和要求一般由相关设计专业现场调查后提出,采用RTK或全站仪进行测量。根据专业要求,横断面需标绘出地形变化点和地物要素,现场断面数据采集完成后采用手绘或电子打印成图,提供专业纸质断面成果。

2. 初测横断面测量

新线初测阶段一般不进行横断面测量,但地形、地质条件复杂地段,根据选线需要,需进行控制横断面测量,作为纸上定线的依据。横断面测量的数量、宽度根据地形、地质变化情况和设计需要确定,以满足横断面选线的要求。

横断面比例尺宜采用1∶200,横断面测量应准确反映地物、地貌及地形变化特征,相邻两测点的距离不得大于15m。测记时测点的距离取位至分米,高程取位至厘米。

横断面测量可采用全站仪测量或RTK测量方法,有条件时也可采用航空摄影测量或近景摄影测量等方法进行测绘。

3. 定测横断面测量方法

(1) 全站仪测量法

将全站仪设置在中线点上,后视大里程或小里程中线桩,定向为0°,顺时针旋转90°或270°,即为横断面测量方向,直接测量地物点至置镜点的距离和高差。

(2) RTK测量法

将中线资料输入至RTK手簿内,启动基站和流动站后,测量时通过手簿显示屏上显示的偏距和里程值确定点位是否在横断面线上,跑点人员根据断面方向的地形变化点进行测量并存储,内业整理成设计专业需求的数据格式。

(3) 横断面检测限差

在航测精度满足要求时,横断面测量优先采用航测法。当采用全站仪法、GNSS RTK法、施测时,其检测限差按式(1-3-9)、式(1-3-10)计算。

高差:

$$h_0 = 0.1\left(\frac{L}{100}+\frac{h}{10}\right)+0.2 \tag{1-3-9}$$

距离:

$$l = \frac{L}{100}+0.1 \tag{1-3-10}$$

式中:h——检测点至线路中桩的高差(m);

L——检测点至线路中桩的水平距离(m)。

五、既有铁路测量

既有铁路测量是对既有铁路的线路、站场的平面、纵断面组合状态及建筑物、设备的空间位置所进行的调查、丈量和测绘,经过整理使其全面反映既有铁路的状态。在进行改扩建的地段,还要在可能涉及的范围进行测量,收集工程设计所需要的资料。

初测阶段应对既有线进行系统、全面的勘测,取得所需要的铁路运营管理、维修养护和技术存档的技术资料;收集整理改扩建技术资料,作为进行方案研究、比选和工程设计的基础资料。

定测阶段通过详细测量落实线路和工点位置,进一步收集详细、准确、符合技术设计和施工图要求的测量资料。

1. 里程丈量

1) 里程丈量

里程丈量是对既有铁路中心线长度进行丈量的工作。从既有线的车站中心或桥、隧建筑物等能确定既有里程的点位引出,按原定里程方向连续丈量推算里程。当车站布设为鸳鸯股道时,应从车站中心转入另一条线连续丈量,并推算里程。如车站中心在曲线上时,则改在直线上换股。支线专用线、联络线等,以联轨道岔中心为里程起点。

里程丈量以既有线正线轨道中心的长度为准,一般沿轨道中心线丈量。当直线段较长时,在距曲线起、终点 40~80m 以外的直线段可沿左轨轨面丈量;双线并行区段的里程可沿下行线(或原有里程方向)丈量,直线地段采用下行线向上行线投影,使两线里程一致;曲线地段分别丈量,并在曲线测量终点的直线上取投影断链;当曲线间夹直线很短时,可几个曲线连续丈量,在最后一个曲线测量终点的直线上取投影断链。绕行线应单独丈量,外业断链设在绕行线终点外的百米标处,困难时可设在里程为 10m 整倍数的加标处,不设在车站、桥隧建筑物和曲线范围内。

丈量里程使用经过检定或比长的钢卷尺丈量两次,相对误差在 1/2 000 以内时,以第一次丈量的里程为准连续贯通。同时与既有车站及桥隧建筑物的原里程核对,记录并注明差数。在设有轨道电路的地段丈量时,采取绝缘措施。

在既有线测量中,因为测量时不能准确定出曲线起、终点,整正时可能取用不同的曲线半径或缓和曲线长度而改变曲线起、终点位置,而且在曲线两端有时存在称为"鹅头"的小弯,必须一同整正,所以将曲线测量的起、终点延伸到曲线直缓、缓直两点外各 40m 的直线上。

2) 加桩设置

里程丈量按照实测里程位置设置公里标、半公里标、百米标和加标,以便后续的工序和下阶段开展工作。纵向丈量到设标位置时,先用轨道方尺将点位平移到钢轨顶、侧面画粉笔线,用钢刷除去铁锈后,用油漆在左轨外侧腹部按粉笔位画竖线(左轨为曲线外轨时,内轨外侧也要画竖线),在左轨竖线左侧标注公里整数,右侧标注里程零数。公里标和半公里标写全里程,百米标和加标可不写公里数。

设置加标的地点和里程取位的规定如下:

(1)线测量范围,里程为 20m 整倍数的点;直线段里程为 50m 整数的点。

(2)桥梁中心、大中桥的桥台挡砟墙前缘和台尾、隧道进出口、车站中心、进站信号机及远方信号机等,取位至厘米。

(3)涵渠、平交道口、坡度标、跨越铁路的渡槽、跨线桥、电力线、通信线和地下管道等的中心,新型轨下基础、站台、路基防护支挡工程的起、终点和中间变化点,取位至分米。

(4)地形变化处,路堤、路堑边坡的最高、最低处,路堤、路堑交界处,路基宽度变化处,路基病害地段等,取位至米。

(5)需要设置加标的建筑物的点位,宜先作专业调查,在轨腰作粉笔标记。并在轨枕头上注明,以加快丈量进度,防止错漏。建筑物和标志的加标性质如桥中心、洞口、坡度标等,在记录本上注明。

3)坐标测距法里程测量

坐标测距法里程测量是采用全站仪或 RTK 对线路中线进行加标坐标测量,通过线路加标点坐标推算出线路贯通里程,然后依据特征加标点里程采用钢尺对线路设备进行补充测量,标出线路百米标、公里标。

根据线路加点坐标数据,进行线路里程推算。使用 RTK 测量时,要建立满足投影变形的独立坐标系后进行测量里程。当既有线纵坡大于 12‰时,用坐标测距法测量推算的平距,应进行坡度改正后计算出斜距,再用改正后斜距推算连续里程。

2. 平面测绘

平面测绘主要是沿既有铁路中心线进行方向测量,采用内业计算软件计算曲线要素和偏距,最终进行线路平面计算。

1)偏角法

用偏角法进行平面测绘,即用全站仪在置镜点连续施测中心线上的偏角。这种测角法能起到两重作用:在直线地段不大于 500m 测量一次,为导线测量,作为平面控制,计算坐标;在曲线地段,测量每 20m 标的偏角,以此计算曲线转角 α、曲线半径 R、缓和曲线长 l 及 ZH、HY、YH、HZ 的里程。

2)全站仪坐标法

(1)外业平面测绘坐标法的测量采用人工记录或者全站仪机载测量程序采集、记录外业原始数据;

(2)坐标法进行平面测绘测量时,起、终点需闭合于四等及以上控制点;

(3)用坐标法观测待测点轨道的中心位置,采用方尺和棱镜联合对点或专用对点器进行测量;

(4)线路上各点测量间距要求曲线每 20m 测量一次,直线不大于 500m 测量一次。进、出曲线的直线边长不宜小于 300m;

(5)测站安置完成后,先对后视点进行测站检核,定向差小于 10mm;

(6)测站检核完成后,需对上一个测站的最后一个里程进行检核,差值小于 30mm;

(7)线路上待测里程的坐标测量采用全站仪正倒镜分别观测 2 次,正倒镜坐标反算差值小于 30mm,结果取其平均值。

3)RTK 坐标法

RTK 外业测量同中线测量,平面测绘时,线路上各点测量间距要求曲线每 20m 测量一个点,直线 500m 测量一个点,根据情况可适当加密测量。进出曲线的直线边长不宜大于 1km,必须观测既有线中线点轨道的中心位置,采用方尺和对中脚架相结合或专用对电器进行测量,测量时水准气泡居中误差小于 5mm。

4)曲线整正计算

整正既有曲线是将由于运营而发生不规则变形的既有铁路,通过查定合适的半径、缓和曲线长度等要素，用标准铁路曲线的线形来描述既有铁路。这个标准铁路曲线称为整正后既有曲线，它应最大限度地反映既有曲线的现状，作为改建既有线或增建二线的设计依据。此项工作，主要根据外业平面测量取得的测绘资料，以查定曲线半径、缓和曲线长度等要素，并且计算主要控制点里程及整正曲线与既有曲线的偏差量——整正拨距。

改建既有线和增建二线，就是根据整正后的既有线来计算曲线要素、各主要控制桩的里程、夹直线长度、内业断链以及改建既有线和增建二线至整正后既有线的线间距离。

整正后既有线应准确反映既有铁路的平面现状，即以标准铁路曲线模式——直线、缓和曲线、圆曲线或复曲线的线形来描述既有铁路的平面，作为改建既有线或增建二线的设计依据。

既有线整正计算方法分为渐伸线法和坐标法，下面对渐伸线法进行详细介绍。

（1）渐伸线整正计算。

渐伸线与渐屈线：

有一条曲线 AM，称之为渐屈线。如果在它上面张以一条坚韧不伸缩的轨线，使其一端固定在该曲线的切点 A 上，再拉紧 M 端，使这条轨线逐渐向切线 AX 的方向伸直，则 M 点所移动的轨迹 M_1、M_2、…、M_n 叫作渐屈线 AM 的渐伸线，其长度为 E_m。如图 1-3-5 所示。

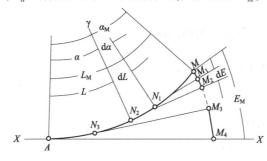

图 1-3-5　渐屈线

渐伸线基本性质：

①渐伸线上某点的法线方向是渐屈线上对应点的切线方向。正因如此，两条具有共同起始切线而又相近的渐屈线，它们与起点具有等长的对应点间的偏差，可用相应的渐伸线长度差来表示。

②渐伸线上任意两点的曲率半径之差等于渐屈线上两对应点间的弧长。利用这一性质，渐伸线的长度可以由渐屈线的函数表达式导出。

铁路曲线的渐伸线计算：

铁路曲线是由直线、缓和曲线、圆曲线组成的分段函数曲线。如果把直线视为曲率为零的圆曲线，则铁路全线可以看作由缓和全线和圆曲线交替组合而成的分段函数曲线。如果单曲线的第一缓和曲线长 l_1，第二缓和曲线长 l_2，HY～YH 长为 S_1，计算全线上点的渐伸线长度。

①计算点在第一缓和曲线上时，其渐伸线长度为：

$$E = \frac{L^3}{6R_1 l_1} \qquad (1\text{-}3\text{-}11)$$

在第一缓和曲线终点处的渐伸线长度分别为：

$$E_{HY} = \frac{l^2}{6R_1} \qquad (1\text{-}3\text{-}12)$$

②计算点在圆曲线上时,其渐伸线长度为：

$$E = p_1 + \frac{1}{2R_1}\left(L - \frac{l_1}{2}\right)^2 \tag{1-3-13}$$

式中：$p_1 = \frac{l_1^2}{24R_1}$——第一缓和曲线的内移距。

在圆曲线终点处的渐伸线长度分别为：

$$E_{YH} = p_1 + \frac{1}{2R_1}\left(S_1 + \frac{l_1}{2}\right)^2 \tag{1-3-14}$$

③计算点在第二缓和曲线上时,其渐伸线长度为：

$$E = p_1 + \frac{1}{2R_1}\left(L - \frac{l_1}{2}\right)^2 - \frac{1}{6R_1 l_2} \times [L - (S_1 + l_1)]^3 \tag{1-3-15}$$

在第二缓和曲线终点处的渐伸线长度分别为：

$$E_{HZ} = p_1 - p_2 + \frac{1}{2}A\left(S_1 + l_2 + \frac{l_1 + l_2}{2}\right)^2 \tag{1-3-16}$$

式中：$p_2 = \frac{l_2^2}{24R_1}$——第一缓和曲线的内移距。

当计算点为测量终点(其里程为 K_n)时,令

$$X = K_n - QZ$$

式中：QZ——曲线中点里程。

则测量终点的渐伸线长为：

$$E_n = p_1 - p_2 + AX \tag{1-3-17}$$

如果此单曲线为等长缓和曲线,即 $l_1 = l_2 = l$,则 $p_1 = p_2$,于是有

$$E_n = AX \tag{1-3-18}$$

(2) 整正既有曲线拨距计算：

用标准铁路曲线去最大限度地反映既有曲线的现状,即使采用最理想的半径、缓和曲线长度和曲线点位置,也与既有曲线的现状有一定的偏差,这种对应点间的偏差叫作整正拨距。整正拨距必须满足：

①曲线总转向角 A 不变；
②测量终点的整正拨距必须等于零。

从整正曲线反映既有曲线的真实程度考虑,曲线要素能满足下述要求中任意一种,都可以认为满足了曲线要素的基本要求。

①各测点整正拨距的绝对值之和为最小,即 $\sum|\Delta_i| = \min$

式中：Δ_i——整正拨距,如果用 E_J 表示既有线渐伸线的长度,E_z 表示整正曲线的渐伸线长度,则有

$$\Delta_i = E_J - E_z \tag{1-3-19}$$

②各测点整正拨距的平方和最小,即 $\sum \Delta_i^2 = \min$

实际上,有很多桥梁、隧道、挡土墙等大型建筑物,它们位于曲线上时,往往成为整正曲线的控制点,要求这些控制点的整正拨距小于规定的数值。

为全面满足上面的要求有时需要反复试算。若采用适当的方法,可以较快地满足上述要求,达到较为满意的结果。

$\sum \Delta_i^2 = \min$ 表明任意观测点整正拨距的计算方法。Δ_i 值有正有负,其符号规定如下:

①当 $\Delta_i = E_z - E_J > 0$ 时,$E_z > E_J$ 表示向圆心方向拨正,其方向与转向角相同。

②当 $\Delta_i = E_z - E_J < 0$ 时,$E_z < E_J$ 表示背圆心方向拨正,其方向与转向角相反。

(3)坐标法整正计算

坐标法拟合计算一般在完成曲线地段里程丈量的基础上进行,曲线地段每 20m,曲线外侧明显的直线地段测量至少两个点,以确定直线方向。外业测量各测点坐标 (X_i, Y_i),及确定始点里程 K_0 和计算步距 K,如图 1-3-6 所示。

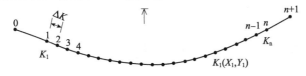

图 1-3-6 坐标法整正示意图

铁路常用曲线形式如图 1-3-7 所示。

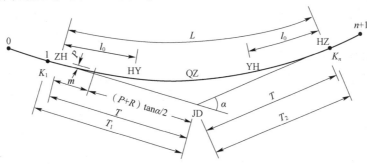

图 1-3-7 铁路曲线常用形式图

根据曲线要素计算公式,可以推求切曲差 q 的表达式:

$$q = T_1 + T_2 - (K_n - K_1) \tag{1-3-20}$$

对于等长缓和曲线,在偏角 α、半径 R、缓和曲线长度 l_0 确定的条件下,可以推求切曲差 q 的表达式为:

$$q = 2\left[\left(R + \frac{l_0^2}{24R}\right)\tan\frac{\alpha}{2} + \frac{l_0}{2}\right] - (R \cdot a + l_0) \tag{1-3-21}$$

得:

$$q = \left(2R + \frac{l_0^2}{12R}\right)\tan\frac{\alpha}{2} - R \cdot \alpha \tag{1-3-22}$$

式中,q 是和偏角 α、半径 R、缓和曲线长度 l_0 相关的函数,$q = f(\alpha, R, l_0)$,因为在曲线整正过程中,认为直线方向保持不变,也就是曲线偏角 α 保持不变,这样,切曲差就可以简化为与 R, l_0 相关的函数 $q = f(R, l_0)$,曲线整正的设计过程就是选配合适的曲线半径和缓和曲线长度的过程,对应于不同的半径,保证拨道前后的曲线长度不变的实质就是保证切曲差不变,可以方便地求出切曲差 q 的值,如果给定某一半径 R,可以推求缓和曲线长度 l_0 的表达式为:

$$l_0 = \sqrt{\frac{\left(q + R \cdot \alpha - 2R \cdot \tan\frac{\alpha}{2}\right) \cdot 12R}{\tan\frac{\alpha}{2}}} \quad (1\text{-}3\text{-}23)$$

拨距计算的过程就是确定 α、R、l_0,并不断寻优的过程。

偏角 α 和确定半径取整值 R:

如图 1-3-7 所示,根据 0,1 点坐标确定 ZH 点对应的切线方向,n,$n+1$ 点的坐标确定 HZ 点对应的切线方向,两者的转向角即为曲线偏角 α。由于在既有曲线拨距计算过程中,不同偏角对于曲线半径的变化敏感度不同,偏角越大,对曲线半径 R 的变化越敏感,具体的 R 值可结合曲线偏角的大小来选取。

初始半径 R_A 的选取:

根据三点成弧对应一个曲线半径的原理,利用曲线拟和算法,则

$$R_i = f(x_{i-1}, y_{i-1}, x_i, y_i, x_{i+1}, y_{i+1}) \quad (1\text{-}3\text{-}24)$$

分别计算测点 $1 \sim n-2$ 所对应的曲率半径 R_i,并从中央测点 $n/2$ 前后各取两点取平均值得到初始半径 R_A。

考虑计算的初始半径 R_A 实际上就是由中间 5 个测点来确定,由于线路在运行过程中,相邻测点的曲率半径 R_i 的值相差较大,选取的初始半径 R_A 可能偏离最优值较远,需增加迭代次数。

最优半径和缓和曲线长度确定:

在半径优化范围内按 ΔR 为步长,由式(1-3-24)分别计算各 R_j 对应缓和曲线长度 l_j,并将 l_j 取整为 10m 整倍数得到 l_{jz},分析各 R_j 对应的 l_j 和 l_{jz},以 $|l_j - l_{jz}|$ 最小时的 R_j 和 l_{jz} 作为最优的 R 和 l_0。

拨距计算:

拨距计算如图 1-3-8 所示,过既有线 k 点做拨后曲线$(k-1)'$点至既有线 k 点的垂线,计算垂线与$(k-1)'k'$的交点 k'',如果 k'' 不在$(k-1)'k'$线段范围内,则计算垂线与 $k'(k+1)'$的交点 k'',最后 kk'' 即为既有线 k 点的拨量值。

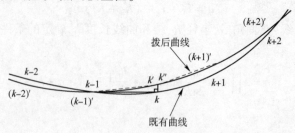

图 1-3-8 拨量计算示意图

曲线计算中曲线半径及缓和曲线长度的选择首先用已有台账数据进行计算。当计算曲线的拨道量过大时,考虑重新选择,选择曲线半径和缓和曲线长度符合《铁路技术管理规程》规定,并按表 1-3-11 取整。

半径取值表   表1-3-11

曲线总偏角(°)	>20	20~12	12~4	<4
曲线半径取整(m)	±1	±5	±10	±100

缓和曲线长度取10m的倍数；一般不设置不等长缓和曲线。

计算拨道量以最小为宜，而且内拨、外拨均匀分布，曲线起终点应为零。靠近直缓点、缓直点的拨道量不得突变或过大。复线曲线计算拨道量必须考虑线间距不小于4m，并考虑曲线的内轨加宽值。

曲线计算拨道量，以符合既有线路中心为原则，其最大移动量不得大于$\pm 100\sqrt{L}(mm)$，L为曲线长度，以百米为单位。在无砟桥梁和道口上，其拨道量不得大于50mm，有砟桥梁上不得大于70mm。个别点拨道量可以放宽。

若曲线总偏角与台账总偏角相差较大时，要进行重新验算，证实观测无误后才能使用，偏角差一般规定小于5′。个别相差较大的抽检重测。

曲线头尾的里程差等于曲线全长，不允许有差数，圆曲线的长度不小于20m，特殊情况不小于14m。

3. 高程测量

中基平测量

（1）水准点布设

既有线水准点测量，要充分利用原有水准点的点位、编号和高程资料，并了解原有水准点的高程系统。当原有水准点遗失、损坏或水准点间的距离大于2km时，补设水准点；在大中桥头、隧道口、车站范围及单独的场、段等处，离原有水准点远于300m时，增设水准点。绕行线按新线要求测设水准点。

水准点宜设置在线路两旁100m范围内，设在不易风化的基岩或坚固稳定的建筑物上，也可埋设混凝土水准点。

（2）基平测量

改建铁路与另一铁路连接时，确定两铁路高程系统的关系。改建铁路水准测量，根据设计铁路的行车速度，确定水准测量的等级。

当改建铁路利用既有铁路水准基点时，既有水准点高程按确定的水准测量等级精度要求连续测量并贯通。当既有水准点高程闭合差符合水准测量精度要求时，采用原有高程；精度超过限差并确认既有水准点高程有误时，可更改原有高程。补设或增设的水准点，其高程自邻近的既有水准点引出，并与另一既有水准点联测闭合。

（3）中平测量

既有钢轨面高程测量时，直线地段测左轨轨面，曲线地段测内轨轨面，并测量两次。速度在160km/h及以下时，中桩高程测量路线起闭于水准点，当闭合差在$30\sqrt{K}$mm以内时，推算中桩高程，较差在20mm以内以第一次为准。

使用RTK测量中平时，应进行专门技术设计，如对高程控制点加密或提高等级，以提高中平高程成果的精度。

4. 既有线横断面测量

1) 既有线横断面测量的特点

既有线路基改扩建,是在既有路基上为拨道、抬落道、改线、改坡、增建线路而进行加宽、加固、填切路基面等工程。所以,既有路基部分的横断面作较精细的测量。既有线横断面测绘以既有正线中心为横断面中心线,以既有轨面高程为横断面高程基准。

(1) 测绘宽度

一般横断面测绘到路基坡脚、堑顶以外20m;或用地界以外10m,在改扩建工程超出路基范围一侧,按设计需要确定宽度。

(2) 横断面位置和密度

初测阶段只在个别路基设计工点处实测控制性路基横断面,如高路堤、深路堑、陡坡地段边坡最高点,路基宽度不足地段,并行不等高控制线间距地段,填挖分界零断面处,路基与桥、隧、车站接头处,既有或改扩建的路基支挡、防护工程及公里标等处。

定测阶段在百米标,改扩建工程起、终点,路基边坡高度和路基面宽度突出变化点,路基与车站及其他既有、改扩建的工程建筑物分界点,路基支护、防护工程及其结构类型、结构尺寸的变化点,地形、地质变化点等处都需测绘横断面。横断面间距:在直线地段不宜大于50m,曲线地段不宜大于40m,个别设计路基工点一般为10~20m,复杂工点为5~10m。

2) 既有线横断面测量方法

既有线横断面测量:可用轨道方尺定向,用皮尺或钢卷尺量距,用水准仪测量测点与轨面的高程差,距离和高差取位至cm;或者用全站直接测量距离和高差。

横断面比例尺一般为1:200,特殊情况可用1:100或1:500,在方格纸上人工或利用计算机自动成图软件绘制断面图。线路中心线和轨面高程线在方格纸粗线上,图上要注明冠号、里程和轨面高程及特殊地物点,如房屋、道路、灌渠、河边,以及地质、地类分界点等。

第二节 桥涵测量

一、桥址水文测量

1. 水坡测量

(1) 初测时应进行水面坡度图测绘,定测时核对及补充。

(2) 测绘内容及范围。

包括河底线,施测时水面线,各大洪水年水面线、桥址断面及水文断面,水工建筑物的位置,险滩、瀑布、跌水、既有公路、铁路中心位置、壅水曲线及灌溉等。

(3) 测量方法及精度。

①测量水面坡度一般情况沿一岸进行。如两岸水位不等时沿两岸进行。

②水面坡度的测点间距一般为20~50m,最长为100m,距离较差不大于距离的1/50,水准点引测的闭合差按五等水准测量的精度。

③在山区河流,宜测河底坡度。对跌水、卡口、险滩、瀑布、水工建筑物的上、下游,各测一点。

④施测高洪水水面时,洪水河槽或河滩上水流有取直现象,则按取直方向测量距离。

2. 水文断面测量

(1)初测时应进行水文断面图测绘,定测时核对及补充。

(2)水文断面位置的选定。一般要结合现场选择及在水文平面关系图上定位(特别是当水面较宽或水文复杂时),并应根据河段特征、水文情况和洪水位点的分布密度等具体条件确定。一般宜选在河段顺直、河滩宽度较窄、河床稳定、断面变化不大、纵坡平顺、无较大支流汇入、无大河倒灌或水库回水影响并靠近洪水痕迹或洪水位点较多之处。水文断面与主河槽和河滩流向垂直。每个桥渡的水文断面不少于2个。

断面上各测点的定位和间距可采用全站仪测距和RTK法等测定,其限差不大于距离的±1/100。

水面以上部分断面各测点的高程,一般采用水准仪施测;亦可用光电测距仪或RTK测定。与水准点闭合差的限差不大于 $\pm 50\sqrt{L}$ mm;测点高程的限差不大于±0.1m。

断面测深:断面测深开始及结束均测定断面处的水面高程,一般应用水准仪或全站仪施测,读数取位至厘米。当水位涨落较快时,定时测定水面高程,并记录断面上各测点测深时间。

测深垂线的布置,能控制河床高程变化的转折点,主槽部分比河滩密。测深垂线的间距一般按照表1-3-12规定。

水文断面测深垂线最大间距 表1-3-12

水面宽(m)	50以下	50~100	100~300	300~1 000	1 000以上
最大间距(m)	3~5	5~10	10~20	20~50	50

测深方法应根据水深、流速的大小及河床质的情况,选用测深杆、测深锤、回声测深仪等工具。测深前对测深工具进行检校。两次测深的不符值:当水深小于2m时,不大于0.1m;当水深大于2m时,不大于水深的5%。

测深点的定位和点间的距离可采用全站仪直接测量、经纬仪交会法和RTK实时定位等方法。按面向下游分左右岸,左岸绘在左侧,右岸绘在右侧。

(3)测深工具。

①测深杆测深

可采用金属测流悬杆或木杆、竹竿,其直径一般为4~6mm,水浅时可用花杆或细一点的测深杆。如有条件,可在杆下装上铁盘,并在铁盘上凿若干小孔,减小阻力。

②测深锤测深

水深流速较大、采用船只做过河工具时,可采用测深锤测深,测深锤的重量和测绳上的尺寸标志在受测深锤重量而自然拉直的状态下进行设置,标志的零点和锤底齐平,10m以内的标志间距取0.2m,10m以上取0.5m,整米数和5m整倍数处一般用红黑布条等不同颜色的标志区别。在测量前应用钢尺或竹尺对测绳的尺寸标志进行核对。

③回声测深仪测深

回声测深仪是一种应用回声测距原理测量水深的仪器,测深时将换能器放置在水面,换能器向水底辐射声脉冲,水底界面将产生反射,测定水底反射波达到时间就可以测定水深。

④测深方法

a.直接法

有些河流在枯水期,水很浅,流速小,可直接用全站仪或者RTK方法测量。

b. 简易断面索法

适用于宽度小于50m、水深小于4m且流速小的河段，方法简单。首先测定端点的平面位置，由两人站在两岸端点上拉紧断面索，测深由一岸开始，移动绳索，根据绳索上的标志测得距离和水深。

c. 垂钓式测深法

在水深小于4m、宽度小于15m的小溪或河沟可用此方法来进行测深。用一根长约7~10m有长度标志的竹竿伸展出河岸，利用简单的杠杆原理进行测深。测深时可操纵一根穿过竹竿前段小滑轮的引绳进行测深。

d. 悬空断面索法

一般在险滩、急流、不能通航或测船不能稳定的测区，可在测深断面上架设悬空钢索，用吊锤沿索测深。测深点的位置可用钢索上的标志或引绳测定，也可用全站仪直接测量。

e. 船上测深

测深河段有机动船时，可直接在船上用测杆、测深锤、回声测深仪，位置可用全站仪或RTK直接测定。

3. 汇水面积测量

汇水面积是确定小桥涵设计流量的主要依据。初测阶段即须进行勾绘或测绘工作；定测时进行必要的补充和修改。可用下述方法完成：

(1) 利用既有地形图勾绘

首先考虑尽量利用既有地形图进行勾绘，勾绘时，要将线路中线绘于该地形图上，然后沿线调查核对所勾绘的每一桥涵的汇水区的形状，沟心和分水岭的位置，以及相应于现地流域和线路上的实际位置，找出差错及变化情况，进行改正。

(2) 利用航摄像片勾绘

勾绘方法与在地形图上勾绘基本相同，但注意调整同一汇水面积像片上不同比例尺的关系。

(3) 实测汇水面积

如有必要或无既有地形图或无航摄像片可以利用时，则需进行现场实测。测绘时，除测出控制汇水面积大小的主要分水线和沟心线，给出汇水区轮廓，求算面积外，必须测出高程及查明有关资料。其具体内容根据采用的流量计算办法要求确定。测图比例尺为1∶10 000~1∶50 000。

二、桥(涵)址中线及横断面测量

1. 桥址中线测量

(1) 测绘范围：

除按有关规定外，还需补充以下内容：

①两岸应测宽度根据路肩高程而定，以满足在图上足够布置全部桥孔及导流堤的需要为原则，包括导流堤在桥址中线上的投影长度，并能设计桥头填土。

②如桥址纵断面兼作水文断面，并用以进行流量计算，则应测至岸边高出最高水位或设计水位至少1.0m，泛滥很宽的河流视具体情况而定，但必须满足流量计算的要求。

③如两岸或一岸为山地时(包括高架桥)，以在图上能正确决定桥址及台尾附属工程为原则。

(2)测量方法及精度:

应尽量在线路中线测量,按要求一次完成。如线路中线加桩不足,可根据中线桩在地形变化处加密。测点距离在山区不得大于 5m,平坦地区不得大于 20~40m,水面以下部分测点按水文断面测量要求办理。加桩应用全站仪或 RTK 施测,其误差不得大于 0.1m。

(3)绘制桥址纵断面图比例尺(1:50~1:500),特长桥可采用 1:1 000 比例尺。

2. 桥址横断面测量

1)陆地断面测量

桥址中线测定后,要进行一次全断面测量,包括陆地和水下断面。陆地断面测量范围:依照水文断面要求,两岸测至历史最高洪水位加 0.5m 以上;漫滩较宽的河流测至洪水边界或两岸防洪大堤,或根据引桥预计长度施测,断面里程要与桥址控制网假定里程一致。断面上测点依地形变化确定,沿断面每一地形变坡点均应测量。测点高程用全站仪或 RTK 测量,其限差为 0.1m。

2)水下断面测量

(1)水深测量。全断面水下部分河床高程按测量时水位(即水面高程)减去水深确定,因此水深测量是水下断面测量的关键,水深测量的工具有测深杆、测深锤、铅鱼、回声测深仪等。

(2)断面点测量。利用全站仪或机载 RTK 流动站直接测量断面点的平面坐标及高程。水下断面测点的最大间距根据水面宽度决定:水面宽 100~300m 时,断面点间距 10~20m;水面宽 300~1 000m 时,断面点间距 20~50m;水面宽 1 000m 以上时,断面点间距 50m。测探点要能控制河床的起伏变化。相邻点间变化突出或间距过大,及时补测加密。

三、桥址地形测绘

1. 测绘范围

一般应满足设计桥梁孔径、桥头路堤和导流建筑物和施工场地的需要,个别情况下应满足水工模型试验之用。顺线路方向测至两岸历史最高洪水位或设计水位以上 0.5~1.0m,对于平坦地区河滩过率时测绘范围不小于桥梁全长加导流堤在桥址中线上投影长度或以能设计桥头路堤及防波横堤并稍有余量为度。上下游施测长度根据实际需要而定;平坦地区上游测至桥长的 2 倍且大于 200m,下游为桥长的 1~1.5 倍且大于 100m;对于改建既有线或增建第二线,上游受倒灌或壅水影响及下游受冲刷影响的桥渡施测范围酌情增减。

2. 测绘内容

应测绘地形、地物、地貌、线路导线、中线、既有线中线、桥梁和导流建筑物平面、桥头控制桩、水准基点、农田分类及边界、历史最高洪水泛滥线、水流方向等。初测阶段,一般特大桥、地质复杂或需做导流设施的一般大中桥、计划设计新结构的桥梁,都需进行地质测绘。定测阶段,特大桥、一般大中桥及地质复杂的小桥亦都需进行地质测绘。水下地形部分,对水流有影响的孤石、陡岸、突出的岩石、堤防等,应在平面图上显示,并标明位置、大小及必要的走向、倾向等。

改建既有线或增建第二线时还应测绘既有线路中心线,桥梁及导流建筑物的位置以及既有桥渡附近的斜流、涡流、死水和冲淤地段的范围。

地形等高线间距,平坦地区 0.5~2.0m,困难地区 5~10m;地形测点水平间距一般不得超过图纸上距离 2cm,平坦地区可酌情予以放宽,对于桥址两岸陡峻地段及对于河岸、陡坎、河床沟心、河滩、河岔、流边线、植被边界、建筑物处地形、地貌,适当加测点,不受上述规定的限制。

3. 测量方法

陆上地形测量见本章"一、线路测量中(二)地形测量"。水下地形测量方法及精度同水文断面水下测量方法及精度,水下地形一般采用断面法,也可用侧扫声呐测深法及其他方法。

四、既有桥涵丈量

(1)需要进行技术改造的大中桥或修建第二线桥与既有桥有关联时,既有大中桥应进行丈量并挖探基础,其内容包括上、下部结构尺寸,墩台中心线与线路中心线的关系,各部位高程,结构病害和病害部位等,以满足设计需要为原则。如有可靠的竣工资料时,可仅核对主要尺寸和高程,一般不做基础挖探工作。

(2)既有桥墩台需要加高在 0.4m 以内,或运营情况良好,与增建第二线桥无影响时,其基础部分可不进行挖探。

(3)确定无法利用的或经调查研究确定报废的既有桥,只丈量主要尺寸,绘制轮廓尺寸图,注明中心里程和主要部分高程。

(4)桩基、沉井及气压沉箱等深基础既有桥应尽量了解其确切结构类型和形状、顶部尺寸及埋置深度,不进行挖探。

(5)小桥需丈量主要尺寸,需要改建检算和对增建第二线桥有影响时,应挖探基础,以取得基础埋置深度及襟边尺寸等有关资料。

(6)涵轴丈量需丈量涵轴线和既有线法线的夹角、纵轴线长及涵洞的主尺寸,涵轴需要接长时,还应详细丈量其接长端的结构细部尺寸。

(7)需要改建或加固的桥涵缺少所需的隐蔽部分尺寸或控制新旧桥涵线同距的基础尺寸时,进行必要的开挖和丈量。同一线路、同类型的桥涵,可选择有代表性的进行开挖和丈量。

第三节 站场测量

一、站场基线测量

站场基线是站场平面设计以及测绘既有站内股道、道岔、设备及建筑物平面位置的依据。新建铁路一般在定测阶段、既有铁路一般在初测阶段开展基线测量。

1. 基线测设的要求

(1)新建铁路站场一般以正线中线作为基线,区段站及以上大站的车场、机务段、车辆段等处,大中型的货场等,根据需要设置单独的基线。

(2)既有站场测量应设置基线。简单的中间站及其他场、段(所),可利用正线及贯通股道的中心线或两者的外移桩做基线。外移桩的外移距宜为 2.0~3.0m,同一项目要求相等,至少一个车站内应相等。编组站调车场部分宜以中轴线外移桩作为基线。

既有站场基线布设为外移桩形式时,基线与既有正线(直线)及直线股道平行,基线两端与正线左、右偏差不宜超过0.1m。

(3)基线设置的数量根据站场规模及需要测绘的宽度、范围,决定设置一条或多条基线。到发场中的正线符合基线条件时,也可作为基线使用。当设置多条基线时,构成基线网,基线平行时基线间的间距一般为50m或根据需要确定。

(4)基线的类型可根据站场线路的平面形状,布设成直线形、折线形和综合型,如图1-3-9所示,基线的边数尽量减少,基线长度可根据测量和设计需要而定。

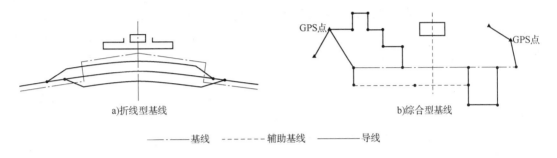

图1-3-9 基线布置类型

直线车站的主要基线:布置在到发场、调车场、机务段、车辆段、货场的直线股道间的基线,布设为直线形。

曲线车站的基线,除道岔区与正线平行外,一般可布设成折线形。

在规模大、建筑物及设备繁多的区段站、编组站等大型车站,可布设为基线与导线配合的综合型基线,导线的精度要求与基线测量精度相同。

(5)基线测设包括控制桩和中桩测设,基线控制桩宜设在测量安全、方便、通视条件良好、容易查找、保护、便于施工的位置,点间距一般以200~300m为宜,困难时亦不宜大于500m或小于50m,相邻边长之比不宜小于1:3。基线控制桩应钉设方桩,并应固桩。

基线控制桩的编号从小里程向大里程顺序编号。基线里程一般与正线里程一致,既有站场基线里程桩号宜在相邻钢轨的外侧腹部的相应位置用白色油漆标记。

基线应加中桩,间距一般不大于50m,并在地形变化点等处设加桩。基线中桩应钉设板桩。

(6)基线应进行中平测量,测量方法和精度参照中平测量要求。所有基线控制桩均作为高程转点。

2.基线测设的方法

(1)外移桩穿线法

既有站场基线测设一般采用外移桩穿线法。外移桩是以正线、贯通线或中轴线等的轨道中心线为基准,按一定的外移距顶设的线路控制桩。穿线就是用全站仪对放设的外移桩逐一进行角度、距离测量,并按需要对桩位进行调整和延伸,从而保证基线为一直线。基线穿线测量时进行基线加桩。

当基线桩作为施工交桩依据时,进行贯通测量并与中线控制桩或线路平面控制点闭合,闭合方式及平差同导线测量。基线的闭合限差符合表1-3-13规定。

基线测量精度指标　　　　　　　　　　　表 1-3-13

闭合长度(km)	测角中误差(″)	测距中误差(mm)	方位角闭合差(″)	相对闭合差
<10	12	15	$25\sqrt{n}$	角度平差前 1/3 000 角度平差后 1/6 000

基线测量水平角使用不低于 DJ2 级经纬仪或精度相匹配的全站仪观测。水平角观测一个全测回，距离和竖直角往返观测各一个测回，各项限差同导线测量相关要求。

为了使长度较长的基线保持直线，并与正线或相邻股道基本平行，测设时可按观测条件，选择两个尽量远的基线桩作为控制桩进行测设，其他控制桩按转点方式钉设。钉设转点桩时，应正倒镜落点，正倒镜点位横向误差每 100m 不大于 5mm，最大不大于 20mm，在限差以内时分中定点。

（2）直接放样法

直接放样法是按照一定的平面几何关系，从已知控制点上直接放样基线控制桩和中桩。新建铁路站场基线一般采用直接放样法进行测设。

基线放样可采用全站仪极坐标法或者 RTK 法。放样的具体方法和要求同中线放样。

当基线控制桩作为施工交桩依据时，亦应对基线进行贯通测量并与中线控制桩或线路平面控制点闭合，闭合方式及平差同导线测量。

二、站场横断面测绘

1. 新线站场横断面测绘

新线站场横断面测绘一般以正线中线或基线加桩为零点，横断面图纵向、横向比例尺均为 1:200。测绘方法及精度要求同线路横断面。

新线站场横断面测绘密度按地形条件及实际需要确定，但横断面间距最大不宜超过 100m。正线公里标、百米标、地形变化点、设计站中心等均测绘横断面。路基特别设计地段按设计需要加密。

新线站场横断面的测绘宽度按实际需要确定。利用一条基线（或正线）测绘时，每侧不宜大于 100m。中间遇有其他基线（或正线）时，测绘到其他基线（或正线）处为止，并以其他基线（或正线）为新起点，测绘至实际需要宽度。

2. 既有站场横断面测绘

既有站场横断面图纵向、横向比例尺均为 1:200。

测绘间距：直线不大于 100m，曲线不大于 40m。站房中心、路堤路堑的最高、最低点及两者交界处、站台端部、站房两侧应测绘横断面，咽喉区应加密横断面。

既有站场横断面的测量宽度应满足车站改扩建要求，一般测至路基有关设备外缘 30m 或按专业要求测绘。

横断面测绘应测量各股道中心线间距，丈量至厘米并在断面图上标注。以基线测绘时，应丈量基线距相邻股道的间距。

三、既有站场平面测量

既有站场平面测量，就是对站场内的所有股道、道岔、设备及建（构）筑物的平面位置进行测量,目的是绘制既有站场平面图。测绘内容包括道岔丈量、曲线测量、极坐标测量、线间距测量等。

1. 道岔丈量

道岔丈量的主要工作是确定道岔中心的位置。

(1) 单开道岔号数及岔心的确定。

一般应向工务部门搜集有关道岔资料,并现场量取尖轨前基本轨缝中心至尖轨尖端的长度 q、辙叉根端轨缝中心至末根岔枕中心的长度 L' 和全长 L_q,再按道岔轨型及设计年度与道岔标准图核对,以尺寸最接近的标准图为准,再在现场沿直股钢轨以 b 值量取并分中定出岔心位置,在该处轨腰用白油漆划线,标出道岔中心。单开道岔尺寸符号见图1-3-10。

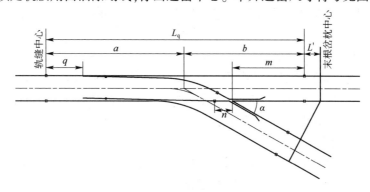

图1-3-10 单开道岔示意图

若无道岔资料,可用下列方法实地丈量:先在辙叉上找出宽0.1m和0.2m的位置并量出其距离,此间距的0.1m倍数即为该道岔的号数。

如用上述方法不能确定道岔号数或与现场记载有出入时,应以交点法测定,并与道岔标准图加以核对。

道岔号数确定后,从0.2m处向岔心方向量出2倍道岔号数的长度即为辙叉理论尖端,从辙叉理论尖端沿直股中心线向岔尖方向丈量,在等于 b_0 值处的钢轨腰部标出道岔中心位置。相应辙叉号数的 b_0 值按公式(1-3-25)计算:

$$b_0 = S_0 / \{2[\tan(\alpha/2)]\} \quad (\text{m}) \tag{1-3-25}$$

式中:S_0——标准轨距;

α——辙叉角。

(2) 对称道岔中心的确定,可参照上条有关做法进行。

(3) 复式交分道岔中心的确定,可自两尖轨尖端或辙叉根端量距分中确定。

(4) 道岔中心钉设后,根据道岔台账及有关资料对道岔主要尺寸进行核对和丈量,道岔尺寸丈量至毫米。

(5) 位于正线上的道岔中心,确定其正线的相应里程。

(6) 车站既有道岔应与收集的工务台账或车站示意图中的道岔编号一致。

(7) 在道岔坐标测量时,使用方尺将轨距分中测量道岔中心。

2. 站内曲线测量

(1) 设有缓和曲线的支线、专用线及到发线的曲线,以及某些受大型建筑物控制的曲线,应进行平面测绘。

(2)无缓和曲线的站内曲线,可根据实际情况采用交点法、正矢法、股道导线法、辐射导线法等方法测量。其中使用最为广泛的为五点法(图1-3-11)。

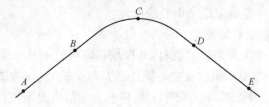

图1-3-11　五点法曲线测绘

图1-3-11中A、B、D、E为曲线两端直线上的点,C点为曲线点,绘图时可采用内切圆法拟合出曲线形状。

3. 站场极坐标测量

站场极坐标测量就是测量车站内所有建筑物及设备的平面位置。以正线或基线为坐标横轴,采用直角坐标法或极坐标法进行测量。采用直角坐标法时横坐标即为对应正线或基线的里程,纵坐标即为到正线或基线的垂直距离,一般为面向大里程左负右正。

1)站场极坐标测量内容

主要设备及建筑物:站房、运转室、信号楼、旅客站台、雨棚、天桥、跨线桥、给水栈桥、地道、货物站台、仓库、堆场、驼峰、减速器、减速顶、脱轨器、挡车器、停车器、岔心、警冲标、信号机、轨道衡、量载规、超偏载仪、道岔融雪设备、接触网支柱、固定装卸机械、灯桥、灯塔、机车库、给煤设备、给油设备、水塔、水鹤、检查井、给沙设备、清灰设备、检查坑、转盘、修车库、洗车机和其他主要生产房屋。

次要设备及建筑物:站名牌、车挡、平过道、栅栏、站内道路、排水设备、电杆、电力线、通信线、用地界标、扳道房和一般房屋等。

2)站场极坐标测量方法

(1)钢尺量距直角坐标法

钢尺量距直角坐标法就是采用钢尺分别量测测点到正线(或基线)的垂直距离和对应里程。当以基线为基准时,可以先量测至其相邻股道,并利用基线相对于相邻股道的外移距间接求得极坐标。

该方法适用于较小的站场或距离基准股道较近且测点集中的情况。

(2)全站仪极坐标法

即将全站仪架设在正线(或基线)控制桩上,后视相邻控制桩建站,直接测量测点的相对直角坐标。这种方法精度高、效率快,被广泛使用。

(3)RTK 法

就是利用 GNSS 控制网,采用 RTK 方法测量极坐标点在工作坐标系下的坐标,再通过测点与正线(或基线)控制桩的相对几何关系进行坐标转换,求得极坐标点的站场相对坐标的方法。

该方法不适用于高大建(构)筑物及有遮挡的测点的测量。

3)站场极坐标的测绘精度要求

与建筑界限有关的建筑物及设备,距离取位至 cm,检查时的较差不大于5cm;与建筑界限无关,或不影响建筑界限的建筑物及设备,距离取位至 dm,检查时的限差为 ±(L/100+0.1)m。

采用钢尺量距,距离一般不得大于 50m,用钢尺丈量一次,并满足 1/2 000 的精度。

采用全站仪测量,可直接采用直角坐标法,最大视距不宜超过 400m。每个测点观测两次,在限差以内时取平均值。在测站结束时对后视方向进行复核,限差不得超过 30″。

测量过程中连续转点最多不得超过 2 个,且应加强检核。转点时角度观测 1 个全测回,距离往返观测各 1 测回,限差要求同普通导线测量要求。

在每个测站应对上一测站的测点进行检核。

采用 RTK 法,应考虑投影变形的影响,必要时建立满足要求的独立坐标系。此外,RTK 流动站采取一定的措施,保证天线对中精度。

4. 线间距测量

站内线间距测量以正线为基准,采用钢尺丈量,取位至厘米。股道较多或丈量困难时可使用经纬仪照准方向或使用全站仪测量,也可采用坐标图解法测量,但应保证坐标测量的相对精度。

根据实际需要,一般在直线地段每 100~200m 测量一处,曲线地段不大于 40m 测量一处,咽喉区每 50m 测量一处。

采用钢尺丈量线间距时采取绝缘措施,避免干扰轨道电路。

第四节 隧 道 测 量

一、隧道及辅助坑道中线测量

隧道段落中线测量的方法和要求同中线测量。辅助坑道也应进行中线测量。

隧道进出口、明挖施工段、洞身浅埋段、辅助坑道洞口等处根据地形、地质情况适当加桩,桩距宜为 5~10m,满足洞口调查和专业设计要求,并在加桩范围内至少测设 2 个方桩。

洞顶线路中线桩,除公里桩、转点桩、曲线控制桩、地形特征点、地质加桩外,其他桩可不测设,确保洞顶加桩间距不大于 300m,便于地质、物探等专业调查。洞顶山脊最高点、山谷最低点应加桩。

辅助坑道的中线测设一般以辅助坑道与正线的交叉点为中线起点(即零点),洞口方向为大里程进行测设。测设方法同中线测量。

二、洞口地形测绘

定测阶段,隧道进出口、辅助坑道洞口应测绘 1:500 地形图。测绘范围一般为洞口里程前、后、左、右各宽 60~100m,特殊地形条件及有引桥、改沟(防护)等工程处理措施时,根据专业设计需要适度扩大测绘范围。隧道明挖施工段、洞身浅埋段也应测绘 1:500 地形图,测绘范围满足设计需要。

隧道洞口 1:500 地形图在施工独立坐标系下进行测绘,也可以线路中线建立相对坐标系进行测绘,地形图上绘制线路中线并标注里程。

隧道洞口地形图测绘的方法有全站仪极坐标法、航测成图法、机载激光雷达扫描成图法、地面近景摄影测量法和地面激光雷达扫描成图法等。测绘时视地形条件采用适当的方法。

三、洞口横断面测量

洞口地段中线加桩均施测横断面。洞身浅埋地段或穿越地质不良地段、设计明挖地段的中线加桩也应施测横断面。横断面比例尺为1∶200。

洞口横断面面向洞口分左右侧绘制,洞身横断面面向大里程分左右侧绘制。横断面的宽度一般为每侧50m或按实际需要确定。

横断面应结合1∶500地形图进行测绘。常规方法测绘横断面应与比例尺1∶500的地形图测绘同时开展并测点共享;非常规测量手段时,切绘横断面的模型应与生成地形图的模型相同,以保证横断面与地形图的一致性。

四、既有隧道测量

既有隧道需要改造或加固的需进行以下测量工作:

(1)根据平面测绘的既有轨道中线,测量隧道平剖面的现状及隧道中线与既有轨道中线的偏移距值。其偏移距值的测量:洞内直线上宜每隔50m、曲线上每隔20m量测一次,取位至cm。

(2)洞内横断面测量:在直线上宜每隔50m、曲线上每隔20m量测一个隧道横断面,断面变化处另行加测。实测中在净空不足的地段,每10m测一个,并确定其起讫里程。每个断面可测量7点,最少不得少于5点,可根据既有隧道断面形状不同及需要,酌情增加实测点数,具体要求见图1-3-12。

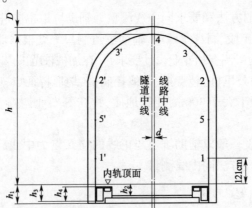

图1-3-12 隧道洞内横断面测量

图中1-1′点为轨面上121cm处;2-2′点为拱脚;3-3′点为拱腰;4点为拱顶;5-5′为边墙中点;一般直墙隧道断面按1-1′、2-2′、3-3′、4、7点测绘;曲边墙断面增加5-5′点,按9点测绘;h_3、h_4 分别为内轨顶面及盖板顶面至水沟底的高度;高程和尺寸均取位至cm。其他类型衬砌可参照图1-3-12取点丈量。

(3)根据隧道内每百米开挖的道砟厚度,计算并标注隧底高程。

(4)洞口地形图及洞口横断面的测量基本同新建线。

第五节 其 他 测 量

一、地质放孔测量

放孔就是将地质专业在图上设计的钻、触探孔位置放样到地面上,并测量孔位的坐标及地面高程。

地质钻、触探等放孔由地质专业出具详细的放孔任务书。

放孔工作可依据既有线路、中线加桩及平面、高程控制点等,采用内插法、直角坐标法、极坐标法以及 RTK 方法进行放设;对于现场需改移的孔位,要做好相关记录并实测改移后的孔位坐标(对应里程)和标高。

初测一般以坐标或相对位置关系进行放孔。定测正线上的孔位按里程放样,采用 RTK 方法时,应在施工坐标系下按道路进行放样,其他房建孔等也可采用坐标放样,但应核实孔位的对应里程。

放孔应现场钉设板桩,注明钻孔编号及对应里程。

二、道路、电线交叉测量

1. 测绘内容和范围

(1)铁路与铁路交叉

测绘交叉位置的里程、交叉角度及交叉点的轨面高程;必要时对交叉处既有铁路进行百尺标丈量、平面测绘、中平测量及横断面测量,测绘的范围视设计需要确定。

(2)铁路与公(道)路交叉

测绘交叉位置的里程、交叉角度及交叉点路面高程,并调查路面材质和宽度。

(3)铁路与电力线、通信线交叉

测量其交叉里程和交叉角度。电线的交叉里程以输电线路的几何中心与正线股道中心交叉点为准;交叉角度应精确测量。

测量跨越线路处最低的电线到轨顶的垂度,测量垂度时应记录温度。

一般情况下测量线路两侧各一根电杆到交叉点的距离及杆高。电压在 10kV 以上的高压输电线路还应测量线路左右侧各 3 根杆塔的档距、杆高和最低垂度。

2. 测绘方法和要求

(1)交叉里程测量

与铁路的交叉里程以轨道中心为准,交叉点高程为内轨轨面高程。

与公(道)路交叉里程以道路中心线为准,交叉点高程为路心路面高程。

与电线交叉里程以输电线路的几何中心为准。

(2)交叉角度测量

交叉角度的测量可采用经纬仪置镜在交叉点直接量测,也可通过图解法量得,绘制交叉角度示意图。

直线交叉角度即为两直线方向的夹角,而曲线交叉时应为曲线在交叉点的切线方向夹

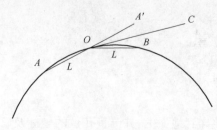

图 1-3-13 曲线切线方向的确定方法

角。曲线切线方向的确定方法如图 1-3-13 所示。

途中 O 点为交叉点,可以在 O 点两侧曲线上取等距离 L 的两点 A、B,置镜 O,后视 A 点并设置方向为 180°,倒镜得 A' 方向为 0°,照准 B 读数 α,则得 $\alpha/2$ 方向即为 O 点处曲线的切线方向。

(3)电线测量

电力线、通信线交叉角度和杆塔的距离可采用全站仪直接测量,也可采用交会法、图解法间接测得。

电线垂度和杆塔高度可采用距离、竖直角法测量计算得出,也可以使用全站仪无棱镜测距及悬高测量程序直接测得,还可利用手持测距仪等直接测量。

电线交叉测量应施测交叉点的垂度、施测时的温度、距左右杆的杆距、杆高及交叉角,并应绘制电线交叉测量示意图,如图 1-3-14 所示。

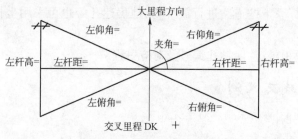

图 1-3-14 电线交叉测量示意图

三、公路改移测量

一般改移公(道)路及平(立)交道应施测里程、交角、道路纵断面、道路横断面、道路路基宽度、路面宽度等。

道路纵断面按里程前进方向分左、右施测,每侧长度根据公(道)路等级、交叉点铁路填、挖高等施测,以满足设计要求,但最短不少于 60m。每侧测点包含距铁路中心 5m、10m、15m、30m、45m、60m 等处及地形变化点,所有测点均测绘横断面。

道路横断面背向交叉点分左右测量,一般每侧 30m。

复杂公(道)路改移工程进行外业定测打线并进行中平测量和横断面测量。公路改移打线的方法和要求同正线定测。

应确定改移公路线位与铁路的交叉里程和交角,由于两者均为理论线位,故一般采用图解法量测。

当改移工程上跨公路桥时,测绘公路桥址纵断面,测量方法和要求同正线桥涵测量。

四、界限净空测量

当线路下穿既有桥梁等或侧向临近重要建(构)筑物时,进行界限净空测量。

以上跨桥梁为例,水平界限应测量线路穿过孔跨左右侧所有桥墩外缘距线路的垂直距离,量测至 cm。净高测量线路正上方梁底最低处的高程,当桥面存在一定坡度时,还应量测孔跨四角处梁底高程。如图 1-3-15 所示。

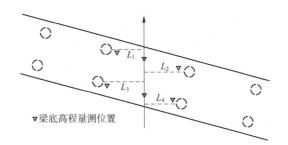

图 1-3-15　上跨桥梁界限净空测量示意图

既有铁路的水平界限可以轨道为基准直接量测。新建线一般将桥墩等界限地物测绘到图上,再图解计算获得。

净空测量可采用全站仪、手持测距仪等直接量测。净高数据应换算为高程,测量点的平面位置也应精确标示。

五、管线测量

工程影响范围内的所有地下管线均应测定其平面位置、走向,并调查埋深、管径、材质、用途、产权单位等。

地下管线测量首先以收集相关部门的地下管线资料和调查为主,当调查不能确定管线位置和相关要素时,进行物理探测。对于无相关埋深资料、物探方法又无法精确探测且较重要的非金属管线,可进行局部挖探,但应获得产权或管理部门的批准并做好安全保障措施。

与线路交叉的地下管线测量交叉里程和交叉角,并绘制线路交叉示意图。

当地下管线较复杂或影响设计时,应测绘局部 1:2 000 地下管线平面图,平面图的坐标、高程系统与 1:2 000 线路平面图相一致,精度满足地形图测绘要求。管线测绘前将管线的位置及走向在地面进行标识。

六、取(弃)土场测绘

取(弃)土场一般需要测绘 1:1 000～1:5 000 地形图。

距线路较近的取(弃)土场地形图测绘时,控制测量可由线路控制网引测,采用与线路平面图一致的坐标、高程系统。

距线路较远的取(弃)土场由于引测困难,可采用独立坐标、高程系统,但地形图相对精度满足相应比例尺地形图测绘要求。

当取(弃)土场地形图采用独立坐标和高程系统时,宜在取(弃)土场测绘范围内保留至少 2 个平面高程控制桩(方桩),以保证后期地质放孔等工作的开展。

取(弃)土场地形图可采用航测及常规方法进行测绘。

七、与既有工程的联测

当铁路与既有或在建工程接轨或干扰时,应与相关既有或在建工程高程的控制点进行联测。

联测前搜集相关工程的控制点成果,至少搜集平面控制点 3 个、高程控制点 2 个,并了解其平面、高程系统的相关参数。搜集的控制点能够覆盖两工程接轨或干扰的范围。

采用与本线控制网同精度测量的方式时,首先对所搜集的控制点进行相对关系的检核,检核无误时进行控制点联测。平面联测可采用 GNSS 静态测量或导线测量方式,高程联测采用水准测量方式。

经平差计算,两工程控制网能够兼容时,可直接采用搜集控制点成果。当两工程控制网不兼容时,平面控制网分别约束本工程和对方控制点平差计算,使两工程衔接处的平面控制点分别得到两套平面坐标成果,作为两工程坐标转换的依据;高程控制网则应推算两工程的断高值。

第二篇 施工测量

施工建设阶段的测量工作即施工测量,其主要任务是把图纸上设计好的铁路工程建(构)筑物平面和高程位置在实地标定出来,按设计的要求将建(构)筑物各轴线的交点、中线、桥墩、隧道等点位标定在地面上。主要有施工控制网复测,施工控制加密,路基、桥梁、隧道等施工放样,变形测量,轨道安装定位,精调测量,竣工测量等。其中施工控制网是为铁路工程施工提供控制基准的各级平面、高程控制网。它除了包括CPⅠ、CPⅡ、线路水准基点控制网,还包括在此基础上加密的施工平面、高程控制点和为轨道铺设而建立的轨道控制网CPⅢ。

第一章 复测和加密

第一节 控制网复测

一、施工交桩

铁路工程施工前,设计单位向建设单位提交控制测量成果资料,并进行现场交接桩,施工单位、监理单位参加交接桩工作,参加交接桩各方按照《铁路工程测量规范》(TB 10101—2009)要求履行交接桩手续,签订交桩纪要。

控制网交桩成果包括控制测量成果资料和控制桩。交接的主要测量成果资料如下:

(1)CP 0、CPⅠ控制桩坐标成果及点之记。

(2)CPⅡ控制桩坐标成果及点之记。

(3)线路水准基点高程成果及点之记。

(4)控制测量技术报告(含平面控制网网型图、高程控制网联测示意图和平面控制网、高程控制网平差计算资料)。

需交接的控制桩如下:

(1)CP 0、CPⅠ控制桩。

(2)CPⅡ控制桩。

(3)线路水准基点桩(包括基岩点、深埋水准点和普通水准点)。

二、控制网复测

1. 总体要求

铁路控制网在勘察设计单位交桩后铁路工程施工前由建设单位组织施工单位进行复测，复测无误后方可开展控制网加密或施工测量工作。铁路工程控制网复测遵循以下原则：

(1) 复测前编写复测技术方案或技术大纲，并按规定报批。

(2) 复测采用的方法、精度与原测一致，网型宜与原网相同。

(3) 复测前检查标石的完好性，对丢失的或破坏的控制点按照原测标准先补设再测量。

(4) 当复测成果与原测成果的较差满足规范规定时，应采用原成果；当较差超限时，进行二次复测，查明原因，并采用同精度扩展方式更新成果，当补设新点或对超限点更新成果时在提交的复测成果中说明。

(5) 复测后应编写复测总结报告。

铁路施工周期长，在建设期间需要定期开展控制网复测，一般一年一次。高速铁路或普速铁路无砟轨道段落在无砟轨道施工前，建设单位组织勘察设计单位会同施工单位对CPⅠ、CPⅡ平面控制网和高程控制网进行复测，复测无误后方可加密 CPⅡ、加密精密水准点，并建立轨道控制网 CPⅢ。铁路工程静态验收前，对铁路平面控制网 CPⅠ、CPⅡ、CPⅢ和高程控制网线路水准基点、精密水准点、CPⅢ进行全面复测。

2. 数据采集

1) CP0 框架控制网

CP0 框架控制网采用卫星定位测量，作业的技术要求与建网相同，见本书第一篇第一章第二节"平面控制测量"相关内容。

2) CPⅠ基础控制网、CPⅡ线路控制网

(1) GNSS 测量

CPⅠ基础控制网和一般地段的 CPⅡ线路控制网复测采用卫星定位测量，作业的技术要求与建网时要求一致，见本书第一篇第一章第二节"平面控制测量"相关内容。

(2) 导线测量

CPⅡ线路控制网采用卫星定位测量，作业的技术要求与建网相同，详见本书第一篇第一章第二节"平面控制测量"相关内容。

3) 高程控制网

铁路线路高程控制网测量技术要求与建网测量时相同，详见本书第一篇第一章第三节"高程控制测量"相关内容。

3. 数据处理

1) GNSS 的数据处理

CP0、CPⅠ、CPⅡ的基线解算与质量控制过程与建网测量相同，详见本书第一篇第二节"平面控制测量"相关内容。

CP0 基线向量解算采用精密星历和 GAMIT 等精密基线解算软件，网平差以原联测的 IGS 点为起算。

CPⅠ、CPⅡ网平差采用经过鉴定的平差软件进行(如同济大学 TGPPS Win32 软件、武汉

大学 COSA 等),GNSS 网无约束平差合格后,引入网中联测的 CPⅠ坐标进行约束平差,引入的已知点进行稳定性评定。CPⅠ复测以 CP0 或稳定的标段间公用点对及 CPⅠ控制点作为起算点,CPⅡ复测以 CPⅠ控制点作为起算点。坐标成果保留到 0.1mm。

无约束平差中,基线分量的改正数应满足建网时的相关精度要求;约束平差的基线向量改正数与无约束平差的同名基线改正数的较差应满足建网时相关精度要求。

平差完毕,(位于换带分界处的标段)按设计的投影分带进行坐标转换得到工程独立坐标系下的控制点坐标。

2)CPⅡ导线控制网数据处理

CPⅡ导线网计算各项要求与建网时相同。外业观测距离经归算和投影改化后进行平差计算。起算数据为 CPⅠ级 GNSS 点,CPⅡ级导线在方位角闭合差及导线全长闭合差满足要求后,采用经过鉴定的平差软件进行(如原铁道第三勘察设计院 TSDIADJ、清华山维、武汉大学科傻平差等专业平差软件平差)。CPⅡ点坐标成果保留到 0.1mm。

3)高程控制网数据处理

(1)外业数据采集完成后,利用随机软件进行数据传输和预处理。

(2)每条水准路线按测段往返测高差不符值计算偶然中误差 M_Δ;当水准网的环数超过 20 个时,还应按环线闭合差计算 M_w。M_Δ 和 M_w 符合表 2-1-1 的规定,否则对较大闭合差的路线进行重测。

高程控制网的技术要求 表 2-1-1

水准测量等级	每千米高差偶然中误差 M_Δ (mm)	每千米高差全中误差 M_w (mm)	附合路线或环线周长的长度(km)	
			附合路线长	环线周长
二等	≤1	≤2	≤400	≤750
三等	≤3	≤6	≤150	≤200
四等	≤5	≤10	≤80	≤100
五等	≤7.5	≤15	≤30	≤30

M_Δ 和 M_w 按下列公式计算:

$$M_\Delta = \sqrt{\frac{1}{4n}\left[\frac{\Delta\Delta}{L}\right]} \tag{2-1-1}$$

$$M_w = \sqrt{\frac{1}{N}\left[\frac{WW}{L}\right]} \tag{2-1-2}$$

(3)进行闭合差计算及各项改正的计算。水准测量限差符合表 2-1-2 的要求。

水准测量限差要求(单位:mm) 表 2-1-2

水准测量等级	测段、路线往返测高差不符值		测段、路线的左右路线高差不符值	附合路线或环线闭合差		检测已测测段高差之差
	平原	山区		平原	山区	
二等	$\pm 4\sqrt{K}$	$\pm 0.8\sqrt{n}$	—	$\pm 4\sqrt{L}$		$\pm 6\sqrt{R_i}$
三等	$\pm 12\sqrt{K}$	$\pm 2.4\sqrt{n}$	$\pm 8\sqrt{K}$	$\pm 12\sqrt{L}$	$\pm 15\sqrt{L}$	$\pm 20\sqrt{R_i}$
四等	$\pm 20\sqrt{K}$	$\pm 4\sqrt{n}$	$\pm 14\sqrt{K}$	$\pm 20\sqrt{L}$	$\pm 25\sqrt{L}$	$\pm 30\sqrt{R_i}$

续上表

水准测量等级	测段、路线往返测高差不符值		测段、路线的左右路线高差不符值	附合路线或环线闭合差		检测已测测段高差之差
	平原	山区		平原	山区	
五等	$\pm 30\sqrt{K}$	$\pm 20\sqrt{K}$		$\pm 30\sqrt{L}$		$\pm 40\sqrt{k_i}$

注：1. K 为测段水准路线长度，单位为 km；L 为水准路线长度，单位为 km；R_i 为检测测段长度，以 km 计；n 为测段水准测量站数。

2. 当山区水准测量每公里测站数 $n \geq 25$ 站以上时，采用测站数计算高差测量限差。

(4) 对起算点的稳定性和兼容性进行检核后，确定起算点，进行整体严密平差计算，采用原铁道第三勘察设计院自主研发的 TSDIADJ 或清华山维、武汉大学科傻平差等专业平差软件平差。高程成果保留到 0.1mm。水准测量计算取位按表 2-1-3 执行。

水准测量计算取位 表 2-1-3

等级	往(返)测距离总和（km）	往(返)测距离中数（km）	各测站高差（mm）	往(返)测高差总和（mm）	往(返)测高差中数（mm）	高程（mm）
二等	0.01	0.1	0.01	0.01	0.1	0.1
三、四等	0.01	0.1	0.1	0.1	0.1	1
五等	0.1	0.1	0.1	0.1	0.1	1

4) 复测成果分析

(1) 复测成果与原测成果较差

复测成果与原测成果的较差满足下列规定。

① 采用 GNSS 复测 CPⅠ、CPⅡ 控制点，满足相应等级精度规定后，进行复测与原测成果的分析比较，复测与原测相邻点间约束平差后三维或二维坐标之差的相对精度按式(2-1-3) ~ 式(2-1-6)计算，复测与原测成果较差满足表 2-1-4 的规定。

$$\Delta X_{ij} = (X_j - X_i)_{复} - (X_j - X_i)_{原} \tag{2-1-3}$$

$$\Delta Y_{ij} = (Y_j - Y_i)_{复} - (Y_j - Y_i)_{原} \tag{2-1-4}$$

$$\Delta Z_{ij} = (Z_j - Z_i)_{复} - (Z_j - Z_i)_{原} \tag{2-1-5}$$

$$\frac{d_s}{S} = \frac{\sqrt{(\Delta X_{ij}^2 + \Delta Y_{ij}^2 + \Delta Z_{ij}^2)}}{S} \tag{2-1-6}$$

式中：S——相邻点间的二维平面距离或三维空间距离；

ΔX_{ij}、ΔY_{ij}——相邻点 i 与 j 间二维坐标差之差(m)；

ΔZ_{ij}——相邻点 i 与 j 间 Z 方向坐标差之差，当只统计二维坐标差之差的相对精度时该值为零(m)。

GNSS 复测相邻点间坐标差之差的相对精度限差 表 2-1-4

控制网等级	相邻点间坐标差之差的相对精度限差	控制网等级	相邻点间坐标差之差的相对精度限差
二等	1/130 000	四等	1/50 000
三等	1/80 000	五等	1/20 000

GNSS 复测成果与原测成果的比较工作量较大，宜采用程序进行，图 2-1-1 为 TGPPS 软件具有的复测比较模块。

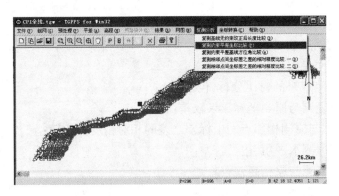

图 2-1-1　TGPPS 软件中的复测比较模块

②采用导线法复测 CPⅡ 控制点时,满足相应等级精度规定后,进行水平角、边长和平面点位较差的分析比较,水平角、边长和坐标较差满足表 2-1-5 的规定。

导线复测较差的限差　　　　　　　表 2-1-5

等级	水平角较差限差(″)	边长较差限差(mm)	坐标较差限差(mm)
三等	3.6	$2\sqrt{2}m_D$	$2\sqrt{m_原^2 + m_复^2}$
四等	7.0		
一级	11.0		

注:1. m_D 为仪器标称精度。

2. $m_原$ 为原测平面点位中误差,mm。

3. $m_复$ 为复测平面点位中误差,mm。

③水准点间的复测高差与原测高差之较差符合表 2-1-2 的规定。

复测成果与原测成果较差满足上述规定时,采用原测成果。当较差超限时,进行二次复测,查明原因,并采用同精度扩展方法更新成果,提交监理和设计单位确认。

(2)复测成果更新

当复测后的 CPⅠ、CPⅡ 成果不满足表 2-1-4 或表 2-1-5 的要求时,采用同精度更新的方法对 CPⅠ、CPⅡ 点位成果进行更新。

4. 成果提交

控制网复测报告包括以下内容:

(1)任务依据、技术标准。

(2)测量日期、作业方法、人员、设备情况。

(3)复测控制点的现状及数量,复测外业作业过程及内业数据处理方法。

(4)独立环闭合差及重复基线较差统计。

(5)GNSS 无约束平差和约束平差后最弱边方位角中误差和边长相对中误差统计。

(6)CPⅠ、CPⅡ 控制点复测成果与设计成果比较表。

(7)CPⅠ、CPⅡ 控制网复测环闭合差、重复基线检验报告。

(8)CPⅠ、CPⅡ 控制网复测平差报告。

(9)导线方位角闭合差、全长相对闭合差、测角中误差统计。

(10)水准测量测段间往返测较差、附合水准路线高差闭合差、水准路线每千米高差偶然中误差统计。

(11) 水准点复测高程成果与设计成果比较表。
(12) 高程控制网复测平差报告。
(13) 复测技术总结报告。
(14) 复测与原测成果的对比分析,包括:
①平面控制网复测与原测坐标成果较差;
②GNSS 网复测与原测相邻点间坐标差之差的相对精度的比较;
③导线复测与原测水平角、边长较差;
④相邻水准点复测与原测高差较差。
(15) 补设 CPⅠ、CPⅡ、水准点点之记。
(16) 标段间共用控制点协议。
(17) 上述文件内容的电子文件等。

三、中线、横断面复核

线路中线可采用极坐标法、RTK 法或拨角放线法测设,中桩桩位限差为:
纵向,$S/2\,000 + 0.1\text{m}$(S 为相邻中桩间的距离,以米计);横向,0.1m。
中桩高程可采用光电三角高程测量、水准测量或 RTK 测量,中桩检测较差为 0.1m。
横断面可采用全站仪法、RTK 法、水准仪绳尺法、经纬仪绳尺法、经纬仪视距法等施测,其检测限差按下列公式计算:
高差

$$0.1(L/100 + h/10) + 0.2 \quad (\text{m}) \tag{2-1-7}$$

距离

$$L/100 + 0.1 \quad (\text{m}) \tag{2-1-8}$$

有的铁路工程由于勘察设计阶段和施工阶段相隔时间较长,中线纵断面或横断面复测后与原测比较时会有较大出入,一般是施工场地发生变化所致,施工单位将复测成果及时反馈勘察设计单位。

第二节 施 工 加 密

为满足施工放样需要,施工控制网加密测量可根据施工要求采用同级扩展或向下一级发展的方法,加密点宜为平面和高程共用。施工控制网加密前,根据现场情况制定施工控制网加密测量技术设计书。

加密测量采用的方法、使用的仪器和精度符合相应等级的规定。所采用仪器应经过检定,并在有效检定期内。

加密测量前应检查联测标石的完好性,对丢失和破损较严重的标石按原测标准用同精度扩展方法恢复或增补,加密控制点布设在坚固稳定、便于施工放线且不易破坏的范围内,埋石标准与 CPⅠ和水准点相同。加密点编号形式:标段号 + JM + 流水号(如Ⅰ标段:IJM001),各标段统一流水号,防止点号重复。

施工平面控制网加密测量可采用导线或 GNSS 测量方法,施工控制网加密必须就近附合到 CPⅡ 或 CPⅠ 控制点,GNSS CPⅡ 加密联测不少于3个相邻的 CPⅠ 或 CPⅡ 点,且加密点位于所联测 CPⅠ/CPⅡ 点构成的网形中部。采用固定数据约束平差。

采用导线加密时,按对应等级导线的精度要求施测。采用 GNSS 测量方法加密时,按对应等级精度要求施测,基线边不宜短于 300m。

加密高程控制测量起闭于线路水准基点,采用同级扩展的方法按对应等级水准测量要求施测。

一、GNSS 加密 CPⅡ 网

考虑到既有 CPⅠ 和 CPⅡ 的情况,优先采用 GNSS 方法进行 CPⅡ 的加密工作。

CPⅡ 加密要求同精测网原网要求,主要为了方便施工测量,观测、数据处理均与原测 CPⅡ 相同。观测前要对网形进行设计。

在对 CPⅡ 加密点进行整体平差前先对网中的原 CPⅠ 和 CPⅡ 点的稳定性进行分析。对不满足精度要求的原 CPⅠ 和 CPⅡ 进行剔除,满足要求的全部作为起算点。

(1)基线质量检验符合表 1-1-5 的要求。

(2)在基线的质量检验符合要求后,以所有独立基线构成控制网,以三维基线向量及其相应的方差—协方差阵作为观测信息,以一个点的 WGS-84 的三维坐标为起算数据,进行无约束平差。无约束平差基线向量改正数的绝对值满足公式(1-1-59)的要求。

(3)GNSS 网无约束平差合格后,引入网中联测的 CPⅠ 和 CPⅡ 点坐标进行三维约束平差。约束平差后基线向量的改正数与同名基线无约束平差相应改正数的较差满足式(1-1-60)的要求。平差后加密点 CPⅡ 的点位精度、基线边方向中误差、最弱边相对中误差限差应满足对应等级精度的要求。

二、导线加密 CPⅡ 网

CPⅡ 控制点标石埋设要求同上。导线采用全站仪施测,加密点间距在 200~400m 为宜。导线测量水平角观测技术要求符合表 1-1-7 的要求。

导线边长测量距离和竖直角观测满足表 1-1-9 的要求。

导线测量数据宜使用全站仪自动记录或电子手簿记录,导线边应离开障碍物 1m 以上。观测数据传输至计算机进行预处理,距离经高程和高斯投影改化后进行平差计算。起算数据为 CPⅠ 或 CPⅡ 点,平差采用通过鉴定的专业平差软件或商业软件,平差结果精度指标符合表 1-1-6 的要求。

三、线路水准基点的加密

1. 水准观测

加密水准基点和加密 CPⅡ 点宜共用。水准测量的仪器及水准尺类型按测量等级的要求选择,宜优先采用相应等级的数字水准仪及其自动记录功能采集数据,观测数据采用仪器内置储存器记录,并转换成电子手簿。加密线路水准基点测量所用水准仪须经过检定,并处于检定有效期内,作业前及作业过程中应经常检查仪器 i 角,二等水准测量不超过 15″,三、四等水准测量不超过 20″。

高程控制网加密时,水准线路必须联测到线路两端各两个以上线路水准基点上,以检验联测水准点是否发生显著沉降或被破坏。高程控制网加密按对应等级水准测量的技术要求执行,水准尺须采用辅助支撑进行安置,测量转点应安置尺垫,尺垫选择坚实的地方并踩实,以防尺垫的下沉。

水准线路跨越长江、黄河等特大河流时,按现行《国家一、二等水准测量规范》(GB/T 12897—2006)中关于跨河水准测量有关规定执行。

2. 数据处理

线路水准基点的加密按照对应等级水准测量标准施测,以稳定的线路水准基点、深埋水准点或基岩水准点为起算点,进行整体严密平差计算,采用专业平差软件平差。高程成果保留到 0.1mm。

水准测量作业结束后,每条水准路线按测段往返测高差不符值计算每千米水准测量偶然中误差 M_Δ;当水准网的环数超过 20 个时,还应按环线闭合差计算 M_W。M_Δ 和 M_W 符合表 1-1-13 的规定,否则对较大闭合差的路线进行重测。

四、加密控制测量成果提交

施工控制网加密完成后,提交下列成果资料:

(1)测量技术设计书;
(2)加密测量成果(含点之记);
(3)外业测量观测数据资料;
(4)平差计算资料;
(5)加密测量技术报告。

第二章　长大隧道施工控制测量

在隧道工程施工测量中,以铁路隧道工程的施工测量精度要求最高,也最为典型。铁路隧道是铁路线路的重要组成部分,尤其是长大隧道具有工程浩大,投资巨大,修建工期长,施工技术复杂,社会政治、经济影响较大等特点,往往成为铁路建设发展的代表,是整个铁路工程建设的重点控制工程。长大隧道施工控制测量是施工中的重要生产环节,同时也正因为隧道控制测量的技术水平的发展,使长大隧道的建设成为可能,因此从长大隧道控制测量技术水平发展的角度也往往代表了长大隧道工程建设的水平。

目前,铁路长大隧道的设计越来越多,且越来越长,其平面控制测量结合隧道长度、平面形状、辅助坑道位置及线路通过地区的地形和环境条件等,采用 GNSS 测量、导线测量、三角形网测量及综合测量方法;高程控制测量可采用水准测量、光电测距三角高程测量。因此,本章主要从以下三个方面阐述长大铁路隧道工程施工控制测量:①隧道控制测量技术设计;②洞外控制测量;③洞内控制测量。所有这些工作的作用是在地下标出隧道设计中心线与高程,为开挖、衬砌与洞内施工确定方向和位置,保证相向开挖的隧道按设计要求准确贯通,保证设备的正确安全,并为设计与管理部门提供竣工资料。

第一节　隧道控制测量技术设计

长大隧道工程施工控制测量责任重大,测量周期长,要求精度高,不能有一丝的疏忽和粗差,这就需要在隧道控制测量前对测量技术进行设计,主要是对隧道工程独立坐标系的设计,对隧道控制网的精度进行设计,以及对隧道贯通误差的估算,以满足隧道工程施工的精度要求,保证隧道顺利贯通。

一、坐标系设计

在线路定测的基础上,整个线路的中线位置已在实地标定出来,包括一些主要的桩位,这表明隧道设计几何线形的点(如交点、曲线五大桩点)的实地位置也已标定出来。在此基础上布设隧道施工控制网,进行隧道的洞外控制测量。隧道施工控制网是为施工测量服务的,因此,隧道工程独立坐标系的建立也是按方便施工测设与否而建立的,常见的隧道工程坐标系有直线隧道施工工程坐标系、曲线隧道施工工程坐标系、组合隧道施工工程坐标系,表现形式如图 2-2-1 所示。

1. 直线隧道工程独立坐标系

如图 2-2-1a)所示,在定测时确定了线路中线位置,两侧洞口进洞位置为 A、D,以 AD 为 x 轴正方向并与线路前进方向一致,x 轴顺时针转 90°形成 y 轴正方向,从而构成直线隧道工程独立坐标系。

2. 曲线隧道工程坐标系

如图2-2-1b)所示,在定测时确定了线路两条切线位置,确定出交点 JD 和洞口两侧位于直线段或曲线的切线上的点 A、D,以洞口点与交点的连线为 x 轴,x 轴的方向与线路前进方向一致,x 轴顺时针转90°建立 y 轴正方向,从而构成曲线隧道工程独立坐标系。

3. 直线与曲线组合隧道工程坐标系

在实际工程中经常会遇到直线与曲线组合构成的隧道,在多数情况下,隧道两侧或一侧洞口位于曲线段上,中间为直线段,如图2-2-1c)所示,一般选择中间直线段为 X 轴,线路前进方向与 X 轴方向一致,其中 JD1、JD2 为交点,A、D 位于直线或切线上,以 JD1 到 JD2 的方向为 x 轴正向,其顺时针转90°为 y 轴正向,从而建立组合隧道工程独立坐标系。若隧道有平井、斜井,则把隧道分成若干段,如图2-2-1d)所示,作为一个整体,隧道建立统一的坐标系统。

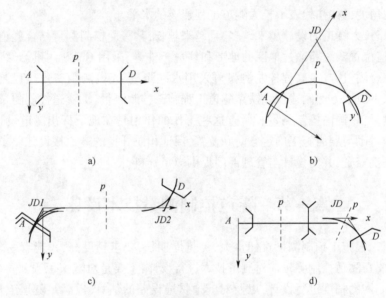

图 2-2-1 隧道工程独立坐标系统

综上所述,长大隧道工程独立坐标系设计宜采用隧道平均高程面为基准面,取隧道工程中心经线作为坐标投影的中央子午线;以隧道长直线或曲线隧道切线(或公切线)为坐标轴的工程独立坐标系,坐标轴的选取应方便施工使用;隧道工程独立坐标系一般在 x、y 方向上均设加常数,x 方向加常数一般为原点在线路中的里程(或相对里程),y 方向加常数以不使控制网及施工测量中各点的 y 坐标为负值为准。

二、控制网精度设计

长大隧道控制网精度设计包括平面控制测量精度设计和高程控制测量精度设计。主要内容有:洞外控制测量精度设计、洞外控制测量贯通误差估算、洞内控制测量精度设计。

(1)洞外控制测量精度设计。隧道洞外控制测量前,应依据洞外控制测量允许的横向和高程贯通中误差,结合实际地形布网条件进行精度设计,确定控制网的等级、测量仪器设备、观测量及作业计划等。

（2）洞外控制测量贯通误差估算。完成洞外控制测量后，应采用控制网平差后的实际测量精度，进行贯通误差估算，检算洞外控制测量误差产生的隧道横向及高程贯通中误差。根据洞口控制点的不同组合，择优选择洞内控制测量平面进洞联系边。

（3）洞内控制测量精度设计。依据洞内允许的横向和高程贯通中误差，结合隧道长度和施工方法，进行洞内导线和高程测量精度设计，确定测量等级、导线边长及水准点长度、测量仪器、观测量等。

洞外、洞内控制测量精度设计应整体综合考虑，一般洞外控制测量精度较好控制，可考虑将洞外测量的贯通影响富余量用于洞内测量设计，但洞内、外总影响值必须符合规定。

三、贯通误差估算

1. 贯通误差的定义

贯通误差是指隧道施工由两相邻开挖洞口的施工中线在贯通面处的偏差，有横向贯通误差、纵向贯通误差和高程贯通误差。根据《铁路工程测量规范》（TB 10101—2009）中有关铁路隧道测量的要求，其贯通误差限差见表2-2-1。

隧道贯通误差规定　　　　　　表2-2-1

项目	横向贯通误差							高程贯通误差
相向开挖隧道长度（km）	$L<4$	$4\leqslant L<7$	$7\leqslant L<10$	$10\leqslant L<13$	$13\leqslant L<16$	$16\leqslant L<19$	$19\leqslant L<20$	
洞外贯通中误差（mm）	30	40	45	55	65	75	80	18
洞内贯通中误差（mm）	40	50	65	80	105	135	160	17
洞内外综合贯通中误差（mm）	50	65	80	100	125	160	180	25
贯通限差（mm）	100	130	160	200	250	320	360	50

注：1. 本表不适用于利用竖井贯通的隧道。

2. 相向开挖长度大于 20km 的隧道应作特殊设计。

对于平面控制来说主要考虑横向贯通误差，通常将洞外平面控制测量误差作为一个独立误差因素，将地下两相向开挖的洞内导线测量误差分别作为一个独立误差因素，按等影响的原则进行贯通误差的计算，设隧道总的横向贯通中误差为 M_q，则洞外平面控制测量引起的贯通中误差为：

$$M_{外}^{q} = \pm\sqrt{\frac{1}{3}}M_q = \pm 0.58 M_q \tag{2-2-1}$$

洞内导线测量误差引起的贯通中误差为：

$$M_{内}^{q} = \pm\sqrt{\frac{2}{3}}M_q = \pm 0.82 M_q \tag{2-2-2}$$

高程贯通中误差与隧道长度无关，按表2-2-1规定，$M_h = \pm 25 \text{mm}$。一般将洞外、洞内高程控制测量误差各作为一个独立误差因素，也按等影响的原则进行分配，则高程控制测量引起的高程贯通中误差为：

$$M_{内}^{h} = M_{外}^{h} = \pm\sqrt{\frac{1}{2}}M_h = \pm 0.71 M_q \tag{2-2-3}$$

对于纵向贯通误差,主要影响隧道中线的长度,对于一般隧道只要满足定测中线的精度即可,基本可以忽略。

2. 贯通误差估算方法

(1) GNSS 测量引起横向贯通中误差的估算

横向贯通误差是布设隧道平面控制网的一项重要指标,在有关规范中给出隧道横向贯通误差的计算公式,若已知各控制点的坐标及方差—协方差阵,就可以按照公式计算洞外平面控制网测量误差对横向贯通的影响。

近似估算按式(2-2-4)计算:

$$M^2 = m_J^2 + m_C^2 + \left(\frac{L_J\cos\theta \times m_{\alpha J}}{\rho}\right)^2 + \left(\frac{L_C\cos\varphi \times m_{\alpha C}}{\rho}\right)^2 \tag{2-2-4}$$

式中:m_J、m_C——隧道进出口 GNSS 控制点的 Y 坐标误差;

L_J、L_C——洞口 GNSS 控制点至贯通点的长度;

$m_{\alpha J}$、$m_{\alpha C}$——进出口 GNSS 联系边的方位中误差;

θ、φ——分别为进出口控制点至贯通点连线与贯通点线路切线的夹角。

严密估算按式(2-2-5)计算:

$$M^2 = \sigma_{\Delta x}^2 \cos^2\alpha_F + \sigma_{\Delta y}^2 \sin^2\alpha_F + \sigma_{\Delta x\Delta y}\sin 2\alpha_F \tag{2-2-5}$$

式中:$\sigma_{\Delta x}$、$\sigma_{\Delta y}$、$\sigma_{\Delta x\Delta y}$——贯通点 x、y 坐标的方差和协方差;

α_F——贯通面的方位角。

目前无论洞外平面控制采用何种布网方式,其数据处理一般均利用计算机间接平差计算,不难获得各点坐标的方差——协方差阵,因此已有文献给出的公式对于直线隧道来说不仅是严密的,而且是可行的,它比某些测量规则中用条件平差计算贯通误差的方法更简单方便。

由隧道坐标系的各种情况可以看出,直线隧道如图 2-2-1a)其贯通面与 X 轴垂直,曲线隧道如图 2-2-1b)其贯通面与 X 轴并不垂直,而在组合隧道如图 2-2-1d),其有些贯通面与 X 轴也不垂直,因此在推导横向贯通误差的计算公式时顾及贯通面与 X 轴不垂直的情况。

如图 2-2-2 所示,A、D 为进洞控制点并位于中线上,B、E 为进洞方位点,P 为贯通面,隧道工程坐标系为 XAY,该坐标系顺时针旋转 ϕ 角$\angle XAX'$建立与贯通面相垂直的坐标系 $X'AY'$,则由 A、D 分别推算 P 点的坐标为:

$$X_{PA} = X_A + S_{AP} \cdot \cos\alpha_{AP}$$
$$X_{PD} = X_D + S_{PD} \cdot \cos\alpha_{PD}$$
$$Y_{PA} = Y_A + S_{AP} \cdot \sin\alpha_{AP}$$
$$Y_{PD} = Y_D + S_{PD} \cdot \sin\alpha_{PD}$$

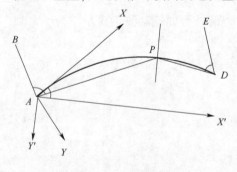

图 2-2-2 横向贯通误差

它们的坐标差为:

$$\Delta X_P = X_{PD} - X_{PA} = X_D - X_A + S_{DP} \cdot \cos(\alpha_{DE} - \beta_D) - S_{AP} \cdot \cos(\alpha_{AB} + \beta_A)$$
$$\Delta Y_P = Y_{PD} - Y_{PA} = Y_D - Y_A + S_{DP} \cdot \sin(\alpha_{DE} - \beta_D) - S_{AP} \cdot \sin(\alpha_{AB} + \beta_A) \tag{2-2-6}$$

贯通面的横向贯通误差为:

$$\Delta P = \cos(90° + \phi) \cdot \Delta X_P + \sin(90° + \phi) \cdot \Delta Y_P = -\sin\phi \cdot \Delta X_P + \cos\phi \cdot \Delta Y_P \tag{2-2-7}$$

边长 S_{AP}、S_{DP} 和定向角 β_A、β_D 的误差放在洞内测量中,因此有微分式:

$$\left.\begin{aligned} d(\Delta X_P) &= dX_D - dX_A - \Delta Y_{DP} \cdot d\alpha_{DE} + \Delta Y_{AP} \cdot d\alpha_{AB} \\ d(\Delta Y_P) &= dY_D - dY_A + \Delta X_{DP} \cdot d\alpha_{DE} - \Delta X_{AP} \cdot d\alpha_{AB} \\ d(\Delta P) &= -\sin\phi \cdot d(\Delta X_P) + \cos\phi \cdot d(\Delta Y_P) \end{aligned}\right\} \quad (2\text{-}2\text{-}8)$$

其中:

$$d\alpha_{IJ} = a_{IJ} \cdot dX_I + bI_J \cdot dY_I - a_{IJ} \cdot dX_J - b_{IJ} \cdot dY_J$$

$$a_{IJ} = \sin\alpha_{IJ}/S_{IJ} \qquad b_{IJ} = -\cos\alpha_{IJ}/S_{IJ}$$

顾及:

$$\Delta Y_{AP} \cdot \sin\phi + \Delta X_{AP}\cos\phi = \Delta X_{AP}'$$

$$\Delta Y_{DP} \cdot \sin\phi + \Delta X_{DP}\cos\phi = \Delta X_{DP}'$$

得:

$$d(\Delta P) = f_P T dX \quad (2\text{-}2\text{-}9)$$

其中:

$$dX^{\mathrm{T}} = (dx_A, dy_A, dx_B, dy_B, dx_E, dy_E, dx_D, dy_D)$$

$$f_P^{\mathrm{T}} = (\sin\phi - a_{AB}\Delta X_{AP}', -\cos\phi - b_{AB}\Delta X_{AP}', a_{AB}\Delta X_{AP}', b_{AB}\Delta X_{AP}',$$

$$-a_{DE}\Delta X_{DP}', -b_{DE}\Delta X_{DP}', -\sin\phi + a_{DE}\Delta X_{DP}', \cos\phi + b_{DE}\Delta X_{DP}')$$

因此横向贯通中误差为

$$m_P = \pm \sigma_0 (f_P^{\mathrm{T}} Q_{XX} f_P)^{1/2} \quad (2\text{-}2\text{-}10)$$

其中,σ_0 为单位权中误差,Q_{XX} 为坐标协因数矩阵。

若考虑由于中央子午线的不同,投影面高度的不同或者由于 GNSS 基线本身存在系统的尺度误差而产生的投影在隧道坐标系中的 GNSS 网尺度与洞内测距导线边的尺度存在着差异,设尺度差异中误差为 m_b/b,则横向贯通中误差为

$$m_P = \pm \sqrt{m_0^2 f_P^t Q_{XX} + \left(\frac{m_b}{b}\right)^2 (y'_D - y'_A)^2} \quad (2\text{-}2\text{-}11)$$

如图 2-2-3 所示某长直线隧道 GNSS 网,A、D 为位于中线上的洞口控制点,B、C、E、F 为进洞方位点,设贯通面 P 位于中间,以 AD 为 X 轴正向建立坐标系,按公式(2-2-10)可计算出横向贯通中误差,见表 2-2-2。

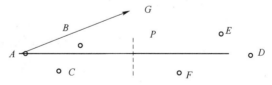

图 2-2-3 直线隧道 GNSS 网

横向贯通中误差　　　　　　　　　　　　　　　　　表 2-2-2

序　号	进洞方向	横向贯通中误差	备　注
1	$A\to B$　$D\to F$	22.5mm	
2	$A\to B$　$D\to E$	31.8mm	
3	$A\to C$　$D\to F$	22.9mm	
4	$A\to C$　$D\to E$	32.7mm	

从表2-2-2的计算结果可以看出，以 DE 为进洞方位点的横向贯通误差与以 DF 为进洞方位点时大许多，这主要是由于 DE 边长仅315m，而 DF 边长727m，两者相差悬殊，由于 GNSS 基线的加常数误差较大（一般静态观测为5mm），因此计算结果中 DE 边的方位误差比 DF 边的方位误差大得多，与常规测量相比，GNSS 用于隧道控制测量时更应注意定向边长的选择。从该隧道精密导线的测量结果可以看出，以不同边长的方位点定向，其精密导线的横向贯通误差的变化很小。

现以任一方向 AG 为 X 轴正向建立坐标系，此时贯通面的坐标及整个网点的坐标、方差协方差都发生变化，通过程序计算说明此时按式（2-2-10）算出的结果与以 AD 为 X 轴正向的结果是一致的。任意给定贯通面的位置和方位，通过计算说明，起算数据的变化（即坐标系统的不同）在同样的基准点和基准方位下按式（2-2-10）计算的横向贯通误差结果不变，说明横向贯通误差与坐标系统的建立无关。

（2）常规控制测量引起横向贯通中误差的估算

导线网、三角网、边角网及其组合网误差引起的隧道横向贯通中误差按下列方法估算：

近似估算按式（2-2-12）计算：

$$\left. \begin{array}{l} M = \sqrt{m_{y\beta}^2 + m_{yl}^2} \\ m_{y\beta} = \dfrac{m_\beta}{\rho''}\sqrt{\sum R_x^2} \\ m_{yl} = \dfrac{m_l}{l}\sqrt{\sum d_y^2} \end{array} \right\} \quad (2\text{-}2\text{-}12)$$

式中：$m_{y\beta}$——测角误差影响在贯通面上的横向中误差（mm）；

m_{yl}——测边误差影响在贯通面上的横向中误差（mm）；

m_β——控制网设计的测角中误差（″）；

R_x——控制网各点至贯通面的垂直距离（m）；

m_l/l——控制网设计的边长相对中误差；

d_y——控制网各边在贯通面上的投影长度（m）。

严密估算按式（2-2-13）计算：

$$M^2 = \sigma_{\Delta x}^2 \cos^2\alpha_F + \sigma_{\Delta y}^2 \sin^2\alpha_F + \sigma_{\Delta x \Delta y}\sin 2\alpha_F \quad (2\text{-}2\text{-}13)$$

式中：$\sigma_{\Delta x}$、$\sigma_{\Delta y}$、$\sigma_{\Delta x \Delta y}$——贯通点 x、y 坐标的方差和协方差；

α_F——贯通面的方位角。

当采用三角锁控制并进行条件平差时，控制测量误差引起的隧道横向贯通中误差按式（2-2-14）计算：

$$M = \sqrt{M_r^2 + M_b^2} \quad (2\text{-}2\text{-}14)$$

式中：M_r——由于方向测量误差影响产生在贯通面上的横向中误差（mm）；

M_b——由于起始边测量误差影响产生在贯通面上的横向中误差（mm）。

M_r 按式（2-2-15）计算：

$$M_r = \dfrac{m_r}{\rho''}\sqrt{\dfrac{1}{P_\phi}} \quad (2\text{-}2\text{-}15)$$

式中：m_r——方向观测中误差（″），可在平差计算成果中摘取；

ρ''——206265″;

$1/P_\phi$——平差后求得的方向测量误差对横向贯通误差影响的权倒数。

M_b 根据控制网起始边的不同布设方式分别采用不同的公式计算。

当控制网布设一条起始边时,M_b 按式(2-2-16)计算:

$$M_b = (y_C - y_j)\frac{m_b}{b} \tag{2-2-16}$$

式中:y_C、y_j——三角锁出口、进口控制点 C 和 J 的横坐标(m);

m_b/b——起始边边长相对中误差。

当控制网布设两条起始边时,M_b 按式(2-2-17)计算:

$$M_b = \sqrt{F_{b1}^2 m_{b1}^2 + F_{b2}^2 m_{b2}^2} \tag{2-2-17}$$

式中:m_{b1}、m_{b2}——起始边边长中误差(mm);

F_{b1}、F_{b2}——起始边长误差对贯通精度的影响系数,可从条件平差表格中直接获取。

(3)隧道高程贯通中误差的估算

洞外、洞内高程测量误差产生的隧道高程贯通中误差按式(2-2-18)计算:

$$M_{\Delta h} = \pm m_\Delta \sqrt{L} \tag{2-2-18}$$

式中:m_Δ——每千米水准测量偶然中误差(mm);

L——洞外或洞内高程路线长度(km)。

(4)隧道洞内导线误差引起的横向贯通中误差的估算

如图 2-2-4 所示,隧道洞内导线误差引起的横向贯通中误差见式(2-2-19)。

$$\begin{aligned} M_{q内} &= \pm\sqrt{M_{\beta内}^2 + M_{T内}^2} \\ &= \pm\sqrt{\frac{M_{\beta内}^2}{\rho^2}\sum R_{x内}^2 + \frac{M_{T内}^2}{l^2}\sum d_{y内}^2} \end{aligned} \tag{2-2-19}$$

式中:$M_{\beta内}$——导线的测角中误差;

$M_{T内}$——导线的测距中误差;

l——导线边长;

$\sum R_{x内}^2$——各导线点至贯通面的垂直距离的平方和;

$\sum d_{y内}^2$——各导线边在贯通面上投影长度平方和。

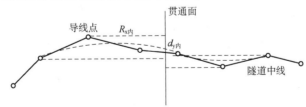

图 2-2-4 隧道洞内导线误差示意图

3.洞内无砟轨道控制测量精度估算

传统的有砟轨道长大隧道控制网的精度设计主要依据隧道长度和控制测量误差引起的贯通误差在一定的范围之内进行,控制测量设计主要的工作就是贯通误差的估算;对于无砟轨道长大隧道来说,隧道长度和控制测量误差引起的贯通误差精度只是满足隧道施工贯通需要，而没有考虑无砟轨道铺设的精度要求，在铺设无砟轨道明显偏大，尚不能满足无砟轨道铺设的有关要求。因此，需结合隧道贯通和无砟轨道铺设两方面的需要，综合考虑精度设计。

洞内控制测量有洞内施工控制导线测量和洞内无砟轨道控制测量，洞内施工控制导线测量的作用是指导施工开挖，保证施工贯通；而洞内无砟轨道控制测量的作用是为铺设无砟轨道，有CPⅡ、CPⅢ两级，CPⅡ测量由于其附合起算点因隧道开挖情况所限制，且洞内外联测等因素，同洞外线路上的CPⅡ有较大的区别，可采用单导线、双导线、导线锁网等方法进行。洞外线路上的CPⅡ附合在间距小于4km 的CPⅠ点上，采用三等GNSS或三、四等导线进行测量，而洞内CPⅡ的测量需要进行单独的精度设计，以满足无砟轨道CPⅡ控制精度的要求。

按直伸附合单导线进行洞内CPⅡ精度的计算公式如下：

(1) 由已知边方位角中误差引起的横向中误差：

$$M_{q己} = \pm \sqrt{\frac{L^2 \cdot M_T^2}{16\rho^2}} \tag{2-2-20}$$

(2) 由测角引起的横向中误差：

$$M_{q\beta} = \pm \sqrt{\frac{(n+6) \cdot L^2 \cdot M_t^2}{192\rho^2}} \tag{2-2-21}$$

(3) 横向中误差：

$$M_q = \pm \sqrt{M_{q己}^2 + M_{q\beta}^2} \tag{2-2-22}$$

(4) 由测距引起的纵向中误差：

$$M_l = \pm \sqrt{\frac{L^2(a+bD)^2}{4n \quad D^2}} \tag{2-2-23}$$

(5) 最弱点位中误差：

$$M_p = \pm \sqrt{M_q^2 + M_l^2} \tag{2-2-24}$$

式中：L——导线长度；
M_T——已知边方位角中误差；
M_t——导线测角中误差；
D——导线边长；
n——导线边数。

根据以上公式，对CPⅡ满足无砟轨道控制的点位中误差15mm的要求进行计算分析，见表2-2-3及图2-2-5。从表中可能看出，CPⅡ点位中误差主要受横向误差的影响，包括已知边方位角中误差引起的横向中误差和由测角引起的横向中误差，已知边方位角中误差是由洞外控制测量的精度决定的，由测角引起的横向中误差是由洞内测量精度决定的。这就要综合考虑洞外、洞内控制测量的精度，以满足无砟轨道铺设的要求。

表 2-2-3

洞内无砟轨道 CP II 导线控制测量精度分析

序号	两开挖洞口附合导线长(m)	平均边长(m)	边数 条	已知边方位角中误差(″)	由已知边方位角中误差引起的横向中误差(mm)	测角中误差(″)	由测角引起的横向中误差(mm)	横向中误差(mm)	双导线网横向中误差(mm)	测边中误差(mm) a	b	由测距引起的纵向中误差(mm)	单导线最弱点位中误差(mm)	双导线网最弱点位中误差(mm)
1	3 000	400	8	1.3	4.7	2.5	9.8	10.9	7.7	2	2	3.71	11.5	8.1
2	3 500	400	9	1.3	5.5	2.5	11.9	13.1	9.2	2	2	4.08	13.7	9.7
3	4 000	400	11	1.3	6.3	1.8	10.4	12.1	8.6	2	2	4.22	12.9	9.1
4	4 500	400	12	1.3	7.1	1.8	12.0	14.0	9.9	2	2	4.55	14.7	10.4
5	5000	400	13	1.3	7.9	1.0	7.6	11.0	7.8	2	2	4.85	12.0	8.5
6	5 500	400	14	1.3	8.7	1.0	8.6	12.2	8.6	2	2	5.14	13.3	9.4
7	6 000	400	16	1.3	9.5	1.0	9.8	13.7	9.7	2	2	5.25	14.6	10.3
8	6 500	400	17	1.3	10.2	1.0	10.9	15.0	10.6	2	2	5.52	15.9	11.3
9	7 000	400	18	1.3	11.0	1.0	12.0	16.3	11.5	2	2	5.77	17.3	12.2
10	7 500	400	19	1.3	11.8	1.0	13.1	17.7	12.5	2	2	6.02	18.7	13.2
11	8 000	400	21	1.3	12.6	1.0	14.5	19.2	13.6	2	2	6.11	20.2	14.3
12	8 500	400	22	1	10.3	0.7	11.0	15.1	10.7	1	1	3.17	15.4	10.9
13	9 000	400	23	1	10.9	0.7	11.9	16.1	11.4	1	1	3.28	16.5	11.6
14	9 500	400	24	1	11.5	0.7	12.7	17.2	12.1	1	1	3.39	17.5	12.4
15	10 000	400	26	1	12.1	0.7	13.9	18.4	13.0	1	1	3.43	18.7	13.2

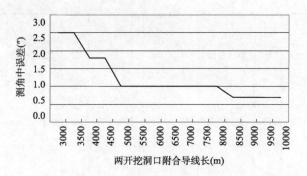

图 2-2-5　洞内无砟轨道 CPⅡ导线控制测量精度分析示意图

从以上分析的数据可以看出,在洞外控制测量一定的情况下,4km 以下的用四等导线即可,4~5km 的用三等导线,5~6km 的用二等导线,超过 6km 后单导线的点位中误差已经超过 15mm,6~8km 的用二等双组导线,Z 字形双导线见图 2-2-6,超过 8km 的需要提高测角、测距精度采用导线环锁网来进行,洞外已知方位引起的横向中误差已经不能忽视,需要对洞外控制测量的精度再进行提高。

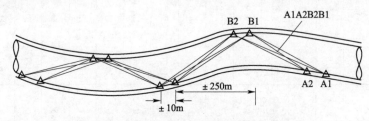

图 2-2-6　隧道洞内 Z 字形双导线示意图

如在西康铁路秦岭隧道采用 TBM 施工,隧道全长 18.5km,两端独头掘进距离长近 10km,洞内控制测角精度估算为 0.83″,实际测角中误差为 0.7″,即洞内一等导线要求和精度指标进行施测。

第二节　洞外控制测量

长大隧道洞外控制测量包括平面控制测量与高程控制测量。它的任务是测定隧道各洞口控制点的平面位置和高程,作为向洞内引测坐标、方向及高程的依据,并使洞外与洞内在同一控制系统内,从而保证隧道的准确贯通,现常用的隧道洞外平面控制测量方法为 GNSS 控制测量。

一、GNSS 控制测量

GNSS 控制测量技术在隧道控制测量中得到比较广泛的应用,本章主要对长大隧道 GNSS 控制测量及数据处理中的不同于其他 GNSS 控制网的一些关键问题进行详细阐述,对布网、洞口投点、观测等外业测量方法及经验进行论述,对独立坐标系下的平差计算方法、坐标转换进行研究,对控制网平差后对线路中线的调整设计的影响、里程的推算、进洞关系的计算等问题进行论述。

1. 选点及布网

1) 选点

(1) 隧道 GNSS 网的点位既要满足 GNSS 测量的要求,又要适合隧道贯通测量对控制点的点位要求,即满足进洞施工测量需要;GNSS 测量要求高度角 15°以上没有成片障碍物,以免阻挡卫星信号,因此,选择进出洞口控制点位时,应顾及 GNSS 测量的这一要求;GNSS 测量还要求远离大功率无线电发射源,以免干扰卫星信号,避开成片平坦表面,以防多路径效应等。

(2) 一般来说,隧道的每个洞口至少要布设 3 个控制点,其中一点位于隧道的中线上,这 3 个点必须相互通视,以便能用常规方法引测起始方位,另一方面可以在洞口控制点被破坏时利用另两个点进行恢复;对于在中线上的点,直线隧道可以进出口各布设一个点,对于曲线或组合形式隧道,要在每条切线边上至少布设两个控制点,以便控制整个隧道的方向;中线上的点应用线路定测控制点及中线资料,在实地应用 RTK 放设,确保其精度,以便与线路的衔接。

(3) 各洞口间的距离一般不会超过 20km,用 GNSS 施测小于 20km 的基线边,即使采用商用软件计算,也能达到比常规方法更高的精度;对于长度大于 20km 的基线边,采用精密星历、专用软件进行基线解算;由于 GNSS 测量不要求控制点相互通视,只需布设位于隧道洞口服务于进洞测量的点位,因此 GNSS 隧道控制网不必增设任何过渡点,可直接用 GNSS 联测各洞口的起始方位控制点,形成洞口子网及子网间的联系网,比常规测量节省大量工作;由于地形原因,洞口子网点间的距离受到一定的限制,《铁路工程测量规范》(TB 10101—2009)中规定定向边长不少于 300m,而无砟轨道控制测量中对 CPⅠ边的要求是不小于 1 000m,综合两方面考虑,边长尽可能长一些。

(4) 洞口控制点一般布设于不填不挖地段,便于保存和引测,洞口开挖后不影响通视及避开施工干扰。洞口投点纳入控制网内,并采用较好的图形强度连接;有困难时,宜采用图形强度较好和观测条件有利的单三角形与主网连接。洞口投点在直线段不少于 2 个,曲线段不少于 3 个。

2) 布网

(1) 洞外平面控制网设计尽量沿两洞口连线方向布设,以减少测量误差的横向影响;布设控制点应控制隧道施工范围内线路位置,将线路中线控制点纳入控制网内,双线隧道一般控制线路左线;直线隧道至少选择进出口附近两点作为中线控制点;曲线隧道分别在两条切线上选择两点为中线控制点,一般情况下尽可能利用线路交点;控制点点位可选线路定测控制桩,或者根据现场情况以线路控制桩为依据测设或延长线路控制桩。

(2) 控制网由各洞口(包括斜井)联系网组成;洞口子网布设的控制点不得少于 3 个,其中至少一个点为洞口投点。

(3) 隧道每个开挖洞口布设的不少于 3 个稳定可靠的 GNSS 控制点(包括至少 1 个洞口投点)互相通视,点间距离根据测量等级要求确定;布设洞口投点时,应考虑用常规测量方法检测、恢复以及洞内引测的实际需要,洞口投点应与子网的其他两个控制点通视。

(4) 洞口投点连接边的边长不宜太短,连接边的两端控制点宜与洞口线路设计高程等高。

(5) 隧道 GNSS 控制网宜布设成三角形网、菱形网或大地四边形网;各控制点与隧道中线点直接构成 GNSS 基线向量的观测值,每个点至少有 2 条 GNSS 基线向量的观测值,多数点有3条以上GNSS基线向量的观测值。

（6）布网完成后应进行横向贯通误差的估算，以确定是否满足工程的要求。

2. 外业观测

隧道GNSS网采用静态作业模式作业，接收机标称精度不低于±(5mm+1ppm)，且检定合格。作业前按规范要求进行相关检测，作业过程中保持接收设备工作状态良好。观测前，按设计的控制网网形、卫星可见预报表、GNSS接收机数量、交通情况编制GNSS观测计划；特别是对于测区环视条件差的测区，因各个点上障碍物的高度角、方位角都不一致，容易造成每站上观测均有4颗或4颗以上卫星，而差分后的共同卫星数少于4颗，因此必须在观测前进行预报分析，制订准确的调度计划，这样才能保证工作的顺利完成。同时根据确定的作业模式，设置作业任务参数；作业中通过对讲机和移动电话及时沟通信息。

观测应按设计控制网网形进行，洞口子网和联系网可统一观测，每条基线观测2个时段，时段长度大于90min。观测时，为减小对中及相位中心误差，应对GNSS天线进行统一定向，第一时段指北定向，第二时段指南定向。目前GNSS天线相位中心偏差一般有的可达2mm，若起始方位边长300m，由此引起的方位角误差可达1.94s，因此，观测时必须对GNSS天线进行定向，如统一指北。最好对天线相位中心进行检测，以防天线定向后，剩余误差还会影响进洞方位的精度。若施测二组基线，一组指北定向，一组指南定向取均值后消除此剩余误差对起算方位的影响。

GNSS测量宜使用具有管水准器的基座，测量前按要求进行仪器检校，最少每周对光学对中器检校一次并记录。对中误差小于1mm，每个时段观测前、后各量天线高一次，两次较差值小于2mm，取均值作为最后成果。观测过程中不得在天线附近50m以内使用电台，10m以内使用对讲机；在一时段观测过程中不允许进行以下操作：接收机关闭又重新启动，进行自测试，改变卫星仰角限，改变数据采样间隔，按动关闭文件和删除文件等。

观测按照整体计划作业表进行，测量时使用仪器电子手簿进行自动记录点号、天线高数据，同时认真填写GNSS静态观测手簿。

为保证基线向量计算的精度时，选择已知一点在WGS-84坐标系中精度优于20m的绝对坐标，这就要求控制网中至少有一点连续观测6h以上，以获取精度较高的单点定位解。

GNSS测量技术指标要求见表2-2-4。

GNSS测量作业的基本技术要求　　　　表2-2-4

项　目		级　别
		二等
静态测量	卫星高度角(°)	≥15
	有效卫星总数	≥5
	时段中任一卫星有效观测时间(min)	≥30
	时段长度(min)	≥90
	观测时段数	≥2
	数据采样间隔(s)	15
	PDOP或GDOP	≤6

观测 2 个时段时应采用不同的卫星星座。根据 GNSS 定位的特点，每一时段的观测时间与洞口间的距离有关，采用 2 个时段观测时，不同长度基线的观测时间见表 2-2-5。

隧道 GNSS 网的观测时间 表 2-2-5

贯通面距离(km)	<5	5~10	10~15	15~20
观测时间(min)	>60	>90	>120	>150

3. 数据处理

1) GNSS 网数据处理

(1) 隧道 GNSS 网独立环闭合差检验

在外业观测后应对观测数据进行计算并检核观测成果的质量。首先根据商用软件进行基线解算，然后进行同步环检验，再根据实际布网选择独立基线构成独立环。由于隧道控制网的特殊性，对独立环闭合差的限差计算如下：

若基线观测的加常数误差为 a(mm)，乘常数误差为 b(ppm)，则边长为 D 的基线长度观测中误差为：

$$m_s = \pm \sqrt{a^2 + b^2 D^2} \tag{2-2-25}$$

一般可认为 GNSS 基线各分量的方差大致相等且等于长度的方差，设独立环中有 n 条基线边，取 2 倍中误差为极限误差，则独立环闭合差限差为：

$$w = \pm 2 \sqrt{\sum_{i=1}^{n} 3 m_i^2} \tag{2-2-26}$$

相对误差限差为：

$$\frac{w}{\sum_{i=1}^{n} s} \tag{2-2-27}$$

从隧道 GNSS 网贯通误差的估算可以看出，两相邻洞口的观测精度直接影响隧道的贯通精度。两洞口点构成的独立环有两种：一种是包含两洞口点的闭合环，另一种是只包含一个洞口内控制点的闭合环。各环一般只有 3~4 条基线边，下面对这两种闭合环的限差做进一步的探讨。

设隧道长为 s，洞口内部点间距离平均为 s_1，对第一种闭合环设其有 4 条基线，其中两条为相邻洞口间基线，其基线三维中误差按静态观测精度不低于 $\pm(5\text{mm}+1\text{ppm})$ 的要求观测，取 2 倍中误差为限差，则第一种异步闭合环的相对误差限差为：

$$\frac{f_w}{\sum s} = \frac{\sqrt{2 \cdot 3(5^2 + s_1^2) + 2 \cdot 3(5^2 + s^2)}}{s_1 + s} = \frac{\sqrt{6}\sqrt{50 + s_1^2 + s^2}}{s_1 + s} \tag{2-2-28-1}$$

以 $s_1 = 400$ 可计算出各长度隧道第一种闭合环相对中误差限差见表 2-2-6。

第一种闭合环相对中误差限差 表 2-2-6

两隧道洞口长度(km)	<4	8	10	13	17	20
限差(ppm)	4.5	3.1	2.9	2.8	2.6	2.5

对第二种独立环设基线数为 3 条，边长平均为 s_1，则其相对闭合差限差为：

$$\frac{f_w}{\sum s} = \frac{2\sqrt{3\cdot 3(5^2+s_1^2)}}{3s_1} = \frac{2\sqrt{25+s_1^2}}{s_1} \tag{2-2-28-2}$$

按 $s_1 = 300\text{m}$、400m、500m，可算出各种长度隧道第二种独立环闭合差限差，见表 2-2-7。

第二种独立环闭合差限差　　　　　　　　表 2-2-7

基线精度	5mm + 1ppm			3mm + 1ppm		
边长(mm)	300	400	500	300	400	500
闭合差(mm)	30	30	30	18	18	18
相对闭合差(ppm)	33	25	20	20	15	12

若按 GNSS 基线观测精度 ±(5mm + 1ppm)，则第二种基线独立环闭合差限差均小于 30mm，若观测精度为 ±(3mm + 1ppm)，则闭合差的限差为 18mm。

(2) 隧道 GNSS 网平差计算

隧道 GNSS 网的数据处理一般以过隧道坐标系原点的子午线为中央子午线，投影面采用进出口平均高程面，这样有利于与洞内导线实测边的尺度保持一致，方便洞内点位的测设，平差时固定一点坐标及一个方位角，一般为 Y 轴。

在隧道工程控制网中多采用地方独立坐标系统，而在进行 GNSS 网与地面数据联合平差时采用的数学模型，一般要求 WGS-84 与地面坐标系统间的旋转角为微小量，对国家控制网而言旋转角一般均在几秒以内，但对于隧道独立坐标系有时会很大，在这种情况下非微小量的旋转常常会给平差结果带来不利影响，目前处理这一问题有两种方法：一是改善模型中对微小量数学处理的简化，不把旋转角作为微小量处理；二是固定一点做 GNSS 网平差，平差结果与已知坐标进行拟合，把待定点的 GNSS 成果转化到独立坐标系。第一种方法使得数学模型十分烦琐，计算的工作量加大，第二种方法对于坐标拟合转化后的精度难以评定。

隧道工程坐标系投影面采用隧道平均高程面。这个坐标系的 x 轴方向与正北方向夹角 α 较大。如果参考椭球的定位与定向不变，增大其长半径使椭球面与投影面相切，称此局部椭球为 E_1 椭球。E_1 椭球以过隧道工程坐标系原点的子午线为中央子午线的高斯投影坐标，经平移并旋转 α 角后即可得到隧道工程坐标系坐标。E_1 椭球绕过隧道工程坐标系原点的法线旋转 α 后的椭球为 E_2 椭球。E_2 椭球过旋转轴的子午线与隧道工程坐标系的 x 轴方向一致，以此为中央子午线的高斯投影坐标与隧道工程坐标系坐标仅差一对平移常数。

GNSS 相对定位求得的是 WGS-84 坐标系中的三维基线向量，基线向量仅仅反映 WGS-84 坐标系的指向和尺度，并不涉及 WGS-84 坐标系统的椭球及其投影。局部椭球 E_1 和 E_2 都对应于一个三维空间坐标。利用 Bursa 模型将 WGS-84 坐标系中的基线向量变换到局部椭球坐标系中。对应于 E_1 和 E_2 两种局部椭球，隧道工程坐标中 GNSS 网的平差有两种方法。一种方法是在 E_1 椭球上平差，E_1 椭球上 GNSS 隧道控制网平差的基本思想是将隧道工程坐标系中的已知坐标转换到 E_1 椭球的高斯坐标和大地坐标，E_1 椭球与 WGS-84 坐标系的旋转角很小，在 E_1 椭球上用小角度模型进行平差计算，然后再将平差结果返回到隧道工程坐标系中；另一种方法是在 E_2 椭球上平差，其基本思想是求出隧道工程坐标系在 E_2 椭球上的大地坐标作固定值，算出 E_2 椭球空间坐标与 WGS-84 坐标系旋转角的近似值，将 WGS-84 坐标系的基线向量转换到近似的 E_2 椭球坐标系中，在 E_2 椭球上进行平差，求得 E_2 椭球下的高斯坐标，经平移可得隧道工程坐标系中的坐标。

2）线路中线计算

（1）偏角的计算

当隧道线路带有曲线时,通常是先确定两端洞口外的直线或切线方向,明确定测时在洞口标定切线上的控制点,如图 2-2-7 所示,A、B、C、D 为切线上的转点,这 4 个点在布网时已纳入隧道 GNSS 控制主网。根据这些控制点平差后的坐标去反算求出切线的方位角,两相邻切线坐标方位角之差即为曲线的偏角 α。

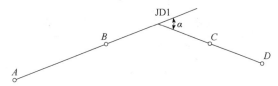

图 2-2-7　曲线的偏角

偏角 α 的计算公式为：

$$\alpha = \alpha_{CD} - \alpha_{AB} = \tan^{-1}\left(\frac{Y_D - Y_C}{X_D - X_C}\right) - \tan^{-1}\left(\frac{Y_B - Y_A}{X_B - X_A}\right) \tag{2-2-29}$$

注意沿线前进方向右偏取正,左偏取负,如果有多个曲线,总偏角为各交点偏角的代数和。

（2）曲线要素的计算

根据原线路设计的曲线要素,一般因控制测量后偏角 α 有微小变化,交点位置、曲线半径 R、缓和曲线长 l 一般仍取原设计值,然后进行其他曲线要素的计算。计算公式如下：

①圆曲线要素计算：

切线长

$$T = R \cdot \tan\frac{\alpha}{2} \tag{2-2-30}$$

曲线长

$$L = R \cdot \alpha \frac{\pi}{180°} \tag{2-2-31}$$

外矢距

$$E_0 = R\left(\sec\frac{\alpha}{2} - 1\right) \tag{2-2-32}$$

切曲差

$$q = 2T - L \tag{2-2-33}$$

②有缓和曲线的综合曲线要素计算：

切线长

$$T = (R + P)\tan\frac{\alpha}{2} + m \tag{2-2-34}$$

$$\beta = \frac{90° \cdot l}{\pi R}, m = \frac{1}{2} - \frac{\rho^3}{240R^2}, p = \frac{\rho^2}{24R} - \frac{\rho^4}{2\,688R^3}$$

外矢距

$$E_0 = (R + P)\sec\frac{\alpha}{2} - R \tag{2-2-35}$$

曲线长

$$L = \frac{\pi}{180}R(\alpha - 2\beta) + 2L \quad (2\text{-}2\text{-}36)$$

切曲差

$$q = 2T - L \quad (2\text{-}2\text{-}37)$$

表 2-2-8 为某隧道洞外控制测量后曲线要素计算成果与原线路设计曲线要素对比情况。

隧道洞外控制测量后曲线要素计算成果　　　　　　　　　　表 2-2-8

交　点		偏角	直缓里程	缓直里程	切线长(m)	曲线长(m)
JD1	原设计值	3°13′06.00″	DK21+247.880 0	DK21+522.560 0	137.370 0	274.680 0
	隧道坐标系计算值	3°13′04.58″	KK21+247.605 4	KK21+522.259 8	137.357 5	274.654 4
	差值	1.42″	0.174 6m	0.300 2m	0.012 5	0.025 6
JD2	原设计值	25°21′51.00″	DK33+546.480 0	DK34+217.710 0	340.180 0	671.230 0
	隧道坐标系计算值	25°21′56.74″	KK33+546.680 5	KK34+217.939 7	340.200 1	671.259 3
	差值	-5.74″	-0.200 5m	-0.229 7m	-0.020 1	-0.029 3

3) 中线里程推算

(1) 里程推算

在隧道两端的定测中线上,分别确定直线上有定测里程或切线上推算出定测里程的 GNSS 控制点,纳入平面控制网,根据控制测量成果,作为推算里程的依据进行里程推算。

(2) 长短链的处理

洞外平面控制网与线路中线点联系发生关系后,其曲线偏角、直线方位角、线路里程均进行了重新计算,与定测时的数值会有所不同。隧道两端洞口附近线路控制点间的线路长度,当隧道控制测量与定测结果不符时,则在某一线路控制点上里程与原定测里程出现差异,因为隧道一般在出口某个里程上不再向前推算,此时在该里程差就称为断链,断链有长链和短断。断链产生的原因:一是由于对曲线进行了重新计算,其偏角及曲线长发生了变化;二是由于投影变形的差异,定测坐标系和隧道施工工程坐标系间的投影变形控制不同而产生长度上的变化。

表 2-2-9 为某隧道洞外控制测量断链表。

某隧道洞外控制测量断链表　　　　　　　　　　表 2-2-9

断链处里程及其关系	断链(m)		累计断链(m)		换算连续里程	附　注
	长	短	长	短		
DK20+166.945 9 =控制测量起点 KK20+166.945 9						隧道控制测量起点
控制测量终点 KK36+587.892 5 =DK36+587.771 3		0.121 2		0.121 2		隧道控制测量终点

4)贯通误差及进洞关系计算

(1)贯通误差计算

控制测量完成后,要根据实际控制点精度进行洞外贯通误差的计算,对洞内贯通误差进行估算,以确定洞内导线控制测量精度。贯通误差的详细计算见本章"第一节隧道控制测量技术设计中的(三)贯通误差估算"。

(2)进洞关系计算

在洞外控制测量完成后,将中线上的控制点用新的坐标成果进行坐标反算,得出隧道线路直线或切线的方位角和距离,即对直线方向进行标定。此方向与定测时可能会有微小差别。

如图 2-2-8 所示,由于线路反算出的坐标方位角已标定好,为便于引测进洞而在洞口附近设置的洞口投点 HX27,同时也为控制线路中线上的转点,置镜在此点上,后视其他控制点,反算其后视坐标方位角,后视方位角与线路标定的方位角之差即进洞的拨角 β。如果洞口投点并不是在中线的转点,则置镜点不在中线点上,需要通过计算出洞口进洞某个里程中线点的坐标,然后对此点进行放样,再后视控制点进洞。对于曲线进洞关系计算,需要计算曲线上放样里程点的理论坐标,而斜井进洞关系计算,需要对斜井的交点里程、交角、长度等按设计值进行计算,计算它们与中线的关系。

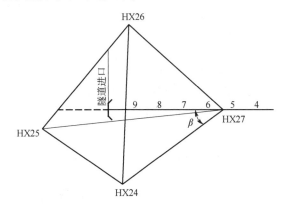

图 2-2-8 直线进洞关系图

二、高程控制测量

高程控制测量一般较为单一和简单,本书主要针对长大隧道高程网不同于一般水准网的特点,对长大隧道水准网精度等级的确定、水准路线的设计,以及水准网平差计算的原则、隧道高程控制测量和线路高程控制测量的衔接、断高的处理方法等进行论述。

1.长大隧道水准网设计

1)水准测量等级

无砟轨道长大隧道高程控制测量等级的确定,由洞外、洞内高程控制测量及无砟轨道高程控制测量三个方面因素的影响。

洞外高程控制测量的等级:根据洞外定测水准路线长度或设计的主水准路线预计长度 R(单位:km),按式(2-2-38)计算高差中数的偶然中误差 $m_{\Delta 外}$。

$$m_{\Delta 外} = \pm \frac{18}{\sqrt{R}} \qquad (2\text{-}2\text{-}38)$$

洞内高程控制测量:根据两相向开挖洞口间的水准路线长度 L(单位:km)来计算高差中数的偶然中误差 $m_{\Delta 内}$,见式(2-2-39)。

$$m_{\Delta 内} = \pm \frac{17}{\sqrt{L}} \qquad (2\text{-}2\text{-}39)$$

由于无砟轨道高程控制网要求精度为二等,$m_{\Delta} = \pm 1\text{mm}$,所以综合以上三个方面因素的影响,以三者精度高的上限为标准进行控制测量,即无砟轨道长大隧道高程控制测量的精度不低于二等水准测量。

2)长大隧道高程布网

为保证隧道水准网的精度,水准网设计成由水准主网和子网组成,如图 2-2-9 所示。

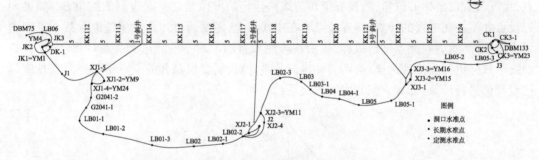

图 2-2-9 某隧道洞外二等水准测量控制网示意图

水准网的布设力求做到经济合理,首先要对隧道测区情况进行调查研究,搜集和分析测区已有的水准测量资料,从而拟定出比较合理的布设方案。应先在 1:10 000 ~ 1:50 000 比例尺的地形图上进行图上水准路线设计。布网应注意的事项有:

(1)水准路线尽量沿大路或坡度小的道路布设,以减弱前后视折光误差的影响;以路线短为布设的总原则。

(2)水准路线在输电线或电缆 50m 以外布设,以避免电磁场对水准测量的影响。

(3)充分考虑斜井口子网的布设和引测的方便。

(4)主水准网布设成附合或闭合路线;子网尽可能布设成环形网;主网应布设长期水准点,点间的距离一般为 4 ~ 8km。

(5)充分考虑与国家水准点、定测水准的联测,以求得到高程系统的统一。

(6)子网附合在主网上,根据施工开挖的洞口需要而布设,每个洞口至少布设 3 个水准点,与主网附合形成子网,水准点一般布设在洞口附近土质坚实、通视良好、施测方便、高程适宜和便于保存之处;每个洞口两个水准点间的高差,以安置一次仪器即可联测为宜。

(7)水准点埋设除可利用基岩或稳固的基石刻凿外,均埋设混凝土金属标志桩;埋深根据地形、地质条件及冻土深度进行设计。

2. 隧道洞外高程控制网的观测

二等水准的观测采用不低于 DS1 的数字水准仪及其自动记录功能采集数据,水准仪、水准尺及观测按下列要求进行:

(1)水准仪视准轴与水准管轴的夹角i,在作业开始的第一周内每天测定一次,i角稳定保持在10″以内时,可每隔15d测定一次,DS05、DS1级不超过15″;DS3级不超过20″。

(2)水准尺的米间隔平均长与名义长之差,铟瓦标尺不大于0.15mm,木质标尺不大于0.5mm。

(3)二等水准测量采用补偿式自动平安水准仪时,其补偿误差Δa不超过0.2″。

(4)观测前30min,应将仪器置于露天阴影处,使仪器与外界气温趋于一致。往返测宜安排在不同的时间段进行。晴天观测时应给仪器打伞,避免阳光直射。扶尺时应借助尺撑,使标尺上的气泡居中,标尺垂直。

(5)测量时仪器距前、后视水准标尺的距离应尽量相等,其差小于表2-2-10规定的限值,可以消除或削弱与距离有关的各种误差对观测高差的影响,如i角误差和垂直折光等影响。

水准测量计算取位　　　　表2-2-10

等级	往(返)测距离总和(km)	往(返)测距离中数(km)	各测站高差(mm)	往(返)测高差总和(mm)	往(返)测高差中数(mm)	高程(mm)
二等水准	0.01	0.1	0.01	0.01	0.1	0.1

(6)在两相邻测站上,观测按奇、偶数测站的观测程序进行观测,奇数测站按"后前前后"、偶数测站按"前后后前"的观测程序在相邻测站上交替进行。每一测段的往测与返测,其测站数均应为偶数,由往测转向返测时,两水准标尺应互换位置,并应重新整置仪器,用来削减两水准标尺零点不等差等误差对观测高差的影响。

(7)在连续的各测站上安置水准仪的三脚架时,应使其中两脚与水准路线方向平行,而第三脚轮换置于路线方向的左侧与右侧。

(8)同一测站上观测时,不得两次调焦;转动仪器的倾斜螺旋和测微螺旋,其最后旋转方向均应为旋进,以避免倾斜螺旋和测微器隙动差对观测成果的影响。

(9)除了线路路线转弯外,每一测站上仪器与前后视标尺的三个位置宜为一条直线。

(10)水准测量限差符合表1-1-14~表1-1-17中测量等级为二等的水准观测的要求。

3.隧道洞外高程控制测量的数据处理

1)水准网数据处理

(1)数据传输和预处理:

外业数据采集完成后,利用随机软件进行数据传输和预处理。

(2)测段往返测高差不符值情况:

各段往返测高差不符值满足$4\sqrt{L}$的要求,否则按规范规定的重测及补测原则进行重测,直至合格为止。

(3)根据合格的测段往返测高差,按式(2-2-40)计算每公里高差中数的偶然中误差(M_Δ),M_Δ值符合测量设计要求。

$$M_\Delta = \pm \sqrt{\frac{1}{4n}\left[\frac{\Delta\Delta}{R}\right]} \tag{2-2-40}$$

式中:Δ——测段往、返高差不符值(mm);

n——测段数。

(4)其他各项改正的计算：

主要有水准标尺长度改正、正常水准面不平行改正和重力异常改正。

水准标尺每米长度误差的改正依据水准标尺长度计量部门提供的检定结果改正,若出测前与收测后一对水准标尺每米长度的平均误差 f 不大于 $30\mu m$(二等、精密水准测量)、$0.08mm$(三等、四等水准)时,取平均值进行改正;若超出应分析原因,决定是否重测或改正。

对于一个测段的改正 $\sum \delta_f$ 可按式(2-2-41)计算,即

$$\sum \delta_f = f \sum h \tag{2-2-41}$$

式中：f——标尺改正系数(mm/m)；

$\sum h$——往测或返测高差值(m)。

由于往返测观测高差的符号相反,所以往返测观测高差的改正数也将有不同的正负号。

水准标尺温度一测段高差改正数 ∂ 按式(2-2-42)计算：

$$\partial = \sum [(t - t_0) \cdot a \cdot h] \tag{2-2-42}$$

式中：t——标尺温度(℃)；

t_0——标尺长度检定温度(℃)；

a——标尺钢瓦带膨胀系数[mm/(m·℃)]；

h——测温段测站高差(m)。

测段高差正常水准面不平行改正数 ε_i 可按式(2-2-43)计算,即

$$\varepsilon_i = -AH_i \Delta \varphi' \tag{2-2-43}$$

式中：ε_i——水准测量路线中第 i 测段的正常水准面不平行改正数；

A——常系数,当水准测量路线的纬度差不大时,常系数 A 可按水准测量,路线纬度的中数 φ_m,即 $(\varphi_1 + \varphi_2)/2$ 为引数在现成的系数表中查取；

H_i——第 i 测段始末点的近似高程(m)；

$\Delta \varphi'_i = \varphi_2 - \varphi_1$,以分为单位,$\varphi_1$ 和 φ_2 为第 i 测段始末点的纬度。

重力异常改正：一测段高差改正数 λ 按式(2-2-44)计算：

$$\lambda = (g - \gamma)_m \times h/\gamma_m \tag{2-2-44}$$

式中：γ_m——测段两水准点正常重力平均值,$10^{-5} m/s^2$。按下式计算：

$$\gamma_m = (\gamma_i - \gamma_{i+1})/2 - 0.1543 H_m$$

$$\gamma = 978\,032(1 + 0.0053024\sin^2\varphi - 0.0000058\sin^2_2\varphi)$$

$\gamma_i - \gamma_{i+1}$——i 点 $i+1$ 点椭球面正常重力值,$10^{-5} m/s^2$；

φ——水准点纬度；

$(g - \gamma)_m$——两水准点空间重力异常平均值,$10^{-5} m/s^2$；

h——测段观测高差。

空间重力异常 $(g - \gamma)_空$ 为水准点布格异常 $(g - \gamma)_布$ 与层间改正 $(0.1119H)$ 之和,由下式计算：

$$(g - \gamma)_空 = (g - \gamma)_布 + 0.1119H$$

(5)闭合差计算：

隧道洞外高程控制测量主水准路线必须联测隧道洞口线路定测的水准点(即设计高程起算点)作为起算高程,并与隧道另一端洞口定测水准点形成闭合；子网按附合或闭合网进

行闭合差的计算。

水准测量路线闭合差 W 按式(2-2-45)计算：

$$W = (H_0 - H_n) + \sum h' + \sum \varepsilon + \sum \lambda \tag{2-2-45}$$

式中：H_0、H_n——水准测量路线两端点的已知高程；

$\sum h'$——水准测量路线中各测段观测高差加上标尺长度改正数 δ_f、标尺温度改正 ∂ 后的往返测高差中数之和；

$\sum \varepsilon$——水准测量路线中各测段的正常水准面不平行改正数之和；

$\sum \lambda$——水准测量路线中各测段重力异常改正数之和。

(6)平差计算：

隧道高程控制测量平差计算不同于一般水准网，主要是起算点的选择不同，由于定测时一般水准测量的精度较隧道控制测量时低，所以主水准网的闭合差一般不作为调整量，不进行闭合差改正数的计算，即不进行附合路线的平差计算，而直接将洞口一端的定测水准点高程作为起算点，用所测高差推算各点高程、子网的闭合环闭合差在环内进行平差调整。此时，主水准网在另一洞口的定测水准点处出现一个断高，其值的大小为主网用定测水准点计算的闭合差，断高应在洞外采取一定的措施进行设计或施工调整。

(7)水准测量计算取位按表2-2-10进行。

2)断高及其处理方法

隧道洞外高程控制测量后，如有断高，断高应明确在某一个水准点上和线路的某一个具体里程上，以便于施工使用，如表2-2-11所示，为某隧道的断高表。

隧道断高表（m） 表2-2-11

水准点断高关系		断高值（终—始）		相应处中线断高关系		附 注
水准点号	始方系统断高	+	-	始方系统里程	始方系统高程	
	终方系统断高			终方系统里程	终方系统高程	
DBM76	1 090.726 2	0.062 2		KK129+250	1 032.538 2	相应处中线里程为相对里程
	1 090.664			DK129+250	1 032.476	

断高所在的水准点和线路里程大体位置相近，水准点为定测水准点，断高一般不能位于桥梁上，应设在洞口外路基段落，以便于调整；对于桥隧相连时，应考虑将桥梁也纳入隧道的独立控制网中进行控制。

调整的方法一般为调整线路纵断面的方法，如取一段路基改变其坡度，即平常所说的利用施工顺坡的方法进行消化调整，或者直接将断高置于附近某个变坡点上，对断高后线路坡度进行反算。由于断高值一般很小，即二等水准和四等或五等水准的测量误差引起的厘米级误差，所以对线路坡度的影响很小，不会对施工带来影响。

第三节 洞内控制测量

隧道洞内控制测量包括洞内施工导线测量和洞内施工高程测量，无砟轨道隧道还增加一项洞内CPⅡ及高程控制测量。它们的目的是以必要的精度，根据联系测量传递到洞内的方位角、坐标及高程,建立地下平面与高程控制,用以指导隧道开挖方向,并作为隧道洞内施工放样的依据,保证相向开挖隧道在精度要求范围内贯通,并满足无砟隧道的铺设条件。

一、洞内施工导线测量

隧道洞内平面控制测量,通常有两种形式:当直线隧道长度小于1 000m,曲线隧道小于500m时,可不作洞内平面控制测量而是直接以洞口控制桩为依据,向洞内直接引测隧道中线,作为洞内平面控制;但当隧道长度较长时,必须建议洞内精密导线作为隧道洞内平面控制。

隧道洞内导线测量的起算数据是通过联系测量或直接测定等方法传递至地下洞内定向边的方位角和定向点坐标。隧道洞内导线等级的确定,取决于隧道的长度,如表2-2-12所示。洞内控制导线应从测量设计确定的洞外联系边引入,洞内洞外平面控制网宜以边连接。

隧道洞内导线测量设计要素　　　　表2-2-12

测量方法	测量等级	适用长度(km)	测角中误差(″)	边长相对中误差
导线测量	二	9~20	1.0	1/100 000
	隧道二等	6~9	1.3	1/100 000
	三	3~6	1.8	1/50 000
	四	1.5~3	2.5	1/50 000
	一级	<1.5	4.0	1/20 000

1.隧道洞内导线的特点和布设

(1)隧道洞内导线由隧道洞口、斜井等处定向点开始,按坑道开挖形状布设,在隧道施工期间,只能布设成支导线的形式,随隧道的开挖而逐渐向前延伸。

(2)隧道洞内导线一般采用分级布网的方法:先布设精度较低、边长较短(边长为25~50m)的施工导线;当隧道开挖到一定距离后,布设边长为50~100m的基本导线;随着隧道开挖延伸,还可布设边长为150~800m的主要导线,如图2-2-10所示。三种导线的点位可以重合,有时基本导线的边长在直线段不易短于200m,曲线段不短于70m,导线点力求沿隧道中线方向布设。对于大断面的长隧道,可布设成多边形闭合环导线或主副导线环,如图2-2-11所示。

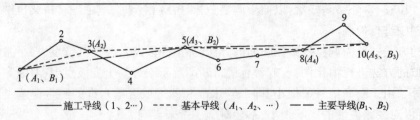

图2-2-10　隧道洞内导线分级布设示意图

(3)洞内导线点应选在顶板或底板岩石坚固、安全、测设方便、便于保存的地方;控制导线(主要导线)的最后一点应尽量靠近贯通面,以便于实测贯通误差。

(4)洞内导线采用往返观测,由于洞内导线测量的间歇时间较长且又取决于开挖面进展速度,故洞内导线采取重复观测的方法进行检核。

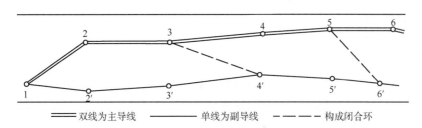

图 2-2-11　主副导线环形式

2. 隧道洞内导线观测技术要求及注意事项

(1) 每次建立新导线点时都必须检测前一个"旧点",确认没有发生位移后,才能发展新点。

(2) 有条件的隧道,主要导线点应埋设带有强制对中装置的观测墩或内外架式的金属吊篮,并配有灯光照明,以减少对中照准误差的影响,这有利于提高观测精度。

(3) 使用全站仪按照支导线(多以导线网的形式、有条件的情况下可以加测陀螺定向边,以提高导线定向精度),采用标称精度不低于 1″、2mm + 2ppm 的全站仪施测。技术要求如表 2-2-13 和表 2-2-14 所示。

水平角方向观测法的技术要求　　　　　　　　　　表 2-2-13

等　级	仪器 等级	半测回归零差(″)	一测回内 2C 互差(″)	同一方向值各测回间互差(″)
四等及以上	0.5″级仪器	4	8	4
	1″级仪器	6	9	6

注:当观测方向的垂直角超过 ±3° 的范围时,该方向 2C 互差可按相邻测回同方向进行比较,其值满足表中一测回内 2C 互差的限值。

边长测量技术要求　　　　　　　　　　表 2-2-14

等　级	使用测距仪精度等级	每边测回数		一测回读数较差限值(mm)	测回间较差限值(mm)	往返观测平距较差限值
		往测	返测			
二等	Ⅰ	4	4	2	3	$2m_D$
	Ⅱ			5	7	
三等	Ⅰ	2	2	2	3	$2m_D$
	Ⅱ	4	4	5	7	
四等	Ⅰ	2	2	2	3	$2m_D$
	Ⅱ			5	7	
一级及以下	Ⅰ	2	2	2	3	$2m_D$
	Ⅱ			5	7	

注:1. 一测回是全站仪盘左、盘右各测量一次的过程。

2. 测距仪精度等级如下:Ⅰ级,$|m_D| \leqslant 2mm$;Ⅱ级,$2mm < |m_D| \leqslant 5mm$;$m_D$ 为每千米测距标准偏差。

3. m_D 测距仪标称精度。

(4) 测距边的斜距计算需进行气象改正和仪器常数改正,因此观测时需记录气压、气温;三等及以上等级测量在测站和反射镜站分别测记,四等及以下等级在测站进行测记,当测边两端气象条件差异较大时,在测站和反射镜站分别测记;气象改正值按式(2-2-46)式计算:

$$\Delta D = (n_0 - n_1) \cdot D \quad (2\text{-}2\text{-}46)$$

式中：D——测量斜距长(km)；
　　　n——实际群折射率；
　　　n_0——仪器基准折射率。

(5)导线测量前，应对洞口控制点进行检测，检测精度不低于原测精度,平面控制点角度、边长检测与原测较差限差按式 2-2-47 计算,当检测与原测成果较差满足限差要求时,采用原测成果;不满足限差要求时,应分析超限原因。确因点位位移,并逐级检测至稳定控制点。

$$f_限 = 2\sqrt{m_1^2 + m_2^2} \qquad (2\text{-}2\text{-}47)$$

式中：m_1、m_2——分别为原测、检测的测边或测角中误差。

(6)观测前应先将仪器开箱放置 20min 左右,让仪器与洞内温度基本一致;洞口测站观测宜在夜晚或阴天进行;隧道洞内观测应充分通风,无施工干扰,避免尘雾;目标棱镜人工观测时应有足够的照明度,受光均匀柔和、目标清晰,避免光线从旁侧照射目标;采用自动观测时应尽量减少光源干扰。

(7)如导线长度较长,为限制测角误差积累,可使用陀螺经纬仪加测一定数量导线边的陀螺方位角;一般加测一个陀螺方位角时,宜加测在导线全长的 2/3 处的某导线边上;若加测两个以上陀螺方位角时,宜以导线长度均匀分布;根据精度分析,加测陀螺方位角数量宜以 1~2 个为好,对横向精度的增益较大。陀螺经纬仪标称精度应小于 20″,陀螺方位角的测量可采用逆转点法、中天法。

(8)对于布设主副导线环,一般副导线仅测角度,不测边长;对于陀螺形隧道,由于难以布设长边导线,每次施工导线向前延伸时,都应从洞外复测;对于长边导线(主要导线)的测量宜与竖井定向测量同步进行,重复点的重复测量坐标与原坐标较差小于 10mm,并取加权平均值作为长边导线延伸的起算值。

(9)隧道掘进长度大于 2 倍设计导线边长时,应进行一次洞内平面控制测量;洞内导线测量完成后,根据导线成果及时纠正施工中线。

二、洞内施工高程测量

隧道洞内施工高程测量以通过水平坑道、斜井或竖井传递到地下洞内水准点作为起算依据,然后随隧道向前延伸,测定布设在隧道内的各水准点高程,作为隧道施工放样的依据,并保证隧道在高程上准确贯通。

隧道洞内施工水准测量的等级和使用仪器主要根据开挖洞口间洞外水准路线长度确定,如表 2-2-15 所示。

隧道洞内水准测量主要技术要求　　　　表 2-2-15

等级	两开挖洞口水准路线长度 (km)	水准仪等级	每公里高差中数的偶然中误差 M_Δ(mm)	水准尺类型	备　注
二	>32	DS_1	<±1.0	钢瓦水准尺	二等水准
三	11~32	DS_3	<±3.0	区格式水准尺	三等水准
四	5~11	DS_3	<±5.0	区格式水准尺	四等水准
五	<5	DS_3	<±7.5	区格式水准尺	五等水准

1. 隧道洞内施工高程测量的特点和布设

(1) 隧道洞内施工水准路线与洞内导线路线相同,在隧道贯通前,其水准路线均为支水准路线,因而需要往返或多次观测进行检核。

(2) 在隧道施工过程中,地下水准路线随开挖面的进展而向前延伸,一般先测定精度较低的临时水准点(可设在施工导线点上),然后每隔 200~500m 测定精度较高的永久性水准点。

(3) 隧道洞内施工水准点可利用隧道洞内导线点位,也可以埋设在隧道顶板、底板或边墙上,点位应稳固、便于保存;为了施工方便,应在内拱部边墙至少每隔100m埋设一个临时水准点。

2. 隧道洞内施工水准观测与注意事项

(1) 洞内施工水准测量的作业方法与洞外水准测量相同;由于洞内通视条件差,视距不宜大于 50m,并用目估法保持前、后视距相等;水准仪可安置在三脚架上或安置在悬臂的支架上,水准尺可直接立在洞内底板水准点(导线点)上,有时也可用倒尺法顶立在洞内水准点标志上。

(2) 在开挖面向前推进的过程中,对布设的支水准路线,要进行往返观测,其往返测不符值在限差以内,取高差平均值作为最后成果,用以推算各洞内水准点高程。

(3) 为检查洞内水准点的稳定性,还应定期根据洞外水准点进行重复水准测量,将所得高差成果进行分析比较;若水准标志无变动,则取所有高差平均值作为高差成果;若发现水质均标志变动,则取最近一次的测量成果。

(4) 当隧道贯通后,根据相向洞内布设的支水准路线,测定贯通面处高程贯通误差,并将两支水准路线联成符合于两洞口水准点的附合水准路线;要求对隧道未衬砌的高程进行调整;高程调整后,所有开挖、衬砌工程均以调整后的高程指导施工。

三、洞内 CPⅡ 及高程控制测量

长大隧道洞内轨道类型多为无砟轨道,为满足无砟轨道铺设条件需要布设轨道控制网 CPⅢ。为满足布设轨道控制网 CPⅢ 的条件,在隧道贯通后,需及时进行隧道洞内 CPⅡ 及高程控制测量。

1. 隧道洞内 CPⅡ 控制测量

隧道洞内线路平面控制网 CPⅡ,是起闭于基础平面控制网 CPⅠ(隧道洞口、斜井口控制点)或洞外线上加密 CPⅡ 控制点,沿线路布设,为隧道未来轨道控制网 CPⅢ 提供起闭基准,现主要从隧道洞内 CPⅡ 的选埋、布网、观测等方面进行阐述。

1) 洞内 CPⅡ 控制点的布设

(1) 隧道洞内 CPⅡ 平面控制点布设需充分考虑后续施工的影响,布设位置选择在受施工干扰较少的排水沟或电缆槽上,点间视线距洞内设施 0.2m 以上,根据洞内导线(网)附合长度,CPⅡ 导线边长按要求进行设计,埋设成折线状导线(网)。

(2) 隧道洞内导线布设成多边形闭合环,每个环由 4~6 条边构成;长隧道宜布设成交叉双导线形式,以增加网的内部检核条件、提高网的可靠性。

(3) 在进行洞内 CPⅡ 测量时注意与洞外加密 CPⅡ 网的顺接,尤其长大隧道更要重视此问题;如果有条件,在距洞口 300~800m 的地方加密一个 CPⅡ 点,并保证此点与洞内 CPⅡ 点相互通视,以便作为洞内 CPⅡ 控制网与洞外加密 CPⅡ 网的连接点;如果采用 GNSS 加密

CPⅡ网则需考虑此连接点的观测条件;如果无通视条件,则需保证洞内 CPⅡ网与洞外 CPⅡ加密网的起算点相一致。

观测时隧道口加密的 CPⅡ 连接点及隧道口洞外的 CPⅠ 和 CPⅡ 点联测并形成三角形或大地四边形,如图 2-2-12 所示为附合长度大于 2km 时导线网的布设形式。

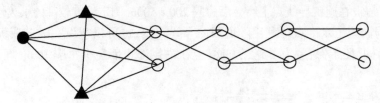

图 2-2-12　隧道内导线网联测示意图
▲-CPⅠ或 CPⅡ点;●-CPⅡ连接点;○-洞内 CPⅡ点

对于连接点,如果已经有坐标,则需作为洞内 CPⅡ网的起算点;如果没有已知坐标,则随同洞内 CPⅡ网统一平差计算,并作为洞外 CPⅡ加密网的起算点。如果洞口还有其他稳定的精测网点也应联测。

2)洞内 CPⅡ控制网的观测及注意事项

(1)隧道洞内 CPⅡ控制网(导线)观测采用标称精度不低于 $1''$, $2mm+2\times10^{-6}D$ 的全站仪施测(带多测回测角软件能自动观测的全站仪在保证测量精度和提高工效方面优先考虑);外业观测方法与隧道洞内施工导线方法相同。其主要技术要求执行表 2-2-16 的规定。

洞内 CPⅡ导线测量主要技术要求　　　　表 2-2-16

控制网级别	附合长度(km)	边长(m)	测距中误差(mm)	测角中误差(″)	相邻点位坐标中误差(mm)	导线全长相对闭合差限差	方位角闭合差限差(″)	对应导线等级	备注
CPⅡ	$L\leq 2$	400~600	3	1.8	7.5	1/55 000	$\pm 3.6\sqrt{n}$	三等	单导线
CPⅡ	$2<L\leq 7$	400~600	3	1.8	7.5	1/55 000	$\pm 3.6\sqrt{n}$	三等	导线环
CPⅡ	$L>7$	400~600	3	1.0	5	1/100 000	$\pm 2.0\sqrt{n}$	二等	导线环

注:导线环的边数以 4~6 条边为宜。

(2)隧道洞内 CPⅡ测量应在隧道贯通后,并保证满足 CPⅡ布设要求(电缆槽施工完毕)方可开展,并尽可能多联测洞口及斜井控制点,如图 2-2-13 所示。

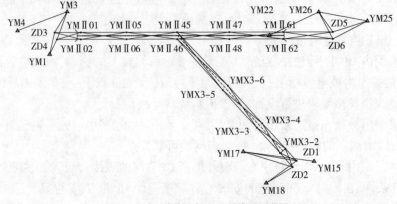

图 2-2-13　隧道洞内 CPⅡ导线网网形图

(3)为提高洞内 CPⅡ导线观测精度,联测洞外控制点测量建议选在夜间进行,避免洞内洞外光线差异较大影响导线测量精度。

(4)隧道洞内施工造成的粉尘和水汽对洞内控制测量精度影响较大。为保证测量精度,测量前应充分通风、避免尘雾,反射镜应有适度照明,仪器和反射镜面应无水雾。

2. 隧道洞内高程控制测量

1)水准点选布埋设

隧道贯通后,为满足布设轨道控制网 CPⅢ的技术要求,需结合隧道工程实际,在隧道洞内按不大于 2km 的要求布设水准点,水准点在电缆沟上方约 0.3m 处衬砌壁上用钻孔锚固法埋设,标石埋设同墙标,见图 1-1-10。

2)洞内高程控制测量及注意事项

(1)隧道洞内高程控制测量等级设计及作业方法与隧道洞内施工控制测量一致。一般情况下,无砟轨道长大隧道,洞内高程控制测量按照二等测设;有砟轨道长度隧道,洞内高程控制测量等级按照水准路线长度选择(多按精密水准或三等水准执行)。其水准测量限差要求、水准观测技术要求及观测方法分别按表 2-2-17、表 2-2-18、表 2-2-19 执行。

隧道洞内控制测量水准测量限差要求(单位:mm)　　表 2-2-17

水准测量等级	测段、路线往返测高差不符值	测段、路线的左右路线高差不符值	附合路线或环线闭合差	检测已测测段高差之差
二等	$\pm 4\sqrt{K}$	—	$\pm 4\sqrt{L}$	$\pm 6\sqrt{R_i}$
精密水准	$\pm 8\sqrt{K}$	$\pm 6\sqrt{K}$	$\pm 8\sqrt{L}$	$\pm 8\sqrt{R_i}$
三等	$\pm 12\sqrt{K}$	—	$\pm 12\sqrt{L}$	$\pm 20\sqrt{R_i}$

注:K 为测段水准路线长度,单位为 km;L 为水准路线长度,单位为 km;R_i 为检测测段长度,以 km 计。

隧道洞内控制测量水准观测的主要技术要求　　表 2-2-18

等级	水准仪最低型号	水准尺类型	视距(m) 光学	视距(m) 数字	前后视距差(m) 光学	前后视距差(m) 数字	测段的前后视距累积差(m) 光学	测段的前后视距累积差(m) 数字	视线高度(m) 光学(下丝读数)	视线高度(m) 数字	数字水准仪重复测量次数
二等	DSZ_1、DS_1	铟瓦	≤50	≥3 且 ≤50	≤1.0	≤1.5	≤3.0	≤6.0	≥0.3	≤2.8 且 ≥0.55	≥2 次
精密水准	DSZ_1、DS_1	铟瓦	≤60	≥3 且 ≤60	≤1.5	≤2.0	≤3.0	≤6.0	≥0.3	≤2.8 且 ≥0.45	≥2 次
三等	DSZ_1、DS_1	铟瓦	≤100	≤100	≤2.0	≤3.0	≤5.0	≤6.0	三丝读数	≥0.35	≥1 次
三等	DSZ_2、DS_2	双面木尺单面条码	≤75	≤75							

隧道洞内控制测量水准测量的观测方法　　　　　表2-2-19

等级	观测次数		观测顺序
	与已知点联测	附合或环线	
二等	往返	往返	奇数站:后—前—前—后
			偶数站:前—后—后—前
精密水准	往返	往返单程闭合环	奇数站:后—前—前—后
			偶数站:前—后—后—前
三等	往返/左右路线	往返/左右路线	后—前—前—后

(2)由于洞内光线较暗,洞内水准观测时将水准尺尺面一定范围用光源均匀照亮(使用尺灯照明),以便仪器能够正常读数。

(3)联测洞口水准点前,应对洞口水准控制点的稳定性进行分析,检测相邻测段高差或相邻水准点间的高差,检测限差符合表2-2-17的规定;不满足限差要求时,应分析原因,选取稳定水准点作为起算。

(4)约束稳定的洞口水准点,对隧道洞内高程控制测量网进行严密平差。

第四节　联系测量和贯通测量

一、联系测量

联系测量是将地面测量坐标和高程系统传递到地下,使地上、地下坐标和高程系统相一致的测量工作。联系测量包括:地面近井导线测量和近井水准测量,通过竖井、斜井、平洞、钻孔的定向测量和传递高程测量,地下近井导线测量和近井水准测量等。对于铁路越岭隧道,一般由洞外控制测量从进出洞口、斜井直接进洞,然后进行洞内控制测量;个别情况及城市隧道、地铁隧道等通过竖井等进行联系测量。

定向测量主要有联系三角形法、陀螺经纬仪与铅垂仪(钢丝)组合法、导线直接传递法、投点定向法。

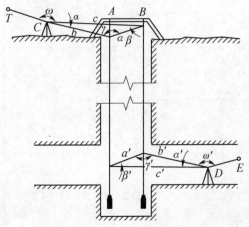

图2-2-14　联系三角形测量示意图

高程传递测量主要有悬挂钢尺法、光电测距三角高程法、水准测量法。

1. 联系三角形测量

如图2-2-14所示,在同一竖井内可悬挂两根钢丝组成联系三角形,有条件时,也可悬挂三根钢丝组成双联系三角形。在地面上根据控制点测定两悬挂钢丝的坐标 x 和 y 及其连线的方位角。在井下,根据投影点的坐标及其连线的方位角,确定地下导线的起算坐标及方位角。

联系三角形测量工作可分为投点和连接测量工作。

通过竖井用悬挂钢丝投点,通常采用单荷

重稳定投点法。吊锤的重量与钢丝的直径随井深而不同,一般情况下钢丝宜选用直径 0.3mm,重锤选用 10kg。为使吊锤较快地稳定下来,可将其放入盛有油类液体的平静器中。投点时,首先在钢丝上挂以较轻的荷重,用绞车将钢丝导入竖井中,然后在井底换上作业重锤,并使它自由地放在平静器中,不与容器壁及竖井中的物体接触;也可以采用激光铅直仪投点,它比悬挂钢丝法方便。

连接测量的任务是由地面上距离竖井最近的控制点布设导线直至竖井附近设立近井点,由它用适当的几何图形与悬挂钢丝连接起来,这样便可确定两悬挂钢丝的坐标及其连线的方位角。在井下的隧道中,将地下导线点连接到悬挂钢丝上,以便求得地下导线起始点的坐标以及起始边的方位角。联系三角形测量边长可采用全站仪测距或经检定过的钢尺丈量,角度观测采用不低于 II 级的全站仪,测角中误差不大于 2.5″。

在连接测量中,常用的几何图形为联系三角形。在图 2-2-14 中,C 点为地面上的近井点,A、B 为两悬挂钢丝,D 为地下的近井点,即地下导线起点。待两悬挂钢丝稳定后,即可开始联系三角形的测量工作。此时,在地面上测量水平角 α 及连接角 ω,并测量三角形的边长 a、b、c,在井下测量水平角 α' 及连接角 ω',测量三角形边长 a'、b'、c'。根据测量结果解算联系三角形,进而计算地下导线起点 D 的坐标及起始边的方位角。悬挂钢丝间距 a 尽可能长,联系三角形锐角 α、β 宜小于 1°,呈直伸三角形,b/a 及 b'/c 宜小于 1.5。

为了使隧道精确贯通,根据掘进长度应利用联系三角形法进行多次定向,每次定向独立进行三次,取三次平均值作为定向成果。

2. 陀螺经纬仪与铅垂仪(钢丝)组合测量

如图 2-2-15 所示,陀螺经纬仪与铅垂仪(钢丝)组合定向测量是在联系三角形测量的基础上,在隧道内使用陀螺经纬仪对地下定向边 α_1、α_2 进行陀螺方位角的测量。测量时采用"地面已知边—地下定向边—地面已知边"的测量程序。陀螺仪的标称精度应小于 20″,投点中误差小于 ±3mm。地下定向边边长应大于 60m,视线距边墙的距离大于 0.5m,陀螺方位角测量每次测量三个测回,测回间陀螺方位角较差小于 20″。

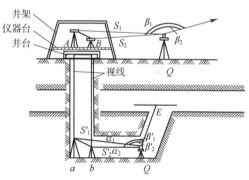

图 2-2-15 陀螺经纬仪与铅垂仪(钢丝)组合法

3. 投点定向测量

在上述一个竖井的联系三角形测量中,投点方法有悬挂钢丝投点、铅垂仪投点,在两相邻竖井间开挖的隧道贯通时,可采用两井投点定向。投点定向测量所使用的投点仪精度不低于 1/30 000,投点中误差小于 ±3mm,地下定向边方位角互差小于 12″,平均值中误差小于 8″。

如图 2-2-16 所示,两井定向是在两竖井(或通风孔)中分别悬挂一根悬挂钢丝,利用地面上布设的近井点或地面控制点采用导线测量或其他测量方法测定两悬挂钢丝的平面坐标值。在隧道中,将已布设的

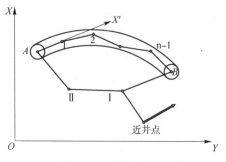

图 2-2-16 两井定向示意图

地下导线与竖井中的悬挂钢丝联测,即可将地面坐标系中的坐标与方位角传递到地下,经计算求得地下导线各点的坐标与导线边的方位角。

4. 竖井高程传递测量

在隧道开挖过程中,可通过洞口、横洞、斜井、竖井将地面高程传递到隧道内。通过洞口、横洞或斜井传递高程时,可由地面向隧道中布设水准路线,用水准测量方法进行。经过竖井传递高程时,可采用悬挂钢尺或全站仪进行。

(1)悬挂钢尺法

如图2-2-17所示,将钢尺悬挂在支架上,使钢尺零端向下垂入竖井中,并挂一重锤,使钢尺静止时处于铅锤位置。在地面上和隧道中适当位置各安置一台水准仪。地面和隧道内水准仪在同一时刻观测。

(2)全站仪法

如图2-2-18所示,将全站仪安置在井口盖板上的特制支架上,转动望远镜,使视线处于铅锤状态。(竖直度盘读数为0°,即竖直角为90°),在井下安置反射棱镜,使棱镜中心位于全站仪视线上,用全站仪距离测量功能测量全站仪横轴中心与棱镜中心的距离D_h。然后在井上、井下分别同时用两台水准仪,测量地面水准点A与全站仪横轴中心的高差、井下水准点B与反射棱镜中心的高差。用全站仪将地面高程传递到井下比悬挂钢尺的传统方法快捷、精确,大大减轻了劳动强度,提高了工作效率。尤其对于50m以上的深井测量,更显示出它的优越性。

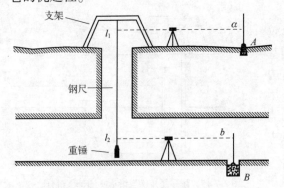

图2-2-17 通过竖井传递高程示意图

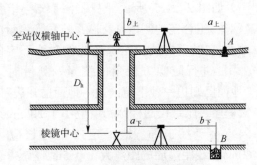

图2-2-18 全站仪传递高程示意图

二、贯通测量

贯通测量是对相向掘进隧道或按要求掘进到一定地点与另一隧道相通的施工所进行的测量工作。由于各项测量工作中都存在误差,导致相向开挖中具有相同贯通面里程的中线点在空间上不重合,此两点在空间的连接线段就是实际的贯通误差。贯通误差在线路中线方向的分量称为纵向贯通误差,在水平面内垂直于中线方向的分量称为横向贯通误差,在高程方向的分量称为高程贯通误差。

由隧道两端洞口附近的水准点向洞内各自进行水准测量,分别测出贯通面附近的同一水准点的高程,其高差即为实际的高程贯通误差。

洞内平面控制应用中线法的隧道,当贯通之后,应从相向测量的两个方向各自向贯通面延伸中线,并各钉设一临时桩,测量出两临时桩之间的距离,即得隧道的实际横向贯通误差;两临时桩的里程之差,即为隧道的实际纵向贯通误差。

应用导线作洞内平面控制的隧道,可在实际贯通点附近设置一临时桩点,分别由贯通面两侧的导线测出其坐标,按中线方向或曲线法线方向分别推算其贯通误差。

如果隧道贯通误差在容许范围之内,就可认为测量工作已达到预期目的。然而,由于贯通误差将导致隧道断面扩大及影响衬砌工作的进行,因此,要采用适当的方法将贯通误差加以调整,进而获得一个对行车没有不良影响的隧道中线,作为扩大断面、修筑衬砌以及铺设路基的依据。

平面上调整贯通误差,在贯通误差范围内的,原则上应在隧道未衬砌地段上进行,一般不再变动已衬砌地段的中线,以防减小限界而影响行车。对于曲线隧道还应注意尽量不改变曲线半径和缓和曲线长,否则需经上级批准。若超过规范规定限差,采用线位拟合方法进行调整,调整后的线路应满足轨道平顺性标准和隧道建筑限界的要求。

由两端测得的贯通点高程,应取两贯通高程的平均值作为调整后的贯通面高程。高程贯通误差调整可按贯通误差的 $1/2$,分别在两端未衬砌地段,以未衬砌段的线路长度按比例调整其范围内各水准点高程。以调整后的水准点高程作为未衬砌段高程放样的依据。

总之,调整后的线路应满足线路设计和验收规范要求。

第三章 长大桥梁施工控制测量

铁路通过河流或跨越山谷时需架设桥梁,桥梁按其主跨径长度大小通常可分为四类,如表 2-3-1 所示。

桥梁涵洞按跨径分类　　　　　　　表 2-3-1

桥涵分类	多孔跨径总长 L(m)	单孔跨径 L_k(m)	桥涵分类	多孔跨径总长 L(m)	单孔跨径 L_k(m)
特大桥	$L>1000$	$L_k \geqslant 150$	小桥	$8 \leqslant L \leqslant 30$	$5 \leqslant L_k < 30$
大桥	$100 \leqslant L \leqslant 1000$	$40 \leqslant L_k \leqslant 150$	涵洞		$L_k < 5$
中桥	$30 < L < 100$	$20 \leqslant L_k < 40$			

不同类型的桥梁施工测量方法和精度要求不相同,但总体而言,其内容大同小异,主要有以下几方面:

(1)对设计单位交付的所有桩位和水准点及其测量进行检查、核对。

(2)建立满足精度与密度要求的施工控制网,并进行平差计算;已建好施工控制网的要做好复测检查。

(3)定期复测控制网,并根据施工的需要加密或补充控制点。

(4)测定墩(台)基础桩的位置。

(5)进行构造物的平面和高程放样,将设计标高及几何尺寸测设于实施。

(6)对有关构造物进行必要的施工变形观测和施工控制观测,尤其是大型和特大型桥梁施工中,塔柱和悬梁拼(浇)的中轴线及标高的施工控制是确保成桥线形的关键。

(7)测定并检查施工结构物的位置和标高,为工程质量的评定提供依据。

(8)对已完工程进行竣工测量。

桥梁施工控制测量的目的:把图上所设计的结构物的位置、形状、大小和高低在实地标定出来,作为施工的依据,并将贯穿整个桥梁施工全过程。其是保证施工质量的一项重要工作。

第一节 技 术 设 计

桥梁施工开始前,必须在桥址区建立统一的施工控制基准,布设施工控制网。桥梁施工控制网的作用主要用于桥墩基础定期放样和主梁架设,因此,必须结合桥梁的桥长、桥型、跨度以及工程的结构、形状和施工精度要求布设合理的施工控制网。桥梁施工控制网分为施工平面控制网和施工高程控制网两部分。

在建立控制网时,既要考虑控制网本身的精度(即图形强度),又要考虑以后施工的需要。所以在布网之前应对桥梁的设计方案、施工方法、施工机具及场地布置、桥址地形及周围的环境条件、精度要求等方面进行研究,然后在桥址地形图上拟定布网方案,再在现场选定点位。点位不能位于淹没或土质松软的地区,且应选在施工范围外。

控制网应力求满足下列要求:

(1)控制网的图形具有足够的强度,使测得的桥轴线长度的精度能满足施工要求,能方便增设插点;在满足精度和施工要求的前提下,图形应力求简单。

(2)为使控制网与桥轴线连接起来,在河流两岸的桥轴线上应各设一个控制点,控制点距桥台的设计位置也不应太远,以保证桥台的放样精度。

(3)控制网的边长一般在 0.5~1.5 倍河宽范围内变动,由于控制网的边长较短,可直接丈量控制网的一条边作为基线;基线长度不宜小于桥轴线长度的 0.7 倍,一般在两岸各设一条,以提高控制网的精度及增加检核条件;通常丈量两条基线边,两岸各一条。

(4)控制点均选在地势较高、土质坚实、便于长期保存的地方,通视条件要好。

(5)桥梁施工的高程控制点即水准点,两岸至少埋设 3 个,并与国家水准点联测;水准点应采用永久性的固定标石,也可利用平面控制点标石;同岸的 3 个水准点,两个应埋设在施工范围以外,以免受到破坏,另一个埋设在施工区内,以便直接将高程传递到所需要的地方,通视还应在每一个桥台、桥墩附近设立一个临时施工水准点。

第二节 平面控制测量

一、平面控制网的布设形式

随着测量仪器的更新、测量方法的改进,特别是高精度全站仪的普及,为桥梁平面控制网的布设带来了很大的灵活性,也使网形趋于简单化。比如,一般的中小型桥梁、高架桥和跨越山谷的高架桥等,通常采用一级导线网,或在四等导线控制下加密一级导线;对跨越江河湖海的大型、特大型桥梁,由于其所处的特定地理环境,决定了其施工平面控制网的基本形式为以桥轴线为一边的大地四边形[图 2-3-1a)]或以桥轴线为公共边的双大地四边形[图 2-3-1b)],对跨越江(湖)心岛的桥梁,条件允许时可采用中点多边形[图 2-3-1c)]。

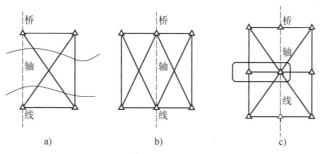

图 2-3-1 大型桥梁施工平面控制网的基本形式

特大桥通常有较长的引桥,一般是将桥梁施工平面控制网再向两侧延伸,增加几个点构成多个大地四边形网,或者从桥轴线点引测敷设一条光电测距精密导线,导线宜采用闭合环。

对于大型和特大型桥梁施工平面控制网,自 20 世界 80 年代以来广泛采用边角网或测边网的形式,并按自由网严密平差。图 2-3-2 为京沪高速铁路黄河特大桥施工平面控制网,从图2-3-2可以看出,控制网在两岸轴线上都设有控制点,这是传统设计控制网通常做法,传统的桥梁施工放样主要依靠光学经纬仪,在桥轴线上设有控制点,便于角度放样和检测,易于发现放样错误。全站仪普及以后,施工通常采用坐标放样和检测,在桥轴线上设有控制点的优势已不明显,因此,在首级控制网设计中,可以不在桥轴线上设置控制点。

无论施工平面控制网布设采用何种形式,首先控制网的精度必须满足施工放样的精度要求,其次考虑控制点尽可能便于施工放样,且能长期稳定而不受施工干扰。一般中、小型桥梁控制点采用地面标石,大型或特大型桥梁控制点应采用配有强制对中装置的固定观测墩,如图2-3-3所示。

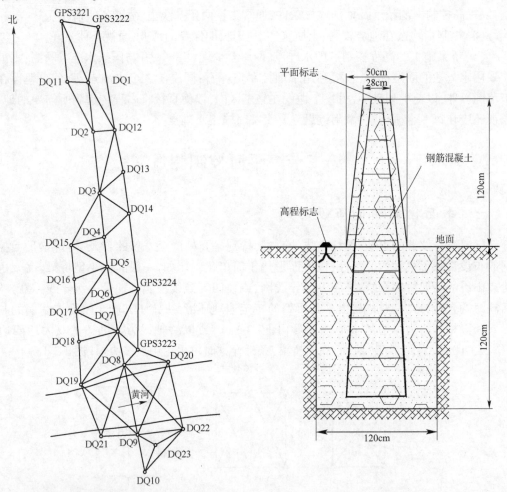

图2-3-2 京沪高速铁路黄河特大桥施工平面控制网　　图2-3-3 观测墩埋设图

二、桥梁施工平面控制网精度的确定

目前确定控制网精度的设计方法有两种:按桥式、桥长(上部结构)来设计,按桥墩中心点位误差(下部结构)来设计。

1. 按桥式确定控制网精度

按桥式确定控制网精度的方法是根据跨越结构的架设误差(它与桥长、跨度大小及桥式有关)来确定桥梁施工控制网的精度。桥梁跨越结构的形式一般分为简支梁和连续梁。简支梁在一端桥墩上设固定支座,其余桥墩上设活动支座,如图 2-3-4 所示。在桥梁的架设过程中,它的最后长度误差来源于两部分:一种是杆件加工装配时的误差,另一种是安装支座的误差。

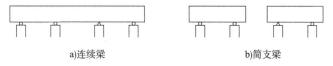

a)连续梁　　　　　　　　b)简支梁

△ 固定支座　　○ 活定支座

图 2-3-4　桥梁跨越结构形式

根据《铁路工程测量规范》(TB 10101—2009)的有关规定,桥轴线长度的精度按表 2-3-2 所列公式进行估算。

桥轴线长度的精度估算　　　　　　表 2-3-2

序号	梁类型	跨度类型	估算公式	符号含义
1	钢筋混凝土梁		$m_L = \dfrac{\Delta_D}{\sqrt{2}} \sqrt{N}$	m_L 或 m_l ——桥轴线(两桥台间)长度中误差(mm); l ——梁长; N ——联(跨)数; L ——桥轴线长度; n ——每联(跨)节间数; Δ_D ——墩中心的点位放样限差为 10mm; Δ_l ——节间拼装限差,为 2mm; δ ——固定支座安装限差,为 7mm; 1/5 000 ——梁长制造限差
2	钢板梁及短跨 ($l \leq 64\mathrm{m}$) 简支钢桁梁	单联(跨)	$m_l = \dfrac{1}{2} \sqrt{\left(\dfrac{l}{5000}\right)^2 + \delta^2}$	
		多联等跨	$m_L = m_l \sqrt{N}$	
		多联不等跨	$m_L = \sqrt{m_{l1}^2 + m_{l2}^2 + \cdots}$	
3	连续梁及长跨 ($l > 64\mathrm{m}$) 简支钢桁梁	单联(跨)	$m_l = \dfrac{1}{2} \sqrt{n \Delta_l^2 + \delta^2}$	
		多联等跨	$m_L = m_l \sqrt{N}$	
		多联不等跨	$m_L = \sqrt{m_{l1}^2 + m_{l2}^2 + \cdots}$	

注:在估算桥轴线长度中误差时,设计连续梁或长跨简支钢桁梁的梁端预留伸缩空隙,不考虑在测量允许误差之内。

从表 2-3-2 中有关桥轴线长度的精度估算公式可以看出,当桥梁为等跨时,有:

$$m_L = m_l \sqrt{N} \tag{2-3-1}$$

取 1/2 极限误差为中误差,则全桥轴线长的相对中误差为:

$$\frac{m_s}{S} = \frac{1}{\sqrt{2}} \cdot \frac{m_L}{L} \tag{2-3-2}$$

表 2-3-3 是根据《铁路工程测量规范》(TB 10101—2009)以桥式为主结合桥长来确定控制网的精度要求,在实际应用中,尤其是对特大型桥,应结合工程需要确定首级网的等级和精度。

桥梁施工平面控制测量等级和精度　　　　　　表 2-3-3

测量等级			桥轴线边相对中误差	最弱边相对中误差
GNSS 测量	三角形网测量	导线测量		
一等			≤1/250 000	≤1/180 000
二等			≤1/200 000	≤1/150 000

续上表

测量等级			桥轴线边相对中误差	最弱边相对中误差
GNSS测量	三角形网测量	导线测量		
三等	二等		≤1/150 000	≤1/100 000
四等	三等	三等	≤1/100 000	≤1/70 000
五等	四等	四等	≤1/70 000	≤1/40 000

注：对于桥长小于800m的桥梁，当桥址两岸已有足够数量的CPⅠ、CPⅡ控制点且能满足桥梁施工精度要求时，可直接利用之，无需另行建网。

2. 按桥墩放样的容许误差确定平面控制网的精度

在桥墩的施工中，从基础至墩台顶部的中心位置要根据施工进度随时放样确定，由于放样的误差使得实际位置与设计位置存在着一定的偏差。

根据桥墩设计理论，当桥墩中心偏差在±20mm以内时，产生的附加力在容许范围内。因此，目前在《铁路测量技术规则》（TBJ 105—1988）中，对桥墩支座中心点与设计里程纵向容许偏差作了规定，对于连续梁和跨度大于60m的简支梁，其容许偏差为±10mm。

上述容许偏差，可作为确定桥梁施工控制网必要精度时的依据。在桥墩的施工放样的过程中，引起桥墩点位误差的因素包括两部分：一部分是控制测量误差的影响，另一部分是放样测量过程中的误差，用式(2-3-3)表示：

$$M^2 = m_{控}^2 + m_{放}^2 \tag{2-3-3}$$

式中：$m_{控}$——控制点误差对放样点处产生的影响；

$m_{放}$——放样误差。

进行控制网的精度设计，就是根据容许偏差和实际施工条件，按一定的误差分配原则，先确定$m_{控}$和$m_{放}$的关系，再确定具体的数值要求。

结合桥梁施工的具体情况，在建立施工控制网阶段，施工工作尚未开展，不存在施工干扰，有比较充裕的时间和条件进行多余观测以提高控制网的观测精度；而在施工放样时，现场测量条件差、干扰大，测量速度要求快，不可能有充裕的时间和条件来提高测量放样的精度。因此，控制点误差$m_{控}$要远小于放样误差$m_{放}$。不妨取$m_{控}^2 = 0.2 \times m_{放}^2$，按式(2-3-3)可求得$m_{控} = 0.4M$。

当桥墩中心测量精度要求$M = ±20$mm时，$m_{控} = ±8$mm。当以此作为控制网的最弱边边长精度要求时，即可根据设计控制网的平均边长（或主轴线长度，或河宽）确定施工控制网的相对边长精度。根据《铁路工程测量规范》（TB 10101—2009）的有关规定，跨河正桥施工平面控制网中最弱点的坐标误差及最弱边的边长相对中误差应满足式(2-3-4)估算的精度要求。

$$m_x(m_y) \leq 0.4M \text{ 或 } \frac{m_s}{S} \leq \frac{0.4\sqrt{2}M}{S} \tag{2-3-4}$$

式中：M——施工放样精度要求最高的几何位置中心的容许误差；

S——最弱边的边长。

3. 平面控制网坐标系统

1) 国家坐标系

长大铁路桥梁建设中都要考虑与相关工程的衔接,因此,平面控制网首选国家统一坐标系统,但在大型和特大型桥梁建设中,选用国家统一坐标系统的具备条件如下:

(1) 桥轴线位于高斯正形投影统一3°带中央子午线附近。

(2) 桥址平均高程面应接近于国家参考椭球面或平均海水面。

2) 工程独立坐标系

由计算可知,当桥址区的平均高程大于160m或其桥轴线平面位置离开统一的3°带中央子午线东西方向的距离(横坐标)大于45km时,其长度投影变形值将会超过2.5mm/km(1/40 000)。通常的做法是人为改变归化高程,使距离的高程规划值与高斯投影的长度改划值相抵偿,但不改变统一的3°带中央子午线进行的高斯投影计算的平均直角坐标系统,这种坐标系统为抵偿坐标系。铁路基础平面控制网CPⅠ、线路平面控制网CPⅡ坐标系统在设计过程中已考虑投影变形的影响(速度250km/h以上的铁路要求投影变形小于1/100 000,速度200km/h以下的铁路要求投影变形小于1/40 000),并按照其要求,分段设计了工程独立坐标系。因此,在大型桥梁施工中,采用与线路一致的工程独立坐标系统。

3) 桥轴坐标系

在特大桥梁的施工中,尤其是桥面钢结构的施工,定位精度要求很高,一般小于5mm,此时选用国家统一坐标系和抵偿坐标系都不适宜,通常选用任意带高斯正形投影(桥轴线的精度作为中央子午线)平面直角坐标系,成为桥轴坐标系,其高程规划投影面为桥面高程面,桥轴线作为X轴。

在实际应用中,常常会根据具体情况共用几套坐标系,如京沪高速铁路黄河特大桥在主轴上使用桥轴坐标系,在线下工程施工放样和线上轨道施工时使用抵偿坐标系(工程独立坐标系),在与相关工程接线及航道上使用北京54坐标系或西安80坐标系。

4. 平面控制网的加密

桥梁施工首级控制网由于受图形强度条件的限制,其岸侧边长都较长。当轴线长度在1 500m左右时,其岸侧边长大约在1 000m,则当交会半桥长度处的水中桥墩时,其交会边长达到1 200m以上。在桥梁施工中用交会法频繁放样对桥墩是十分不利的,而且桥墩越是靠近本岸,其交会角就越大。从误差椭圆的分析可知,过大或过小的交会角,对桥墩位置误差的影响都较大。此外,控制网点远离放样物,受大气折光、气象干扰等因素影响也增大,将会降低放样点位的精度。因此,必须在首级控制网下进行加密。这时通常是在堤岸边上合适的位置上布设几个附点作为加密点,加密点除考虑其与首级网点及放样桥墩通视外,更应注意其点位的稳定可靠及方便施工放样。结合施工情况和现场条件,可采用如下加密方法:

(1) 由3个首级网点以3方向前方交会或由2个首级网点以2个方向进行边角交会的形式加密。

(2) 在有高精度全站仪的条件下,采用导线法,以首级网两端点为已知点,构成附合导线或闭合导线,附合导线或闭合导线环的边数宜为4~6条,导线边的长度应根据桥式、地形和使用仪器确定,最短边长不宜小于300m,相邻边长之比不宜小于1:3。

(3) 在技术力量许可的情况下,也可将加密点纳入首级网中,构成新的施工控制网,这对于提高加密点的精度行之有效。

加密点是施工放样使用最频繁的控制点,且多设在施工场地范围内或附近,受施工干扰,临时建筑或施工机械极易造成不通视或破坏而失去效用,在整个施工期间,常常需要多次加密或补点,以满足施工需要。

5. 平面控制网的复测

桥梁施工工期一般都较长,限于桥址地区的条件,大多数控制点(包括首级网点和加密点)位于江河堤岸附近,其地基基础并不十分稳定,随着时间的变化,点位有可能发生变化;此外,桥墩钻孔桩施工,降水等也会引起控制点下沉和位移。因此,桥梁施工前,应对施工控制网进行全面复测,施工期间应对其进行定期或不定期复测。复测周期根据控制网等级、测区地质条件等综合确定,首级控制网及其加密网不超过一年,更低等级的加密网不超过三个月。

桥梁施工过程中,应对控制网进行定期或不定期的检测,当发现控制点的稳定性有问题时,应立即进行局部或全面复测:

(1)当控制网中仅个别控制点位移或沉陷,而周围其他控制点仍然可靠时,可进行局部复测,将已产生位移的控制点与周围的稳定点联成插点网。

(2)当控制网中少量控制点发生明显位移,而其他控制点的稳定性难以判断时,或者当控制网中较多控制点发生位移时,均应进行全面复测,全面复测宜在原网的基础上进行,复测网精度等级应与原网相同,复测所采用的仪器、数据处理软件、观测方法及技术要求宜与原测保持一致;原控制网的坐标系统和高程系统不得更动,控制网的起算点与原网一致。

当原网起算点发生明显位移时,可改用其他稳定可靠的控制点起算,但必须保持位置基准、方向基准、尺度基准和高度基准不变。复测完成后,进行严密平差,并采用现场勘验与统计检验相结合的方法对施工控制点进行稳定性分析和评定,也可采用式(2-3-5)的简便方法进行:

$$\Delta_{限} = \pm 2\sqrt{m_{原}^2 + m_{复}^2} \qquad (2\text{-}3\text{-}5)$$

式中:$\Delta_{限}$——复测坐标与原测坐标(高程)较差的限差;

$m_{原}$——原测坐标中误差;

$m_{复}$——复测坐标中误差。

经复测后的施工控制网,应根据施工进度和控制点稳定等情况合理采用复测成果,并提出控制点保护、加固及监测措施。对开工前的复测,或当控制点位移量不致影响已施工工程的质量时,应全部采用复测后的平差值。对开工后的复测,当控制点位移量影响到已施工工程的质量时,对稳定点采用原测成果;对不稳定点不宜继续使用,除非确认其已趋于稳定,必要时可在稳定点下进行插点加密,并应对不稳定点的放样成果进行检测和分析,根据需要采取相应的补救措施。

值得提出的是,在未经复测前要尽量避免采用极坐标法进行放样,否则应有检核措施,以免产生较大的误差;无论是复测前或复测后,在施工放样中,除后视一个已知方向外,都应加测另一个已知方向(或称双后视法),以观察该测站上原有的已知角值与所测角值有无超出观测误差的情况,这个方法应避免在后视点距离较长,特别是气候不好、视线较差时发生观测误差的影响。

第三节　高程控制测量

一、桥址区水准基点资料的调查

在测设铁路桥梁施工高程控制网前必须收集两岸桥轴线附近国家水准点资料，城市段落还应收集有关市政工程水准点资料和铁路勘测已有水准点资料，包括其水准点的位置、编号、等级、采用的高程系统及其最近测量日期等。

在我国，规定统一采用黄海高程系统，但是由于历史原因，有些地区曾采用自己的高程系统，如长江流域曾采用淞沪高程系统，珠江流域曾采用珠江高程系统等；因此在收集已有水准点资料时，应特别注意其高程系统及其与其他高程系统的关系；在首级已有水准点资料时，桥轴线两岸应不少于两个已知水准点，以便在联测时或发现有较大出入时，有所选择。

二、水准点的布设

水准点的选点埋设工作一般都与平面控制网的选点与埋石工作同步进行；水准点应包括水准基准点和工作点。水准基点是在整个桥梁施工过程中的高程基准，因此，在选择水准点时应注意其隐蔽性、稳定性和方便性，即水准基点应选择在不致被损坏的地方，同时要特别避开地质不良、过往车辆影响和易受其他振动影响的地方，在埋石时应尽量埋设在基岩上。在覆盖层较浅时，可采用深挖基坑或用地质钻孔的方法使之埋设在基岩上；在覆盖层较深时，应尽量采用架设基桩（即开挖基坑后打入若干根大木桩的方法）以增加埋石的稳定性；水准基点除了考虑其在桥梁施工期间使用之外，还要尽量可能做到在桥梁施工完毕交付运营后能长期用作桥梁沉降观测之用。水准点根据地质情况和精度要求分别埋设混凝土标石、钢管标石、岩石标石、管桩标石、钻孔桩标石或基岩标石。当工期短、桥式简单、精度要求较低时，可在建筑物上设立施工水准点标志，并加强检测。

施工高程控制网中的水准点，沿桥轴线两侧均匀布设，间距宜为400m左右，并构成连续水准环。墩台较高、两岸坡陡时，可在陡坡上一定高差内加设辅助水准点。对于特大桥，每岸选设不少于3个水准点，当埋设基岩水准点时，每岸也不少于2个水准点；当引桥较长时，不大于1km布设1个水准点，并且在引桥端点附近设有水准点。

在桥梁施工过程中，单靠水准基点是难以满足施工放样需要的，因此，在靠近桥墩附近再设置水准点，通常称为工作基点。这些点一般不单独埋石，而是利用平面控制网的导线或三角点的标志作为水准点，采用强制对中观测墩时则是将水准标志埋设在观测墩旁测得混凝土中。

三、跨河水准测量

跨河水准测量时桥梁施工高程控制网测设工作中十分重要的一环，这是因为桥梁施工要求两岸的高程系统是统一的，同时，桥梁施工高程精度要求高，因此，即使两岸附近都有国家或其他部门的高等级水准点资料，也必须进行高精度的跨河水准测量，使与两岸自设水准点一起组成统一的高精度高程控制网。

在桥梁施工阶段,为了在两岸建立可靠而统一的高程系统,需要将高程从河的一岸传递到另一岸,这时,存在以下两个问题:由于过河视线较长,使得照准标尺读数精度太低;前后视距相差悬殊,仪器 i 角误差、地球曲率和大气折光对高差影响较大。为确保两岸水准点之间高程的相对精度,跨河水准测量的精度至关重要,它在桥梁高程控制测量中精度要求最高。跨河水准测量必须采取一些特殊的方法,技术要求如表 2-3-4 所示。对于作为特大桥施工的高程控制网对跨河水准测量,其跨河水准路线一般都选在桥轴线附近,避免离桥轴线太远而增加两岸联测施工水准点的距离,为慎重起见,往往采用双处跨河水准测量,即在桥轴线上、下游处分别进行跨河水准测量,再通过陆上水准路线,使两处跨河水准测量自身组成的水准网;跨河水准测量的精度与施工高程控制网的精度一致。

跨河水准测量技术要求 表 2-3-4

方法	等级	最大视线长度 D(km)	单测回数	半测回观测组数	测回高差互差限差(mm)
直接读尺法	三	0.3	2		8
	四	0.3	2		16
光学测微法	三	0.5	4		$30D$
	四	1.0	4		$50D$
经纬仪倾角法或测距三角高程法	三	2.0	8	3	$24\sqrt{D}$
	四	2.0	8	3	$40\sqrt{D}$

注:D 为最大视线长度。

根据《铁路工程测量规范》(TB 10101—2009)的规定,桥梁施工高程控制网中跨河两水准点间高差的中误差按式(2-3-6)估算:

$$m_H \leq 0.2\Delta_H \quad (2\text{-}3\text{-}6)$$

式中:m_H——跨河两水准点间高差的中误差;

Δ_H——施工中放样精度要求最高的几何位置中心的高程容许误差。

跨河水准测量等级及适用范围符合表 2-3-5 的规定。

跨河水准测量等级及适用范围 表 2-3-5

跨河距离(m)	项目	
	$1\,000 \leq S \leq 3\,500$	$S < 1\,000$
跨河高程测量	二等	三等
网中水准点间联测	三等	四等
网的起算点高程引测	三等	四等

注:当跨河距离大于 3 500m 或有变形观测等特殊要求时,应做专项设计。

图 2-3-5 为京沪高速铁路黄河特大桥高程控制网,其中两处跨河水准测量,a_1、a_2 和 b_1、b_2 为 4 个跨河水准点,分别位于桥轴线上、下游约 500m 的位置,跨河水准观测采用 2 台 N_3 水准仪及配套钢瓦水准尺按倾斜螺旋法进行同时对向观测,每条线观测 2 个双测回,半测回中的有效组数为 4 组,以二等跨河水准测量要求进行施测。

四、水准测量及联测

桥梁施工高程控制网测量大部分工作在跨河水准测量上,在进行跨河水准测量前,应对两岸高程控制网,按设计精度进行测量,并联测将用于跨河水准测量的临时(或永久)水准点,同时将两岸国家水准点或部门水准点的高程应测到桥梁施工高程控制网的水准点上,并比较其两岸已知水准点高程是否存在问题,以确定是否需要联测到其他已知高程水准点上;水准点间联测和起算高程引测,宜采用水准测量方法施测,四等网也可采用光电测距三角高程测量方法;最后均采用由一岸引测的高程来推算全桥水准点的高程,在成果中应着重说明其引测关系及高程系统。

桥梁施工高程控制网复测一般配合平面控制网复测一并进行,复测时采用不低于原测精度的方法,当水中已有建成或即将建成的桥墩时,可予以利用,以缩短其跨河视线长度。

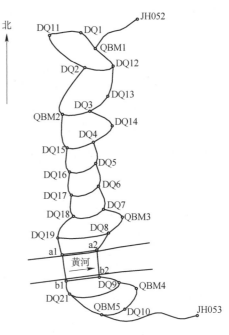

图 2-3-5　京沪高速铁路黄河特大桥高程控制网

第四章　大型交通枢纽施工控制测量

铁路枢纽是位于路网的交汇点或端点，由客运站、编组站、其他车站和各种为运输服务的设施以及连接线路所组成的整体。其作用主要是汇集并交换各衔接线路的车流，为城镇、港埠和工矿企业的客、货运服务，是组织车流和调节列车运行的据点，为该地区铁路运输的中枢。

铁路枢纽与工农业发展、城市建设、国防建设和其他交通运输系统有着密切联系。铁路枢纽按规模分为大型、中型和小型，根据引入线路的多少和引入方向，编组站、客运站的数量、规模和布局，城市的地理位置、规模和工业区的分布，地形和地质条件以及国防要求等选定。

大型铁路枢纽一般位于省会城市或经济发达的大型城市，城市规划时考虑旅客出行、物流转用等因素，一般需要将铁路车站、城市轨道站、公路客运站、机场等有效地联系在一起构成大型交通枢纽。大型交通枢纽施工控制测量不仅要满足铁路工程建设的需要，还应考虑铁路工程与其他城市工程设施的衔接关系。

第一节　坐标系统衔接

一、城市平面坐标系与铁路工程独立坐标系

《城市测量规范》规定城市测量采用该城市统一的平面坐标系统，并符合下列规定：
(1) 投影长度变形值不大于 25mm/km。
(2) 当采用地方平面坐标系统时，与国家平面坐标系统建立联系。
(3) 城市测量采用高斯－克吕格投影。

《铁路工程测量规范》(TB 10101—2009)适用于旅客列车设计行车速度 200km/h 及以下新建有砟轨道铁路(以下简称普速铁路)工程测量，规定铁路工程测量平面坐标系统采用国家坐标系或工程独立坐标系，线路设计高程面上的投影长度变形值不宜大于 25mm/km。

《高速铁路工程测量规范》(TB 10601—2009)适用于新建 250~350km/h 高速铁路工程测量，规定高速铁路工程测量平面坐标系统采用工程独立坐标系统，在对应的线路轨面设计高程面上坐标系统的投影长度变形值不宜大于 10mm/km。

普速铁路的投影长度变形值与城市测量相一致，因此，如铁路工程规模在城市范围内，二者可以设计使用相同的坐标系统，一般宜使用城市坐标系，如 1990 年天津市任意直角坐标系、重庆市独立坐标系、济南市独立坐标系等。

高速铁路工程测量精度要求高，施工中要求由坐标反算的边长值与现场实测值尽量一致，所以规范要求的投影长度变形值比较小，并且高速铁路里程长，跨越多个行政区域，因此

一般采用铁路工程独立坐标系。城市平面坐标系和铁路工程独立坐标系在长度变形尺度上、采用基准上经常不一致,如连接 A 市至 B 市的某客运专线基于 2 000 国家大地坐标系统在全线设计了 3 个工程独立坐标系,如表 2-4-1 所示。

A 市至 B 市某客运专线坐标系分带表　　　　表 2-4-1

起讫里程	基　准	中央子午线经度(度)	投影面大地高(m)	高程异常(m)	最大变形值(mm/km)
起点—K70	CGCS2 000	116.75	850	-5.5	9.5
K59—K95	CGCS2 000	116.3	920	-10.2	-4.8
K85—终点	CGCS2 000	115.9	670	-16.1	8.2

此客运专线的终点为 B 市,B 市的城市平面坐标系统是基于 1954 年北京坐标系设计,长度投影变形值不大于 25mm/km,其中央子午线、投影面大地高不明。

此客运专线在 B 市的车站是一个大型交通枢纽,基于"零换乘"概念规划设计了铁路车站、地铁、公交和公路客运站,相关工程关系紧密,并由不同单位设计和施工,在坐标系统衔接方面需要妥善处理。为此,建设单位组织各相关单位对枢纽内不同工程的平面坐标系统进行了明确,并安排测量单位对平面控制网进行了联测,最终确定不同坐标系统相互间的转换关系。

二、不同坐标系统的转换计算

铁路工程独立坐标系与其他工程独立坐标系、城市平面坐标系的衔接需要进行坐标转换,一般分两种情况进行,一种是坐标基准一致,坐标系参数不同的转换,如从中央子午线 111 度换算到中央子午线 114 度,这种转换比较简单,一般称之为换带计算,有明确的转换公式,用软件容易实现,如图 2-4-1 所示。

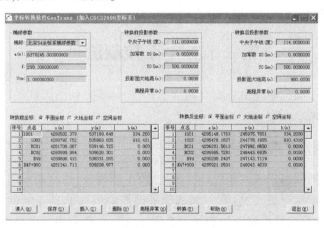

图 2-4-1　坐标转换程序示意图

图 2-4-1 中程序是将基于 1954 年北京坐标系、中央子午线为 111 度、投影面大地高为 0m 的坐标成果转换为基于 1954 年北京坐标系、中央子午线为 114 度、投影面大地高为 900m 的坐标成果,前一坐标为国家标准 3 度带成果,后一坐标为工程独立坐标系成果。

另一种坐标转换是基于不同基准的转换,如将 1980 年西安坐标系成果转为 2000 国家大地坐标系成果,或将基于 1954 年北京坐标系的城市平面坐标系统成果转换为基于 2000

国家大地坐标系的工程独立坐标系成果,这种转换没有明确的转换公式,一般使用参数转换方法,需要通过收集或测量,获得 3 个以上控制点在两个基准下的两套坐标成果,通过公共点两套坐标列 9 个方程求得 3 个平移参数($\Delta x,\Delta y,\Delta z$),3 个旋转参数($\varepsilon_x,\varepsilon_y,\varepsilon_z$)和 1 个缩放参数($m$),再利用所求的 7 参数实现其他控制点的转换,式(2-4-1)为坐标转换基本公式。

$$\begin{bmatrix} x' \\ y' \\ z' \end{bmatrix} = (1+m) \begin{bmatrix} 1 & \varepsilon_x & -\varepsilon_y \\ -\varepsilon_z & 1 & \varepsilon_x \\ \varepsilon_y & -\varepsilon_x & 1 \end{bmatrix} \begin{bmatrix} x \\ y \\ z \end{bmatrix} + \begin{bmatrix} \Delta x \\ \Delta y \\ \Delta z \end{bmatrix} \qquad (2\text{-}4\text{-}1)$$

7 参数转换一般用于范围较大的区域,如整个铁路工程,在枢纽地区一般范围不大,可使用 4 参数转换,4 参数转换属于两维坐标转换,对于三维坐标,需将坐标通过高斯投影变换得到平面坐标再计算转换参数。4 参数平面直角坐标转换模型见式(2-4-2)。

$$\begin{bmatrix} x_2 \\ y_2 \end{bmatrix} = \begin{bmatrix} x_0 \\ y_0 \end{bmatrix} + (1+m) \begin{bmatrix} \cos\alpha & -\sin\alpha \\ \sin\alpha & \cos\alpha \end{bmatrix} \begin{bmatrix} x_1 \\ y_1 \end{bmatrix} \qquad (2\text{-}4\text{-}2)$$

其中,x_0,y_0 为平移参数,α 为旋转参数;m 为尺度参数。(x_2,y_2) 城市坐标系下的平面直角坐标,(x_1,y_1) 为铁路坐标系下平面直角坐标。

在大型交通枢纽施工测量中不可避免地存在坐标系转换工作,在坐标转换前,首先明确转换前后两套资料坐标的基准,是 1980 年西安坐标系还是 WGS-84 坐标系,是 1954 年北京坐标系还是 2000 国家大地坐标系?如果基准明确,测绘专业可以利用所收集的资料或控制网成果求得的参数实现坐标转换,将收集资料和设计资料匹配在一个坐标系统下;如果基准不明确,则需要现场开展控制测量实现资料间的坐标匹配。

第二节 平面控制测量

大型交通枢纽平面控制测量主要有两项工作,一是建立铁路工程平面控制网,二是联测其他工程平面控制网。

一、铁路工程平面控制网

平面控制网根据铁路旅客列车设计行车速度、工程规模、控制网的用途和精度要求合理确定。平面控制网按照三级布设:第一级基础平面控制网(CPⅠ),主要为勘测、施工、运营维护提供坐标基准;第二级为线路控制网(CPⅡ),主要为勘测和施工提供控制基准;第三级为轨道控制网(CPⅢ),主要为轨道铺设和运营维护提供控制基准。

大型交通枢纽平面控制网网形不同于铁路正线,铁路正线一般为带状网,枢纽控制网一般为面状网,有的时候需要覆盖一个城市,如图 2-4-2 所示为某交通枢纽平面控制网。

该平面控制网的建立,将枢纽内多条铁路正线和联络线均包围在控制网范围内,并考虑了与城市轨道交通的衔接,控制网点具有多套坐标系成果,有国家坐标系 3 度带成果、有铁路工程独立坐标系成果、有城市平面坐标系成果,可以满足勘察设计、施工和运营的测量需要。施工单位在此基础上加密控制网可越级布设或同等级扩展。

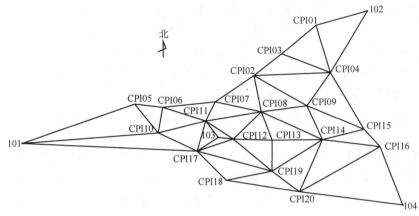

图 2-4-2 某交通枢纽平面控制网示意图

二、平面控制网联测

1. 资料收集

首先收集枢纽范围铁路工程的平面控制点,如某客运专线项目收集到 4 个 CPⅠ(二等)平面控制点,所属铁路施工坐标系参数如表 2-4-2。

某客运专线枢纽范围工程独立坐标系参数　　　　　表 2-4-2

参考椭球	WGS-84	中央子午线	116 度 45 分
投影面大地高	0m	高程异常	0m
X 加常数	0km	Y 加常数	500km

同时收集城市控制点资料,如上述工程从某市勘测院收集的资料为 3 个 C 级 GNSS 点,平面控制点成果为 1993 年某市独立坐标系下的成果,相关单位没有提供具体坐标参数。

2. 控制点联测

控制网平面联测一般用 GNSS 方法,根据收集资料确定观测等级,上述工程城市平面控制点为 C 级,故观测作业按 C 级或三等进行。控制网联测如图 2-4-3 所示。

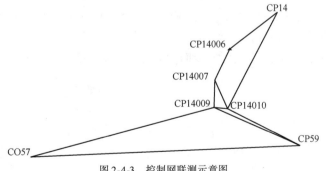

图 2-4-3 控制网联测示意图

3. 数据处理

平面控制网 GNSS 的基线向量解算可采用广播星历和商用软件,数据平差处理可采用 GNSS 平差软件,如同济大学 TGPPS 软件。

上例测量约束平差只为计算 7 个控制点在一个网中的平面坐标,进而求解坐标转换参数,因此约束平差在参数选择时考虑投影变形满足 1/40 000,只固定一个点进行约束平差。然后用控制网的平面坐标和 3 个联测的城市控制点的已知坐标,在武汉大学 CODAPS 软件中用 4 参数法求得铁路 4 个 CPⅠ控制点的城市独立坐标系坐标成果。

通过控制点联测和坐标转换,可以求得铁路工程独立坐标系到城市独立坐标系的转换参数,能够实现铁路设计图和城市规划图的衔接。由于控制点等级精度不同、联测范围不同,通过转换得到的控制点两套坐标在工程衔接区段进行实测对比,对比无误后再进行施工测量。

现在许多城市都建立了自己的独立坐标系,但基本参数均不向外界公布,不同测量系统的坐标转换常需要现场联测控制点求取转换参数,给一些工程建设增加了难度。在铁路勘测设计阶段,尤其是大的枢纽工程,铁路设计势必要与地方规划发生联系,在工作前期要注意收集地方资料,做好准备工作,避免在施工阶段出现衔接、转换等问题,从而避免影响工程建设进度。

第三节　高程控制联测

《城市测量规范》(CJJ/T 8—2011)规定:城市测量采用统一的高程基准。当采用地方高程基准时,应与国家高程基准建立联系。

《铁路工程测量规范》(TB 10101—2009)规定:铁路工程高程系统采用 1985 国家高程基准。当个别地段无 1985 国家高程基准的水准点时,可引用其他高程系统或独立高程起算。但在全线高程测量贯通后,应消除断高,换算成 1985 国家高程基准。有困难时应换算成全线统一的高程系统。

铁路工程在引入枢纽进入城市后,铁路工程和市政工程经常要发生关系,当铁路工程与城市工程所用高程基准或控制网等级不一致时,应通过高程控制测量明确相互间的高差关系。

如京沪高速铁路在天津西站与天津地铁、公共汽车站构成一个交通枢纽,京沪高速铁路基于 1985 国家高程基准建立二等高程控制网,西站地区地铁、公交站等是基于 1972 天津市大沽高程系建立的四等高程控制网。施工前,对两个控制网按照四等水准要求进行控制网联测,明确了相互间的高差关系,很好地实现了铁路设计图和城市规划图的衔接。施工时,定期对两个控制网的控制点进行联测,及时更新相对高差关系,实现了铁路工程和市政工程的顺利衔接。

第五章 轨道控制网(CPⅢ)测量

在高速铁路轨道测量系统中,CPⅢ控制网是一套高精度的三维坐标控制网,起闭于基础平面控制网(CPⅠ)或线路控制网(CPⅡ),一般在线下工程施工完成后进行施测,为轨道铺设和运营维护的基准。它不仅是高速铁路建设期间的基础控制网,也是高速铁路运营维护时的基础控制网。它的精准性是轨道结构施工质量的重要保证,同时也是运营维护期间轨道调整的基础,是确保无砟轨道满足线路平顺性要求的关键所在。

为了保证CPⅢ控制网的精准性及稳定性,CPⅢ控制网测量在线下工程竣工,通过沉降变形评估后施测。并且CPⅢ测量前对全线的CPⅠ、CPⅡ控制网及线下精密水准网进行复测,并采用复测后合格的CPⅠ、CPⅡ及精密水准网成果进行CPⅢ控制网的约束平差。

CPⅢ平面控制网按铁路等级的不同,可分为点对式自由测站边角交会法、导线法两种测量方法,本章仅介绍自由测站边角交会法。

第一节 CPⅢ网的构网形式

CPⅢ平面网应附合于CPⅠ、CPⅡ控制点上,每600m左右(400~800m)联测一个CPⅠ或CPⅡ控制点,自由测站至CPⅠ、CPⅡ控制点的距离不宜大于300m。当CPⅡ点位密度和位置不满足CPⅢ联测要求时,按同精度扩展方式增设CPⅡ控制点。CPⅢ平面控制网观测的自由测站间距一般约为120m,自由测站到CPⅢ点的最远观测距离不大于180m;每个CPⅢ点至少保证有三个自由测站的方向和距离观测量。测量网形式见图2-5-1。

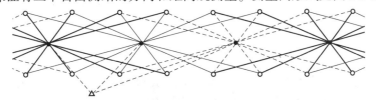

图2-5-1 测站间距为120m的CPⅢ平面网构网形式
○-CPⅢ点;●-自由测点;△-CPⅡ点

因遇施工干扰或观测条件稍差时,CPⅢ平面控制网可采用图2-5-2所示的构网形式,平面观测测站间距为60m左右,每个CPⅢ控制点有四个方向交会。

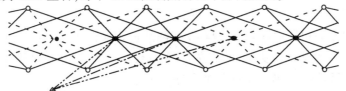

图2-5-2 测站间距为60m的CPⅢ平面网构网形式
○-CPⅢ点;●-自由测点;△-CPⅡ点

第二节 CPⅡ外业加密

CPⅢ平面网自由测站到CPⅠ或CPⅡ点的最远观测距离不大于300m。因在建立CPⅠ及CPⅡ控制网时还未进行施工,其点位选择很难满足上述要求,故在进行CPⅢ网测量时还需进行CPⅡ的加密测量。

一、CPⅡ网加密的一般规定

(1)加密测量采用的方法、使用的仪器和精度符合相应等级的规定。所采用仪器应经过检定,并在有效检定期内。

(2)加密测量前检查联测线下CPⅠ和CPⅡ标石的完好性,对CPⅠ和CPⅡ标识丢失和破损较严重的标石按原测标准用同精度扩展方法恢复或增补。CPⅡ加密测量时按三等GNSS观测技术指标实施,加密CPⅡ点之间应有直接观测基线,并尽可能多的联测已知CPⅠ或CPⅡ点,且加密CPⅡ段落两端应联测已知CPⅠ或CPⅡ点,存在段落搭接时,段落间应至少重叠一条边并将相邻段已加密CPⅡ点作为已知点进行约束。使用GNSS方法加密CPⅡ网的构网边长大于400m,且严格按程序观测。

(3)加密CPⅡ网的主要技术要求与本篇"第一章中第二节施工加密"的要求相同规定。

(4)加密CPⅡ点编号建议采用7位编号形式(0000P20),具体说明如下:前4位为连续里程的公里数,第5、6位为"P2"代表加密CPⅡ点,第7位为流水号,由小里程向大里程方向顺次编号。

二、GNSS加密CPⅡ网

CPⅡ加密网测量,一般宜优先采用GNSS进行,仪器采用双频并且精度一般不低于5mm + 1ppm。

1. 加密CPⅡ选点埋石

CPⅡ加密点采用强制对中标志。在桥梁部分CPⅡ加密点应上桥,埋设于桥梁固定端的固定支座上方的防撞墙上,并且应避开连续梁;路基段在两个接触网杆之间单独设立CPⅡ标志埋设桩,埋设时CPⅡ加密点点位需稳定可靠,以便点位的长期保存;加密CPⅡ点在隧道口附近时应考虑GNSS观测条件及点的稳定性,并兼顾与洞内CPⅡ的联测,以保证洞内外的顺接性;在站场范围内应避免埋设CPⅡ加密点,必要时应据现场条件选定合适的位置。

还应考虑CPⅢ网测段之间的搭接,在相邻两评估段落搭接的六对点中间应埋设一个加密CPⅡ点,故在加密CPⅡ前应统筹做好工作安排。

2. 加密CPⅡ观测

CPⅡ加密的方法和技术标准要求与CPⅡ网测量要求相同,观测前要对网形进行设计,保证CPⅡ加密点间的基线长度在600m左右,并且要尽量多的联测原精测网中的CPⅠ点或CPⅡ点,以使线下和线上工程平面关系的更好衔接。

对于GNSS联测,可采用如图2-5-3所示网形进行联测:

观测时线下CPⅠ及CPⅡ可采用多台仪器同时观测,并且采用点联式进行观测;梁上

CPⅡ加密点相邻点间必须观测基线,观测时也可采用点连试;CPⅠ和CPⅡ点与加密CPⅡ点之间可用三台仪器同时联测,至少 2km 联测一个稳定有效的 CPⅠ或 CPⅡ点。观测时应尽量保证每条基线在 400~800m 范围内。

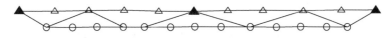

图 2-5-3 GNSS 联测基线示意图
▲-CPⅠ点;△-CPⅡ点;○-CPⅡ加密点

在条件允许的情况下,CPⅡ加密网尽量附合在 CPⅠ点上,并且 CPⅡ加密网段落之间最少重复一条边,本段落最端点的加密 CPⅡ点需作为下一加密段落的起算点。

3.加密 CPⅡ数据处理

在对 CPⅡ加密点进行整体平差前应先对网中的原 CPⅠ和 CPⅡ点的稳定性进行分析。对不满足精度要求的原 CPⅠ和 CPⅡ进行剔除,满足要求的全部作为起算点,满足要求的控制点的密度不大于 2km。其操作步骤如下:

(1)准备加密 CPⅡ测量时联测的所有精密网 CPⅠ及 CPⅡ的坐标,以备作为网平差的起算点。

(2)在基线的质量检验符合要求后,以所有独立基线构成控制网,以三维基线向量及其相应的方差—协方差阵作为观测信息,以一个点的 WGS-84 的三维坐标为起算数据,进行无约束平差。

无约束平差基线向量改正数的绝对值满足下式要求:

$$V_{\Delta x} \leqslant 3\sigma, V_{\Delta y} \leqslant 3\sigma, V_{\Delta z} \leqslant 3\sigma$$

(3)GNSS 网无约束平差合格后,以所有联测的 CPⅠ及 CPⅡ点作为起算点进行约束平差。约束平差后基线向量的改正数与同名基线无约束平差相应改正数的较差满足下式要求:

$$dV_{\Delta x} \leqslant 2\sigma, dV_{\Delta y} \leqslant 2\sigma, dV_{\Delta z} \leqslant 2\sigma$$

基线边方向中误差≤1.7″,最弱边边长相对中误差限差为 1/100 000,最大相邻点相对点位中误差≤8mm。对不满足条件的基线进行分析,以便确定各起算点间的兼容性,对不兼容的点予以剔除,再次进行约束平差,直至所有起算点均匹配,各基线达到精度要求,并且保证平差后加密点 CPⅡ的点位中误差≤10mm。

三、导线加密 CPⅡ 网

CPⅡ控制点导线加密采用测角精度不低于 1″、测距精度不低于 1mm + 2ppm × D 的全站仪施测。

1.导线加密 CPⅡ选点埋石

选点埋石原则同 GNSS 加密选点埋设规则,区别在于观测条件满足导线要求即可。

2.CPⅡ导线测量的主要技术要求及观测方式

如有条件 CPⅡ加密网尽量附合于 CPⅠ控制网上,并且在观测过程中如有距离合适且稳定可靠的 CPⅡ点也需进行联测,要求至少 2km 联测一个稳定有效的 CPⅠ点或 CPⅡ点(增加一条观测边即可),并作为起算点,以增强线下和线上坐标系统的关系,如图 2-5-4 所示。

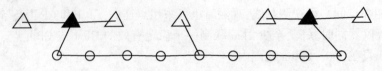

图 2-5-4 导线观测示意图

▲-CP Ⅰ 点；△-CP Ⅱ 点；○-CP Ⅱ 加密点

各分段落 CP Ⅱ 加密导线,需以上段落相邻两个 CP Ⅱ 导线加密点作为起算方向,以增强段落间的平顺性。

四、线路水准基点的加密

1. 线路水准加密测量方案

结合线路水准点复测资料(及区域沉降资料),在 CP Ⅲ 高程测量之前,需对线下精密水准网进行复测。尤其是在沉降漏斗区,需保证线下基准点复测的时效性,即在线下基准点复测完成后,应在较短的时间内完成线上 CP Ⅲ 高程的测量。如果线下精密水准网复测的时间与 CP Ⅲ 测量的时间间隔过长,则需对沉降漏斗区线下水准网再进行加密周期复测。

CP Ⅲ 水准路线附合长度不得大于 3km。结合线路精密水准控制网的特点,一般 2km 左右联测一次线下精密水准网点。桥梁地段因桥面与地面间高差较大,线路水准基点高程直接传递到桥面 CP Ⅲ 控制点上有困难时,可通过不量仪器高和棱镜高的三角高程测量法传递,即要求在桥梁地段每 2km 左右做一处三角高程。梁上三角高程点应埋设在梁的固定支座正上方的防撞墙上(可与 CP Ⅲ 点共用),尽量保证在梁上下联关系时不用再进行水准测量。

但如果由于梁下水准基点因距离或通视条件等原因而无三角高程观测条件时,需对水准基点采用二等水准观测要求引测至桥墩附近,引测时可直接使用桥墩监测标作为线下临时三角高程点。采用的仪器不低于 DS1 的水准仪,须经过检定,并处于检定有效期内。

2. 桥面高程传递

当线路水准基点高程直接传递到桥面 CP Ⅲ 控制点上困难时,需通过不量仪器高和棱镜高的三角高程测量法传递。三角高程应独立观测两遍,且要求变换仪器高,每次要求观测四个测回。两遍高差较差不大于 2mm,满足限差要求后,取两组高差平均值作为传递高差。

中间设站三角高程测量方法,就是在没有仪器高和棱镜高量取误差的情况下,求出点 A 和点 B 的高差。其测量原理见图 2-5-5。

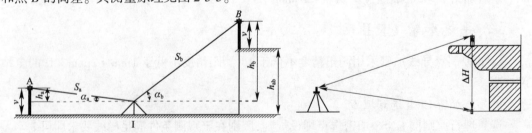

图 2-5-5 不量仪器高、棱镜高的设站三角高程测量原理示意图

中间设站三角高程测量的主要技术要求,满足表 2-5-1 的要求。测量中,前后视棱镜高度必须等高(或前后视使用同一个棱镜)。观测时,棱镜高不变;仪器与棱镜的距离不宜大于 100m,最大不应超过 150m。前、后视距应尽量相等,一般距离差值不宜超过 5m。观测时,要

准确测量温度、气压值,以便进行边长改正。

中间设站三角高程测量外业观测技术要求　　表 2-5-1

适用范围	测回数	垂直角测量		距离测量	
		指标差互差(″)	测回间较差(″)	测回内较差(mm)	测回间较差(mm)
时速250km及以上铁路	4	5.0	5.0	2.0	2.0
时速200km有砟轨道	4	7.5	7.5	3.0	3.0

3. 线下工程沉降评估

无砟轨道对线下工程的工后沉降要求非常严格,CPⅢ控制网建网应在线下工程沉降评估通过之后进行测量。

五、隧道内 CPⅡ 测量

考虑隧道特点,隧道洞内 CPⅡ 控制网应在隧道贯通后,采用导线方法进行测量。

1. 平面点的选点与埋石

CPⅡ平面控制点布设充分考虑后续施工的影响,布设位置选择在受施工干扰较少的排水沟或电缆槽上,根据洞内导线附合长度,埋设成折线状导线或导线网。标石采用CPⅡ专用标钉(图 2-5-6 和图 2-5-7),标钉采用钻孔锚固法埋设,并在点位对应位置的衬砌壁上方(或右侧衬砌壁上方)1.2m钉设标牌,以示点位及名称(图 2-5-8)。

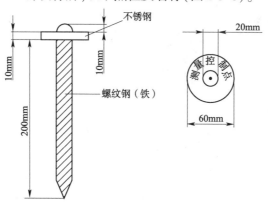

图 2-5-6　CPⅡ专用标钉剖面图

图 2-5-7　CPⅡ专用标钉埋设效果图

图 2-5-8　CPⅡ点标牌

2. 洞内 CPⅡ 导线测量的主要技术

洞内 CPⅡ 导线测量主要技术要求,见表2-5-2。

洞内 CPⅡ 导线测量主要技术要求　　　　　　　　　表2-5-2

控制网级别	附合长度（km）	边长（m）	测距中误差（mm）	测角中误差（″）	相邻点位坐标中误差(mm)	导线全长相对闭合差限差	方位角闭合差限差(″)	对应导线等级	备注
CPⅡ	$L \leq 2$	300~600	3	1.8	7.5	1/55 000	$\pm 3.6\sqrt{n}$	三等	单导线
CPⅡ	$2 < L \leq 7$	300~600	3	1.8	7.5	1/55 000	$\pm 3.6\sqrt{n}$	三等	导线网
CPⅡ	$L > 7$	300~600	3	1.3	5	1/100 000	$\pm 2.6\sqrt{n}$	隧道二等	导线网

3. 洞内 CPⅡ 的布网形式

在进行洞内 CPⅡ 测量时应注意与洞外加密 CPⅡ 网的顺接,尤其长大隧道更要重视此问题,如果有条件,应先测量完成隧道外路基或桥梁上 CPⅡ 加密点,并由此点作为起算点进行洞内导线的起算。

观测边进洞时尽量多联测精密网中的 CPⅠ 和 CPⅡ 点,并形成三角形或大地四边形,以加强起算检查条件。如图 2-5-9 或图 2-5-10 所示为附合长度大于 2km 时导线网的布设形式。

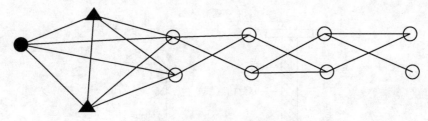

图 2-5-9　隧道内导线网联测示意图
▲-CPⅠ 或 CPⅡ 点；●-CPⅡ 连接点；○-洞内 CPⅡ 点

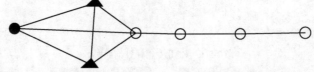

图 2-5-10　隧道内导线网进洞关系联测示意图
▲-CPⅠ 或 CPⅡ 点；●-CPⅡ 连接点；○-洞内 CPⅡ 点

4. 起算点稳定性的检验

起算点的稳定性可根据现场条件,增加观测点(例如隧道施工控制网点)来进行判断,判断条件同导线加密时对起算点的要求。

5. 隧道洞内 CPⅡ 导线观测的其他要求

(1)洞口测站观测宜在夜晚或阴天进行;隧道洞内观测应充分通风,无施工干扰,避免尘雾。

(2)目标棱镜人工观测时应有足够的照明度,受光均匀柔和、目标清晰,避免光线从旁侧照射目标;采用自动观测时应尽量减少光源干扰。

第三节 CPⅢ点的布设与埋标

一、CPⅢ标志

CPⅢ点应设置强制对中标志,标志几何尺寸的加工误差不大于 0.05mm,平面 X 与 Y 方向上的重复性安装误差和互换性安装误差不大于 ± 0.4mm,高程(H)上的重复性安装误差和互换性安装误差不大于 ± 0.2mm。标志各部分的形式:

(1)CPⅢ标志组中预埋件,用不生锈及不腐蚀的金属材料制作,见图 2-5-11。

(2)CPⅢ标志组中棱镜测量杆,见图 2-5-12。

(3)CPⅢ标志组中水准测量杆,见图 2-5-13。

 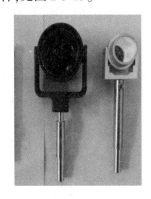 

图 2-5-11 预埋件　　　　图 2-5-12 棱镜　　　　图 2-5-13 水准测量杆

CPⅢ控制点一般沿线路走向按 50~70m 间隔成点对布设,每对 CPⅢ控制点分布于线路两侧,点位设置高度宜高于设计轨顶面 0.3m,设置在稳固、可靠、不易破坏和便于测量的地方,并应防冻和抗移动。

CPⅢ标志的埋设采用预埋方式,应采用快干砂浆、水泥或者锚固剂等进行固定,确保CPⅢ标志预埋件的稳固。

二、桥梁段 CPⅢ点的布设

CPⅢ点宜布设在桥梁固定端的防撞墙(或有砟铁路的挡砟墙)上,距梁端 0.5m 的位置。每隔 60m 左右设置一对 CPⅢ测量标志,并且要求每对 CPⅢ之间的连线与此处线路的延伸方向大致垂直。

无砟铁路可直接在防撞墙上埋设CPⅢ预埋件。但对于有砟铁路,由于挡砟墙较矮,应将挡砟墙设置辅助墩加高后将 CPⅢ设于其上,以保证 CPⅢ标志高于轨面0.3m。有砟轨道辅助立柱顶具体要求如图 2-5-14、图 2-5-15 所示。

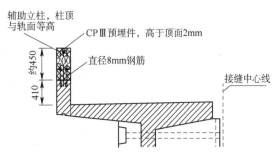

图 2-5-14 桥梁部分 CPⅢ点布置图(尺寸单位:mm)

图 2-5-15 有砟轨道 CPⅢ辅助立柱布筋图(尺寸单位:mm)

1. 简支箱梁

对于 24m 或 32m 简支梁每 2 孔布设一对 CPⅢ点,相邻两对 CPⅢ点相距约为 64m、56m 或 48m。对于连续 24m 简支梁,根据实际情况也可每 3 孔布设一对 CPⅢ点。

2. 普通连续梁

对于连续梁 CPⅢ应优先布设于固定端上方。对于跨度 80m 以内连续梁,跨中可以不埋设 CPⅢ点;80~120m 的连续梁跨中应埋设一对 CPⅢ点;120~180m 的连续梁跨中应埋设两对 CPⅢ点;以此类推。跨中埋设有 CPⅢ点对时,应在同一片连续梁上的固定端埋设 CPⅢ点。连续梁跨中埋设两对及以上 CPⅢ点时,左右线的 CPⅢ点应分别在同一观测视线上。

三、路基段 CPⅢ点的布设

路基地段布置在接触网杆基础的辅助混凝土立柱上。见图 2-5-16~图 2-5-18。

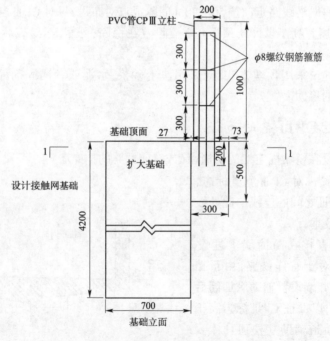

图 2-5-16 路基段 CPⅢ点布置图(尺寸单位:mm)

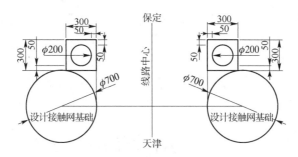

图 2-5-17　路基上 CPⅢ立柱布置图(尺寸单位:mm)

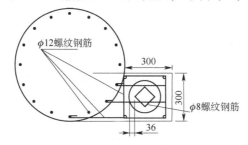

图 2-5-18　路基上 CPⅢ立柱基础配筋示意图(尺寸单位:mm)

CPⅢ辅助立柱基础直径为 25cm,高度高于设计轨道面 20cm 以上。待基础稳定后,在基础上使用快干砂浆或锚固剂埋设 CPⅢ标志预埋件。

四、隧道段 CPⅢ点的布设

隧道内 CPⅢ点一般布置在设计轨道顶面以上 30～50cm 的边墙内衬上或电缆槽顶部等,相邻 CPⅢ点对相距 60m 左右,布置形式如图 2-5-19 所示。

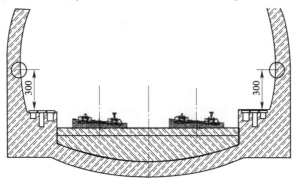

图 2-5-19　隧道内 CPⅢ控制点布置图(尺寸单位:mm)

五、车站段 CPⅢ点的布设

在车站范围内因为股道较多、同期施工的其他工程较多,根据站内具体情况将 CPⅢ点设在站台墙上檐或单独埋设 CPⅢ的标志桩。

六、CPⅢ点埋设要求

(1)确保立柱顶面水平,在其顶部埋设预埋件,预埋件顶面高出立柱顶面 1mm。

(2)辅助立柱施工时作好防护工作,防止立柱混凝土还没有凝固时遭到外力破坏。
(3)作好对辅助立柱的防护工作,严禁吊装作业时碰动立柱。
(4)调制锚固剂成软滑黏稠可堆积状况(如黄油),然后塞入洞孔。
(5)埋设预埋件时在立柱上标明点号及"严禁碰动"等警示语。
(6)安装标志件时,注意保持连接孔的垂直性。

第四节 CPⅢ点和自由测站编号及布设形式

一、CPⅢ点编号

CPⅢ点编号宜采用7位编号形式(0 000 300),具体要求如下:为避免长短链地段编号重复的问题及运营期间使用方便,前4位宜采用4位连续里程的公里数,第5位正线部分为"3",第6、7位为流水号,01~99号数循环。由小里程向大里程方向顺次编号,下行线轨道左侧的标记点编号为奇数,处于上行线轨道右侧的标记点编号为偶数。CPⅢ布点时要对点位进行详细描述,主要描述的内容包括位于线路里程(里程要准确,精确至m)、线路的左、右侧、外移距离、桩类型、具体设置位置和其他需要说明的情况等。点位描述附在成果表里。

丢失或破坏后补埋点,新点号一般可通过修改原点号中的第5位得到。如(0 000 400)可表示为第一次补测点,(0 000 500)可表示为第二次补测点,依此类推。

CPⅢ点编号路基地段宜标绘于接触网杆(或其临时基础内侧);桥梁地段宜标绘于挡砟墙内、外侧,在标志正下方0.2m;隧道地段宜标绘于标志正上方0.2m。点号标志字号采用统一规格字模,字高为6cm的正楷字体刻绘。点号铭牌白色抹底规格为40cm×30cm,红色油漆注明CPⅢ编号、工程线名简称、施测单位名简称,如图2-5-20所示。

图2-5-20 喷涂后的CPⅢ标识

二、自由设站编号

CPⅢ测量过程中的自由设站点编号根据连续里程和测站号等相关信息进行编制,如0613C101。前4位为连续里程,第5位C代表初次建网测量,B代表补测,F代表复测,J代表竣工测量,第6位1代表第一次测量,第7位和第8位代表测站编号(各标段自行分配,标段连接处相邻标段的CPⅢ测站编号不应相同),01~99号数循环。

第五节 CPⅢ网平面测量

如果条件允许,CPⅢ测量应和CPⅡ加密同步进行,尤其对水准测量更要注意加密点测量与CPⅢ测量的时间间隔;如果条件不允许,CPⅡ加密测量与CPⅢ测量的时间间隔不宜大于一个月,并且应视地质条件尽量缩短时间间隔。

一、仪器设备要求

用于CPⅢ测量的仪器设备应通过国家法定机构检定并在有效期内。

(1) 全站仪应具有自动目标搜索、自动照准、自动观测、自动记录功能,其标称精度应满足:方向测量中误差不大于±1″,测距中误差不大于±(1mm+2ppm×D)。

(2) 不低于 DS1 级的电子水准仪及其配套铟瓦尺。

(3) 配套的温度计量测精度不低于±0.2℃,气压计量测精度不低于±0.5hPa。

二、仪器的检验和校正

平面观测前,应对全站仪进行检验和校正,主要包括以下内容:

(1) 望远镜光学性能的检验。
(2) 调焦镜运行正确性的检验。
(3) 照准部旋转是否正确的检验。照准部旋转轴正确,各位置气泡读数较差不超过一格。
(4) 垂直微动螺旋使用正确性的检验。
(5) 照准部旋转时仪器底座稳定性的检验。
(6) 水平轴倾斜误差(水平轴不垂直于垂直轴之差)的检验,DJ1 型仪器不超过 10″。
(7) 视准轴误差(2C,视准轴不与水平轴正交所产生的误差)的检验,DJ1 型仪器不超 20″。
(8) 竖盘指标差的检验,DJ1 型仪器不超 8″。
(9) 对中器的检验和校正。对中误差不大于 1mm。
(10) 测距加常数、乘常数及棱镜常数的检验。

三、观测要求

CPⅢ网采用自由测站边角交会法测量。自由测站的测量:从每个自由测站,一般以前后各 3 对 CPⅢ点为测量目标,每个 CPⅢ点至少从 3 个测站上分别联测。一般尽量选择无风的阴天进行或夜间进行观测,并准确测定每站测量时的温度和气压。

CPⅢ控制网观测的自由测站间距一般约为 120m,自由测站到 CPⅢ点的最远观测距离不大于 180m;每个 CPⅢ点至少保证有 3 个自由测站的方向和距离观测量。其测量网形式见图 2-5-21。

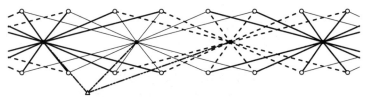

图 2-5-21　CPⅢ平面网构网形式
○-CPⅢ点;●-自由测点;△-CPⅡ点

因施工干扰或受观测条件限制时,也可采用图 2-5-22 的构网形式,测站间距为 60m 左右,观测前后各 2 对、共 8 个 CPⅢ点,每个 CPⅢ点有 4 个测站的方向和距离观测量。

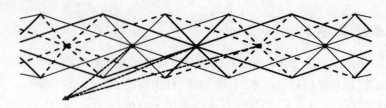

图 2-5-22　CPⅢ平面网构网形式

○-CPⅢ点；●-自由测点；△-CPⅡ点

CPⅢ控制网水平方向采用全圆方向观测法进行观测。当观测方向较多时，也可采用分组全圆方向观测法。全圆方向观测满足表 2-5-3 的规定。

CPⅢ平面网水平方向观测技术要求　　　　　　表 2-5-3

控制网适用范围	仪器等级	测回数	半测回归零差	测回间同一方向2C互差	同一方向归零后方向值较差
时速250km及以上铁路	0.5″	2	6″	9″	6″
	1″	3	6″	9″	6″
时速200km有砟轨道	1″	2	9″	15″	9″

CPⅢ平面网距离测量满足表 2-5-4 的规定。

CPⅢ平面网距离观测技术要求　　　　　　表 2-5-4

控制网适用范围	测回数	盘左和盘右半测回距离较差	测回间距离较差
时速250km及以上铁路	2	±1mm	±1mm
时速200km有砟轨道	2	±2mm	±2mm

注：距离测量一测回是全站仪盘左、盘右各测量一次的过程。

当 CPⅢ平面网外业观测的水平方向和距离的技术要求不满足以上技术要求时，该测站外业观测值应部分或全部重测。

四、数据处理

外业观测完成后，首先进行数据传输及预处理。将外业全仪机载软件记录的数据传入计算机，进行数据整理、检查后，利用多测回测角测站平差计算软件，可对方向观测法和分组方向观测法的测站数据进行测站平差和观测数据检核；然后进行坐标概算及距离改化，闭合差检验，剔除粗差；最后根据对起算点兼容性检查结果，选取兼容性好的起算点进行平差计算。

平差后对验后单位权中误差、观测值改正数与精度进行检核。

CPⅢ平面控制网的主要技术指标除符合表 2-5-5 规定之外，还满足表 2-5-6、表 2-5-7 的要求。

CPⅢ平面网的主要技术指标　　　　　　表 2-5-5

控制网适用范围	方向观测中误差	距离观测中误差	相邻点的相对点位中误差
时速250km及以上铁路	1.8″	1.0mm	±1mm
时速200km有砟轨道	2.5″	1.5mm	±1.5mm

CPⅢ平面网平差后的主要精度指标　　　　　　表 2-5-6

控制网适用范围		与 CPⅠ、CPⅡ联测		与 CPⅢ联测		点位中误差
		方向改正数	距离改正数	方向改正数	距离改正数	
时速 250km/h 及以上铁路	自由网平差	±3″	±2mm	±3″	±2mm	±2mm
	约束平差	±4″	±4mm	±3″	±2mm	
时速 200km/h 有砟轨道	自由网平差	±4.5″	±3mm	±4.5″	±3mm	±3mm
	约束平差	±6″	±6mm	±4.5″	±3mm	

CPⅢ平面网平差计算取位　　　　　　表 2-5-7

控制网名称	水平方向观测值(″)	水平距离观测值(mm)	方向改正数(″)	距离改正数(mm)	点位中误差(mm)	点位坐标(mm)
CPⅢ平面网	0.1	0.1	0.01	0.01	0.01	0.1

五、CPⅢ网分段与测段衔接

CPⅢ可以根据施工需要分段测量,分段测量的测段长度不宜小于 4km。测段间应重复观测不少于 6 对 CPⅢ点,作为分段重叠观测区域以便进行测段衔接。区段搭接不应位于车站或连续梁范围内。施工时,CPⅢ网两端宜分别预留 6 对 CPⅢ点,作为后续 CPⅢ控制网连接区域,并且在这 6 对点中间位置需埋设一个 CPⅡ点,以加强 CPⅢ网的强度。

测段之间衔接时,前后测段独立平差重叠点坐标差值满足 ≤ ±3mm。满足该条件后,后一测段 CPⅢ网平差,应采用本测段联测的 CPⅠ、CPⅡ控制点及重叠段前测段连续的 1~3 对 CPⅢ点坐标进行约束平差。再次平差后,其他未约束的重叠点在两个区段分别平差后的坐标差值不大于 1mm。若坐标差值大于 1mm 时,应查明原因,并经过补测确认无误后,未约束的重叠点坐标应采用后一区段 CPⅢ网的平差结果,并在新提交成果中备注栏注明为"更新成果"。

高速铁路修建及运营过程中,需对 CPⅢ控制网进行多次复测。每次复测均需同上次测量的成果进行比较,按照规范要求 CPⅢ点复测与原测成果坐标差小于 ±3mm。

如果不满上述要求,分析超限原因并指导测量人员进行补测。但有些段落经过补测后仍然不能满足未此项要求时,则考虑该搭接段落的点位可能受到施工碰撞或温度变化影响等产生变形。为保证 CPⅢ网的点间精度及维护线路的平顺性,在全面复测后一般对成果进行全部更新。

投影换带处,其数据处理也按照上述步骤进行计算处理。但在投影换带处上下两个搭接段落应重叠 800m 以上,把先测量完成的段落的成果转换到另外一个坐标系内的成果,再用转化后的成果进行上下段落的搭接计算。

六、外业记录

外业记录须在现场测量时记录各测站的实际情况,它是 CPⅢ测量的重要原始信息,应认真填写,在每段 CPⅢ测量结束后装订存档。见表 2-5-8。

CPⅢ测站信息表 表2-5-8

土建　　　标　　工区(或测量组)　　　　段　　第　　页(共　　页)
天气:□晴□阴□雨□　　　　　　　　无风□微风□大风
仪器型号和编号:　　　　　　　　　　　　　　司镜:

	测站号:						
测站信息	测站高						
	温度						
	气压						
	天气						
	时段						
CPⅢ点号	棱镜1						
	棱镜2						
	棱镜3						
	棱镜4						
	棱镜5						
	棱镜6						
	棱镜7						
	棱镜8						
	棱镜9						
	棱镜10						
	棱镜11						
	棱镜12						
CPⅠ或CPⅡ	点名						
	棱镜高						
备注							
	组长:		复核:			时间:	

外业测量时,对于特殊情况在备注栏中加以说明。对于填写不下的,另附纸张说明。棱镜高也记录在备注栏中。

第六节　CPⅢ网高程测量

CPⅢ高程控制网观测采用精密水准测量的方法进行,并附合于线路水准点或三角高程点。CPⅢ点与上一级水准点的高程联测,应采用独立往返精密水准测量的方法。

一、CPⅢ高程联测网形

CPⅢ控制点间的水准路线,可选如下水准路线形式中的一种进行测量。

1. 普通水准线路测量法

该方法往测示意图如图 2-5-23 所示。

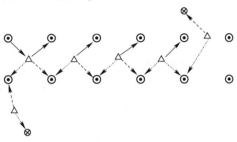

图 2-5-23　往测示意图

返测水准路线如图 2-5-24 所示。

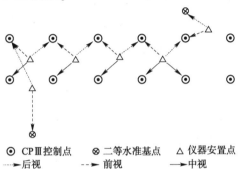

图 2-5-24　返测水准路线

每一测段至少与 2 个二等水准点进行联测,形成检核。联测时,往测时以轨道一侧的 CPⅢ水准点为主线贯通水准测量,另一侧的 CPⅢ水准点在进行贯通水准测量摆站时就近观测。返测时以另一侧的 CPⅢ水准点为主线贯通水准测量,对侧的水准点作为中视点在设站时就近观测。

2. 单程矩形闭合环

每个闭合环的四个高差均由两个测站独立完成,同一里程点对间高差为相反方向,精密水准测量测站按照后—前—前—后或前—后—后—前的顺序测量。CPⅢ控制点水准测量对相邻 4 个 CPⅢ点构成的水准闭合环进行环闭合差检核,相邻 CPⅢ点的水准环闭合差不得大于 1mm,如图 2-5-25 所示。

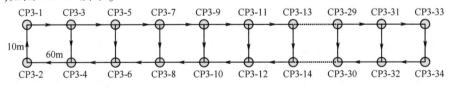

图 2-5-25　单程矩形闭合环

3. 自由测站三角高程测量

CPⅢ控制点高程测量也可采用自由测站三角高程测量方法与 CPⅢ平面控制测量合并进行。除满足 CPⅢ平面网的外业观测要求外,现行规范中的要求见表 2-5-9。CPⅢ自由测站三角高程网闭合差、每千米高差偶然中误差、每千米高差全中误差等各项指标同相应等级水准测量的要求。平差后的精度指标要求见表 2-5-10。

CPⅢ控制网自由测站三角高程外业观测的主要技术要求　　　表 2-5-9

适用范围	全站仪标称精度	测回数	测回间距离较差	测回间竖盘指标差互差	测回间竖直角互差
速度 250km/h 及以上铁路	≤1″,1mm+1ppm	≥3	≤1mm	≤9″	≤6″
速度 200km/h 有砟轨道	≤1″,1mm+2ppm	≥2	≤2mm	≤13″	≤9″

CPⅢ控制网自由测站三角高程网平差后的精度指标　　　表 2-5-10

适用范围	高差改正数	高差观测值的中误差	高程中误差	平差后相邻点高差中误差
速度 250km/h 及以上铁路	≤1mm	≤0.5mm	≤2mm	±0.5mm
速度 200km/h 有砟轨道	≤2mm	—	≤4mm	±1.0mm

CPⅢ自由测站三角高程网可分区段构网平差,区段长度不宜小于 4km,区段与区段之间重叠点不少于 6 对,重叠点的精密水准高程较差≤3mm,三等水准≤4.5mm。满足要求后,后一区段的平差,采用本区段联测的线路水准基点及重叠段前一区段的 1 对 CPⅢ点作为约束点进行平差计算。

二、主要技术要求

CPⅢ高程控制网精密水准测量的主要技术要求符合表 2-5-11 和表 2-5-12 的规定。

CPⅢ水准测量的主要技术标准　　　表 2-5-11

等　级	附合路线长度(km)	水准仪最低型号	水　准　尺	观　测　次　数	
				与已知点联测	环线
精密水准	≤3	DS1	铟瓦	往返	单程
三等水准	≤3	DS3、DS1	铟瓦双面	往测往返	单程

CPⅢ水准测量精度要求(mm)　　　表 2-5-12

等　级	每 km 水准测量偶然中误差 M_Δ	每 km 水准测量全中误差 M_W	限　差			
			检测已测段高差之差	往返测不符值	附合路线或环线闭合差	左右路线高差不符值
精密水准	≤2.0	≤4.0	$8\sqrt{R_i}$	$8\sqrt{K}$	$8\sqrt{L}$	$6\sqrt{K}$
三等水准	≤3.0	≤6.0	$20\sqrt{R_i}$	$12\sqrt{K}$	$12\sqrt{L}$	$8\sqrt{K}$

注:1. K 为测段水准路线长度;L 为附合或环线的水准路线长度;R_i 为检测测段长度;K、L、R_i 单位为 km。

2. 结点之间或结点与高级点之间,其路线的长度不大于表中规定的 0.7 倍。

CPⅢ高程网精密水准测量测站的主要技术要求,符合表 2-5-13 的规定。

CPⅢ高程网水准测量测站的主要技术标准　　　表 2-5-13

等　级	前后视距差(m)	视线高度(m)	两次读数之差(mm)	两次读数所测高差之差(mm)
精密水准	≤2	≤2.8 且≥0.45	≤0.5	≤0.7
三等水准	≤3	≥0.35	≤1	≤1.5

在下列情况下,CPⅢ高程网的外业观测值应该部分或全部重测:

(1)当 CPⅢ高程网水准测量的测站数据质量超过表 2-5-13 的要求时,该测站的数据应该重测。

(2) 当CPⅢ高程网水准路线的限差超过表2-5-12的要求时,该水准路线的数据应该重测。

(3) 当根据闭合环闭合差计算的每千米水准测量的高差全中误差超限时,首先应对闭合差较大的闭合路线进行重测,重测后M_W仍超限,则整个CPⅢ高程网水准测量的数据都应重测。

(4) CPⅢ高程复测采用的网形和精度指标与原测相同。约束平差后两次测量CPⅢ点高程的较差,不大于±2mm,否则复测的CPⅢ高程网数据应补测或重测。

三、内业数据处理

CPⅢ高程网外业观测成果的质量评定与检核的内容应该包括:测站数据检核、水准路线数据检核,当CPⅢ水准网的环数超过20个时还要进行每千米水准测量的高差全中误差的计算。CPⅢ高程网内业平差计算和基础控制资料的选用,满足下列原则:

(1) CPⅢ高程网水准测量的外业观测数据全部合格后,方可进行内业平差计算,数据计算取位见表2-5-14。

精密水准测量数据计算取位　　　　　　　　　　　表2-5-14

往(返)测距离总和 (km)	往(返)测距离中数 (km)	各测站高差 (mm)	往(返)测高差总和 (mm)	往(返)测高差中数 (mm)	高程 (mm)
0.01	0.1	0.01	0.01	0.1	0.1

(2) CPⅢ高程网采用联测的稳定线路水准基点的高程作为起算数据进行固定数据平差计算。

(3) CⅢ高程区段接边处理:

CPⅢ高程测量分段方式与CPⅢ平面测量分段方式保持一致,前后段接边时应联测另外一段2对CPⅢ点。区段之间衔接时,前后区段独立平差重叠点高程差值≤±3mm。满足该条件后,后一区段CPⅢ网平差,应采用本区段联测的线路水准基点及重叠段前一区段连续1~2对CPⅢ点高程成果进行约束平差。

(4) CⅢ高程成果的取用:

相邻CPⅢ点高差中误差不大于±0.5mm。CPⅢ高程点复测时与原测成果的高程较差≤±3mm,且相邻点的复测成果高差与原测成果高差较差≤±2mm时,采用原测成果。较差超限时应分析判断超限原因,确认复测成果无误后,对超限的CPⅢ点采用同级扩展方式更新成果。

第七节　CPⅢ网的复测与维护

为了保证建设期间轨道结构施工的精度及运营期间轨道调整的精度。在施工及运营过程中应对CPⅢ网进行复测。复测方法同CPⅢ建网方法。一般在轨道结构施工前进行CPⅢ建网,在竣工验收前复测一次,对于板式无砟轨道一般在轨道板精调前还要加密复测一次。在高速铁路运营期间,CPⅢ平面复测周期不宜超过3年/次,CPⅢ高程复测周期不宜超过1年/次,在区域沉降地区,或地质条件复杂地区应加密周期。

CPⅢ控制网的复测采用与原测相同的方法和精度进行,复测联测上一级控制点的方法和数量与建网测量相同。

CPⅢ点复测与原测成果在现行规范中的限差见表2-5-15,坐标增量较差按式(2-5-1)计算。

CPⅢ平面网的主要技术指标　　　　　　　　　　　表2-5-15

控制网适用范围	坐标较差	相邻点的复测与原测坐标增量较差	高程较差	相邻点的复测与原测高程增量较差
时速250km及以上铁路	≤±3mm	≤±2mm	≤±3mm	≤±2mm
时速200km有砟轨道	≤±4.5mm	≤±3mm	≤±5mm	≤±3mm

$$\Delta X_{ij} = (X_j - X_i)_{复} - (X_j - X_i)_{原}$$
$$\Delta Y_{ij} = (Y_j - Y_i)_{复} - (Y_j - Y_i)_{原} \qquad (2\text{-}5\text{-}1)$$

CPⅢ高程网复测采用的精度指标、计算软件及联测上一级线路水准基点的方法和数量均与原测相同。CPⅢ点复测与原测成果在现行规范中的限差见表2-5-15,高程成果增量较差按式(2-5-2)计算。

$$\Delta H_{ij} = (H_j - H_i)_{复} - (H_j - H_i)_{原} \qquad (2\text{-}5\text{-}2)$$

复测完成后,对CPⅢ网复测精度进行评价,满足要求后,对复测数据和原测数据进行对比分析和评价,对超限的点位认真进行原因分析,确认点位移动原因。为保证CPⅢ点位的相对精度,按照同精度内插的方式更新CPⅢ点的坐标和高程。最终选用合格的复测成果和更新成果进行后续作业。

第六章 施工放样

施工放样的目的是把设计的建筑物或构筑物的平面位置和高程位置测设到地面上。

点的平面位置放样是根据已经布设好的控制点的坐标和待放样点的坐标,返算出放样数据,即控制点和待放样点之间的水平距离和水平角度。根据所用的仪器设备、控制点的分布情况、放样场地条件及放样点精度要求等,可以采用极坐标法、直角坐标法、全站仪坐标法、卫星定位测量法、角度前方交会法、长度前方交会法、角度后方交会法等放样方法。

点的高程位置放样是根据已经布设好的控制点的高程和待放样点的高程,返算出放样数据,即控制点和待放样点之间的高差。根据所用的仪器设备、控制点的分布情况、放样场地条件及放样点精度要求等,可以采用水准测量法、三角高程测量法、卫星定位测量法等放样方法。

在铁路工程进行测量放样前,测量人员应熟悉各级测量控制网的情况和勘察设计单位提供的设计蓝图,并结合现场条件确定适宜的施工放样方法。

第一节 线路施工放样

1. 中线测设

铁路工程施工前,勘察设计单位应向建设单位和施工单位提供中线设计资料,包括:交点坐标表、逐桩坐标表、断链表和曲线表。

中线设计资料移交时,建设单位应组织召开技术交底会议,由勘察设计单位对中线情况进行说明交底,一般需明确以下内容:

(1)交桩资料中的中线是左线还是右线,在双线时一般为左线资料。

(2)施工复测时,各个工程独立坐标系换带处、两端与其他工程接头处、联络线与正线衔接处以及各相邻标段之间交接处的平面和高程关系。

(3)在推导线路里程时需要注意考虑的断链关系。

(4)施工前应对勘察设计单位移交的资料进行全面复核,必要时应现场实测,因测量误差引起的曲线偏角或纵向里程与设计不符时,应认真分析原因,并及时与勘察设计单位联系,双方沟通解决后方可施工。

施工单位对中线资料复核无误后,即可开展中线放样测量,线路中线加桩应利用CPⅡ控制点、施工加密控制点或CPⅢ控制点测设,铁路中线放样多采用卫星定位RTK作业方式和全站仪坐标法。

RTK作业步骤:

(1)根据需要测设的中线范围确定所要采用的控制点范围,一般控制在20km以内;

(2)在测量控制器导入或键入控制点,点校正后控制点平面残差应小于15mm,高程残差应小于20mm;

(3)在测量控制器键入道路文件,在断链处应断开,建立不同的道路文件;

(4)现场放样中线;

(5)注意段落间的衔接,保证全线的贯通,尤其是标段与标段或工区与工区之间,必须要相互检测,确保线路畅通;

(6)复测结果应与勘察设计单位的纵断面资料进行对比,对存在问题的要及时反馈到勘察设计单位,如发现新增与线路交叉的公路或交叉公路宽度、高度发生变化等情况。

全站仪坐标法作业步骤:

(1)在全站仪导入或键入控制点;

(2)根据设计资料,建立道路文件,在断链处应断开,建立不同的道路文件;

(3)现场放样中线。

中线放样后控制点应定测木桩,在木桩顶定设直径为1mm 的小钉以标识点位。中线放样后应进行贯通测量,以检查中线放样的精度,桩位限差应满足纵向 $S/20\ 000 + 0.01$(S 为相邻中桩间的距离,以 m 计)、横向 ±10mm 的要求。

线路中线桩高程应利用线路水准基点测量,中桩高程限差为 ±10mm。当桩位间由于通视条件差不能进行贯通测量时,应采用原放样方法进行复测检查,复测后,坐标差应不大于 ±10mm、高程差应不大于 ±10mm。

2. 用地界放样

铁路工程开工后,一般需要先进行征地拆迁,首先要放样用地界。设计的用地界如图 2-6-1 所示。

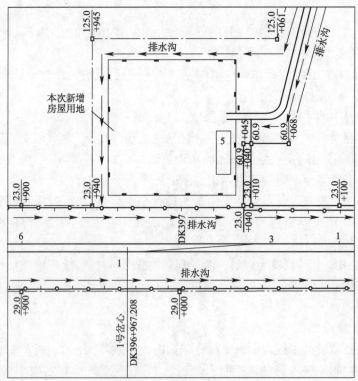

图 2-6-1　铁路用地界局部示意图

用地界可以根据放样的中线直接丈量,也可以直接使用全站仪极坐标法或 RTK 法逐点放样,用地界放样后,应钉设木桩,并在用地界木桩之间用白石灰标识铁路用地界线。

地界桩应根据地界宽度测设,直线地段每 200m、曲线地段每 40m、缓和曲线起终点及地界变化处的两侧均应测设地界桩。

放样用地界边桩的限差不应大于 10cm。

铁路用地界放样经常使用 RTK 方式,RTK 放样道路一般具有指示里程和左右偏差的功能,可以很直观地找到用地界控制点位置。

第二节　路基施工放样

1. 路基边桩测设

路基边桩测设就是把设计路基的边坡线与地面相交的点测设出来,在地面上钉设木桩(称为边桩),以此作为路基施工的依据。

路基施工放样的边桩可根据地形情况采用横断面法、逐渐接近法、全站仪极坐标法或 RTK 法测设,测设边桩的限差不应大于 10cm。

采用全站仪极坐标法或 RTK 法测设作业精度可满足要求,效率更高,已普遍应用于施工复测和放样,且放线误差不会累积。

(1)平坦地区路基边桩的测设

填方路基称为路堤,如图 2-6-2 所示。路堤边桩至中心桩的距离为:

$$D = \frac{B}{2} + m \cdot h \tag{2-6-1}$$

挖方路基称为路堑,如图 2-6-3 所示。路堑边桩至中心桩的距离为:

$$D = \frac{B}{2} + s + m \cdot h \tag{2-6-2}$$

式中:B——路基设计宽度;

m——边坡率;

h——填(挖)方高度;

s——路堑边沟顶宽。

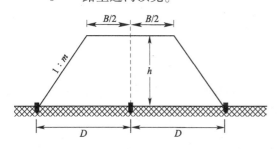

图 2-6-2　平坦地区路基边桩的测设 –1(路堤)　　图 2-6-3　平坦地区路基边桩的测设(路堑)

(2)山区地段路基边桩的测设

在山区地面倾斜地段,路基边桩至中心桩的距离随着地面坡度的变化而变化。如图 2-6-4所示,路堤边桩至中心桩的距离计算如下:

斜坡下侧：

$$D_{下} = \frac{B}{2} + m \cdot (h_{中} + h_{下}) \quad (2\text{-}6\text{-}3)$$

斜坡上侧：

$$D_{上} = \frac{B}{2} + m \cdot (h_{中} - h_{上}) \quad (2\text{-}6\text{-}4)$$

如图 2-6-5 所示，路堑边桩至中心桩的距离计算如下：

斜坡下侧：

$$D_{下} = \frac{B}{2} + s + m \cdot (h_{中} - h_{下}) \quad (2\text{-}6\text{-}5)$$

斜坡上侧：

$$D_{上} = \frac{B}{2} + s + m \cdot (h_{中} + h_{上}) \quad (2\text{-}6\text{-}6)$$

式中：$D_{上}$、$D_{下}$——斜坡上下侧边桩与中桩的平距；

$h_{中}$——中桩处的地面填挖高度，为已知设计值；

$h_{上}$、$h_{下}$——斜坡上、下侧边桩处与中桩处的地面高差（均为绝对值），在边桩未定出之前为未知数；

B、s、m——意义同前，为已知设计值。

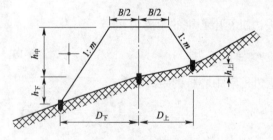

图 2-6-4 山区地段路基边桩的测设（路堤）

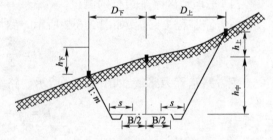

图 2-6-5 山区地段路基边桩的测设（路堑）

在实际放样过程中应采用逐渐趋近法测设边桩。先根据地面实际情况，并参考路基横断面图，估计边桩的位置。然后测出该估计位置与中桩的平距 $D_{上}$、$D_{下}$ 以及高差 $h_{上}$、$h_{下}$，并以代入公式，若等式成立或在容许误差范围内，则估计位置与实际位置相符，即为边桩位置；否则应根据实测资料重新估计边桩位置，重复上述工作，直至符合要求为止。

2. 路基基础施工放样

(1) 路基加固工程施工放样

地基加固范围施工放样可在恢复中线的基础上采用横断面法、极坐标法或 RTK 法施测。地基加固工程中各类基础的桩位，应根据设计要求在已测设的地基加固范围内布置，可采用横断面法测设，相邻桩位距离限差不应大于 5 cm。

(2) 桩板结构地基施工放样

桩位及承载板平面控制点一般采用全站仪极坐标法放样，放样点线路纵、横向中误差不应大于 10 mm。桩顶及承载板高程控制点一般采用水准测量法放样，放样点的高程中误差不应大于 2.5 mm。

支挡结构、边坡防护、防排水结构物及相关工程的平面测量放样常采用全站仪极坐标法和 RTK 法，高程放样常用全站仪极坐标法、水准测量法或 RTK 法。放样后，路基结构尺寸误差、基底及顶部高程误差均不应大于 5cm。

第三节　桥梁施工放样

桥梁施工放样前应检查控制点情况，当控制点密度不能满足施工定位放样要求后，应按同精度扩展或降级加密的方法增设。加密控制点应选在距离桥中线较近、通视条件良好且不受施工干扰、比较稳固的地基或建筑（构）物上。长距离跨河、海桥梁施工中，可在河、海中相隔 2km 左右的优先施工桥墩承台上布设 GNSS 加密控制点。

桥梁施工放样工作主要包括以下主要内容：墩台纵、横轴线的确定，基坑开挖及墩台扩大基础的放样，桩基础的桩位放样，承台及墩身结构尺寸、位置放样，墩帽及支座垫石的结构尺寸、位置放样，桥涵上部机构中心及细部尺寸放样，施工各阶段的高程放样。

典型桥梁见图 2-6-6。

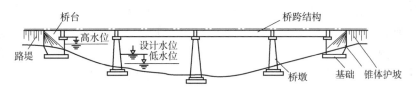

图 2-6-6　典型桥梁示意图

1. 桥墩、桥台定位测量

在桥梁施工测量中，测设桥墩、桥台中心位置的工作称为桥梁墩、台定位。桥梁墩、台中心点定位宜采用全站仪极坐标法、导线法进行。

在桥梁设计中，墩、台中心坐标 (x,y) 已设计，可用全站仪按极坐标法测设。原则上将仪器放置在任何一个控制点上，根据墩、台坐标和测站点坐标，反算出极坐标放样数据，即角度和距离，然后依此测设墩、台的中心位置。

（1）岸上桥梁墩、台定位

使用全站仪极坐标法由不同控制点放样的点位的不符值不应大于 2cm，在限差以内时取放样点连线构成图形的几何中心为墩（台）中心点。

用全站仪进行值线桥梁墩、台定位具有简便、快速、精确的特点，只要墩、台中心处可以安置反射棱镜，仪器与棱镜能够通视，即可采用。测设时最好将仪器置于桥轴线的一个控制桩上，瞄准另一个控制桩，此时远镜所指方向为桥轴线方向。在此方向上移动棱镜，通过测距定出各墩、台中心。这样测设可有效控制横向误差。为确保测设点位的准确，测后应将仪器迁至另一控制点上再测设一次进行校核。

桥垮长、跨数少的曲线桥，宜采用导线法确定墩位中心。导线角度应以不低于 1″级的全站仪测设，偏角总闭合差 f_β 不应大于下式规定。

$$f_\beta = 8\sqrt{N} \quad (″) \tag{2-6-7}$$

式中：N——桥梁跨数。

(2) 水中桥梁墩定位

水中桥墩基础采用水上作业平台施工时,用全站仪极坐标法或交会法进行墩中心点定位。水中桥墩基础施工采用单侧(或双侧)栈桥时,可沿栈桥布设桥梁中心线的平行线,通过岸上控制点沿平行线方向用直接丈量法设置桥墩的中心里程点,与交会法测点坐标的互差不得大于2cm,以直接丈量法为准。

水下基础施工过程中应加强对水上平台或栈桥上设置的桥墩中心点的检核,及时掌握平台或栈桥的位移情况。当两次测量不符值大于2cm时,应重新测设桥墩中心点。

(3) 纵横轴线的放样

在桥墩、桥台中心定位之后,还应放样出墩、台的纵横轴线,作为墩、台细部放样的依据。对旱桥或浅水桥可以直接用全站仪采用拨角法放样;位于水中的桥墩,如采用筑岛或围堰施工时可以把纵横轴线测设于岛上或围堰上。直线桥的墩、台轴线应与桥轴线垂直;若曲线桥墩、台中心位于路线中心上,则墩、台的纵轴线为墩、台中心处曲线的切线方向,而横轴与纵轴垂直。

施工过程中,由于墩位中心及纵横轴线的标志一般都不易长期保存,往往在前一个施工环节中已被破坏,因此必须采取重新交会的方法或根据护桩恢复墩位中心及纵横轴线,再进行下一步的细部放样工作。墩、台轴线的护桩在每侧应不少于两个,尽量在每侧设3个护桩,以防护桩被破坏。护桩的位置一般是在放样出的桥梁墩、台纵横轴线上,这样有利用于校核。特殊情况(如水中桥墩护桩)也可以不在轴线上,这时要用方向交会法设置护桩。

2. 基坑开挖及扩大基础的放样

明挖基础基坑放样宜采用全站仪极坐标法,基础高程应在基底处理后测量。

如图2-6-7所示,在地面已定出桥墩中心位置O及纵横轴线XX'、YY'。若已知基坑底面尺寸长28m、宽6m,挖基深度为5m,基坑坑壁坡度为1:1.5,现欲放样基坑的开挖边线$PQRS$。

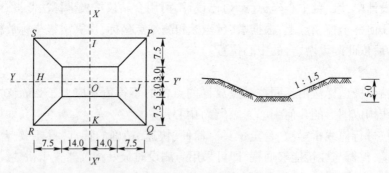

图2-6-7 基坑开挖边线放样(尺寸单位:m)

根据基坑底面尺寸计算出P、Q、R、S各点对纵横轴线的垂距,即可按直角坐标法放样四点。通过几何关系可得P点对纵轴的垂距:

$$PI = JO = 14 + 5 \times 1.5 = 21.5 (\text{m})$$

P点对横轴的垂距:

$$PJ = IO = 3 + 5 \times 1.5 = 10.5 (\text{m})$$

在现场根据IO、JO的计算值用钢尺沿纵横轴线方向在地面定出I、J两点,然后分别在

I、J 两点以 PI、PJ 两距离相交定出 P 点。同法可依次定出其他各点在地面上的位置,即得基坑的开挖边线 $PQRS$。

岸上桥墩的沉井(原地或筑岛)施工测量时,沉井制造、下沉和接高放样测量,应以桥墩中心纵横十字线和统一的高程基准面为依据,并逐层向上传递。沉井下沉过程中,应定时测量并推算沉井顶、底位置和高程。沉井下沉到设计高程后,应检查并调整沉井顶部十字线和基准面,推算沉井顶、底位置和高程。

水上桥墩的沉井施工测量时,在水上沉井拼装前,应在拼装船上设放十字线、轮廓线、检查线及高度基准面,各对角线间或中点连线间的长度互差限值为 10mm,高度基准面的平面符合性验算限差为 5mm。沉井拼装完成后,应检查顶面尺寸及高度,并应投放顶面十字线与高度面。沉井下沉就位过程中应定时测量沉井位置,并根据需要测量沉井附近河床冲刷、局部流速和流向。从沉井定位至嵌入河床处于稳定状态的过程中,应及时测定沉井的位置、扭角、倾斜、刃脚高程,并根据施工需要进行局部水文测量。

3. 桩基础的桩位放样

桩基础钻孔放样和桥墩定位放样方法相同,常采用全站仪极坐标法,桩基定位放样当中应注意以下几点:

(1)认真熟悉图纸,详细核对各轴线桩布置情况,例如,是单排桩还是双排桩、梅花桩等,每行桩与轴线的关系是否偏中,桩距多少、桩个数、承台标高、桩顶标高。

(2)根据轴线控制桩纵横间距,把轴线放到地面上,从纵横轴线交点起,按桩位布置图进行逐个桩定位,在桩中心钉上木桩。

(3)每个桩中心都固定标志,一般用 $4cm \times 4cm$ 的方木桩钉牢,用浅颜色做标志,以便钻机在成孔过程中及时正确地找准桩位。

(4)桩基成孔后,灌注混凝土前应在每个桩附近重新测量标高,以便正确掌握桩顶标高。

管桩施工测量时,每根管桩打入、接桩过程中及到达设计高程后,应定时测定桩位中心的平面位置、倾斜度和桩顶高程,并推算桩尖高程及承台底处的桩顶位置。管桩的平面测设限差为 20mm。斜桩应按设计坡度推算至地面高程后再测设。承台浇筑前,应测定管桩群顶部位置,编列单根管桩及管桩群的位移及倾斜竣工资料。

钻(挖)孔灌注桩测量放样时,埋设护筒后,桩位中心平面位置允许偏差为 20mm,并测定护筒顶面高程。灌注混凝土后应测定桩位中心坐标,并在桩侧按桩头设计高程测定高程线。

海中桥墩基础施工放样及其竣工测量可采用 RTK 技术,平面测量限差为 20mm、高程测量限差为 50mm。打桩船 GNSS 定位系统进场后及每个承台第一根桩的施工过程中,可采用下列方法校核:

(1)全站仪辅助定位;

(2)改换使用另一个 GNSS 参考站的信号;

(3)船上布设校核点,测量其三维坐标,再根据校核点与桩身的几何关系推算出桩身偏位。

承台其余桩位的校核可量取各桩之间的几何距离来比对。

测量海中钢管桩桩顶标高时,在上、下游的承台钢管桩中各选一个倾斜度相对较小的钢管桩。标高可用 RTK 放样,每根桩放样 3 次,再用塑料水管进行两桩校核,选取其相符值。

海中其他钢管桩截桩标高测量满足以下规定：

（1）承台其他桩的标高，从已测桩开始用塑料水管顺次引测至已测桩。当已测桩两次测量标高之差超过5mm时，进行返测，直至符合要求为止。

（2）每次测高前，在控制点上进行RTK比对，求取RTK测高改正常数，并在已放样好的标志上进行验证。

钢管桩桩头处理完毕后按下列规定测量钢管桩中心点的坐标，将其归算至设计标高处并与设计坐标比较，其较差不大于$\frac{1}{4}d$（d为桩径）。

（1）截桩后，在桩顶安放十字架，用RTK测定桩心坐标，计算桩心偏位。

（2）RTK测取桩心坐标时观察屏显数据随桩体晃动的变化情况，记录晃动中心值，每根桩记录3次，取其均值。

4. 桥台、墩身施工放样

基础部分做完后，墩中心点应再利用控制点交会测设出。然后在墩中心点设置全站仪放出纵横轴线，并将纵横轴线投影到固定的附属结构物上，以减少交会放样次数。同时根据岸上水准基点检查基础顶面的高程，其精度应符合四等水准要求。根据纵横轴线即可放样承台、墩身砌筑的外轮廓线。随着桥墩砌筑的升高，可用较重的垂球将标定的纵、横轴线转移到上一段，但每升高3~6m后须检查一次桥墩中心和纵横轴线。

承台、墩身、顶帽及垫石平面形状和尺寸应依据桥墩中心纵横十字线放样，高程可采用几何水准或光电测距三角高程测量方法测定。

承台模板尺寸的设放限差为40mm，高程设放限差为30mm；墩身模板尺寸的测量限差为20mm，高程设放限差为30mm，模板上同一高程线的测量限差为10mm。

顶帽立模前应检查中心十字线的正交性。顶帽模板尺寸的设放限差为10mm，高程精度应符合四等水准测量要求。灌注混凝土前，应检查该墩至两邻墩的跨距。

使用全站仪进行承台、墩身、顶帽、垫石放样及模板检查时，应检测后视点坐标，实测坐标与已知坐标的互差不应大于10mm，且前视距离不应超过后视距离。

长距离跨河或跨海桥梁的水中承台施工时，可先在承台上测设GNSS加密控制点，然后采用全站仪极坐标法进行水中承台轴线点施工放样。承台高程可采用GNSS高程拟合法测定，高程拟合误差不应大于30mm。墩身高程必须进行全桥贯通测量。

灌注顶帽混凝土至顶部时，根据需要在墩顶桥梁中线上埋设中心标1~2个，并在墩顶上、下游异侧各埋设水准标一个（图2-6-8）。在桥墩建成后，应测定中心标里程及高程。

圆头墩身平面位置的放样方法如图2-6-9所示。欲放样墩身某断面尺寸为长12m、宽3m，圆头半径为1.5m的圆头桥墩。在墩位上已设出桥墩中心O及其纵横轴线XX'、YY'，则可以O点为准，沿纵线XX'方向用钢尺向两侧各放出1.5m得I、K两点，再以O点为准，沿横轴YY'，用钢尺放出4.5m得圆心J点，然后再分别以I、J及K、J点用距离交会法测出P、Q点，并以J点为圆心，以$JP=1.5m$为半径，作圆弧得弧上相应各点。用同样方法可放出桥墩的另一端。

承台全部或部分竣工后，应依据施工控制点进行贯通测量。当实测跨距与设计跨距的差值超过2cm时，应根据桥墩设计允许偏差逐墩进行跨距调整。

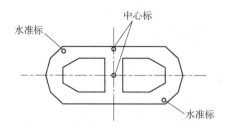
图2-6-8 桥墩顶帽预埋点示意图

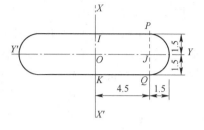
图2-6-9 圆头墩身放样(尺寸单位:m)

5.桥梁架梁测量

架梁测量应以墩台中心十字线或梁中心线交点(曲线桥)为准,在墩顶上用钢卷尺按设计尺寸放出支座十字线及梁端轮廓线,并用墨线标出。架梁前,应精密测定墩(台)顶水准点的高程、桥中线方向及中心里程。

墩(台)中心十字线测定应符合下列规定:

(1)桥中线方向应在无风、成像清晰稳定时直接测定。当后视点与前视点同向时,正、倒镜测量不符值不得大于3mm,取中值;当后视点与前视点异向时,按正、倒、倒、正镜观测,不符值不得大于4mm,取中值。

(2)精密测定墩(台)中心里程及跨距,可采用钢卷尺直接丈量法、全站仪组合测距法或坐标法。里程的平差值与设计值比较,其不符值超过10mm时,应适当调整。

(3)设放钢梁架设的标志线、支座十字线,其距离与垂直度限差为1mm。

墩顶水准标高程测定应符合下列规定:

(1)墩顶水准标高程精度应与施工水准网复测精度相同。墩跨较大时,应使用水准仪或全站仪按跨河水准测量方法测定。

(2)由地面水准点传递高程至墩顶时,应以水准仪测读接高,并用悬挂钢卷尺方法复核。当高差较大不易传递时,可用光电测距三角高程测量方法往返测定高差,并用悬挂钢卷尺方法复核。

(3)墩顶水准标应与两岸基本水准点进行直接逐跨高程联测(1~2次),全桥贯通。

支座安装的高程测量精度要求应与墩顶水准标相同。固定支座应按设放的支座十字线安装,活动支座的辊轴倾斜位移应按实测气温计算。

悬臂拼装钢桁梁测量应符合下列规定:

(1)在起吊拼装前,应按规定检查钢梁主要杆件的制造误差,并设放测量标志点。

(2)应准确测定平衡梁的平面、立面位置,并使其中线与桥中线取得一致。

每拼装一个节间或起落梁前后,均应测定钢梁的中线、高程、拱度、倾斜值及临时活动支座的位移值。

(3)采用跨中合龙时,应准确测定合龙部分锚孔前后两支点的相对高差;合龙前应测定两端悬臂部分的中线、挠度及距离;合龙后,应测定钢梁全部中线、高程、拱度。

(4)钢梁高程标志点应对称于中线分布在上、下游两侧,且点间距离宜大些,观测精度应符合三等水准测量要求。每个测点应取两次读数的中值,并推算至弦杆理论中线高程面上。

墩顶处桥中线点应投放至横梁顶部,每次投影互差不得大于2mm,取中值。

(5)当能直接传递高程时,应在钢梁上按三等水准测量要求联测两岸基本水准点,并与墩顶水准标原高程成果比较。

6. 斜拉桥施工测量

斜拉桥主塔塔座竣工后,应按下列规定建立高塔柱施工控制点:

(1)采用测边交会法、边角后方交会法或 GNSS 静态相对测量技术,精密测放主塔墩墩中心点,点位限差为 5mm。同时应设立上、下游墩中心线控制点。

(2)当主跨实测跨距与设计跨距的差值超过 5mm 时,应适当调整两主塔中心点位置,同时调整相邻桥墩中心点位置。边跨实测跨距与设计跨距的较差不应超过 5mm。

(3)以两主塔中心连线作为斜拉桥桥中线,检测主塔墩两端相邻墩的位置。当相邻墩偏离桥中线方向的距离超过 5mm 时,应适当调整相邻墩墩中心点的位置。

(4)设立四个水准标,分别位于桥中线和墩中心线方向上。相邻墩墩顶水准标的测定应与主塔塔座水准标进行二等跨河水准联测。

斜拉桥主塔塔柱施工测量基准的传递应符合下列规定:

(1)平面基准的传递:塔柱内墩中心点的位置可采用激光准直法、精密天顶基准法、全站仪逐次趋近法或全站仪坐标差分法等方法,由墩中心点向上铅垂投放。当两次投影中心位置的偏距不超过 3mm 时,取其平均位置,再利用不低于 2″级仪器,放出塔柱内基本控制点(柱中心线和墩中心线)。

(2)高程基准可使用水准仪借助经鉴定合格的钢卷尺,沿塔柱方向逐次向上传递。也可在相邻墩上设置全站仪,采用全站仪三角高程差分法,观测主塔塔座水准标 2 次或 2 次以上,求出观测值与原水准标高程值(理论值)的差值,并及时进行差分改正。当全站仪仰角超过 15°时,应悬挂钢卷尺复核。

(3)斜拉桥主塔塔柱模板的检查测量应以塔柱内基本控制点为依据进行,模板平面尺寸误差的限差为 10mm。

(4)塔柱内基本控制点及高程临时控制点的测设应在日出前或夜间进行。

斜拉桥主塔塔顶索道管的定位测量应符合下列规定:

(1)索道管顶(底)口定位的三维坐标偏差不宜大于 5mm。

(2)索道管顶口与底口中心坐标的相对偏差不宜大于 3mm,索道管中心线的空间方位偏差不宜大于 30′。

第四节 隧道施工放样

隧道施工的特点:开挖顺着中线不断地向洞内延伸,衬砌和洞内建筑物(避车洞、排水沟、电缆槽等)的施工紧跟其后,不等贯通,隧道内的大部分建筑物已经建成;为了保证工期,常利用增加开挖面的方法,将整个隧道分成若干段同时施工;增加开挖面的主要方法有:设置平行导坑或在隧道中部设置横洞、斜井或竖井,如图 2-6-10 所示。

隧道施工测量的主要任务:保证相向开挖的工作面,按照规定的精度在预定位置贯通;保证洞内各项建筑物以规定的精度按照设计位置修建,不得侵入建筑限界。作为指导隧道施工的测量工作,在隧道开挖前一般要建立具有必要精度、独立的隧道洞外施工控制网,作为引测进洞的依据;对于较短的隧道,可不必单独建立洞外施工控制网,而以经施工复测并确认的基础平面控制网 CPⅠ或线路平面控制网 CPⅡ为引测进洞的依据。

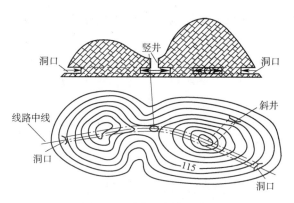

图 2-6-10 隧道开挖作业示意图

隧道贯通前,洞内平面控制测量只能采用支导线的形式,测量误差随着开挖的延伸而积累,洞内施工控制测量应保证必要的精度,控制点应设置在不易被破坏的位置处。洞内控制点控制正式中线点(正式中线点是洞内衬砌和洞内建筑物施工放样的依据),正式中线点控制临时中线点,临时中线点控制掘进方向。

洞内高程控制与平面相仿,临时水准点控制开挖面的高低,正式水准点控制洞内衬砌和洞内建筑物的高程位置。

先导坑后扩大成形法对隧道的位置还有一定的纠正余地,隧道施工测量可先粗后精;全断面开挖法一次成形,隧道施工测量必须一次到位。对于采用全断面开挖法开挖的隧道,其测量过程与先挖导坑后扩大成形开挖的隧道基本一样,不同的是对临时中线点、临时水准点的测设精度要求较高,或者直接测设正式中线点、正式水准点。

1. 洞口的施工测量

进洞数据通过坐标反算得到后,应在洞口投点安置全站仪,测设出进洞方向,并将此掘进方向标定在地面上,即测设洞口投点的护桩,如图 2-6-11 所示。

在投点 A 的进洞方向及其垂直方向上的地面上测设护桩,量出各护桩到 A 的距离。在施工中若投点 A 被破坏,可以及时用护桩进行恢复。在洞口的山坡面上标出中垂线位置,按设计坡度指导劈坡工作的进行。劈坡完成后,在洞帘上测设出隧道断面轮廓线,即可进行洞门的开挖施工。

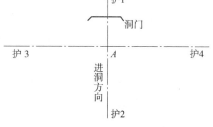

图 2-6-11 洞门施工测量

2. 洞内中线测量

中线建立可分两种情况:用中线法贯通的短隧道,中线是在坑道掘进临时中线复测的基础上建立的;用导线法贯通的隧道,中线点是用导线放设的。为了衬砌放样,还须在永久点基础上加密临时中线点。临时中线用于指导坑道开挖和局部衬砌放样。临时中线点的间距,一般曲线上为 10m、直线上为 20m。测设时在中线点间置镜定向,直线上应正倒镜压点或延伸,曲线上可用偏角法或极坐标法测设。

独立的中线法测设:适用于中线法贯通的较短隧道,直线上采用正倒镜延伸直线法。该方法简便、适用,有利于消除仪器误差。曲线上由于受通视长度限制。一般宜采用偏角法,当测设永久中线时因每个中线点需置镜,即构成弦线偏角法。视现场条件及施工需要也可采用其他曲线测设方法。

由导线测设中线:适用于洞内施测导线贯通的隧道。由于采用极坐标放样,计算简便,测设方便又便于检测。在使用光电测距仪和全站仪时更为方便。采用导线测设中线点,一次测设不应少于3个,并相互检核。直线上放设3点后,通常用串线法检核;曲线上放出3点后,一般置镜中间点检测偏角。当中线上只测设1点或两点时,一般需测设与2个以上已知点的方位、构成检核角。

洞内中线点宜采用混凝土包桩,严禁包埋木板、铁板和在混凝土上钻眼。设在顶板上的临时点可灌入拱部混凝土中或打入坚固岩石的钎眼内。

当曲线隧道设有导坑时,可根据隧道中线和导坑的横移偏移距离,按一定密度计算导坑中线的坐标,放设导坑中线,指导导坑开挖。由于全站仪的大量使用,现在的隧道洞内放样方法一般采用极坐标法,原来采用平移隧道中线采用中线法控制平道的测量方法已不多用,因此,当曲线隧道设有平道时,中线平移施工测量可以通过中线偏移量,计算出相应里程的坐标,以此确定平道的施工中线。

全断面开挖的施工中线可先用激光导向,后用全站仪、光电测距仪测定。采用上下半断面施工时,上半断面每延伸90~120m时应与下半断面的中线点联测,检查校正上半断面中线。

3. 洞内高程测量

洞内高程测量应根据洞内高程控制点引测加密,加密点可与永久中线点共桩。采用光电测距三角高程测量施工高程时,考虑到边长较短,通常在100m左右,而且一般最多传递2~3条边,因此地球曲率对高差影响极小,垂直折光影响也忽略不计,故不需要作对向观测,只要求变动反射器高度观测两次以防粗差或利用加密点作转点闭合到已知高程点上。

在隧道施工中,为了随时控制洞底的高程及进行断面放样,通常在隧道侧面岩壁上沿中线前进方向每隔一定距离(5~10m),标出比洞底设计地坪高出1m的抄平线,称为腰线。

腰线的高程是由引测入洞内的施工水准点进行测设的。由于隧道的纵断面有一定的设计坡度,因此隧道腰线的高程按设计坡度随中线的里程而变化,它与隧道底板高程线是一致的。腰线标定后,对于隧道断面的放样和指导开挖都十分方便。洞内测设腰线的临时水准点应设在不受施工干扰、点位稳定的边墙处,每次引测时都要和相邻点检核,确保无误。

4. 掘进方向指示

在全断面掘进的隧道中,常用中线来给出隧道的掘进方向。如图2-6-12所示,P_1、P_2为导线点,A为设计的中线点。已知A点设计坐标以及隧道中线的坐标方位角,根据已知点P_1、P_2的坐标,可推算得β_2、D和β_A。在P_2点安置仪器,测设β_2角和丈量D,从而得到A点的实际位置。在A点(顶板或底板)上埋设标志并安置仪器,然后后视

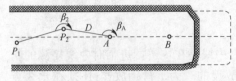

图2-6-12 洞内掘进方向示意图

P_2点,拨β_A角,从而测得中线方向。如果已放出的中线点A离掘进工作面较远,则可在接近工作面的附近建立新的中线点B,A与B之间的距离应该大于100m。

应用激光定向经纬仪或激光指向仪来指示掘进方向。利用它发射的一束可见光,指示出中线及腰线方向或它们的平行方向。它具有直观性强、作用距离长、测设时对掘进工序影

响小、便于实现自动化控制的优点。如采用机械化掘进设备,则配以装在掘进机上的光电跟踪靶,当掘进方向偏离了指向仪的激光束,光电接收装置将会通过指向仪表给出掘进机的偏移方向和偏移量,并能为掘进机的自动控制提供信息,从而实现掘进定向的自动化。激光指向仪可以安置在隧道顶部或侧壁的锚杆支架上,以不影响施工和运输为宜。还可应用全站仪,根据导线点和待定点的坐标反算数据,用极坐标的方法测设出掘进方向。

5. 开挖断面的放样

开挖断面的放样是在中垂线和腰线基础上进行的,包括两侧边墙、拱顶、底板(仰拱)三部分。根据设计图纸给出的断面的宽度、拱脚和拱顶的标高、拱曲线半径等数据放样,常采用断面支距法测设断面轮廓。每次钻爆前,应在开挖断面上标示隧道中线、轨顶高程线和开挖断面轮廓线。

已开挖段,应即时测量开挖断面,绘制开挖断面图,以判断开挖断面是否符合净空要求及超欠挖情况,并根据断面测量成果计算已完成的土石方数量和回填数量。开挖断面的测量间距不宜大于20m。断面测量可采用自动断面仪法、全站仪极坐标法、断面支距法等方法,有条件时尽量采用自动断面极坐标系统,以减轻测量人员劳动强度。

当采用支距法测量断面时,应按中线和外拱顶高程从上到下每0.5m(拱部和曲墙)和1.0m(直墙)间隔分别测量中线左右侧相应高程处的支距,并应考虑曲线隧道的中线内移值、设计加宽值、施工误差预留值。仰拱断面测量,应从隧道中线向两侧边墙按0.5m间隔测量设计轨顶线至开挖仰拱底的高差。然后把各支距的端点连接起来,即为拱部开挖断面的轮廓线,如图2-6-13所示。

全断面开挖的隧道,当衬砌与掘进工序紧跟时,两端掘进至距预计贯通点各100m时,开挖断面可适当加宽,以便于调整贯通误差,但加宽值不应超过该隧道横向预计贯通误差的1/2。

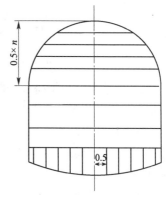

图2-6-13 隧道断面测量示意图(尺寸单位:m)

6. 结构物的施工放样

在结构物施工放样之前,应对洞内的中线点和高程点加密。中线点加密的间隔视施工需要而定,一般为5~10m一点,加密中线点应以公路定测的精度测设。加密中线点的高程,均以五等水准精度测定。在衬砌之前,还应进行衬砌放样,包括立拱架测量、边墙及避车洞和仰拱的衬砌放样,洞门砌筑施工放样等一系列的测量工作。

衬砌立模前,应利用洞内控制点检查永久中线点或临时中线点位置及高程。检测与原测成果较差不应大于5mm。检测合格后,在立模范围内放设不少于三个中线点及其横断面十字线方向,同时在断面上标定出拱架顶、起拱线和边墙底的高程位置。立模后应再一次检查校正模板。

第七章 构筑物变形测量及评估

铁路在施工和运营期间,应根据设计文件要求对铁路及其附属建筑物进行变形测量。变形测量的内容包括路基、涵洞、桥梁、隧道、车站以及道路两侧高边坡、滑坡地段的垂直位移监测和水平位移监测。变形监测频率应根据监测目的、变形量的大小和变形速率等因素进行设计。铺设轨道(道床)前,应对铁路工程沉降变形进行系统的评估,确认工后沉降和变形符合设计要求。根据《铁路工程沉降变形观测与评估技术规程》(Q/CR 9230—2016)要求,新建无砟轨道和设计时速200km及以上有砟轨道铁路的路基、桥涵、隧道工程需进行沉降变形观测与评估;设计时速200km以下有砟轨道软土、松软土等特殊地段路基可参照《铁路工程沉降变形观测与评估技术规程》执行。

第一节 变形观测一般要求

铁路线下工程沉降变形观测工作以桥梁、路基、隧道及涵洞等建(构)筑物的垂直位移观测为主,水平位移监测根据桥梁、路基等工点具体要求确定。

变形监测网高程系统应与精密水准网高程系统相一致,一般采用1985国家高程基准,特殊工点可采用独立高程系统。

结构物的变形监测应充分利用CPⅠ、CPⅡ和水准基点作为水平和垂直位移监测的基点,并在此基础上加密工作基点。

在对路基(含过渡段)、桥梁、隧道等不同结构物的基础沉降变形预测评估完成后,应绘制区段或全线的沉降预测沉降变形曲线,确认其满足铺设无砟或有砟轨道的要求。路基(含过渡段)、桥涵、隧道等结构物的线下沉降变形观测及评估均是指线下结构本体的沉降变形,不包括区域性沉降的影响。而对于区域沉降地段,对沿线存在区域性地面沉降的地区,需根据地质条件布设地面沉降观测网应进行长期监测,分析桥墩沉降对高速铁路的影响,以便采取相关对策,对铁路无砟或有砟轨道的铺设时机进行全面评估。严寒地区需进行路基的冻胀监测工作。

一、沉降变形测量等级及精度要求

沉降变形和冻胀变形观测可采用水准测量、光电测距三角高程测量的方法。高速铁路沉降变形测量一般按三等规定执行,见表2-7-1。对于技术特别复杂工点,可根据需要按二等的规定执行;新建时速200km有砟铁路路基可按四等垂直位移监测网的要求进行沉降变形观测;冻胀变形观测应按三等垂直位移监测网的要求观测。沉降变形观测为水准测量时,观测线路应布置成附合路线,附合长度不大于1km。

沉降变形测量等级及精度表　　　　　　　　　表 2-7-1

沉降变形测量等级	垂直位移测量		水平位移观测
	变形观测点的高程中误差(mm)	相邻变形观测点的高差中误差(mm)	沉降变形点点位中误差(mm)
二等	±0.5	±0.3	±3.0
三等	±1.0	±0.5	±6.0
四等	±2.0	±1.0	±12.0

二、沉降变形监测网主要技术要求及建网方式

1. 垂直位移监测网

(1) 垂直位移监测网主要技术要求

垂直位移监测网主要技术要求按表 2-7-2 执行。

垂直位移监测网主要技术要求表　　　　　　　表 2-7-2

等级	相邻基准点高差中误差(mm)	每站高差中误差(mm)	往返较差、附合或环线闭合差(mm)	检测已测高差较差(mm)	使用仪器、观测方法及要求
二等	0.5	0.15	$0.3\sqrt{n}$	$0.4\sqrt{n}$	DS05 型仪器,按国家一等水准测量的技术要求施测
三等	1.0	0.3	$0.6\sqrt{n}$	$0.8\sqrt{n}$	DS05 型仪器,按国家二等水准测量的技术要求施测
四等	2.0	0.7	$1.4\sqrt{n}$	$2.0\sqrt{n}$	DS05 或 DS1 型仪器,宜按国家三等水准测量的技术要求施测

注:n 为测站数。

(2) 垂直位移监测网建网方式

根据沉降变形测量精度要求高的特点及标志的作用和要求不同,垂直位移监测网布设方法分为三级。

基准点:要求建立在沉降变形区以外的稳定地区,可直接利用线下精密水准网点。

工作基点:要求埋设在稳定区域,在观测期间稳定不变,测定沉降变形点时作为高程和坐标的传递点。工作基点除使用普通水准点外,按照国家二等水准测量的技术要求进一步加密水准基点或设置工作基点至满足工点垂直位移监测需要。加密后的水准基点(含工作基点)间距 200m 左右时,可基本保证线下工程垂直位移监测需要。也可将基准点和工作基点合并设置为一级。

沉降变形点:直接埋设在要测定的沉降变形体上。点位应设立在能反映沉降变形体沉降变形的特征部位,不但要求设置牢固,便于长久保存和观测,还要求形式美观,结构合理,且不破坏沉降变形体的外观和使用。沉降变形点按路基、桥涵等各专业布点要求进行。

监测网由于自然条件的变化,人为破坏等原因,有个别点位会发生变化。为了验证监测网点的稳定性,应对其进行定期检测。定期复测按每半年进行一次,在区域沉降地区每 3 个月进行 1 次复测。

对于技术特别复杂、垂直位移监测沉降变形测量等级要求二等及以上的重要桥隧工点,应独立建网,并按照国家一等水准测量的技术要求进行施测或进行特殊测量设计。

2. 水平位移监测网

(1) 水平位移监测网主要技术要求

水平位移监测按一般三等规定执行，对于软土地基等设计有特别技术要求的复杂工点，可根据需要按二等的规定执行。当施工平面控制网达不到监测精度等级时，应独立建网，并与施工平面控制网进行联测。

水平位移监测网主要技术见表2-7-3要求。

水平位移测量等级及精度   表2-7-3

等级	相邻基准点的点位中误差(mm)	平均边长(m)	测角中误差(″)	最弱边相对中误差	作业要求
二等	±3.0	<300	±1.0	≤1/120000	按国家二等平面控制测量要求观测
		<150	±1.8	≤1/70000	按国家三等平面控制测量要求观测
三等	±6.0	<350	±1.8	≤1/70000	按国家三等平面控制测量要求观测
		<200	±2.5	≤1/40000	按国家四等平面控制测量要求观测

(2) 水平位移监测网建网方式

水平位移监测网一般按独立建网考虑，根据沉降变形测量等级及精度要求进行施测，并与施工平面控制网进行联测，引入施工测量坐标系统，实现水平位移监测网坐标与施工平面控网坐标的相互转换。

三、沉降变形测量点的布置要求

沉降变形测量点分为基准点、工作基点和沉降变形观测点。其布设按下列要求：

(1) 每个独立的监测网设置不少于3个稳固可靠的基准点。基准点选设在沉降变形影响范围以外便于长期保存的稳定位置。一般可直接使用线下精密水准网点。

(2) 工作基点选在比较稳定的位置。对观测条件较好或观测项目较少的项目，可不设立工作基点，在基准点上直接测量沉降变形观测点。工作基点间的距离一般在200m左右。

(3) 沉降变形观测点设立在沉降变形体上，能反映沉降变形特征的位置。

四、沉降变形监测测量工作基本要求

(1) 水准基点使用时作稳定性检验，并以稳定或相对稳定的点作为沉降变形的参考点，有一定数量稳固可靠的点以资校核。

(2) 定期对所使用的仪器和设备进行检验校正，并保留检验记录。

(3) 每次沉降变形观测时应符合：

①严格按水准测量规范的要求施测，首次观测每个往返测均进行两次读数。

②参与观测的人员必须经过培训才能上岗。

③为了将观测中的系统误差减到最小，达到提高精度的目的，各次观测应固定观测人员并使用同一台仪器和设备，必须按照固定的观测路线和观测方法进行，观测路线必须形成附合路线，使用固定的工作基点对应沉降变形观测点进行观测。

④观测时要避免阳光直射，且在基本相同的环境和观测条件下工作。

⑤成像清晰、稳定时再读数。

⑥随时观测,随时检核计算,观测时要一次完成,中途不中断。

⑦对工作基点的稳定性要定期检核,在雨季前后要联测,检查水准点的标高是否有变动。

⑧数据计算方法和计算与工作基点一致。

(4)测段观测完成后,必须及时整理观测数据。

(5)当发现沉降监测数据出现异常时必须首先自查,应重测并分析工作基点的稳定性,必要时联测基准点进行检测,以分析问题。

(6)在观测过程中,应做好一些重点信息的记录,如对架梁、运梁车通过情况、天气情况、地下水影响情况等的记录,有利于结构变形特性的分析和异常数据的分析。

五、沉降变形监测观测具体要求

(1)水准网的观测按照相应等级要求进行施测,采用单路线往返观测。每次观测均形成附合检验条件。

(2)应使用 DS05 级及以上的电子水准仪,仪器及配套水准尺均在有效检定期内。水准仪与水准尺在使用前及使用过程中,经常规检校合格,水准仪视准轴与水准管轴的夹角均不超过 15″。仪器各种设置正确,其中有限差要求的项目按规范要求在仪器中进行设置,并在数据采集时自动控制,不满足要求的根据仪器的提示进行重测。

(3)外业测量一条路线的往返测使用同一类型仪器和转点尺垫,沿同一路线进行。观测成果的重测和取舍按相应等级要求执行。

二等水准观测时,视线长度≤50m,前后视距差≤1.5m,前后视距累积差≤6.0m,视线高度≥0.5m;测站限差:两次读数差≤0.4mm,两次所测高差之差≤0.6mm,检测间歇点高差之差≤1.0mm;观测读数和记录的数字取位:使用数字水准仪读记至 0.01mm。

三等水准观测时,视线长度≤100m,前后视距差≤2.0m,前后视距累积差≤6.0m,视线高度要求三丝能读;测站限差:两次读数差≤2.0mm,两次所测高差之差≤3.0mm,检测间歇点高差之差≤3.0mm;观测读数和记录的数字取位:使用数字水准仪读记至 0.01mm。

(4)二等水准观测时,一般按后—前—前—后的顺序进行,对于有变换奇偶站功能的电子水准仪,按以下顺序进行:

①往测:奇数站为后—前—前—后;偶数站为前—后—后—前。

②返测:奇数站为前—后—后—前;偶数站为后—前—前—后。

(5)每一测段均为偶数测站。晴天观测时给仪器打伞,避免阳光直射;扶尺时借助尺撑,使标尺上的气泡居中,标尺垂直。

(6)观测前数字式水准仪,进行不少于 20 次单次测量,达到仪器预热的目的,使仪器与外界气温趋于一致。测量中避免望远镜直接对着太阳;避免视线被遮挡,遮挡不超过标尺在望远镜中截长的 20%。观测时用测伞遮蔽阳光,对于电子水准仪,施测时均装遮光罩。

(7)自动安平水准仪的圆水准器,严格置平。在连续各测站上安置水准仪时,使其中两脚螺旋与水准路线方向平行,第三脚螺旋轮换置于路线方向的左侧与右侧。除路线拐弯处外,每一测站上仪器与前后视标尺的三个位置,一般为接近一条直线。

(8)观测过程中为保证水准尺的稳定性,选用 2.5kg 以上的尺垫,水准观测路线必须路面硬实，观测过程中尺垫踩实以避免尺垫下沉。同时观测过程中避免仪器安置在容易震动的地方，如果临时有震动，确认震动源造成的震动消失后，再激发测量键。水准尺均借助尺撑整平扶直，确保水准尺垂直。

(9) 对于宽度较宽的河、湖水中的沉降测量，按照《国家一、二等水准测量规范》(GB/T 12897—2006) 跨河水准测量要求进行观测。

(10) 数据处理时，闭合差、中误差等均满足要求后进行平差计算，主水准路线要进行严密平差，选用经鉴定合格的软件进行。

(11) 按照规定的格式整理数据，并按要求提交。

六、特殊环境下沉降观测

大面积水域情况下的水中墩沉降测量，应根据具体地形地质情况、施工组织情况等单独制订观测实施方案。鉴于大面积区域沉降观测、分析的复杂性，应研究制定特别的观测方案及处理方法。目前，按以下规定执行：

(1) 为验证监测网基准点和工作基点的稳定性，需要定期进行复测，一般地区按每 6 个月进行 1 次，在区域沉降地区每 3 个月进行 1 次复测，在观测过程中发现工作基点变化也应及时进行复测。

(2) 工作基点标高变化和复测时间情况须做好记录。

(3) 观测网复测后，测量数据处理应及时采用新的工作基点标高，直至下次复测为止。

(4) 受施工干扰、工作基点与观测标扰动、人为错误等各种因素影响，会出现沉降异常情况，如沉降突变、桥墩上升、桥墩左右侧差异沉降量过大、线路纵向相邻测点沉降差异较大等。为确保评估工作的顺利进行，测量单位在保证外业测量数据精度合格的前提下，应在当天进行内业整理，及时针对异常数据进行分析，并采取相应处理措施，在数据处理结果文件中说明。

(5) 针对低矮桥墩、异型桥墩，空间小，尺子不能直立的情况，施工单位应在测量厂家定制短尺进行测量；也可采用倒尺的方法进行，但需要注明，避免数据处理错误。

(6) 对基坑太深引起的尺长不够，可使用三角高程法进行测量。

七、沉降变形监测平行检测工作

根据规范要求，在施工单位线下工程沉降变形监测工作的基础上，咨询评估单位应全过程对变形进行平行观测。平行观测测点数不应少于总测点的 10%，地质复杂、沉降变化大以及过渡段等区段不应少于 20%。平行观测点的选择应有代表性，平行观测成果应及时与观测成果进行对比，并及时反馈对比结果。

第二节　路基工程的变形观测

无砟轨道路基、设计速度 200km/h 及以上有砟轨道路基以及设计速度 200km/h 有砟轨道软土、松软土等特殊路基应进行沉降观测与评估。

冻胀变形观测宜在路基填筑完成后进行，建设期间冻胀变形观测应不少于 1 个冻融周期。

一、路基沉降控制标准

在轨道铺设前,应对路基变形做系统的监测及评估,确认路基的工后沉降和变形等是否满足设计要求。

路基在轨道铺设完成后的工后沉降,应满足扣件调整和线路竖曲线圆顺的要求,工后沉降一般不超过15mm。沉降比较均匀且调整轨面高程后的竖曲线半径应能满足式(2-7-1)的要求,允许的最大工后沉降量为30mm。

$$R_{sh} \geq 0.4 V_{sj}^2 \qquad (2\text{-}7\text{-}1)$$

式中:R_{sh}——轨面圆顺的竖曲线半径(m);

V_{sj}——设计最高速度(km/h)。

路基与桥梁、隧道或横向构筑物交界处的工后差异沉降不大于5mm,过渡段沉降造成的路基与桥梁或隧道的折角不大于1‰。

填筑期间路堤中心地面沉降速率不应大于10mm/d,坡脚水平位移速率不应大于5mm/d。

有砟轨道路基工后沉降控制满足表2-7-4的要求。

有砟轨道路基工后沉降控制标准 表2-7-4

设计速度(km/h)	一般地段工后沉降(mm)	路桥过渡段工后沉降(mm)	沉降速率(mm/a)
200	150	80	40
250	100	50	30
350	50	30	20

二、一般规定

(1)观测的目的是通过沉降观测,利用沉降观测资料分析、预测工后沉降,指导进行信息化施工,必要时提出加速路基沉降的措施,确定轨道的铺设时间,评估路基工后沉降控制效果,确保轨道结构的安全。

(2)路基上轨道铺设前,应对路基沉降变形作系统的评估,确认路基的工后沉降和沉降变形满足轨道铺设要求。

(3)路基变形观测应以路基面、地基沉降为主,路基填筑完成或施加预压荷载后沉降变形观测期不应少于6个月,并宜经过一个雨季。个别情况采取可靠工程措施并经论证可确保路基工后沉降满足轨道铺设要求时,路基放置条件可适当调整。观测期内,路基沉降实测值超过设计值20%及以上时应及时会同建设、勘察设计等单位查明原因,必要时进行地质复查,并根据实测结果调整计算参数,对设计预测沉降进行修正或采取沉降控制措施。

(4)评估时发现异常现象或对原始记录资料存在疑问,要进行必要的检查。

三、路基地段沉降观测技术要求

路基沉降观测应以路基面沉降和地基沉降观测为主,可在线路两侧设置地基、路肩和线路中心线设置观测桩,在地基和基床底层的顶面设置剖面沉降变形观测装置,或在线路中心设置沉降板;在过渡段宜布置剖面沉降管,并在管口设置沉降观测桩。路基观测附合水准路线长度一般200m,高路堤可延长至600~800m。

1)断面埋设原则

观测断面及断面点布设须以设计文件为准,但一般原则如下。

(1)路基沉降观测断面的设置及观测断面的观测内容应根据沉降控制要求、地形地质条件、地基处理方法、路堤高度、堆载预压等具体情况并结合施工工期和沉降预测方法和工期要求具体确定。

(2)无砟轨道铁路沉降观测断面的间距不应大于50m,地势平坦、地基条件均匀良好的路堑、高度小于5m的路堤,间距不应大于100m。

(3)新建时速250km及以上有砟轨道铁路观测断面的间距不应大于100m,软弱土等特殊路基段观测断面应适当加密,地基条件良好的石质路堑可不设观测断面。

(4)新建时速200km有砟轨道铁路在软弱土等特殊路基段设置断面,间距不应大于100m。

(5)过渡段观测断面布置应符合下列规定:

路桥过渡段、路隧过渡段,根据过渡段情况在距起点1~5m、10~20m、30~50m处各设一断面。

涵洞两侧路涵过渡段各设置1个断面、涵洞中心里程路基面应设置一断面。

过渡段长度较短时,可根据实际情况调整观测断面。

2)观测点的布置原则

观测断面观测点的布置如图2-7-1所示,断面观测点的布设应符合下列规定。

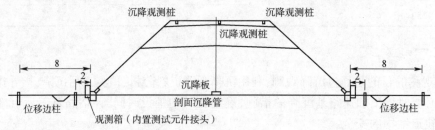

图2-7-1 松软土地段观测断面布置示意图(尺寸单位:m)

(1)各部位观测点宜设在同一横断面上,每断面设置3个沉降观测桩,布置在双线路基中心及左右两侧路肩处。

(2)一般路堤地段每5个观测断面应设置1个沉降板或单点沉降计,布置在双线路基中心。每段路堤宜设置1个沉降板或单点沉降计。

(3)软土、松软土路堤地段每2个观测断面应设置1个沉降板或单点沉降计,布置在双线路基中心;当设置剖面沉降仪时设置于基底;必要时两侧坡脚外2m、8m处设置位移观测边桩。

(4)路堑地段观测断面分别于路基中心及左右两侧路肩处各设1个沉降观测桩,如图2-7-2所示。

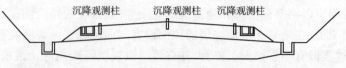

图2-7-2 路堑观测断面布置图

(5)基床底层填筑完成后,可根据需要埋设临时沉降板和沉降观测桩进行观测。

(6)站场路基观测点数量应根据股道数量、轨道结构类型等适当增加。

(7)冻胀变形观测断面布置应根据地质、水文条件、不同冻结深度以及路基结构形式等具体情况选择典型断面。无砟轨道及速度250km/h以上有砟轨道铁路观测断面间距不宜大于100m,地下水发育的路堑地段应适当加密。

(8)路基冻胀变形自动观测断面可根据冻胀观测结果和工程实际情况设置,间距不宜大于50km。

(9)路基冻胀变形观测点可设置于路肩或路基中心等位置。

3)观测元件埋设说明

(1)沉降观测桩。选择ϕ20mm不锈钢棒,顶部磨圆,底部焊接弯钩,待基床表层级配碎石施工完成后,在观测断面通过测量埋置在设计位置,埋置深度不小于0.3m,桩周0.15m用M10水泥砂浆现浇,如图2-7-3所示,完成埋设后测量桩顶标高作为初始读数。

(2)沉降板。如图2-7-4所示,沉降板由底板、金属测杆(ϕ40钢管)及保护套管(ϕ75PVC管)组成。钢筋混凝土底板尺寸为50cm×50cm,厚3cm或钢底板尺寸为30cm×30cm,厚0.8cm。

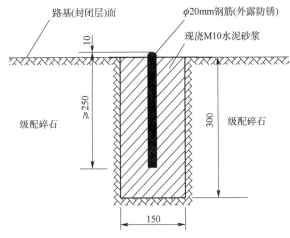
图2-7-3 路基沉降观测桩埋设布置图(尺寸单位:mm)

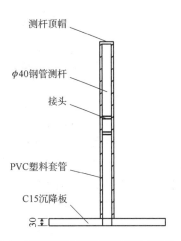
图2-7-4 路基沉降板埋设布置图(尺寸单位:mm)

①沉降板埋设位置应按设计测量确定,埋设位置处可垫10cm砂垫层找平,埋设时确保测杆与地面垂直。

②放好沉降板后,回填一定厚度的垫层,再套上保护套管,保护套管略低于沉降板测杆,上口加盖封住管口,并在其周围填筑相应填料稳定套管,完成沉降板的埋设工作。

③测量埋设就位的沉降板测杆杆顶标高读数作为初始读数,随着路基填筑施工逐渐接高沉降板测杆和保护套管,每次接长高度以0.5m为宜,接长前后测量杆顶标高变化量确定接高量。金属测杆用内接头连接,保护套管用PVC管外接头连接。

④接长套管时应确保垂直,避免机械施工等因素导致套管倾斜。

(3)位移边桩。在两侧路堤坡脚外2m及12(或10m)处各设一个位移观测边桩。位移观测边桩采用C15钢筋混凝土预制,断面采用15cm×15cm正方形,长度不小于最大冻深+0.35m。并在桩顶预埋ϕ20mm半圆形不锈钢耐磨测头并刻划十字线。边桩埋置深度在地表以下不小于最大冻深 +0.25m,桩顶露出地面不大于 10cm。埋置方法采用洛阳铲或开挖埋设,桩周以 C15 混凝土浇筑固定,确保边桩埋置稳定。完成埋设后采用经纬仪(或全站仪)测量边桩标高及距基桩的距离作为初始读数。

(4)剖面沉降管。路基基底剖面沉降管在地基加固施工完毕后,填土至 0.6m 高度碾压密实后开槽埋设,开槽宽度 20~30cm,开槽深度至地基加固表层顶面,槽底回填 0.2m 厚的中粗砂,在槽内敷设沉降管(沉降管内穿入用于拉动测头的镀锌钢丝绳),其上夯填中粗砂至与碾压面平齐。沉降管埋设位置挡土墙处应预留孔洞。沉降管敷设完成后,在两头设置 0.5m×0.5m×0.95m C15 素混凝土保护墩。两头应砌筑观测坑,并加设盖板,以方便观测及对孔口进行长期保护,并做好坑内及其周围的排水。在一侧管口处设置观测桩,观测桩采用 C15 素混凝土灌注,断面采用 0.5m×0.5m×最大冻深+0.35m,并在桩顶预埋半圆形不锈钢耐磨测头。待上部一层填料压实稳定后,连续监测数日,取稳定读数作为初始读数。路基剖面沉降管埋设如图 2-7-5 所示。

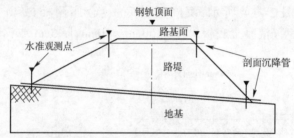

图 2-7-5　路基剖面沉降管埋设布置图

4)观测方法、精度与要求

(1)横剖面沉降观测方法

采用横剖仪和水准仪进行横剖面沉降观测。每次观测时,首先用水准仪测出横剖面管一侧的观测桩顶高程,再把横剖仪放置于观测桩顶测量初值,然后用横剖仪测量各测点。区间每 2.0m(或根据剖面仪的要求距离)测量一点,车站内测点间距可为 3.0m。剖面沉降观测的精度不低于 4mm/30m,横剖面沉降测试仪最小读数不得大于 0.1mm。

(2)沉降板及沉降桩观测方法

沉降板及沉降桩观测按相应等级水准测量精度要求形成附合水准路线,附合长度不大于 1km。图 2-7-6 所示为路基、涵洞沉降观测水准路线示意图。

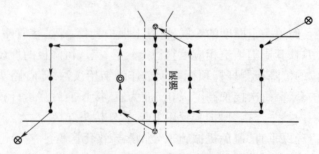

图 2-7-6　路基、涵洞沉降观测水准路线示意图
●-路基观测点;◉-路基沉降板;▽-涵洞观测点;⊗-工作基点;←——-水准观测路线

观测断面间距小于 100m 时,可按图 2-7-7 进行。

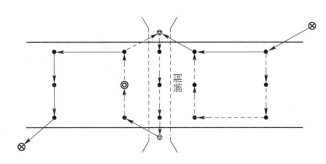

图 2-7-7　观测断面间距小于 100m 时路基、涵洞沉降观测水准路线示意图
●-路基观测点；◎-路基沉降板；▽-涵洞观测点；⊗-工作基点；←——-水准观测路线

（3）路基位移边桩观测方法

路基位移边桩水平位移观测，可采用坐标观测法和相对观测法等方式进行，使用 CPⅠ、CPⅡ 及加密基准点为基准按三等水平位移监测网的要求进行测量。

（4）路基沉降观测水准测量的精度为 ±1.0mm，读数取位至 0.1mm；剖面沉降观测的精度不低于 4mm/30m，横剖面沉降测试仪最小读数不得大于 0.1mm；位移观测测距误差 ±3mm；方向观测水平角误差为 ±2.5″。

5）观测频次

路基沉降观测的频次不低于表 2-7-5 的规定。实际工作进行时，观测时间的间隔还要考虑地基的沉降值和沉降速率，两次连续观测的沉降差值大于 4mm 时应加密观测频次。当出现沉降突变、地下水变化及降雨等外部环境变化时应增加观测频次。在冬休期填筑或堆载暂停超过 10d 时可降低观测频次。

路基沉降观测频次表　　表 2-7-5

观 测 阶 段	观 测 频 次		平行观测频次
填筑或堆载	一般	1 次/d	1 次/3d
	沉降量突变	2～3 次/d	1 次/d
	两次填筑间隔时间较长	1 次/3d	1 次/9d
堆载预压或路基填筑完成	第 1～3 个月	1 次/周	1 次/3 周
	第 4～6 个月	1 次/2 周	1 次/月
	6 个月以后	1 次/月	1 次/2 月
架桥机（运梁车）通过	全程	首次通过前 1 次，首次通过后前 3 天 1 次/d，以后 1 次/周	首次通过前 1 次，首次通过后 1 次，以后 1 次/3 周
轨道板（道床）铺设后	第 1 个月	1 次/2 周	1 次
	第 2～3 个月	1 次/月	1 次
	3 个月以后	1 次/3 月	—

路基施工各节点时间[包括路基堆载预压土前后、卸载预压土前后、运梁车架桥机通过前后、基床表层施工、轨道板底座施工、铺板、轨道板精调（或铺砟）以及铺轨时间]应具有沉降观测数据。观测过程中及时整理绘制"填土-时间-沉降"曲线图，观测应持续到工程验收交由运营管理部门继续观测。

6)沉降观测要求

(1)路堤地段从路基填土开始进行沉降观测;路堑地段从级配碎石顶面施工完成开始观测。路基填筑完成或施加预压荷载后应有不少于 6 个月的观测和调整期。观测数据不足以评估或工后沉降评估不能满足设计要求时,应延长观测时间或采取必要的加速或控制沉降的措施。

(2)沉降板随着预压土的填筑而接高,随预压土的卸载而降低,观测连续进行,剖面沉降管和位移观测桩不受预压土的影响。

(3)沉降设备的埋设是在施工过程中进行的,施工单位的填筑施工要与设备的埋设做好协调,做到互不干扰、影响。观测设施的埋设及沉降观测工作应按要求进行,不能影响路基填筑质量。

(4)观测过程中发现异常必须及时查明原因,尽快妥善处理。

(5)路基填筑过程中应及时整理监测数据,路堤中心地基处沉降观测点沉降量大于 10mm/d 时,应及时通知项目部,并要求停止填筑施工,待沉降稳定后再恢复填土,必要时采用卸载措施。

(6)元器件保护要求:

①各工程项目部应成立专门小组,进行元器件的埋设、测量和保护工作,小组人员分工明确,责任到人。

②元器件埋设时应根据现场情况进行编号,有导线的元器件应将导线引出至路基坡脚观测箱内。

③凡沉降板附近 1m 范围内土方应采用人工摊平及小型机具碾压,不得采用大型机械推土及碾压,并配备专人负责指导,以确保元器件不受损坏。

④各施工队应制定稳妥的保护措施并认真执行,确保元器件不因人为、自然等因素而破坏,元器件埋设后,制作相应的标识旗或保护架插在上方。路堤填筑过程中,派专人负责监督观测断面的填筑。

(7)资料整理要求:

①采用统一的路基沉降观测记录表格,做好观测数据的记录与整理,观测资料齐全、详细、规范,符合设计要求。所有测试数据必须真实准确,不得造假;记录必须清晰,不得涂改;测试、记录人员必须签名。

②所测数据必须当天及时按照沉降评估单位规定的格式输入计算机,并进行分析、整理、核对无误后在计算机内保存。

③按照提交资料要求及时对测试数据进行整理、分析、汇总,及时绘制路基面、填料及路基各项观测的荷载—时间—沉降过程曲线,并按有关规定整理成册,以书面及 Excel 电子表格两种形式同时报送有关单位进行沉降分析、评估。

第三节 桥梁工程的变形观测

无砟轨道桥涵、设计速度 250km/h 及以上有砟轨道桥涵应进行沉降观测与评估,并且无砟轨道桥梁梁体应进行徐变变形观测与评估。桥梁变形观测应以墩台基础的沉降和预应力混凝土梁的徐变变形为主,涵洞变形观测应以自身沉降观测为主。

桥涵主体工程完工后,沉降变形观测期不应少于6个月;岩石地基等良好地质区段的桥梁,沉降观测期不应少于2个月。观测数据不足或工后沉降评估不能满足设计要求时,应适当延长观测期。

大跨度桥梁等特殊桥梁的沉降变形和梁体徐变变形应按设计方案进行观测。水中墩(台)和地形复杂的特殊桥梁,可根据工程实际情况制定沉降变形观测方案。

一、桥涵变形控制标准

在轨道铺设前,应对桥涵变形做系统的监测及评估,确认桥涵基础和梁体长期变形等是否满足设计要求。

无砟轨道桥梁的梁体徐变限值应符合表2-7-6的规定。特殊桥跨结构的竖向徐变变形应符合设计文件要求。

无砟轨道常用跨度桥梁的梁体徐变限值　　　　表2-7-6

简支梁跨长 L	徐变上拱度	简支梁跨长 L	徐变上拱度
$L \leqslant 50$m	<10mm	$L > 50$m	$<L/5\,000$,且$\leqslant 20$mm

桥梁墩(台)基础的工后沉降符合表2-7-7的规定,特殊条件下,无砟轨道桥梁沉降限值可结合预留调整量与线路具体情况确定。

桥梁墩(台)基础的工后沉降控制标准　　　　表2-7-7

沉降类型	有砟轨道		无砟轨道(mm)
	时速200km	时速250~350km	
墩(台)均匀沉降	≤50	≤30	≤20
相邻墩(台)沉降差	≤20	≤15	≤5

超静定结构相邻墩台沉降差除应满足静定结构的规定外,还应满足设计文件给出超静定结构允许的沉降差要求。

框构、旅客地道及涵洞工后沉降限值应与相邻路基工后沉降限值一致。

二、桥梁工程沉降测量的一般规定

控制桥涵沉降,主要是控制工后沉降。在计算工后沉降的值时,由于受到各种因素的影响往往偏差很大,因此有必要进行实测验证,积累观测数据。

无砟和有砟轨道铺设前,应对桥涵沉降、变形作系统的评估,确认桥涵基础沉降、梁体变形等是否符合技术标准要求。

通过各施工阶段对墩台沉降的观测,验证和校核设计理论、设计计算方法,并根据沉降资料的分析预测总沉降和工后沉降量,进而确定桥梁工后沉降是否满足铺设无砟或有砟轨道要求。

根据沉降资料分析,对沉降量可能超标的墩台研究对策,提出改进措施,以保证桥梁工程的安全;同时积累实体桥梁工程的沉降观测资料,为完善桩基础沉降分析方法提供基础资料。

观测期内,基础沉降实测值超过设计值20%及以上时,应及时查明原因,必要时进行地质复查,并根据实测结果调整计算参数,对设计预测沉降进行修正或采取沉降控制措施。

三、桥墩台变形观测方案

桥梁沉降观测应桥梁墩台的沉降和预应力混凝土的徐变变形为主,建设期间分别在桥台及墩身上设置变形监测点。桥梁观测附合水准路线长度一般200m。观测断面及断面点布设须以设计文件为准,但一般原则如下。

1) 变形观测点布置

为了满足变形观测的需要,需要在梁部、桥墩及承台上设置观测标,自梁体预应力张拉开始至无砟轨道铺设前,应系统观测梁体的竖向变形,预应力张拉前为变形起点。承台观测标为临时观测标,当墩身观测标正常使用后,承台观测标随基坑回填将不再使用。观测断面及断面点布设须以设计文件为准,但一般原则如下:

(1) 对原材料变化不大、预制工艺稳定、批量生产的预应力混凝土预制梁,每个梁场前3片梁进行徐变观测,以后每100片梁选测一片。移动模架施工的简支梁,对前6孔梁进行重点观测,以验证支架预设拱度的精度,验证达到设计要求后,可每10孔梁选择1孔梁设置观测标。其余现浇梁应逐跨观测。

简支梁的1孔梁设置6个观测标,分别位于两侧支点及跨中;现浇梁上的观测标,分别在支点、中跨跨中及边跨1/4跨附近设置,相邻跨墩顶观测点可共用。桥面系防水层等部位施工时,观测标志可转移到挡砟墙上。确保观测标不与挂篮滑道等冲突破坏。

连续梁梁体徐变观测标见图2-7-8,梁体徐变观测标布置见图2-7-9。

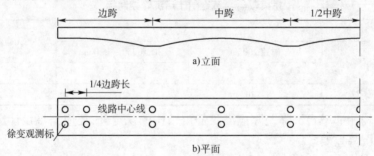

图2-7-8 连续梁梁体徐变观测标

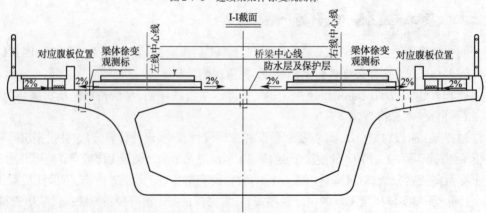

图2-7-9 梁体徐变观测标布置示意图

(2) 每个桥墩均设置承台观测标和墩身观测标。

(3)承台观测标分为观测标-1、观测标-2。承台标-1设置于底层承台左侧小里程角上,观测标-2设置于底层承台右侧大里程角上,见图2-7-10。

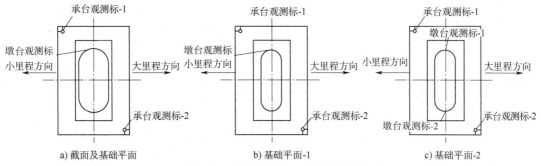

图2-7-10 承台观测标平面位置示意图

(4)桥墩观测标的埋设:

①一般情况下当墩全高大于14m时(指承台顶至墩台垫石顶),墩身上埋设两个观测标,当墩全高小于或等于14m时,埋设一个观测标。如图2-7-11所示。

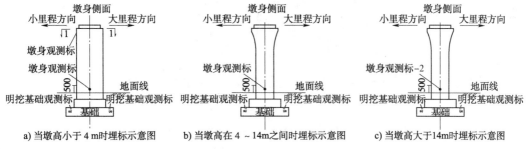

图2-7-11 桥墩监测标埋设图(尺寸单位:mm)

②桥墩观测标一般设置在墩底高出地面或常水位0.5m左右;当墩身较矮立尺困难时,桥墩观测标可设置在对应墩身埋标位置的顶帽上埋设。特殊情况可按照确保观测精度、观测方便、利于测点保护的原则,确定相应的位置。桥墩上观测标的具体设置位置见图2-7-11。

③桥台观测标的埋设观测点原则上应设置在台顶(台帽及背墙顶),数量不少于4处,分别设在台帽两侧及背墙两侧(横桥向)。

④涵洞进出口两侧帽石或涵体应各设置1个沉降观测点。涵洞顶中心应设置一个沉降板,如图2-7-12。

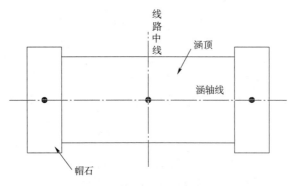

图2-7-12 涵洞观测标

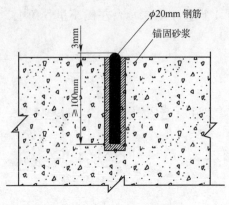

图 2-7-13 梁体沉降变形观测标

2）观测标构造

(1) 梁体沉降变形观测标

观测标采用 $\phi 20mm$ 的不锈钢棒，钢棒露出外面部分需要磨圆处理。如图 2-7-13 所示。

(2) 墩身沉降变形观测标

采用 $\phi 15mm$ 不锈钢螺栓，如图 2-7-14 所示。

3）观测方法

桥梁梁部水准路线观测按二等水准测量精度要求形成闭合水准路线，沉降观测点位布设及水准路线观测示意图如图 2-7-15 所示，其中测点 1、2、3、4 构成第一个闭合环，测点 3、4、5、6 构成第二个闭合环。

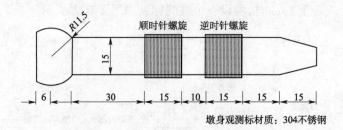

图 2-7-14 墩身沉降变形观测标（尺寸单位:mm）

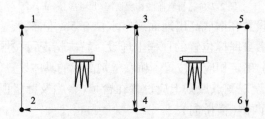

图 2-7-15 桥梁梁部沉降观测水准路线示意图
●-梁体徐变观测标；——-观测方向

桥梁墩台水准路线观测按相应等级水准测量精度要求形成附合水准路线，水准路线观测示意图如图 2-7-16 所示。

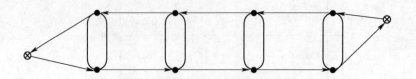

图 2-7-16 桥梁墩台水准路线观测示意图
●-桥梁沉降观测点；⊗-工作基点；——-观测方向

四、观测资料要求

桥涵基础沉降和梁体徐变变形的观测精度为±1mm,读数取位至0.1mm。

测量单位要按照观测时间要求及时进行沉降观测。观测数据及时计算存入数据库,所有测试数据必须真实准确,不得造假;记录必须清晰,不得涂改,观测数据要求结合施工过程,详细记录各个施工节点前后的观测数据,如架梁时间、轨道板底座施工、铺板时间、轨道板精调时间以及铺轨时间。

五、观测频次

1) 梁体徐变变形观测

自梁体预应力张拉开始至无砟或有砟轨道铺设前,应系统观测梁体的竖向变形。预应力张拉前为变形起始点,梁体徐变观测的阶段及频次要满足表2-7-8要求。

梁体徐变观测频次　　　　　　　表2-7-8

观测阶段	观测频次		备注
	观测期限	观测周期	
梁体施工完成	—	—	设置观测点
预应力张拉期间	—	张拉前后各1次	测试梁体弹性变形
预应力张拉完成~轨道板(道床)铺设前	张拉完成后第1天	1次	—
	张拉完成后第3天	1次	
	张拉完成后第5天	1次	
	张拉完成后1~3月	1次/周	
轨道铺设期间	—	铺设前后各1次	—
轨道铺设完成后	0~3月	1次/月	残余徐变变形长期观测
	4~12月	1次/3月	
	12月以后	1次/6月	

2) 墩台沉降观测

每个墩台从承台施工后,就要开始进行沉降首次观测,以后根据表2-7-9中要求的时间间隔进行观测。

墩台变观测频次　　　　　　　表2-7-9

观测阶段		观测期限	观测频次	平行观测频次	备注
墩台施工到一定高度			1次	1次	设置观测点
墩台混凝土施工		全程	完成后1次	完成后1次	相应墩台
预制梁桥	架梁前	全程	1次/月	1次	相应墩台
	预制梁架设	全程	架梁前后各1次	架梁后1次	
桥位施工桥梁	制梁前	全程	1次/月	1次	—
	上部结构施工中	全程	荷载变化前1次,荷载变化后前3d1次/d	1次	

续上表

观测阶段	观测期限	观测频次	平行观测频次	备注
架桥机(运梁车)通过	全程	首次通过前1次,首次通过后前3d1次/d,以后1次/周		相应墩台
桥梁主体工程完工后	第1~3个月	1次/周	1次/月	
	第4~6个月	1次/2周	2次	
	6个月以后	1次/月		
轨道铺设期间	前后	1次	—	
轨道铺设完成后	第1个月	1次/2周		工后沉降长期观测
	第2~3个月	1次/月		
	4~12个月	1次/3月		
	12个月以后	1次/6月		

上表同样也适用于有砟轨道桥梁。

3)涵洞沉降观测

涵洞沉降变形观测可在涵顶路基填土开始后进行,观测频次与路基沉降观测同步进行。

六、其他注意事项

(1)观测仪标保护。观测期间应对观测点采取有效的保护措施,防止施工机械的碰撞、人为因素的破坏等,观测标位置应采取醒目标志等措施,以保证观测仪标的长期功能及安全要求。

(2)沉降观测按照规定时间和频次要求严格执行,并定期复测避免沉降异常。

(3)将观测数据中各加载阶段标识清楚,避免数据分析时造成误判,如架梁完成、架梁、桥面恒载施工等。

(4)加强对观测标的定期检查并严格落实,如出现观测标被敲击、挖橇、丢失等情况时及时恢复并进行复测。

(5)无砟或有砟轨道铺设前可根据具体情况,如各段落铺设轨道的间隔时间相差较大或沉降非常敏感地段等适当增加观测频次,为无砟或有砟轨道铺设条件的评估提供数据支持。

(6)地基为岩石等良好地基的桥涵,设计和观测沉降量小于5mm时,可考虑不再进行预测、评估。

第四节 隧道工程的变形观测

一、隧道沉降控制标准

隧道基础工后沉降值不大于15mm,地质条件好、沉降趋势稳定且设计及实测沉降总量不大于5mm时,可判定沉降满足轨道铺设条件。

二、一般规定

(1) 隧道沉降观测的目的主要是利用观测资料的工后沉降分析结果,指导轨道的铺设时间。轨道铺设前,应对隧道基础沉降作系统的评估,确认其工后沉降符合设计要求。

(2) 隧道主体工程完工后,沉降变形观测期原则上不少于 3 个月。观测数据不足或工后沉降评估不能满足设计要求时,适当延长观测期。

(3) 评估时发现异常现象或对原始记录资料存在疑问,应进行必要的检查。

三、隧道工程沉降观测技术要求

隧道工程沉降观测是指隧道内线路基础的沉降观测,即隧道的仰拱部分。其他如洞顶地表沉降、拱顶下沉、断面收敛沉降变形等不列入本沉降观测的内容。

1) 沉降观测断面的布置原则

单座隧道沉降变形观测断面总数不应少于 3 个,隧道内沉降变形观测断面的布设应根据地质围岩级别确定,并符合下列规定:

(1) Ⅱ级围岩断面间距不大于 600m。

(2) Ⅲ级围岩断面间距不大于 400m。

(3) Ⅳ级围岩断面间距不大于 300m。

(4) Ⅴ级围岩断面间距不大于 200m。

(5) 明暗洞分界里程在两侧各设置 1 个观测断面。

(6) 地应力较大、断层破碎带、膨胀土、湿陷性黄土等不良和复杂地质区段应加密布设。

(7) 隧道断面突变段落内观测断面不应少于 1 个。

(8) 隧道洞口至隧路、桥隧分界里程范围内观测断面不应少于 1 个。

(9) Ⅱ、Ⅲ、Ⅳ、Ⅴ、Ⅵ级围岩隧道仰拱(底板)施作完成后,每个观测断面宜在仰拱(底板)两侧及中间附近布设沉降观测点,如图 2-7-17 所示。

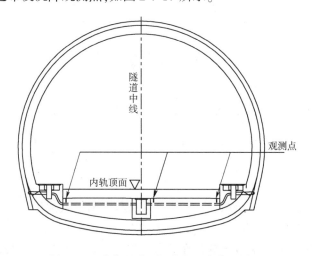

图 2-7-17　隧道观测标施工期间埋设位置示意图

2)观测方式及精度

隧道水准路线观测按相应等级水准测量精度要求形成附合水准路线,沉降观测点位布设于观测断面隧道内壁两侧,水准路线观测示意图如图2-7-18所示。

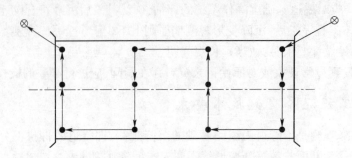

图2-7-18 隧道沉降观测水准路线示意图
●-隧道沉降观测点;⊗-工作基点;——-观测方向

3)沉降观测频度

隧道沉降观测应从仰拱(底板)施工完成后开始。隧道沉降观测的频次不应低于表2-7-10的规定。

隧道沉降观测的频次　　　　　表2-7-10

观测阶段	观测期限	观测频次	平行观测频次
仰拱(底板)施工完成后	第1个月	1次/周	1次/月
	第2~3个月	1次/2周	1次/月
	3个月后	1次/月	1次/3月
无砟轨道铺设后	第1~3个月	1次/月	1次
	4~12个月	1次/3月	—
	12个月以后	1次/6月	—

第五节　预测与评估

一、沉降变形观测与评估流程

沉降变形观测与评估流程如图2-7-19所示。

二、沉降评估

沉降变形评估应根据施工组织、构筑物间的变形协调关系成段进行。沉降变形预测与评估方法应根据铁路等级、轨道类型、线下工程特点、地质条件、周边环境及后期荷载等因素进行选择。沉降变形评估工作应在沉降变形观测期满足要求后进行。沉降变形评估过程中发现异常现象或对原始记录资料存在疑问,应进行分析并反馈给相关单位。

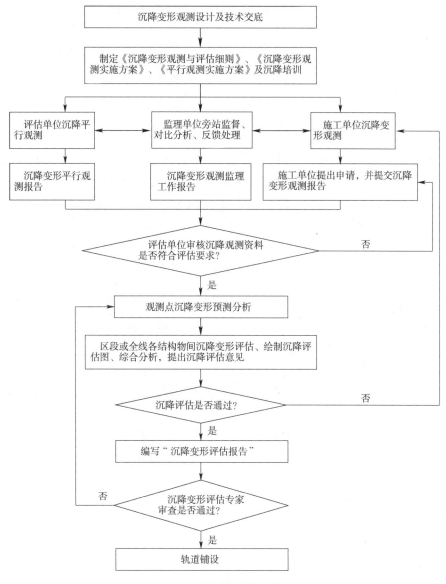

图 2-7-19　沉降变形观测与评估流程图

沉降变形评估应在沉降变形观测报告、沉降变形平行观测报告、沉降变形观测监理工作报告、沉降变形相关设计等资料基础之上进行。沉降变形评估应考虑特殊岩土、冻胀及区域沉降等因素对沉降变形的影响。沉降预测宜采用曲线回归法。曲线回归法预测沉降应符合下列规定：

(1) 根据实际观测数据作不少于两种类型曲线回归分析，确定沉降变形的趋势。

(2) 根据桥涵实际荷载情况及观测数据，应作多个阶段的回归分析及预测，综合确定沉降变形的趋势。

(3) 路基填筑(堆载预压)、桥梁主体结构、隧道仰拱(底板)完成后为预测起始点。

(4) 曲线回归的相关系数不应低于 0.92。

(5) 沉降预测的可靠性应经过验证，间隔不少于 3 个月(岩石地基等良好地质的桥隧不应少于1个月),两次预测最终沉降值的差不应大于5mm,新建速度200km/h 有砟轨道不应大于15mm。

(6)轨道(道床)铺设前最终预测应符合其预测准确性的基本要求,即从路基填筑完成或堆载预压以后沉降和沉降预测的时间 t 应符合下式规定:

$$S(t)/S(t=\infty) \geqslant 75\%$$

式中:$S(t)$——预测时实际发生的沉降量(mm);

$S(t=\infty)$——预测总沉降值(mm)。

预测工后沉降应考虑运营期荷载,可按荷载比例进行估算。当预测曲线回归相关系数小于0.92,且近3个月沉降变形观测值在2mm以内、波动幅度小于3mm时,可根据勘察、设计、施工、量测资料及现场调查进行综合判断,判断其是否满足轨道铺设条件。

观测点沉降变形预测分析完成后,应进行区段或全线的沉降变形评估。区段或全线沉降变形评估工作应包括下列内容:

(1)根据观测数据、观测点预测分析成果,对过渡段工后差异沉降和纵向折角、相邻桥墩(台)或同一桥墩(台)的工后沉降差等线下工程各结构物间的沉降变形进行评估,分析其是否满足各种构筑物的沉降控制标准。

(2)绘制反映线下工程各结构物沉降评估结果的沉降变形评估图,内容包括:结构物标识、实测累计沉降量、预测工后沉降量、预测总沉降量、工后沉降限值。

(3)结合观测点沉降变形预测分析成果、各构筑物间沉降变形评估成果、沉降变形评估图、工程地质条件、基础类型、结构类型等,综合分析判断线下工程结构物沉降是否满足轨道铺设条件,提出评估意见。

(4)评估意见不通过时,施工单位应根据评估意见补充相关工作;评估意见通过时,评估单位编写沉降变形评估报告,建设单位组织专家审查沉降变形评估报告。

评估报告应包含下列内容:

①观测点的沉降预测分析;

②桥梁徐变分析;

③沉降变形评估;

④评估结论及建议;

⑤铺轨后至交验期间沉降变形情况分析。

第六节 基坑变形监测

铁路工程中的大型车站(交通枢纽)的建设一般需要在城市环境中修建基坑工程,地质条件的复杂性、施工方法的难以模拟、围岩与基坑围护结构相互作用的复杂性使理论分析与实际情况很难准确吻合。工程周围环境复杂,需要通过信息化监测及时反馈监测结果给施工单位并修正设计可能存在的隐患,确保基坑施工和周围环境的安全。

基坑监测目的主要包括:

(1)工程施工期间,对工程结构、施工区域周围重要的地下、地面建(构)筑物、管线、地表及道路实施监测,为建设单位定期提供及时可靠的信息用以评定工程施工对工程结构和

周边环境的影响;

(2)通过现场监测信息反馈和施工中的地质调查,弥补理论分析过程中存在的不足,并把监测结果反馈设计单位、指导施工单位及时调整支护参数,采取相应工程措施,优化施工工艺,达到工程优质、施工安全、经济合理、施工快捷的目的,并为今后类似工程提供借鉴。

(3)监测数据具有社会公正性,在出现工程影响纠纷、工程风险及环境破坏时其监测数据和分析资料可为处理风险事务和工程安全事故提供重要参考依据。

一、基坑施工监测内容

大型基坑施工监测内容包括工程围护结构体系监测和相邻周边环境监测。基坑施工监测一般包括的项目如表 2-7-11 所示。

基坑施工监测项目一览表　　　　　　　　　　表 2-7-11

序号	监测对象	监测项目	监测范围
1	围护结构	围护桩顶沉降监测	基坑侧面及放坡开挖坡顶
		围护桩顶/坡顶水平位移监测	
		围护桩体水平位移监测	
		支撑轴力监测	钢支撑
		锚索(锚杆)拉力监测	基坑侧面锚索及基坑放坡开挖土钉墙锚杆
2	周边环境	周边地表及道路沉降监测	基坑相邻主干道等
		地下水位监测	基坑四周
		铁路站房、站台及高架桥监测	基坑附近重要构筑物
		线路结构监测	基坑附近重要构筑物
		其他周边建(构)筑物监测	基坑附近重要构筑物
		地下管线沉降监测	基坑影响范围内的管线

二、基坑监测方法

1. 监测基准点的布设

1)沉降监测基准网测设

(1)基准点布设原则

沉降变形监测基准网以整个项目采用的高程系统为基准建立,起始并附合于施工控制网水准点上。基准点是检验工作基点稳定性的基准,应选设在远离基坑施工影响区的稳固位置,一般至少距基坑开挖深度 2.5 倍范围之外。

基准点的分布满足准确、方便引测定全部观测点的需要,基准点及工作基点的个数均不少于 3 个,以保证必要的检核条件。

地表基准点或工作基点一般埋设在场区密实的低压缩性土层上,建筑物上基点或工作基点埋设在沉降已稳定的建筑物墙体上。

定期对沉降监测基准网点进行复测,保证监测基准成果的可靠性。

(2)基准点埋设方法

地表基准点及工作基点采用人工开挖或钻具成孔的方式进行埋设,建筑物上布设的基准点采用钻具成孔方式进行埋设。

(3)监测基准点测量方法

沉降监测基准点测量采用几何水准测量方法,可使用电子水准仪进行外业测量,采用电子水准仪自带程序记录外业观测数据文件。

沉降监测基准网观测按照《工程测量规范》(GB 50026—2007)技术要求观测。观测采用闭合水准路线或附合水准路线进行往返观测,取两次观测高差中数进行平差。观测顺序:奇数站为后、前、前、后;偶数站为前、后、后、前。

(4)沉降监测基准网数据处理

将原始电子观测文件通过数据传输线传输至计算机,检查合格后使用通过专业部门评审的工程测量平差软件进行平差计算。平差前核查观测数据,确保观测数据准确可靠,检核合格后按严密平差的方法进行计算。

使用稳定的水准点作为起算,并检核独立闭合差及与2个以上的水准点相互附合差满足精度要求条件,确保起算数据的准确。平差后数据取位精确到0.10mm。

2)水平位移监测基准网测设

(1)监测基准点布设原则

水平位移监测基准点以工程平面坐标系统为基准建立,在远离基坑施工影响区域的稳固位置布设。

根据施工现场及周边情况,在距基坑开挖深度3~5倍范围以外的稳定位置埋设水平位移基准点。基坑周围水平位移监测基准点的数量不少于3个,使用时做稳定性检验。

(2)基准点测量方法

①测量仪器设备

水平位移监测基准网测量应采用具有自动照准、自动记录功能的高精度全站仪进行外业数据采集。

②观测技术要求

水平位移监测基准网观测按照《工程测量规范》(GB 50026—2007)技术要求观测。

(3)水平位移基准网数据处理

观测时应进行各项限差指标控制,观测完成后形成电子原始观测文件,通过数据传输线传输至计算机,使用控制网平差软件进行严密平差,得出各点坐标。

平差前应对控制点稳定性进行检验,对各期相邻控制点间的夹角、距离进行比较,确保起算数据的可靠。平差后数据取位精确到0.1mm。

2. 围护桩顶及坡顶水平位移监测

1)监测点布设

(1)围护桩顶监测点布设

围护桩顶水平位移监测点一般布置于围护桩的冠梁上,测点间距20m,基坑周边中部、阳角处应有测点,每边测点不少于3个。

测点标志埋设时注意保证与监测点间的通视,保证强制标志顶面的水平;监测点埋设完毕后,进行必要的保护、防锈处理,并作明显标记。

（2）坡顶监测点布设

基坑两侧采用放坡开挖形式，在坡顶布设水平位移监测点。坡顶水平位移监测点埋设采用植入钢筋，周边用水泥砂浆固定的方法，为保护测点不受碾压影响，坡顶水平位移标志采用窨井测点形式，采用人工开挖或钻具成孔的方式进行埋设。

2）监测方法

围护桩顶、坡顶水平位移监测拟采用视准线法、小角法或极坐标法观测（根据现场观测条件及精度情况合理确定），使用全站仪进行观测。

3）监测数据处理与分析

通过各期变形观测点二维平面坐标值，计算投影至垂直于基坑方向的矢量位移，并计算各期阶段变形量、阶段变形速率、累计变形量等数据。主要绘制每一点的位移量与时间的变化曲线，依此来判断随着基坑的开挖，围护墙体的变形情况，如变化过大坑外地表数十米范围将会开裂，影响周围环境安全。

观测点稳定性分析原则如下：①观测点的稳定性分析基于稳定的基准点作为基准点而进行的平差计算成果；②相邻两期观测点的变动分析通过比较相邻两期的最大变形量与最大测量误差（取两倍中误差）来进行，当变形量小于最大误差时，可认为该观测点在这两个周期内没有变动或变动不显著；③对多期变形观测成果，当相邻周期变形量小，但多期呈现出明显的变化趋势时，视为有变动。

3. 围护桩顶沉降监测

1）监测点布设

围护桩顶沉降监测的监测点可与围护桩顶水平位移监测的监测点共用。

2）监测方法

围护结构桩（墙）顶沉降监测采用几何水准测量方法，使用电子水准仪进行观测。

以布设的基准点、工作基点为起算点，按照《工程测量规范》（GB 50026—2007）垂直位移监测网技术要求观测。

3）数据处理与分析

平差前检核观测数据，确保观测数据准确可靠，检核合格后按严密平差的方法进行计算。

通过变形观测点各期高程值计算各期阶段沉降量、阶段变形速率、累计沉降量等数据。

观测点稳定性分析原则如下：①观测点的稳定性分析基于稳定的基准点作为基准点而进行的平差计算成果；②相邻两期观测点的变动分析通过比较相邻两期的最大变形量与最大测量误差（取两倍中误差）来进行，当变形量小于最大误差时，可认为该观测点在这两个周期内没有变动或变动不显著；③对多期变形观测成果，当相邻周期变形量小，但多期呈现明显的变化趋势时，视为有变动。

4. 围护桩体水平位移监测

1）监测点布设

沿基坑周边桩体内每20～50m布设观测孔（测斜管），基坑周边中部、阳角处及有代表性部位应有测点。

通过直接绑扎或设置抱箍将测斜管固定在钻孔灌注桩钢筋笼上，钢筋笼入槽（孔）

后,水下浇筑混凝土。测斜管与支护结构的钢筋笼绑扎埋设,绑扎间距不宜大于1.5m,孔深与钢筋笼一致,测斜管与钢筋笼的固定必须十分稳定,以防浇筑混凝土时,测斜管与钢筋笼相脱落。同时必须注意测斜管的纵向扭转,很小的扭转角度就可能使测斜仪探头被导槽卡住。

测斜管埋设与安装遵循下列原则:
①管底宜与钢筋笼底部持平或略低于钢筋笼底部,顶部达到地面(或导墙顶);
②测斜管与围护结构的钢筋笼绑扎埋设,绑扎间距不宜大于1.5m;
③测斜管的上下管间应对接良好,无缝隙,接头处牢固固定、密封;
④管绑扎时调正方向,使管内的一对测槽垂直于测量面(即平行于位移方向);
⑤封好底部和顶部,保持测斜管的干净、通畅和平直;
⑥做好清晰的标示和可靠的保护措施。

2)监测方法

监测仪器采用测斜仪以及配套PVC测斜管,监测精度可达到0.2mm/0.5m。

测斜管在测试前5d装设完毕,在3~5d内重复测量不少于3次,判明处于稳定状态后,进行测试工作。

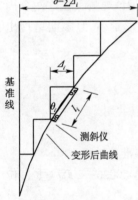

图2-7-20 测斜观测分析图

3)数据处理与分析

首先,必须设定好基准点,围护桩桩体变形观测的基准点一般设在测斜管的底部。当被测桩体产生变形时,测斜管轴线产生挠度,用测斜仪确定测斜管轴线各段的倾角,便可计算出桩体的水平位移。

如图2-7-20所示,测斜仪按0.5m点距由下往上逐点进行读数,即将测斜管分成n个测段,每个测段的长度$l_i = 500mm$,在某一深度位置上所测得的两对导轮(500mm)之间的倾角θ_i,通过计算可得到这一区段的变位Δ_i。计算公式为:

$$\Delta_i = l_i \sin\theta_i \tag{2-7-2}$$

某一深度的水平变位值δ_i可通过区段变位Δ_i的累计得出,即:

$$\delta_i = \sum \Delta_i = \sum l_i \sin\theta_i \tag{2-7-3}$$

则在进行第j次测量时,所得的某一深度上相对前一次$(j-1)$测量时的位移值Δx_i即为:

$$\Delta x_i = \delta_i^{(j)} - \delta_i^{(j-1)} \tag{2-7-4}$$

相对初次测量时总的位移值为:

$$\sum \Delta x_i = \delta_i^{(j)} - \delta_i^{(0)} \tag{2-7-5}$$

计算时假定管底为基准点,由下而上累计计算某一深度的变位值δ_i,直至管顶,然后再根据测得的该点桩顶位移对水平变位值进行修正。但是不论基准点设在管顶或管底,计算变位值δ_i总以向基坑侧变位为正,反之为负。将在支护结构中同一测斜管的不同深度处所

测得的变位值 δ_i 连接起来,便可绘制出桩体的水平变位(H-δ_i)曲线。

5. 锚杆(土钉)拉力监测

1)监测点布设

锚杆(土钉)拉力监测点选择在受力较大且有代表性的位置,基坑每边中部、阳角处和地质条件复杂的区段布设监测点。

每层土钉拉力监测点数量不少于该层土钉总数的 1%~3%,锚索拉力监测点每层按水平距离 20~50m 布设,各层监测点位置在竖向上保持一致,每根杆体上的监测点设置在锚头附近或受力有代表性的位置。

锚杆测力计安装在承压板与锚头之间,在锚杆进行张拉前埋设,锚杆拉力计与墙体受力面之间必须保证足够的刚度,使锚杆受力后,受力面位置不致变形下陷,影响测试结果。一般可采取在测力计和墙体受力面之间增设钢垫板的措施,安装过程中应随时进行测力计监测,观测是否有异常情况出现,如有应采取措施处理。

2)监测方法

锚杆和土钉拉力监测采用锚杆测力计进行。锚杆或土钉施工完成后,对专用测力计进行检查测试,并取下一层土方开挖前连续 2d 获得的稳定测试数据的平均值作为其初始值。

6. 支撑轴力监测

1)监测点布设

对于地铁区间钢支撑,轴力监测采用钢弦式频率轴力计进行测量。安装时将轴力计安装架与钢支撑固定端头对中并牢固焊接,在拟安装轴力计位置的桩(墙)体钢板上焊接一块 250mm×250mm×25mm 的加强垫板,以防钢支撑受力后轴力计陷入钢板。待焊接件冷却后将轴力计推入安装架并用螺丝固定好。安装过程中要注意轴力计和钢支撑轴线在同一直线上,各接触面平整,确保钢支撑受力状态通过轴力计(反力计)正常传递到支护结构上。

2)监测方法

采用振弦式频率读数仪对轴力计进行读数。支撑轴力量测时必须考虑尽量减少温度对应力的影响,避免在阳光直接照射支撑结构时进行量测作业,同一批支撑尽量在相同的时间或温度下量测,每次读数均应记录温度测量结果。最后利用各传感器的率定曲线计算其受力。

3)数据处理

钢支撑受到外力作用后产生形变,其应变量通过振弦式频率计来测定,测试时,按预先标定的率定曲线,根据轴力计频率计算出钢支撑轴向所受的力,计算公式如下:

$$f = k(f_i^2 - f_0^2) \tag{2-7-6}$$

式中:f——支撑轴力(kN);

f_i——轴力计的本次读数(Hz);

f_0——轴力计的初始读数(Hz);

k——轴力计的标定系数(kN/Hz²)。

7. 地表及道路沉降监测

1）监测点布设

沿基坑边沿每 30m 布设一垂直于基坑的监测断面，每个监测断面上的监测点数量不少于 5 个，每个断面上相邻两监测点间距为 5m。基坑深度变化处与断面变化处加密测点。

周边地表及道路沉降监测点采用植入钢筋、周边用水泥砂浆固定的方法，为保护测点不受碾压影响，地表沉降监测点标志采用窨井测点形式，采用人工开挖或钻具成孔的方式进行埋设，具体布设形式同坡顶水平位移监测点。

埋设要求：周边地表及道路沉降监测测点埋设平整，防止由于高低不平影响人员及车辆通行，同时，测点埋设稳固，做好清晰标记，方便保存。

2）监测方法

周边地表及道路沉降观测采用几何水准测量方法，拟使用电子水准仪进行观测。

监测点观测按《工程测量规范》（GB 50026—2007）技术要求观测，其技术要求及观测注意事项与围护桩顶沉降监测要求一致。

3）数据处理与分析

根据各期次监测成果，绘制每一点的沉降值沿时间变化曲线和在某一特定时间点处每个地表沉降断面的曲线，沉降—时间变化曲线能反映基坑开挖施工的进行对该点的影响，而一个断面不同点的沉降变化有利于了解远离基坑或隧道对周围环境的影响程度。

观测点稳定性分析原则如下：①观测点的稳定性分析基于稳定的基准点作为基准点而进行的平差计算成果；②相邻两期观测点的变动分析通过比较相邻两期的最大变形量与最大测量误差（取两倍中误差）来进行，当变形量小于最大误差时，可认为该观测点在这两个周期内没有变动或变动不显著；③对多期变形观测成果来说，当相邻周期变形量小，但多期呈现出明显的变化趋势时，视为有变动。

8. 土体深层水平位移监测

当围护桩测斜管破坏较多时，沿基坑边每 40～60m 布设周边土体监测孔，基坑深度变化处与断面变化处加密测点。钻孔埋设测斜管，观测设备及方法同围护桩体水平位移监测。

9. 地下水位监测

1）监测点布设

地下水位监测点布设间距为 40m，并在围护结构外侧止水搅拌帷幕处、转角处、相邻建（构）筑物处、地下管线密集处等重要部位埋设监测点。

2）监测方法

将水位计探头自上而下慢慢往下放，由于水为导体，当测头接触到地下水时，报警器发出报警信号，此时读取与测头连接的标尺刻度，再通过孔口标高及与探头与地面的相对位置换算为从地面算起的水位埋深及水位标高。

10. 铁路站房、站台监测

站房沉降监测点可布设在站房地面主体钢柱上。选择距离基坑较近的站台进行沉降监测，监测点间距可设为 20m。监测点埋设可采用钻孔埋标方法，监测点埋设后高于站台面

1cm 为宜,同时应根据车站规定做好现场标示。

以基坑工程布设的沉降监测基准点为基准,采用高精度电子水准仪及配套钢瓦尺进行附合水准测量。

11. 高速铁路线路结构监测

1) 监测必要性

高速铁路对线路平顺性有着极高的要求,若周边工程施工对线路结构产生影响,致使高铁线路产生沉降变形,势必影响列车的安全运营。《高速铁路运营沉降监测管理办法》(运基线路[2010]554号)也对周边施工提出监测要求:周边出现施工或其他特殊情况可能引起高铁铁路沉降时,应作为运营监测的重点沉降监测区。

2) 监测方法

以高速铁路轨道控制网(CPⅢ)成果作为起算基准,采用全站仪自由设站方式配合轨道几何状态测量仪(轨检小车),进行轨道静态测量,得到测量区段的实测中线、高程与设计偏差、轨距偏差、轨向长短波、高低长短波、水平偏差、扭曲等平顺性参数。测点间距为0.65m。

3) 数据处理与分析

首先建立项目及线路相关参数;然后将轨道几何状态测量仪测量数据导入数据后处理软件;最后,通过软件计算便能得到各项偏差情况。通过与初始值的比较,可得到线路结构累计变形情况。若线路平顺性已不能满足规范要求,运营管理部门须进行相应的轨道调整。

12. 周边其他建(构)筑物变形监测

基坑施工影响范围内有较大的建筑物时,基坑施工过程中需对其进行变形监测工作。变形监测主要包括沉降监测和建筑物倾斜监测。对存在裂缝的重要建(构)筑物,可在裂缝两侧划平行线或贴金属标志等,采用游标卡尺直接测量。

13. 地下管线沉降监测

对于变形精度要求不高或在主路上不便开挖的管线可以采取间接观测,即在管线正上方的地面设置监测点,进行地面沉降观测。对精度要求较高的地面有检修井或有条件开挖或钻孔的管线,常用的观测装置是抱箍式、直埋式和套筒式监测点。

管线沉降监测测点埋设时应注意准确调查核实管线位置,确保测点能够准确反映管线变形,采用钻孔埋设方式的测点埋设前探明有无其他管线,确保埋设安全。

管线沉降观测采用几何水准测量方法,使用电子水准仪进行观测。

三、基坑监测案例

某高铁车站广场基坑项目,针对基坑土方开挖后的桩基倾斜、桩(坡)顶位移及沉降、基坑降水、土钉墙内力、钻孔灌注桩间锚索内力、基坑周边道路及地表沉降、基坑周边建筑物变形以及车站站房、站台、既有铁路线路、高速铁路线路进行了定期的监测。

本工程监测周期以工程开工日期为起点,工点完工(包括附属工程完工及资料移交完毕)日期为终点。

依据施工监测图,各监测项目监测频率如表 2-7-12 所示。

施工监测频率表　　　　　　　　　　　表 2-7-12

序号	监测对象	监测项目	监测频率
1	围护结构	围护桩顶沉降监测	围护桩施工完毕进行初始值测量,基坑开挖前按 1 次/7d,基坑开挖 1 次/1d,底板浇筑后 14d 内 1 次/1d,底板浇筑后 14~28d1 次/2d,底板浇筑后 28d 后 1 次/3d。后面根据情况逐渐减小监测频次,直至变化量趋于稳定。坡顶水平位移监测应在放坡开挖前完成初始值测量,开挖过程及底座浇筑后的监测频率参照围护桩顶水平位移监测
		围护桩顶/坡顶水平位移监测	
		围护桩体水平位移监测	
		支撑轴力监测	下层土体开挖前完成监测初始值测量工作,开挖初期,1 次/d;挖至基底,1 次/2~3d
		锚索(锚杆)拉力监测	当层锚索或土钉安装后,应在下层土体开挖前完成监测初始值测量工作;下方土体开挖期间 1 次/d,挖至基坑后 1 次/2~3d
2	周边环境	周边地表及道路沉降监测	开挖前完成监测初始值测量工作,基坑开挖过程中 1 次/d,底板浇筑后 14d 内 1 次/1d,底板浇筑后 14~28d1 次/2d,底板浇筑后 28d 后 1 次/3d。后面根据情况逐渐减小监测频次,直至变化量趋于稳定
		土体深层水平位移监测	
		地下水位监测	
		车站站房、站台及高架桥监测	
		高速铁路线路结构监测	开挖前完成监测初始值测量工作,开挖关键期 1 次/30d,底板浇筑后根据情况适当减少监测频率
		其他周边建(构)筑物监测	开挖前完成监测初始值测量工作,基坑开挖过程中 1 次/d,底板浇筑后 14d 内 1 次/1d,底板浇筑后 14~28d1 次/2d,底板浇筑后 28d 后 1 次/3d。后面根据情况逐渐减小监测频次,直至变化量趋于稳定
		地下管线沉降监测	

依据规范,并结合基坑具体情况,确定本工程监测报警值见表 2-7-13。

施工监测报警值　　　　　　　　　　　表 2-7-13

序号	监测对象	监测项目	累计值		变化速率(mm/d)
			绝对值(mm)	相对基坑深度 h 控制值	
1	围护结构	围护桩顶沉降监测	20	0.15%	3
		围护桩顶/坡顶水平位移监测	30	0.25%	3
		围护桩体水平位移监测	45	0.50%	3
		支撑轴力监测	(60%~70%)f		—
		锚索(锚杆)拉力监测	(60%~70%)f		—
2	周边环境	地表及道路沉降监测	30	—	3
		土体深层水平位移监测	30	0.25%	3
		地下水位监测	1 000	—	500
		站房及站台沉降监测	20	—	2
		高架桥沉降监测	20	—	2

续上表

序号	监测对象	监测项目		累计值		变化速率(mm/d)
				绝对值(mm)	相对基坑深度h控制值	
2	周边环境	津秦客运专线路结构监测	轨距	1	—	—
			水平	2		
			三角坑	2mm/3m		
			轨向短波	2mm/8a		
			轨向长波	10mm/240a		
			高低短波	2mm/8a		
			高低长波	10mm/240a		
		地下管线沉降监测		20	—	2
		建(构)筑物变形监测		裂缝3、倾斜2/1 000	—	倾斜速度连续3d 大雨0.000 1H/d

注:1. h 为基坑设计开挖深度;f 为构件承载能力设计极限值;a 为轨枕/扣件间距;H 为建筑承重结构高度。

2. 累计值取绝对值和相对基坑深度 h 控制值两者的小值。

3. 当监测项目的变化速率达到表中规定值或连续3d超过改值的70%,应报警。

第八章 轨道安装测量

对于无砟轨道线上施工测量,主要包括底座的支模放样测量、轨道板或轨排的精调测量及轨道的精调测量。对于有砟轨道来说,线上测量主要是轨道捣固时的轨道测量。

轨道工程施工前应确保线下工程通过沉降评估并建立轨道控制网 CPⅢ,并检查线路平、纵断面是否满足轨道铺设条件。必要时对线路平、纵断面进行调整,以满足铺轨要求。高速铁路轨道施工以轨道控制网 CPⅢ 为基准。

目前,国内广泛应用的是具有自主知识产权的 CRTSⅢ型轨道结构,所以本章重点介绍 CRTSⅢ板的相关内容,并简单介绍 CRTSⅠ型板和 CRTSⅡ型板的相关内容。

第一节 轨道板简介

目前国内共有三种板式无砟轨道结构,分别是 CRTSⅠ型板式无砟轨道结构、CRTSⅡ型板式无砟轨道结构和 CRTSⅢ型板式无砟轨道结构。三种结构的轨道板均为预制板。下面简单介绍一下三种轨道板。

一、CRTSⅠ型轨道板

CRTSⅠ型轨道板的标准尺寸为 4 962mm×2 400mm×190mm,另外根据现场需求,也有 4 856mm×2 400mm×190mm 和 3 685mm×2 400mm×190mm 两种板型。CRTSⅠ型板为无挡肩轨道板,每个标准板上有 8 个轨枕,精调时分别在正数和倒数第二个轨枕上放置精调标架,如图 2-8-1 所示。

二、CRTSⅡ型轨道板

CRTSⅡ标准板的尺寸为 6 450mm×2 550mm×200mm,另外根据现场要求,也有部分非标准板。CRTSⅡ型板为有挡肩结构轨道,标准轨道板上有 10 个轨枕,精调时分别在收尾两端及中间的轨枕上放置标架,如图 2-8-2 所示。

图 2-8-1 CRTSⅠ型轨道板精调实物图

图 2-8-2 CRTSⅡ型轨道板精调实物图

CRTSⅡ型板在制造过程中采用先进的数控磨床对预制轨道板承轨槽进行精确打磨,以保证高速铁路轨道的高平顺性。

标准轨道板上有30个承轨台,编号方式如下图2-8-3所示,其中面向大里程左下角(即小里程端左边第一个)为1号承轨台,如图2-8-3所示。

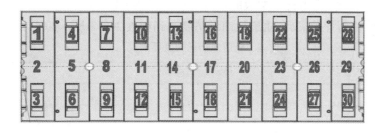

图2-8-3　CRTSⅡ型板承轨台编号原则示意图

三、CRTSⅢ型轨道板

CRTSⅢ型轨道板也称为带挡肩结构的轨道板,但其承轨槽未经打磨,而是靠可调节模板对其大小钳口进行精度控制。CRTSⅢ型轨道板宽度2 500mm、厚度210mm,标准轨道板根据长度不同包括P5600、P4925、P4856三种,对应长度分别为5 600mm、4 925mm和4 856mm。其中P5600板上有9个轨枕,P4925和P4856上有8个轨枕。其承轨台编号与CRTSⅡ型板基本一致,精调时分别在正数和倒数第二个轨枕上放置精调标架,如图2-8-4所示。

图2-8-4　CRTSⅢ型轨道板精调实物图

第二节　轨道板铺设精度要求

保证高速列车运营安全和舒适的首要条件是轨道的高平顺性。对于板式无砟轨道,其轨道结构的施工是由下而上进行,测量控制也由下往上控制,即先施工高精度的底座,再铺设高平顺性的轨道板,然后再铺设高平顺性的钢轨。轨道板的平顺性直接影响轨道扣件的调整量及轨道的平顺性,所以轨道板的精调是一项至关重要的工序。

一、CRTS I 型轨道板铺设精度要求

对于 CRTS I 型轨道板的精调,现行规范中没有明确要求其灌浆前的轨道板精调时的精度,现场精调时,轨道板在横向和竖向上一般参考 CRTS II 型板的精调精度,在纵向上(沿线路方向)一般不做要求。CRTS I 型板的精度要求见表 2-8-1。

浇筑水泥乳化沥青砂浆后,轨道板铺设精度达到如表 2-8-2 所示的要求。

轨道板精调精度要求　　　　　　　　　　表 2-8-1

序号	检查项目	允许偏差(mm)
1	高程	±2
2	中线	2
3	相邻轨道板接缝处承轨台顶面相对高差	0.6
4	相邻轨道板接缝处承轨台顶面平面位置	0.6

浇筑后轨道板铺设精度要求　　　　　　　表 2-8-2

序号	检查项目	允许偏差(mm)
1	高程	±1
2	中线	2

二、CRTS II 型轨道板铺设精度要求

根据现行规范要求,CRTS II 型轨道板精调时需达到如表 2-8-3 所示的精度要求。为了提高轨道板精调的效率,轨道板粗铺时尽量铺设精确,要求纵向粗铺精度达到 10mm 以内,横向粗铺精度达到精调支架横向调程的 1/2。

浇筑自密实混凝土后,轨道板铺设精度达到如表 2-8-4 所示的要求。

轨道板精调精度要求　　　　　　　　　　表 2-8-3

序号	检查项目	允许偏差(mm)
1	高程	±0.5
2	中线	0.5
3	相邻轨道板接缝处承轨台顶面相对高差	0.3
4	相邻轨道板接缝处承轨台顶面平面位置	0.3
5	轨道板纵向位置	10

浇筑自密实混凝土后轨道板铺设精度要求　表 2-8-4

序号	检查项目	允许偏差(mm)
1	高程	±2
2	中线	2
3	相邻轨道板接缝处承轨台顶面相对高差	0.6
4	相邻轨道板接缝处承轨台顶面平面位置	0.6
5	轨道板纵向位置	10

三、CRTSⅢ型轨道板铺设精度要求

CRTSⅢ型轨道板精调时需达到如表2-8-5所示的精度要求。同CRTSⅡ型板一样,为了提高轨道板精调的效率,轨道板粗铺时尽量铺设精确,要求纵向粗铺精度达到10mm以内,横向粗铺精度达到精调支架横向调程的1/2。

浇筑自密实混凝土后,轨道板铺设精度达到如表2-8-6所示的要求。

轨道板精调精度要求　　　　　　　　　　　　表2-8-5

序　号	检查项目		允许偏差(mm)
1	高程		±0.5
2	中线		0.5
3	相邻轨道板接缝处承轨台顶面相对高差		0.5
4	相邻轨道板接缝处承轨台顶面平面位置		0.5
5	轨道板纵向位置	曲线地段	2
		直线地段	5

浇筑自密实混凝土后轨道板铺设精度要求　　　　　　　　表2-8-6

序　号	检查项目		允许偏差(mm)	备　注
1	高程		±2	
2	中线		2	
3	相邻轨道板接缝处承轨台顶面相对高差		1	不允许连续3块以上轨道板出现同向偏差
4	相邻轨道板接缝处承轨台顶面平面位置		1	
5	轨道板纵向位置	曲线地段	5	
		直线地段	10	

第三节　底座板(支承层)支模放样测量

对于无砟轨道,底座板或支承层的施工精度会直接影响轨道结构。例如,底座顶面标高的精度直接影响填充层的厚度,进而影响轨道结构的受力情况。规范中对高速铁路无砟轨道结构中的底座板、支承层顶面高程及中线位置等外形尺寸等有明确的限差要求。下面以应用最广泛的CRTSⅢ型板式无砟轨道系统为例,说明底座板和支承层的放样方法,CRTSⅠ型板和CRTSⅡ型板的放样方式与其相同。

一、无砟轨道板底座板及支撑层的精度要求

1. CRTSⅠ型轨道底座及支撑层施工精度要求

根据规范要求,CRTSⅠ型轨道底座板及支撑层施工完毕后,对其外形尺寸偏差要符合如表2-8-7所示要求,其支模放样应依据CPⅢ控制网进行。

混凝土底座、支承层尺寸允许偏差 表2-8-7

项　目	允许偏差(mm)
顶面高程	+3 ~ -10
宽度	±10
中线位置	3
梁端底座悬出	小于设计要求

在混凝土底座、支承层模板放样的同时,应对凸形挡台进行初定位。初定位精度与混凝土底座、支承层模板放样相同。凸形挡台允许偏差符合表2-8-8的规定。

凸形挡台尺寸允许偏差 表2-8-8

检验项目	允许偏差(mm)	检验项目	允许偏差(mm)
平整度	10mm/3m	中线位置	3
圆形挡台直径	±3	挡台中心间距	±5
半圆形挡台直径	±2	顶面高程	0 +3 ~ +5

2. CRTS Ⅱ型轨道底座及支撑层施工精度要求

根据规范要求,CRTS Ⅱ型轨道底座板及支撑层施工完毕后,对其外形尺寸偏差要求如表2-8-9和表2-8-10所示,其支模放样也应依据CPⅢ控制网进行。

路基支持层尺寸允许偏差 表2-8-9

检测内容	限差(mm)	检测内容	限差(mm)
中线位置	10	厚度	±20
顶面高程	±5	平整度	7mm/4m
宽度	0 ~ +15		

桥梁底座板尺寸允许偏差 表2-8-10

检测内容	限差(mm)	检测内容	限差(mm)
中线位置	10	厚度	±15
顶面高程	±5	平整度	7mm/4m
宽度	0 ~ +15		

3. CRTS Ⅲ型轨道底座及支撑层施工精度要求

根据规范要求,CRTS Ⅲ型轨道底座板及支撑层施工完毕后,对底座、凸形挡台外形尺寸偏差要求如表2-8-11和表2-8-12所示。施工结束后,每块底座板检查一次底座质量,并且每块底座板检查一个限位凹槽。

混凝土底座外形尺寸允许偏差 表2-8-11

序号	项目	允许偏差(mm)	序号	项目	允许偏差(mm)
1	顶面高程	±5	5	伸缩缝位置	10
2	宽度	±10	6	伸缩缝宽度	±5
3	中线位置	±3	7	底座外侧排水坡	1%
4	平整度	10mm/3m			

凸形挡台外形尺寸允许偏差　　　　　　　　　　　　　　　表 2-8-12

序　号	项　目	允许偏差(mm)	序　号	项　目	允许偏差(mm)
1	中线位置	3	4	长度和宽度	±5
2	深度	±5	5	相邻凹槽中心距离	±10
3	平整度	2mm/0.5m			

二、轨道底座模板放样要求

底座板和支承层放样的理论坐标及高程,需根据设计的线路平纵曲线及超高等各项参数计算而得。对于 CRTS Ⅱ 型板及 CRTS Ⅲ 型板,目前施工现场一般采用施工布板软件计算,使用布板软件计算时,一般输出板缝中心理论坐标,也可根据施工人员的要求计算任意里程位置的理论坐标。

1. CRTS Ⅰ 型轨道底座模板放样要求

为了保证底座施工质量,CRTS Ⅰ 型轨道底座板模、限位凹槽模板安装允许偏差满足表 2-8-13 和表 2-8-14 的要求。

混凝土底座模板安装允许偏差及检验数量　　　　　　　　表 2-8-13

序　号	项　目	允许偏差(mm)	检验数量
1	施工控制高程	-3~0	每5m检查1处
2	宽度	±5	每5m检查3处
3	中线位置	2	每5m检查3处
4	梁端底座悬出	设计至一半	每个梁缝处左右各检查2处

限位凹槽模板安装允许偏差及检验方法　　　　　　　　表 2-8-14

序　号	项　目	允许偏差(mm)	检验方法
1	圆形挡台直径	±2	尺量
2	半圆形挡台直径	±1	水准尺
3	中线位置	2	尺量
4	挡台中心间距	±3	尺量

2. CRTS Ⅱ 型轨道底座模板放样要求

CRTS Ⅱ 型轨道底座模板安装允许偏差满足表 2-8-15 的要求。

混凝土底座模板安装允许偏差及检验数量　　　　　　　　表 2-8-15

检测内容	限　差	检测数量与要求
顶面高程	0~-3mm	每5m检查1处
内侧宽度	0~+10mm	每5m检查3处
中线位置	±5mm	每5m检查3处

3. CRTS Ⅲ 型轨道底座模板放样要求

CRTS Ⅲ 型轨道底座模板、限位凹槽模板安装允许偏差满足表 2-8-16 和表 2-8-17 的要求。

混凝土底座模板安装允许偏差及检验数量　　　　　表2-8-16

序　号	项　目	允许偏差(mm)	检验数量
1	施工控制高程	±3	每5m检查1处
2	宽度	±5	每5m检查3处
3	中线位置	2	每5m检查3处
4	伸缩缝位置	5	每条伸缩缝检查1次
5	伸缩缝宽度	±2	每条伸缩缝检查1次

限位凹槽模板安装允许偏差及检验方法　　　　　表2-8-17

序　号	项　目	允许偏差(mm)	检验方法
1	中线位置	2	尺量
2	顶面高程	±3	水准尺
3	长度和宽度	±3	尺量
4	相邻凹槽中心间距	±5	尺量

三、底座高程施工过程控制

底座板高程直接影响浇筑层的厚度,对轨道的结构体系的质量起着至关重要的作用,因此在底座板浇筑过程中应对模板进行控制测量,以随时关注模板的变化情况,发现问题及时解决,保证底座板及支承层的施工质量。

(1)在混凝土浇筑之前需对模板高程进行检查。

(2)在混凝土振捣以后抹平之前需对底座板高程进行第二次检测,如果有上浮及下沉现象及时采取措施。

(3)底座板抹平后,需进行高程检查。

四、仪器及设站的精度要求及放样密度

底座板及支承层支模放样依据轨道控制网CPⅢ,采用全站仪自由设站极坐标法测设。高程测量可采用全站仪自由设站三角高程或几何水准施测。全站仪精度不低于(1″、2mm + 1ppm × D),水准仪精度不低于3mm/km。

全站仪自由设站观测的CPⅢ控制点不宜少于3对。更换测站后,相邻测站重叠观测的CPⅢ控制点不宜少于1对,放样距离一般60m,并且建站后要最少检查一个CPⅢ点,以确保设站的正确。全站仪自由设站点的精度符合表2-8-18的规定。

全站仪自由设站点精度要求　　　　　表2-8-18

项　目	精度要求
X	≤2mm
Y	≤2mm
H	≤2mm
定向精度	≤3″

完成自由设站后,CPⅢ控制点的坐标不符值限差符合表2-8-19的规定。

CPⅢ控制点的坐标不符值限差要求 表2-8-19

项　　目	精度要求	项　　目	精度要求
X	≤2mm	H	≤2mm
Y	≤2mm		

放样时,事先把理论数据拷贝到全站仪储存卡里,全站仪设站后根据事先准备的数据将点放样到位。一般把每个板缝中心点位放样到现场,但曲线段一般根据施工队伍的要求密度进行放样。

五、底座板及支承层高程检查方法及验收标准

1. 底座顶面高程的检查

进行底座顶面高程检查时,可使用全站仪进行测量。使用全站仪进行检查时,其自由设站满足表2-8-11及表2-8-12的相关要求。每块底座板检测一个断面,每个断面测量两个点,分别位于距底座板中心约1.1m处。对全站仪采集的数据与理论数据进行对比,即可计算出底座顶面高程的偏差。施工现场可直接使用布板软件进行处理即可。

2. 宽度的检查

使用钢尺直接量取底座的宽度,并计算与设计宽度的差值。

3. 中线位置检查

使用全站仪,对每块底座板的中心点进行放样,然后用钢尺直接量测中心点至底座联测的距离,两距离的偏差即为底座中线的偏差,如图2-8-5所示,a与b的长度差即为底座中线的偏差。

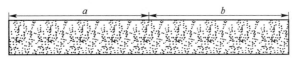

图2-8-5　底座中线的偏差示意图

4. 平整度检查

使用3m靠尺配合塞尺,直接测量底座表面至靠尺的最大缝隙即为底座的平整度。

第四节　轨道基准网(CPⅣ)测量

CPⅣ控制网同CPⅢ控制网一样,也是一套高精度的三维坐标控制网。它主要是为了轨道板的精调而测设的一种高精度的控制网。

对于板式无砟轨道的轨道板精调现存有两种方案:一种是采用CPⅢ网后方交会设站模式进行精调,这种方式一般适用于CRTSⅠ型板和CRTSⅢ型板;一种是采用CPⅣ点设站模式,这种方式一般适用于CRTSⅡ型板,但CRTSⅠ型及CRTSⅢ型板也可以采用CPⅣ点进行精调。采用CPⅣ点进行轨道板精调的优点是精度高,受外业环境影响小,有利于抢抓工期。

一、CPⅣ控制网的构网形式

CPⅣ控制网是设置在底座板或支承层上的控制网,其理论值由布板软件根据轨道线路

设计计算所得,在每个轨道板缝处设置一个轨道基准点和轨道板定位点。轨道基准点和轨道板定位点分别距线路中线左右两侧各 10cm,并且采用高程比较低的点作为轨道基准点,以提高测量的精度。CPⅣ点位置如图 2-8-6 和图 2-8-7 所示。

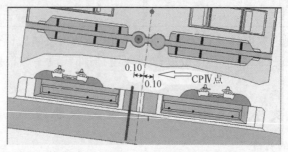

图 2-8-6 CPⅣ点位置示意图(尺寸单位:m)

a)

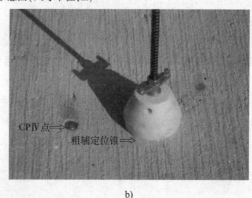
b)

图 2-8-7 CPⅣ点位置分布示意图

二、测量作业准备

1. 仪器要求

全站仪应具有自动目标搜索、自动照准、自动观测、自动记录功能,其标称精度满足:方向测量中误差不大于 1″,测距中误差不大于 1mm + 2ppm。

电子水准仪的精度不低于 0.5mm/km,配套使用钢瓦水准尺。

温度计读数精确至 0.5℃,气压计读数精确至 0.5hPa。

全站仪、水准仪、水准尺须经过专业检定机构的检定,并处于检定有效期内,在进行距离或坐标测量时,应进行气象改正。水准尺适配器参数应由厂家准确测定,具有相应的书面文件,施测前应进行检验。

2. 理论位置数据准备

根据轨道设计资料提供的轨道板分布文件,使用布板软件计算每个板接缝处的轨道基准点(CPⅣ)和定位锥的坐标,采用高程较低的点作为 CPⅣ点,另外一点为定位锥,计算完成经校核无误后传输至全站仪内存卡中备用。

三、技术要求

轨道基准网测量满足表 2-8-20 中的限差要求。

轨道基准网测量精度要求　　　　　表 2-8-20

序　号	限　　差	单　位	说　　　　明
1	$0.5 + 2\sqrt{L}$	mm	单程水准测量 CPⅢ闭合差（L 为距离，以千米计）
2	0.3	mm	CPⅣ多次高程测量与高程均值差（dz）
3	0.3	mm	重叠区内 CPⅣ高程允许偏差（dz）
4	3	个	CPⅣ高程测量最小重叠点数
5	2.0	mm	CPⅢ X 坐标允许偏差（dx）
6	2.0	mm	CPⅢ Y 坐标允许偏差（dy）
7	0.4	mm	CPⅣ相对多次测量坐标均值的 x 坐标允许偏差（dx）
8	0.4	mm	CPⅣ相对多次测量坐标均值的 y 坐标允许偏差（dy）
9	0.3	mm	重叠区内 CPⅣ的横向允许偏差（dq）
10	0.4	mm	重叠区内 CPⅣ的纵向允许偏差（dl）
11	6	个	平面测量每测站参与平差的最少 CPⅢ点数
12	3	个	CPⅣ平面测量最少重合点数

四、CPⅣ点测量时命名规则

CPⅣ点一般采用其大里程的轨道板号进行命名。另外为了区分左右线，规定左线基准点点号为"8 + 板号（五位数字）"的格式，右线基准点点号为"9 + 板号（五位数字）"的格式。

五、轨道基准点及定位点放样

轨道基准点放样应在 CPⅢ网复测完成并通过评估验收后进行。

底座板或支承层施工完成后，依据轨道控制网（CPⅢ），采用全站仪自由设站极坐标法测设轨道基准点和轨道板定位点。

轨道基准点和轨道板定位点应埋设于混凝土底座板或支承层上，每块轨道板接缝处设置一个轨道基准点和一个轨道板定位点。轨道基准点和轨道板定位点连线应垂直于轨道中线并分别位于距轨道中线左右两侧，距离 0.10m。在曲线地段轨道基准点应设于轨道中线的内侧，轨道板定位点设于轨道中线的外侧。当直线段前后的轨道基准点不在同一侧时，应在直线段予以变换调整，不得在曲线段上。

轨道基准点和轨道板定位点的放样满足下列要求：

（1）轨道板定位点的放样距离不大于 100m。

（2）轨道板定位点的放样平面允许偏差不大于 5mm。

（3）轨道基准点的放样平面允许偏差不大于 5mm。

（4）自由设站观测的 CPⅢ控制点不宜少于 3 对。更换测站后，相邻测站重叠观测的 CPⅢ控制点不宜少于 2 对，并且建站后要最少检查一个 CPⅢ点，以保证设站的正确。

（5）自由设站点的精度符合表 2-8-21 的规定。

自由设站点的精度要求　　　　　　　　表2-8-21

项　目	精度要求	项　目	精度要求
X	≤2mm	H	≤2mm
Y	≤2mm	定向精度	≤3″

六、轨道基准网（CPⅣ）测量

1. 平面测量

轨道板粗铺之前应完成轨道基准点的平面测量。对于 CRTS Ⅱ 型板在进行 CPⅣ 点测量时注意施工单元的划分，只能在底座板纵联后的常规区或永久端刺区进行测量，临时端刺区不能进行测量。

（1）为了提高测量精度，保证基准点的横向误差最小，尽量利用全站仪测角精度高的特性，测量左线基准点时仪器架设在左线中心上，测量右线基准点时仪器架设在右线中心上，且保证仪器离最近测量的 CPⅣ 点的距离不能短于 5m。架设部位应稳定无干扰，视线畅通，桥梁段尽量将仪器架设在桥梁固定支座端，并将仪器精确整平。

（2）在仪器中输入温度、气压等气象改正数和棱镜常数，并将仪器的数据记录格式设置为点号、东坐标（E 或 Y）、北坐标（N 或 X）、高程（Elevation 或 H）的模式，数据记录格式选择"gsi-16"格式（适用于徕卡仪器）。如果手工测量，其测量模式为"三次测量取平均"，如图2-8-8所示。

图2-8-8　徕卡全站仪记录数据格式

（3）检查仪器各项设置均正确无误后，将测站信息保存在仪器中。

（4）自由设站的基本要求。

自由设站观测的 CPⅢ 控制点不少于 4 对，全站仪宜设在线路中线附近，位于所观测的 CPⅢ 控制点的中间。更换测站后，相邻测站重叠观测的 CPⅢ 控制点不宜少于 2 对。

自由设站精度一般要求符合表2-8-22要求，连续桥、特殊孔跨桥自由设站精度可放宽至 1.0mm。

自由设站点精度要求　　　　　　　　表2-8-22

X	Y	H	定向精度
≤0.7mm	≤0.7mm	≤0.7mm	≤2″

完成自由设站后，CPⅢ 点的坐标不符值满足表2-8-23 的要求。当 CPⅢ 点坐标不符值 X、Y 大于表2-8-23 的规定时，该 CPⅢ 点不参与平差计算。每一测站参与平差计算的 CPⅢ 点不少于 6 个。

CPⅢ点坐标不符值限差要求　　　　　　表 2-8-23

X	Y	H
≤2.0mm	≤2.0mm	≤2.0mm

(5)在需观测的不少于 4 对 CPⅢ点上设置棱镜,该 CPⅢ点构成的图形需将该站所观测的基准点全部包含在内,保持棱镜准确照准测站方向,在测站远端的第一个基准点上设置三角基座和棱镜,并精密整平和对中。观测时全站仪始终用正镜观测,不得使用倒镜观测或旋转仪器观测另外一侧的基准点。基准网平面测量如图 2-8-9 所示。

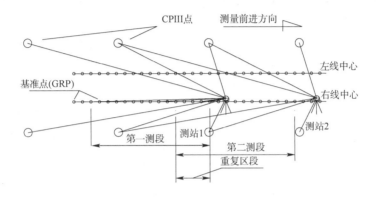

图 2-8-9　基准网平面测量

(6)观测前打开仪器的自动照准功能(ATR),观测时注意点号必须输入正确。观测基准点时从远端基准点依次观测至测站近端,最近点距离仪器不宜短于 5m,观测基准点时可打开仪器的目标锁定功能(ATR LOCK),有利于观测员快速瞄准目标,移动基准点棱镜时注意保持棱镜始终对准仪器方向。

(7)同一测站 CPⅢ点和轨道基准点均采用全站仪盘左进行观测,进行多个半测回观测。每个半测回观测过程如下:①顺次观测所有 CPⅢ点;②顺次观测所有轨道基准点;③按照同样的流程进行下一个半测站测量;④各个半测回结束时,再顺次观测所有 CPⅢ点。轨道基准点观测不少于 3 次。CPⅢ点观测不少于 4 次。此为一个测站的观测程序,一个测站结束后搬至下一站后按同样的程序进行测量。

(8)每一测站观测距离约为 70m,观测 11~13 个轨道基准点。

(9)换站测量时,重复观测上一测站中的 CPⅢ点不少于 2 对和 3~5 个基准点作为测站搭接。在粗铺轨道板时,考虑底座板的压力对 CPⅣ点位的影响,为了保证搭接精度,铺板时最少预留 7 个已测的 CPⅣ点不进行铺板。

2. CPⅣ高程测量

(1)高程测量的总体要求

轨道基准点高程测量必须在左右线轨道板粗铺后,采用几何水准方法,将附合水准方法和中视水准测量方法相结合进行施测,轨道基准点一般作为中视点,除首尾 CPⅢ点外,其余 CPⅢ点作为附合水准路线的转点,左右线路的轨道基准点的高程测量可同时施测。

采用电子水准仪进行往返观测,起闭于 CPⅢ点,附合水准路线长度不少于 300m 为宜,视线长度宜控制在 30m 以内。

(2)测量过程

①测量时水准仪架设于两个CPⅢ点之间,设置仪器测量模式为"线路测量"模式,测量方式为"三次测量取平均"。

②首先后视第一个CPⅢ点,再间视(中视)另一个CPⅢ点作为检核,依次间视中间的基准点,基准点观测完后再前视第二个CPⅢ点,完成第一测站。

③搬移仪器架设到第二、三个CPⅢ点之间,后视上一测站结束时的CPⅢ点,依次间视中间的基准点,再前视第三个CPⅢ点,以此类推,测段结束前应先间视一个CPⅢ点作为检核,再前视最后一个CPⅢ点结束整个测段。以上为一个测段的往测部分。返测时从结束点开始,依照相反的方向进行。

④第二测段开始时应从上一测段结束时的CPⅢ点开始,并重复测量3~5个基准点作为测站搭接。测量方法见图2-8-10。

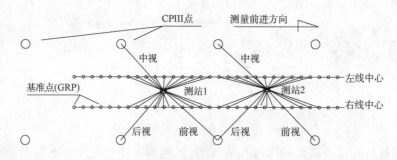

图2-8-10　基准网高程测量

(3)轨道基准网平差

轨道基准网平差采用专用软件进行,平差前按照技术要求对软件中的各种限差项进行设置,平差软件在计算过程中会对观测数据进行检核,如有偏差超限数据,可以对观测数据进行适当剔除,但剔除数据后至少要保证每测站有6个CPⅢ点参与平差计算,不同测站间的搭接CPⅢ点不少于2对。如果剔除数据后平差结果仍然超限,必须进行现场补测或重测。

平差后的基准点坐标成果输出为*.DPU格式,便于精调系统直接使用。

平差后基准点间的相对精度满足:平面为0.2mm,高程为0.1mm。

七、注意事项

(1)基准网观测宜在阴天无风的天气下进行,若需要在晴天作业,必须对仪器进行打伞遮光。

(2)测量前将仪器开箱后置于现场阴凉通风处30min以上,使仪器内部温度与外界环境温度一致。

(3)由于观测CPⅢ点和基准点时所使用的棱镜可能不同,棱镜常数也会不同,因此在实际操作时应时刻注意检查仪器内设置的棱镜常数与观测目标所使用棱镜是否一致。

(4)高程测量时,宜用一把水准尺进行测量,使用的配套的尖头尺垫与基准点接触,因此应经常检查尺垫头的磨损情况,一般采用游标卡尺测量,一旦磨损超过0.1mm应在平差计算时对尺垫高度进行修正或直接更换尺垫。

（5）埋入测钉时应使用橡胶锤或木槌敲打，以免损坏测钉顶面。

（6）每次水准测量前须对电子水准仪的 i 角进行检校，符合规定要求才能使用；每次平面测量前应使用全站仪检查三角基座的棱镜和水准气泡的对中情况，如果出现偏差应重新校正合格后才能使用。

（7）全站仪测量基准点时应注意设置测距模式：TCA2003 和 TCA1800 应设置测距模式为"精密测量（Precision）"模式，TCRP1201＋采用"平均测量模式（Average）"，取 3～5 次测量的平均值。

（8）由于受到目前采用的基准网平差软件的限制，Trimble 系列的仪器数据格式需要转换后才能被平差软件所识别。

第五节　轨道板精调

不论是 CRTS Ⅰ 型板、CRTS Ⅱ 型板，还是 CRTS Ⅲ 型板，其精调原理均是：测量架设在轨道板承轨台上的棱镜，得出模拟轨道结构的实测坐标，然后与设计理论位置坐标进行比较，求得对应棱镜位置的调整量，然后精确调整轨道板，以实现轨道板实际位置与设计位置的准确重合。随着工程建设经验的不断积累，目前三种板式无砟轨道板的精调方法及设备均趋于一致。

下面以目前最常用的 CRTS Ⅲ 型板式无砟轨板为例，介绍一下轨道板精调的方法。

一、CRTS Ⅲ 型轨道板精调测量系统组成

CRTS Ⅲ 型轨道板的精调测量系统包括硬件系统和软件系统两部分，系统组成如图 2-8-11 所示。

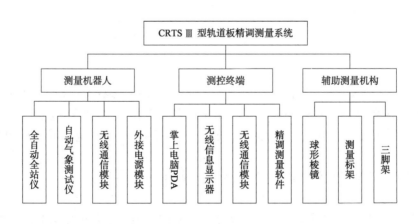

图 2-8-11　CRTS Ⅲ 型轨道板精调测量系统组成

1. 硬件设备

CRTS Ⅲ 型轨道板精调测量系统由测量机器人、测控终端和测量辅助机构组成，如表 2-8-24 所示。

CRTSⅢ型轨道板精调测量系统硬件设备列表　　　　表2-8-24

序号	设备	数量	用途
1	测量标架1500	3只	放置位置能够代表整个轨道板的空间状态,并可安放反射棱镜,用作全站仪的测量目标(含一个标准标架)
2	测量标架1300	1只	用于换站搭接
3	球棱镜	8个	安放在测量机械装置上,用于全站仪测量
4	掌上电脑(PDA)	1台	运行轨道板精调作业软件的计算机设备,操控并完成轨道板测量
5	三脚架	1个	用于架设全站仪,进行对中整平
6	全自动全站仪	1台	用于棱镜的坐标测量
7	无线数据传输电台	1台	用于全站仪无线通信、挂接气象传感器
8	无线信息显示器	4个	显示4个调整工位的横向和高程调整量
9	外挂电源	1个	外界供电
10	专用连接电缆	1根	用于数据传输电台与全站仪的外接供电和数据通信连接

测量标架(图2-8-12)主要材料是合金硬铝,由横梁、门字框、触及端和球棱镜安装座等部分组成。为了使框架能够与轨道板承轨台密贴,门字框设计成可旋转式。PBJ1500测量标架横梁上球棱镜安放座中心点相距为1 500mm,放置在待调板上,用于模拟待调板的轨道结构,PBJ1300测量标架横梁上球棱镜安放座中心点相距为1 300mm,放置在上一块已调好的轨道板上,用于与待调板的平顺性搭接。

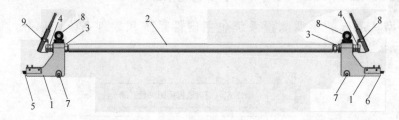

图2-8-12　测量标架
1-门字框;2-标架横梁;3-圆螺母;4-六角螺母;5-固定端;6-活动端;7-轴承;8-球棱镜安放座;9-无线信息显示器安放架

球棱镜要求各向异性差≤±0.3mm,光束角偏差≤2″,并且各标架上棱镜常数均一致。

全站仪要求伺服马达驱动,自动搜索、瞄准、跟踪目标,角度测量精度≤1″,距离测量精度≤1+2ppm。

无线信息显示器用于实时显示对应精调爪的横向/垂向调整量。

2. 软件系统

CRTSⅢ型轨道板精调测量系统软件是该系统测控终端的重要组成部分,安装在工控机中。软件用于CRTSⅢ型无砟轨道板铺设精调作业测量控制,主要实现作业项目管理、辅助测量机构参数管理、通信管理、气象参数管理、轨道板精调文件管理、标架检校、轨道板精调等功能。其软件设计流程如图2-8-13所示。

各功能模块的功能列表见表2-8-25。

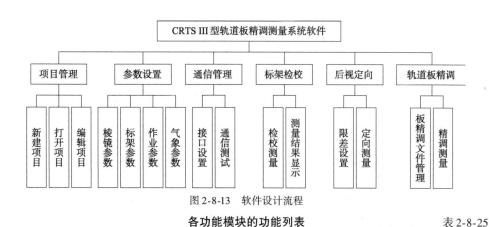

图 2-8-13 软件设计流程

各功能模块的功能列表 表 2-8-25

功能标识	子功能标识	功能描述
项目管理	新建项目	实现作业项目信息管理,包括新建项目、打开已有项目和编辑项目信息等功能
	打开项目	
	编辑项目	
参数设置	棱镜参数	棱镜常数设置
	标架参数	测量标架参数设置
	作业参数设置	实现仪器选择和定义调板方向等功能
	气象参数管理	手动输入/自动读取用于测距改正的气象传感器各气象值功能
通讯管理	接口设置	实现与外部硬件设备通信接口的匹配设置
	通信测试	测试各部件之间的通信畅通与否
标架检校	检校测量	由于可能受到运输、气象等影响,测量标架发生轻微变形,需要对所有标架进行校验
	结果显示	显示测量结果
定向作业	限差设置	设置定向允许限差,超限报错,重新测量
	定向测量	
轨道板精调	板精调文件管理	导入精调板文件和控制点文件,对控制点文件进行数据操作处理
	精调测量	测量各标架上棱镜,分析计算获取调整量,保存合格数据

二、CRTSⅢ型板精调步骤

1. 理论数据的准备

精调理论数据即轨道板铺设位置数据,是由布板软件根据轨道的设计线形计算输出所得,每块 CRTSⅢ型板提供两个文件,即.JTXYZ 文件和.JTLJ 文件,如图 2-8-14 所示。JTXYZ 文件为各承轨台中心位置对应的轨顶中心点的三维坐标;.JTLJ 文件为支点位置文件,即精调标架摆设位置文件。开始精调前,将待调板的理论数据文件拷贝到精调系统中即可。

2. 精调标架的摆放

将 2 个 PBJ1500 型测量标架(标架 1 和标架 2)分别放置在待调轨道板承轨台上,触及端紧靠外钳口,并保持四角着地。为了与已调整好的轨道板进行平顺性搭接,需要在上一块轨道板承轨台上放置1个PBJ1300型测量标架(标架3),如图2-8-15所示。

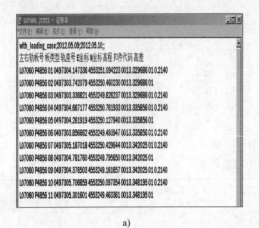
a)

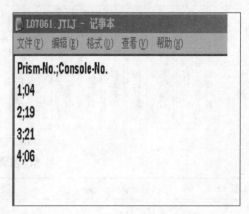
b)

图2-8-14　理论数据格式

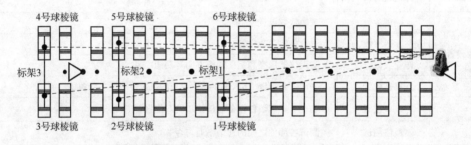

图2-8-15　标架摆放示意图

PBJ1500型测量标架放置规则如下:

(1)当由小里程往大里程进行精调时,1号标架放置在第7对(有8对承轨台的轨道板)或第8对(有9对承轨台的轨道板)承轨台上,2号标架放置在第2对承轨台上;

(2)当由大里程往小里程进行精调时,1号标架放置在第2对承轨台上,2号标架放置在第7对(有8对承轨台的轨道板)或第8对(有9对承轨台的轨道板)承轨台上。

PBJ1300型测量标架放置规则如下:

(1)当由小里程往大里程进行精调时,3号标架放置在已精调完毕的与待精调轨道板相邻的轨道板第7对(有8对承轨台的轨道板)或第8对(有9对承轨台的轨道板)承轨台上;

(2)当由大里程往小里程进行精调时,3号标架放置在已精调完毕的与待精调轨道板相邻的轨道板第2号承轨台上。

3. 全站仪设站

全站仪宜设在线路中线附近、两对CPⅢ控制点之间;并且后视3对以上CPⅢ控制点进行设站。在换站搭接时,需重合2对以上的CPⅢ控制点。测设工作应避免在气温变化剧烈、阳光直射、大风或能见度低等恶劣气候条件下进行,宜选择在阴天无风或日落2h后、日出前,气象条件稳定的时段进行;实测气温、气压和湿度,并进行气象改正。其设站精度应满足表2-8-26要求。每站可精调3~5块轨道板,设站时全站仪距离最近的一块轨道板距离在

6m左右。搬站后对上一站最后一块板的搭接承轨台进行检测。检测数据必须控制在2mm以内,否则重新设站。

自由设站点精度要求　　　　表2-8-26

X	Y	H	定向精度
≤0.7mm	≤0.7mm	≤0.7mm	≤2″

4. 设备连接

首先将无线数据传输电台、气象传感器和全站仪连接好。气象传感器放置在能够代表测站气象条件、避免阳光直射又通风良好的位置。为保证气象数据的准确性,通常在气象传感器工作1min后再进行读数。

5. 标架检校

为了确保轨道板精调精度,每个作业组开始精调前,应用标准标架对其他非标准标架进行标定,以获得非标准标架的改正常数。

标准标架的标定一般在轨道板制造厂通过标准轨道台来进行,先把标准标架放到标准承轨台上,使用全站仪对标准标架上的棱镜进行三维坐标测量并进行记录,记录后对标准标架旋转180°,再次对其测量和记录。测量完毕后计算两次测量的距离,并与标准承轨台大钳口距离进行比较,根据比值较差对标准标架进行调整,直至此较差在±0.1mm之内。标准标架一般一个月检校一次。

对1~3号标架进行标定时,依次将标准标架和其他3根标架放入相同承轨台,应用精调软件自带的标架标定功能,进行三维坐标测量及记录,测量得到的4根标架与标准标架间的差值,经计算后代入到数学模型中,在后续的精调作业中由轨道板精调软件进行自动修正,达到校验的目的。1~3号标架应在每个作业组开始精调前进行标定。

6. 精调测量

上述准备工作完成之后,即可开展精调作业,各棱镜的编号如图2-8-15所示。

一是,测量1和6号棱镜,经过精调软件计算,轨道板的偏差值就会显示在软件上,同时向1和6号棱镜相对应的显示器发送调整数据。操作人员根据显示器显示的值调整1和6号棱镜对应的精调爪。

二是,测量2和5号棱镜,操作人员根据显示器显示的值调整2和5号棱镜对应的精调爪。

三是,经过上述两步调整之后,再次对1、2、5、6号四个棱镜同时进行测量,操作人员再根据显示器显示的值进行调整。

四是,1、2、5、6号棱镜均精调到位以后需进行完全测量,全站仪除测量被调轨道板上的4个棱镜外,还要观测安放在上块已调轨道板上标架3上的棱镜3和4,从而控制板与板之间的平顺衔接,板间平顺的限差要求需参考相关规范和相关规定。

三、轨道板精调流程

精调时宜以约300m(50块板)为一个精调及浇筑单元。轨道板精调施工作业流程及施工工艺流程如图2-8-16和图2-8-17所示。

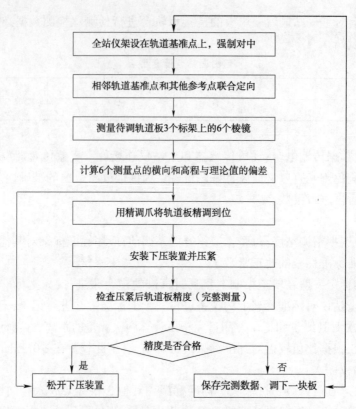

图 2-8-16　轨道板精调施工作业流程

四、轨道板灌浆后控制测量

轨道板浇筑完成后,应对轨道板进行复测,以检验轨道板平顺性。

在开展线上灌浆实验时,当自密实混凝土达到强度后应立即对轨道板进行检测,以检查下压装置及灌浆工艺对轨道板平顺性的影响,并提出整改方案。在正式灌浆后应以约300m为一检查单元,检查中发现问题应分析原因并及时采取相关措施。

轨道板监测依据CPⅢ控制点,采用全站仪自由设站极坐标法进行监测。自由设站观测的CPⅢ控制点不少于3对,全站仪宜设在线路中线附近,位于所观测的CPⅢ控制点的中间。更换测站后,相邻测站重叠观测的CPⅢ控制点不少于2对。对自由设站点精度要求见表2-8-27。

自由设站点精度要求　　　　表2-8-27

X	Y	H	定向精度
≤0.7mm	≤0.7mm	≤1mm	2″

单个自由设站一般可测6块轨道板,在外界条件甚佳或进行隧道作业情况下,也可测8块板,测量需使用标准测量标架。为覆盖全部板接缝区,每次换站时要求有一块板的重叠搭接。

每块板上测量4个点,此4个点与精调时测量标架的位置相同,首先测量板首端第2个轨枕台左右两个点,再测量板末端第2个轨枕台左右两个点,测量完成后对轨道板的平顺性进行分析。

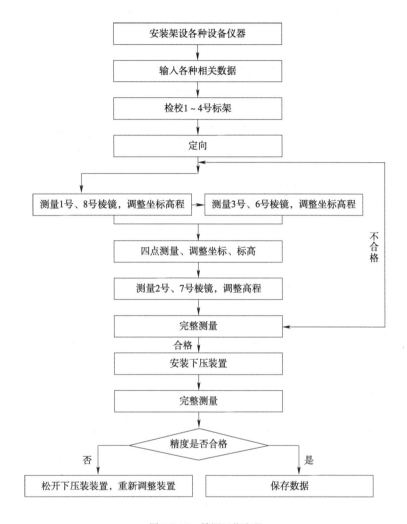

图 2-8-17 精调工艺流程

五、板式道岔板精调数据处理

1. 坐标系

高速铁路道岔板一般是在板场预制完成，为了满足道岔板的制板及铺设精度，在道岔板设计、制造及铺设时会使用不同的坐标系。

一是道岔板坐标系。对应于各胎具的每个道岔板的设计坐标都有一个自己的坐标系统，这就意味着每个胎具具有多个坐标系。坐标系由道岔板设计单位定义，如图 2-8-18 所示。

为了保证道岔的整体精度，在设计每组道岔时，设计单位又设计了一个道岔坐标系，其一般是以岔前的第一个块道岔板的第一个承轨台中心为原点，面向线路大程方向为 L，垂直 L 往右为 Q 方向。如表 2-8-28 所示是某道岔的道岔板坐标点表。

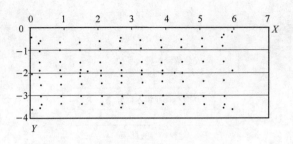

图 2-8-18 道岔板坐标系统(尺寸单位:m)

道岔板坐标系统 表 2-8-28

点 号	L 纵向值(m)	Q 横向值(m)	高度(m)	点 代 码	点类说明
5232	125.905 6	3.304 9	−0.41	5	混凝土块放样点
6201	125.831 1	5.000 1	−0.51	1	GRP 点
6202	125.831 1	4.711 3	−0.51	2	侧线轴线点
6203	125.781 1	6.186 8	−0.25	3	板角点
6204	125.781 1	3.502 3	−0.25	3	板角点
6205	119.881 1	6.184 5	−0.25	3	板角点
6206	119.881 1	3.364 1	−0.25	3	板角点
6211	125.531 1	6.080 7	−0.24	4	棱镜点
6212	125.531 1	3.628 0	−0.24	4	棱镜点
6213	123.131 1	6.080 7	−0.24	4	棱镜点
6214	123.131 1	3.578 0	−0.24	4	棱镜点
6215	120.131 1	6.080 7	−0.24	4	棱镜点
6221	125.761 2	6.386 8	−0.41	5	混凝土块放样点
6222	125.301 2	6.386 6	−0.41	5	混凝土块放样点
6223	125.765 9	3.301 8	−0.41	5	混凝土块放样点
6224	125.306 0	3.291 1	−0.41	5	混凝土块放样点
6230	119.901 2	6.384 5	−0.41	5	混凝土块放样点
6231	120.365 9	3.175 4	−0.41	5	混凝土块放样点
6232	119.906 0	3.164 6	−0.41	5	混凝土块放样点
7201	119.831 1	5.000 1	−0.51	1	GRP 点
7202	119.831 1	4.557 4	−0.51	2	侧线轴线点
7203	119.781 1	6.184 5	−0.25	3	板角点
7204	119.781 1	3.364 1	−0.25	3	板角点

二是施工坐标系。施工坐标系的用处就是将道岔板铺放到施工现场,施工坐标系和道岔坐标一般有两个或三个公共点。

2. 平面理论数据坐标转换模型

道岔板精调的关键点就是将道岔坐标系转化为施工坐标系,一般使用四参数坐标进行转化,见式(2-8-1)。

$$\begin{bmatrix} x \\ y \end{bmatrix} + \begin{bmatrix} v_x \\ v_y \end{bmatrix} = \begin{bmatrix} \Delta x \\ \Delta y \end{bmatrix} + K \cdot \begin{bmatrix} \cos\alpha & -\sin\alpha \\ \sin\alpha & \cos\alpha \end{bmatrix} \begin{bmatrix} x_0 \\ y_0 \end{bmatrix} \qquad (2\text{-}8\text{-}1)$$

式(2-8-1)中，Δx、Δy 为平移参数；α 为旋转参数；K 为缩放比例。

将 $\cos\alpha$、$\sin\alpha$ 泰勒一阶展开，代入式(2-8-2)，列出误差方程：

$$V = BX - L \qquad (2\text{-}8\text{-}2)$$

若公共点的个数大于或等于2，则可根据最小二乘原理，组成法方程，求解出 Δx、Δy、α、K，即可将自由设站测得的轨道基准点坐标转换到CPⅢ已知坐标所在的坐标系中。

六、几种轨道板精调差别说明

随着工程经验的不断积累与改进，目前三种轨道板的精调方式及精调设备已经趋于一致，但在一些细节上还有些差别，现在做简要说明。

(1) CRTSⅡ型板精调一般采用CPⅣ点进行全站仪设站(图2-8-19)，其他精调设备及精调步骤与CRTSⅢ轨道板精调完全一致。

(2) CRTSⅠ型板因无挡肩结构，所以其采用扣件螺栓孔标架系统，以模仿轨道结构，另外，CRTSⅢ型轨道板精调也可采用此标架系统，其他全站仪设站方式及精调方式与CRTSⅢ型板一致。

(3) 对于理论数据的准备，目前CRTSⅡ型板和CRTSⅢ型板一般使用布板软件进行计

图2-8-19　CRTSⅡ型板精调采用CPⅣ点进行全站仪设站

算。但CRTSⅠ型板一般采用随机定位的精调方式，即把线路的平面曲线、竖曲线要素及超高参数直接输入到精调系统中进行随机定位。有部分客运专线CRTSⅢ型板也可以采用随机定位的精调方式。

第六节　道岔板的精调

开始外业作业前首先将转化完后的道岔板棱镜孔位的施工坐标、轨道基准点坐标输入到全站仪中。精调时利用轨道基准点进行全站仪设站，并对道岔板棱镜孔位上的棱镜进行测量，根据测量值与理论值的差值进行道岔板的调整，直至将道岔板精调到位。

一、一组道岔板精调的整体顺序

(1) 道岔板精调时，应先精调渡线道岔的过渡区域的道岔板(宽板)，再由此向两边延伸，单开道岔要从岔尾处调起，依次向岔头方向调整，不得在调整过程中变换调整方向，这样会对道岔的整体平顺性产生影响。道岔板精调顺序如图2-8-20所示。

(2) 视距要保证在6~25m范围内，即一站调整1~3块板。

(3) 每次设站均须以上一块板为基准搭接(第一块除外)。

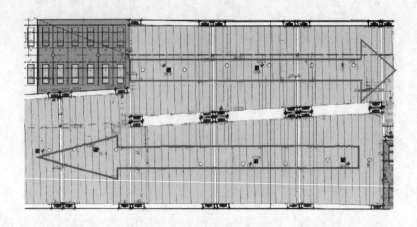

图 2-8-20　道岔板精调顺序

二、单个道岔板的精调顺序

(1) 单块道岔板精调时要先调整 4 个角点的高程。将 4 个角点的高程精调到位,再检验棱镜孔位是否合格,棱镜孔位的相对较差小于 1mm,否则就将不合格的孔位剔除,以保证道岔板位置的准确。

(2) 调整平面位置时,根据测得的各棱镜孔位实际坐标计算出道岔板的调整方向和调整量。如发现道岔板 2 个板边的调整方向相反时,应先将道岔板调整顺直,使 2 个板边的调整方向相同,调整量接近后再进行纵横向的调整。调整时精调人员一定要保持动作一致,以保证道岔板调整精度。

(3) 对重量较小的道岔板尽量使用对角点调整方法。对重量较大的道岔板,不宜使用此方法,因为板的重量会使精调爪受损,应使用四角调整方法。

(4) 在四个角点的高程及平面调整好后,再调整板中部(两侧中部精调爪或板内调高螺栓)高程。

(5) 在所有的位置都调整完毕后,要进行一次完整测量,与上一块已精调完毕的道岔板进行搭接,完整测量时道岔板的纵、横向和高程以及与上一块板的搭接数值在 ±0.3mm 的范围内,道岔板中部高程在 ±0.5mm 范围内。

(6) 对精调后的道岔板要加以保护,严禁踩踏。

三、平面道岔板平顺性分析方法

轨道板的平顺性的计算,首先计算每个棱镜点在施工坐标系下(X_0, Y 坐标系)的实测坐标与理论坐标的差值($\Delta X, \Delta Y$)。再根据施工坐标系与道岔坐标系的两个公共点计算出施工坐标系(L, Q 坐标系)与道岔坐标系的夹角如图 2-8-21 所示。

设某一点的施工坐标系中的偏差为($\Delta X, \Delta Y$),根据施工坐标系与道岔坐标系的角度关系,将($\Delta X, \Delta Y$)

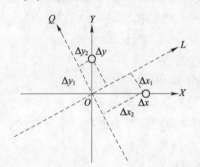

图 2-8-21　搭接点横向、纵向偏差计算示意图

在 L 向和 Q 向进行分解,即 $dq = \Delta X_1 + \Delta Y_1$,纵向偏差为 $dl = \Delta X_2 + \Delta Y_2$。计算所有测点的 dq 和 dl 的平均值,将其作为基准,则所有 dq 和 dl 与基准的差值即为各测点的偏差量,相邻测点偏差量的差值即为轨道板的平顺性。

四、高程道岔板理论数据准备及平顺性分析方法

道岔板承轨台的标高可以从设计图纸上直接读出,理论数据计算时,可读取岔前和岔尾各一个高程点并根据道岔的坡度及距离使用内插的方法计算每个测点的理论高程值。

道岔板高程平顺性分析时,计算每个测点的实测值与理论值的偏差值,将所有偏差值取平均值作为基准,然后所有的偏差值与基准值的差值即为道岔板高程的偏差值,两个相邻点的偏差值之差即为道岔板高程的不平顺性。

第七节 双块式轨排精调

同板式无砟轨道一样,双块式无砟轨道轨排的精调直接影响轨道扣件的调整量及轨道的平顺性。国内双块式无砟轨道有 CRTS Ⅰ 型和 CRTS Ⅱ 型无砟轨道,目前 CRTS Ⅰ 型双块式应用广泛,CRTS Ⅱ 型双块式已不再使用,所以本章以 CRTS Ⅰ 型双块式为例,介绍其相关测量内容。

CRTS Ⅰ 型双块式轨道的精调,首先是在线路的支撑层施工完毕后,将轨枕安装在标准工具轨上,组装成轨排,利用轨道几何状态测量仪将轨排调整到设计位置,浇筑道床板混凝土,最终形成整体道床。

另外,长枕埋入式道岔轨排的精调原理及方式同双块式轨排完全一样。下面以 CRTS Ⅰ 型双块为例,介绍一下双块式轨排精调的方法。

一、轨道几何状态测量系统仪介绍

轨道几何状态测量系统主要由轨检小车、自动跟踪测量全站仪及测量软件系统组成。

轨检小车(图2-8-22)由测量棱镜、轨距传感器、倾斜传感器、轴线传感器超高传感器、数据处理及传输系统等部件构成。测量软件系统由全站仪坐标系统查询和数据传感器模块、棱镜所在位置的准确坐标测量及记录模块、轨道曲线要素理论值与测量值之间的偏差计算模块、计算当前小车的里程数据等模块组成。

图2-8-22 轨检小车

二、双块式无砟轨道施工的测量准备工作

双块式无砟轨道施工精调作业流程见图2-8-23。

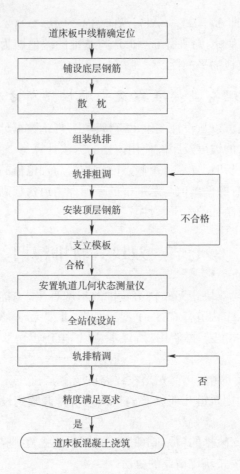

图 2-8-23　双块式无砟轨道施工精调作业流程图

1. 床板中线精确定位和铺设底层钢筋

利用 CPⅢ网采用后方交汇法精确放样道床板中线,同时将轨枕边线和模板边线采用尺量的方式标识在支撑层上,见图 2-8-24。施工放线完毕后,人工在支撑层或保护层上按底层纵向钢筋设计数量及位置均匀散布底层钢筋,见图 2-8-25。中线放样全站仪设站要求同底座板支模放样设站精度,中线放样点精度小于 2mm。

图 2-8-24　道床板放样

图 2-8-25　底层钢筋的布设

2. 散枕

散枕是通过专用设备或人工将双块式轨枕按设计要求均匀散布在支撑层或保护层上，见图 2-8-26。

3. 安装工具轨

工具轨是起临时组装轨排、固结轨枕成为整体，便于调整钢轨。工具轨的精度直接影响精调精度，所以工具轨必须为标准轨，平直、无弯翘及扭曲；轨头无硬弯，安装前应清洁无污染，工具轨的存放和吊装必须严格控制，不得出现硬伤。工具轨的安装见图 2-8-27。

图 2-8-26　散枕　　　　　　　　图 2-8-27　工具轨的吊装和铺设

4. 组装轨排并提升轨排、安装螺杆调节器

组装轨排是将轨枕扣件按设计要求安装，同时对轨枕与钢轨的垂直度、轨枕的间距和扣件进行调整和检查，确保轨排组装的质量。组装轨排时注意如下几点：

(1) 检查轨枕与工具轨的垂直度，需要时进行调整。

(2) 检查扣件的完好性，损坏的应更换。

(3) 轨排组装时，必须使用方正尺方正轨枕，如图 2-8-28 所示。轨枕方正是保证轨距准确的前提条件。

(4) 使用液压扳手将扣件定位，并按规定扭矩拧紧螺栓（需要注意的是，在进行螺栓紧固时应注意调整液压扳手的压力表，保证螺栓紧固力），使钢轨与垫板贴合，弹条两端下沿必须压在轨底上。

a)　　　　　　　　　　　　　　　　b)

图 2-8-28　轨枕垂直的调节和轨距调节杆

（5）轨排组装完成后用起道器将轨排抬升,同时按如下要求安装螺杆调节器和轨排稳定器（图2-8-29）,螺杆调节器钢轨托盘应装到轨底,在每个轨排端的第1、2、4根轨枕前（或后）需要配一对螺杆调节器,之后直线和超高小于50mm地段每隔3根、超高大于50mm但小于120mm地段每隔2根、超高大于120mm每隔1根轨枕安装一对螺杆调节器；螺杆调节器中的平移板应安装在中间位置,以保证可向两侧移动。最大平移范围约50mm,每一边的中心偏移量为25mm；在桥梁地段安装横向模板位置,螺杆调节器错开安装。

a)　　　　　　　　　　　　　　　　b)

图2-8-29　轨排稳定器和螺杆调节器

5. 轨排粗调

轨排粗调是利用放样于支撑层或保护层上的精确控制点,通过道尺和钢尺的测量,调节螺杆调节器和轨排稳定器,使轨排满足粗调精度,轨排粗调定位允许偏差见表2-8-29。

轨排粗铺定位允许偏差　　　　　　表2-8-29

序　号	项　　目	允许偏差(m)
1	钢轨横向位置	±3
2	钢轨顶面高程	0　－3

6. 线路数据的输入

与轨道静态调整相同,在进行轨排精调前应先将线路设计参数,即平曲线、竖曲线、超高输入轨道几何状态测量软件系统。

三、双块式无砟轨道轨排精调

1. 轨排精调允许偏差

轨排精调完成后应保证轨排的绝对精度满足表2-8-30双块式无砟轨道精调定位的精度要求。另外,要保证道床板混凝土浇筑后的轨道精度满足轨道几何状态静态验收标准,在进行轨排精调时必须对轨距、超高、中线和高程的相对精度进行控制,按照轨距、超高变化率1/1 500,轨向、高低10m弦小于2mm的要求,在进行调整时应保证前后轨枕轨距、超高差不得大于0.4mm,且差值不得累积,中线和平面偏差前后轨枕不得大于0.4mm,且差值累积不得大于2mm进行控制。

双块式无砟轨道精调定位偏差 表2-8-30

项次	项目		允许偏差(mm)
1	中线位置		2
2	轨面高程	一般情况	±2
		紧靠站台	+2,0
3	线间距		+5,0

2. 全站仪设站

全站仪的精度决定轨道几何状态测量仪的测量精度,为保证轨排精度满足要求,全站仪设站时必须注意以下几个方面:

(1)全站仪采用后方交汇法设站,且每个测量区间观测不得少于4对CPⅢ控制点,下一区间设站时至少要包括2对上一区间精调中用到的控制点,以保证轨道线形的平顺性。其测站中误差限差:东坐标,0.7mm;北坐标,0.7mm;高程,0.7mm;方向,1.5″。

(2)全站仪设站时应注意全站仪架设位置,见图2-8-30。全站仪架设在需进行轨道精调的线路中线上,同时全站仪距轨检小车的距离在天气状况较好情况下为50~60m,如遇气温较高或气温变化较大、大雾等恶劣气候可缩短至30~40m,极端天气情况下禁止作业。

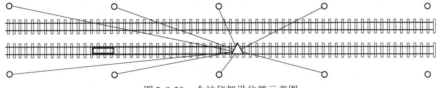

图2-8-30 全站仪架设位置示意图

(3)注意外界环境对全站仪测量的影响,实时改正气象参数,使全站仪处于最佳测量状态。

(4)关于全站仪设站选点,每次设站选取的控制点必须包含当前需测量的区域,且全站仪前后各4个点,最近点距全站仪不得小于15m,前后方向至少有一个点大于60m。

(5)搬站误差的控制。搬站前后对同一位置的测量数据必须控制在2mm以内,否则应重新设站。

3. 高程、超高调整

通过轨道几何状态测量仪显示的调整量,用普通六角螺帽扳手,旋转竖向螺杆调节器,调整轨道高程、超高。调整螺杆时要缓慢进行,每旋转360°,其高程变化1mm,调整后用手检查螺杆是否受力,如未受力则调整附近的螺杆。双块式无砟轨道精调见图2-8-31。

4. 平面、轨距调整

通过轨道几何状态测量仪显示的调整量,用普通六角螺帽扳手旋转轨排稳定器,调整轨道中线,当轨距不满足要求时可以通过调节轨距拉杆来进行调整。调整螺杆时要缓慢进行,调整后用手检查螺栓是否锁紧,调整完成后必须确保螺杆

图2-8-31 双块式无砟轨道精调

调节器和轨排稳定器均已均匀受力。

5. 轨排精调数据复测

道床板混凝土达到5MPa后应及时进行复测,复测是对轨排精调质量的检核,同时也是轨排施工质量的证明文件。通过对浇筑完成后的道床板的复测,对比混凝土浇筑前后轨道的精度变化,找出精度降低的原因,在后续施工中加强对这方面的控制,最终保证轨道静态精度。

复测完成后应将复测数据生成PDF报表作为轨道静态几何状态原始资料。

四、双块式无砟轨道施工报表及注意事项

为确保工具轨面能正确反映轨道状态,在轨道精调前对扣件进行全面检查,重点检查扣件轨垫、底座、弹性底板垫有无缺失,轨底与轨垫间隙是否<0.5mm,弹条是否使用正确,弹条前端与轨距挡块的间隙是否<0.5mm,轨底外侧与轨距挡块的间隙是否<0.5mm。

在精调和浇筑混凝土后的复测都必须保证工具轨未污染混凝土,工具轨未产生硬弯、较大磨耗等硬伤;工具轨的连接无错台,间隙满足要求,同时轨头不能位于轨枕处;工具轨间的连接采用鱼尾板,其强度较差,如调整不好即会产生短波不平顺,在调整此区段时必须反复多次的调整,其轨头处的调整量一次不宜过大,可通过多次调整来实现,轨头前后2m范围内同样需进行多次微小调整,以防影响轨头处的平顺性。

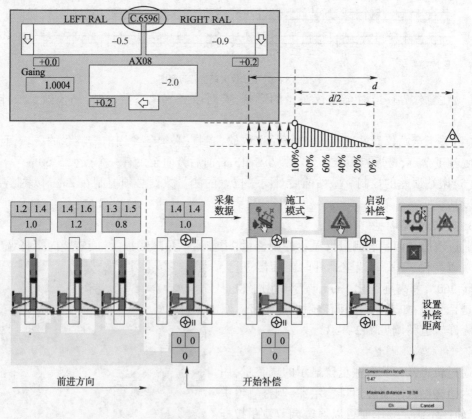

图 2-8-32　GRP win 补偿模式

在搬站误差满足要求的前提下要保证两站间轨道的顺直,否则将在两站交界处产生严

重的短波不平顺。精调软件提供了动态补偿和手动补偿方式来消除此问题,如采用动态补偿,将轨检小车停在当前设站区间的最后一对螺杆调节器上,将其偏差尽可能调整到0,在下一站开始测量前不要移动轨检小车;全站仪搬站并重新设站,在上一站最后一个点处再次采集数据,软件将自动开始进行交叠补偿(图2-8-32)。如采用手动补偿方式,则在已经精调到位或浇筑过的轨道上重复测量多个点,剔出异常值后取平均偏差作为补偿量,在下一区间的第一对螺杆调节器处将其偏差调为补偿量,采集数据后便可启动补偿并设置补偿距离;之后将所有螺杆处的调整量调至0,需要注意的是有的系统(如GEDO CE)没有补偿模式,因此在精调时应人为考虑补偿量。

第八节 道岔整体道床施工

道岔整体道床也采用轨道几何状态测量仪精调铺设。轨料采用人工配合小型机械搬运至铺设地点,人工进行架轨,组装成道岔轨排,使用轨道几何状态测量仪测量并调整道岔几何尺寸和轨道状态,灌注道床混凝土并养生。

道岔整体道床施工工艺流程见图2-8-33,和CRTS Ⅰ型双块式工艺流程基本一致。

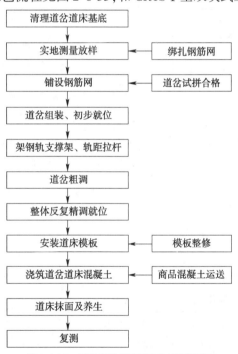

图2-8-33 道岔整体道床施工工艺流程图

施工前,先确认CPⅢ控制网精度满足要求,严格检测道岔各部分尺寸和几何形位,消除因加工和制造误差超限产生的质量缺陷,及时更换零部件。分组装车,运至施工地点。运送时将尖轨与基本轨捆牢,避免尖轨损伤。

1. 道岔组装与粗调

道岔运至施工位置后,严格按照道岔组装要求,人工进行架轨,组装成道岔轨排,并根据放样在铺底混凝土上的点对道岔轨排进行粗调。

2. 道岔精调

道岔的精调与轨道精调原理相同,均是采用轨道几何状态测量仪对道岔进行高精度测量,根据测量显示偏差值对道岔的整体位置和内部几何状态进行调整。但道岔结构复杂,且精调过程中道岔自身安装精度对精调有非常大的影响,故在进行道岔精调时应特别注意。

道岔精调遵循"以直股为主,兼顾曲股"的原则。在进行道岔的精调时,因道岔本身长度较短,虽然需要设两站才能调整完成,但道岔精度要求较高,精度要求见表 2-8-31。整组道岔必须严格控制平顺,所以在调同一组道岔时采用相同的 8 个 CPⅢ 点进行设站,保证将设站误差控制在最小,道岔精调流程见图 2-8-34,道岔精调测量见图 2-8-35。

道岔几何状态允许偏差　　　　　　　　表 2-8-31

序号	指标		允许偏差	检测方法	备注
1	轨距		±1mm	道尺 轨道几何状态测量仪	
2	轨距变化率		1.5‰		
3	水平		±1mm	道尺 轨道几何状态测量仪	
4	水平变化率		2mm/2.5m		三角坑
5	轨向(短波)		2mm/30m 弦	轨道几何状态测量仪	
			2mm/10m 弦	弦线	
6	轨向(长波)		10mm/300m 弦	轨道几何状态测量仪	
7	高低(短波)		2mm/30m 弦	轨道几何状态测量仪	
			2mm/10m 弦	弦线	
8	高低(长波)		10mm/300m 弦	轨道几何状态测量仪	
9	轨底外侧与轨距块缝隙		0.5mm	塞尺	
10	轨距挡肩与轨距块缝隙		0.3mm	塞尺	
11	扣件扭力矩		180~250N·m	测力扳手	满足设计要求
12	弹条中部与挡座肩缝隙		0.5m	塞尺	
13	焊缝	顶面	0~+0.2mm	1m 平直度尺及塞尺	
		工作边	0~-0.2mm	1m 平直度尺及塞尺	
		圆弧面	0~0.2mm	1m 平直度尺及塞尺	
		轨底焊筋	0~+0.5mm		

3. 岔尖端直股调整

在进行道岔精调时,首先进行直股调整,全站仪架设如图 2-8-36 所示,在 S2 处设站,轨道几何状态测量仪由岔尖向全站仪逐步测量,通过轨道几何状态测量仪显示道岔轨排的偏差,对道岔的中线、高程、轨距、水平进行调整。

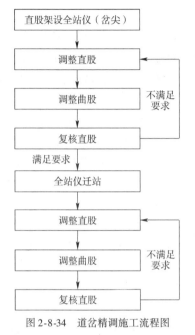

图 2-8-34 道岔精调施工流程图　　图 2-8-35 道岔精调测量

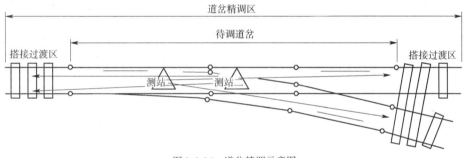

图 2-8-36 道岔精调示意图

4. 岔尖端曲股调整

岔尖端直股调整完成并复测无误后，全站仪不动，将道岔拨至曲股，轨道几何状态测量仪返回至岔尖处，由岔尖向全站仪逐步测量，通过轨道几何状态测量仪显示道岔轨排的偏差，对道岔的中线、高程、轨距、水平进行调整，需要注意的是，对曲股的调整不可一次调整到位，在调整前应确定道岔的安装正确。

5. 岔尖端直股复核及调整

岔尖端曲股调整完成并复测无误后，全站仪不动，将道岔拨回至直股，因为曲股调整时会对直股产生一定的影响，再次对直股道岔几何状态进行复测，确保直股几何状态满足要求后，方可迁站至 S1。

6. 直股调整

岔尖端调整完成后可将全站仪迁站到 S1 处，采用与 S2 站相同的 8 个 CPⅢ 控制点设站，可保证设站误差最下，提高道岔平顺性。将轨道几何状态测量仪推至全站仪最远处，由远及近对直股进行测量。通过轨道几何状态测量仪显示道岔轨排的偏差，对道岔的中线、高程、轨距、水平进行调整。

7. 曲股调整

直股调整完成后,保持全站仪不动,将轨道几何状态测量仪放置于曲股最远处,由远及近对曲股进行测量,通过轨道几何状态测量仪显示道岔轨排的偏差,对道岔的中线、高程、轨距、水平进行调整。相同的是曲股的调整不可一次调整到位,应调整偏差显示值的一半,在调整前应确定道岔的安装正确。

8. 直股复核及调整

曲股调整完成并经复测无误后,可再次将轨道几何状态测量仪放回至直股,再次对直股几何状态进行检测。道岔的调整必须经过多次调整,方可使直股和曲股的几何状态均满足要求,同时必须排除道岔组装导致的道岔几何状态不满足要求的情况。

9. 复测

道岔精调道床混凝土浇筑完成后,混凝土强度达到5MPa时应进行道岔几何状态检测,即对道岔几何状态数据采集,对浇筑完成的道岔进行测量:一方面检查道岔几何状态精度,另一方面检查在进行道岔道床混凝土浇筑时对道岔轨排的扰动量,以便于在下一次道岔轨排精调时将扰动量考虑到道岔轨排精调中,以获得更好的精度。

10. 保证道岔几何形位的措施

(1)在进行道岔精调前必须对轨道几何状态测量仪和全站仪进行自检,确保设备自身精度满足要求,在施工干扰大或外界环境较差时不可进行道岔轨排的精调;

(2)道岔的轨排支撑架应较区间线路密集设置,确保道岔的支撑刚度和稳定性。

第九节 轨 道 精 调

轨道板或道床板施工完成后即可进行长轨的铺设,长轨精调是高速铁路测量系统中最重要的测量内容,也是保证轨道平顺性最关键的一个环节,下面简要介绍长轨精调内容。

一、轨道精调简介

1. 长轨精调的概念

长轨精调是指在长轨铺设后,利用轨检小车采集轨道数据,根据轨道几何参数标准对超限区域进行分析和调整,使轨道满足高速行车的要求。有砟轨道根据平顺性要求整体移动道床,一般通过捣固机捣固实现;而无砟轨道必须两股钢轨分别人工调整,一般通过扣件调整实现。

轨道几何参数可分为绝对参数和相对参数。绝对参数是指轨道实测中线、高程与设计理论值的偏差,偏差越小,精度越高。相对参数是指轨距偏差、轨距变化率、水平偏差、水平变化率(扭曲)、轨向和高低,数值越小轨道越平顺。

轨道精调是根据轨道测量数据对轨道进行精确调整,使轨道精度达到规范标准,满足高速行车条件。对于双块式无砟轨道,精调贯穿了无砟轨道施工及联调联试全过程,从无砟轨道轨排精调开始直至无缝线路铺设后轨道具备高速行车条件为止;对于板式无砟轨道一般无缝线路铺设以后开始轨道精调。无缝线路铺设后的轨道精调在无缝线路铺设完成,长钢轨应力放散、锁定后即可开展。此阶段轨道精调又可分为静态调整和动态调整。

轨道静态调整是在联调联试之前根据轨道静态测量数据对轨道进行全面、系统地分析调整,将轨道几何尺寸调整到允许范围内,对轨道线形进行优化调整,合理控制轨距、水平、轨向、高低等变化率,使轨道静态精度满足高速行车条件。动态调整是指在联调联试之后,根据动检车检测资料结合静态测量数据对轨道线形进行优化。

2. 轨道几何特征

轨道几何形位5要素,指轨距、方向、高低、水平、轨底坡。5大不平顺,指扭曲、高低、水平、轨距、方向。复合不平顺是指在轨道同一位置,垂直和横向不平顺共存形成的双向不顺。

1）波长特征

(1)短波不平顺。主要是轨面伤损、焊缝不平,波长在1m以下。

(2)中波不平顺。波长1~30m,1~3.5m 波长周期不平顺,主要是由钢轨轧制时形成的,非周期性不平顺的波长多在3~30m这一范围。

(3)长波不平顺。波长30~150m,主要是由线下工程不均匀沉降、结构变形形成。

2）周期性不平顺

多波连续,基频波的波长相同,幅值具有随机性,尤其是方向连续三波以上不平顺,对晃车和舒适性影响较大。

3）静、动态轨道不平顺

(1)静态轨道不平顺:无轮载作用下的轨道不平顺。

(2)动态轨道不平顺:用轨检车测得的列车荷载作用下的轨道不平顺。对于无砟轨道静、动态轨道不平顺差不大。

3. 测量内容

(1)测量点的密度

无砟轨道应在每轨枕处各检测一点。检测时需要按照一定的编号方法对每个轨枕进行测量编号。

(2)轨道里程

用全站仪实测出轨检小车上棱镜中心的三维坐标后,将该点投影到设计平曲线上,以投影点的里程为小车当前检定位置的里程。里程推算示意图如图2-8-37所示。

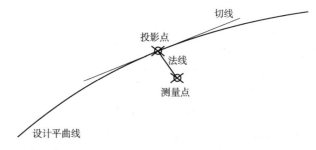

图 2-8-37 里程推算示意图

(3)轨道中线坐标及轨面高程测量

轨道中线坐标和轨面高程的测量,是对线路轨道工程质量状况的最基本的评价。通过检测轨道实测坐标和高程值与线路设计值进行比较得出的差值,可以全面、直观地反映轨道工程质量。

在进行轨道中线坐标和轨面高程测量时,使用高精度全站仪实测出轨检小车上棱镜中心的三维坐标,然后结合事先严格标定的轨检小车的几何参数、小车的定向参数、水平传感器所测横向倾角及实测轨距,即可推算出对应里程处的中线位置和左右轨的轨面高程,进而与该里程处的设计中线坐标和设计轨面高程进行比较,得到实测的线路绝对位置与理论设计之间的差值。推算中所用到的轨检小车独立坐标系如图 2-8-38 所示。

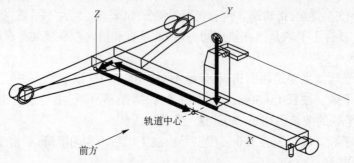

图 2-8-38　轨检小车独立坐标系示意图

(4) 轨距测量

轨距是指两股钢轨头部内侧轨顶面下 16mm 处两作用边之间的最小距离。轨距不合格将使车辆运行时产生剧烈的振动。标准轨距的标称值为 1435mm。在轨距检测时,通过轨检小车上的轨距传感器进行轨距测量。

轨检小车的横梁长度须事先严格标定,轨距可由横梁的固定长度加上轨距传感器测量的可变长度得到,进而进行实测轨距与设计轨距的比较。轨距示意图如图 2-8-39 所示。

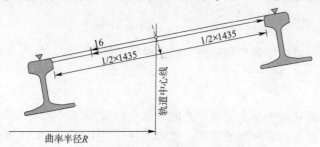

图 2-8-39　轨距示意图(尺寸单位:mm)

(5) 超高测量

列车通过曲线时,将产生向外的离心作用,该作用使曲线外轨受到很大的挤压力,不仅加速外轨磨耗,严重时还会挤翻外轨导致列车倾覆。为平衡离心作用,在曲线轨道上设置外轨超高。

测量时,由轨检小车上搭载的水平传感器测出小车的横向倾角,再结合两股钢轨顶面中心间的距离,即可求出线路超高,进而比较实测超高与设计超高。在每次作业前,水平传感器必须校准。超高示意图如图 2-8-40 所示。

(6) 轨道扭曲(三角坑)测量

扭曲指在 6.25m 的范围内,左右股钢轨间形成的一个凹陷。扭曲将使列车车轮不能全部正常压紧钢轨,在最不利情况下甚至可以爬上钢轨,引起脱轨事故。检测方法为:轨道左右轨面高程得到以后,即可按 6.25m 的基长计算轨道的扭曲值。扭曲示意图如图 2-8-41 所示。

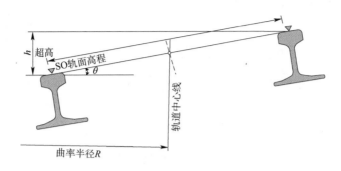

图 2-8-40　超高示意图

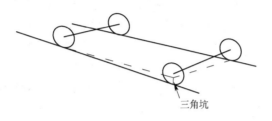

图 2-8-41　扭曲(三角坑)示意图

(7)轨向测量

轨向是指轨道的方向,在直线上是否平直,在曲线上是否圆顺。如果轨向不良,势必引起列车运行中的摇晃和蛇行运动,影响行车的速度和旅客舒适性,甚至危及行车安全。

得到实测中线平面坐标以后,在给定弦长的情况下,可计算出任一实测点的平面正矢值;该实测点向设计平曲线投影,则可计算出投影点的设计平面正矢值,继而可进行轨向检测。轨向检测示意图如图 2-8-42 所示。

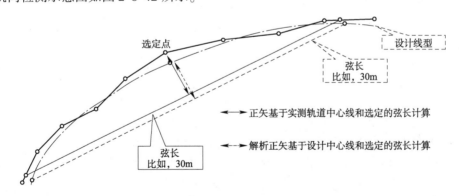

图 2-8-42　轨向检测示意图

(8)高低测量

一股钢轨顶面纵向的高低差,称作线路的前后高低。高低的存在将使列车通过这些钢轨时钢轨受力不再均匀,从而加剧钢轨与道床的变形,影响行车速度与旅客舒适性。

得到实测轨面高程以后,在给定弦长的情况下,可以计算得到任一实测点的正矢及该里程处的基于竖曲线的设计正矢,继而可进行高低检测。高低检测的原理与轨向检测相同,分长波与短波进行测量,测量的限差标准也相同。高低检测示意图如图 2-8-43 所示。

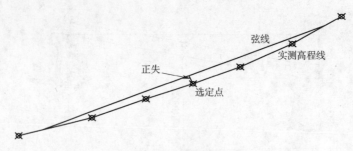

图 2-8-43 高低检测示意图

(9) 基线长 30m(48 个轨枕间距)弦长测量

纵向高低和方向的检验标准和方法是相同的,即采用 30m(48 个轨枕间距)弦长测量,检测间隔 5m 的两相邻检验点的实际矢高差与设计矢高差的差值为 2mm,用于控制中波不平顺。30m(48 个轨枕间距)弦线可以利用测量仪器的检测数据进行计算,其测量方法如下。

如图 2-8-44 所示,在 5m(9 根轨枕间距)范围内的轨枕编号为 P1~P9,30m(49 根轨枕间距)范围内轨枕编号为 P1~P49。h_{25}、h_{33} 分别为 30m(49 根轨枕间距)弦范围内第 25 和第 33 根轨枕位置的矢高。在 30m(49 根轨枕间距)弦范围内可计算和测出 P2~P48 轨枕各点的矢高。

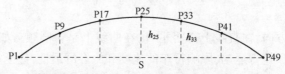

图 2-8-44 30m(49 根轨枕间距)弦长检测

若检验支承点 P25 点,与之对应的间距 5m(9 根轨枕间距)的核算点轨枕为 P33,则必须满足的极限值 Δh 可由设计矢高 $\Delta_{设计}$ 和测量矢高 $\Delta_{实测}$ 按式(2-8-3)计算。

$$\Delta h = |\Delta_{设计} - \Delta_{实测}| = |(h_{25设计} - h_{33设计}) - (h_{25实测} - h_{33实测})| \leq 2mm \quad (2-8-3)$$

式中:$h_{25设计}$、$h_{33设计}$——轨枕的设计矢高;

$h_{25实测}$、$h_{33实测}$——轨枕的实测矢高。

用 30m(48 根轨枕间距)弦线可以检验的轨枕或支承点是从 P2(核算点 P10)至 P40(核算点 P48),不能对 P40 以后的轨枕进行检验,需用新的弦线来检验 P41、P42 等各点,见图 2-8-45。新的弦线要从最后一个已经检验的轨枕 P40 开始,新弦线的最后一个支承点是 P88,可确定 P41~P87 等各点矢高,并检验支承点 P41~P79。再下一根弦线从 P79 开始。

图 2-8-45 30m(48 个轨枕间距)弦长检测时弦线的搭接

(10) 300m(480 个轨枕间距)弦长测量

纵向高低和方向的检验标准和方法是相同的,采用 300m(480 个轨枕间距)弦长测量,检测间隔 5m 的两相邻检验点的实际矢高差与设计矢高差的差值为 10mm,用于控制长波不平顺。

300m(480个轨枕间距)弦线利用测量仪器的检测数据采用计算方法实现。如图2-8-46所示,在150m(240根轨枕间距)范围内的轨枕编号为P1~P241,300m(480根轨枕间距)范围内轨枕编号为P1~P481。

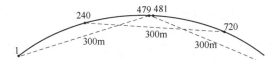

图2-8-46　300m(480个轨枕间距)弦长检测时弦线的搭接

根据检测资料可计算出300m(480根轨枕间距)弦长范围P2~P480轨枕各点的矢高,检验点和相应核算点的距离为150m(240根轨枕间距)。故这根弦上可以检验的轨枕或支承点是从P2(对应的核算点为P242)至P240(对应的核算点为P480)。下一根弦线从最后一个已经检验的轨枕P240开始至支承点P720结束,仍为480个轨枕间距,可检验的轨枕为P241(对应的核算点为P481)~P479(对应的核算点为P719)。

检验支承点P25,与之对应的间距150m(240根轨枕间距)的核算点轨枕为P265,则必须满足的极限值Δh可由设计矢高$\Delta_{设计}$和测量矢高$\Delta_{实测}$按式(2-8-3)计算。

$$\Delta h = |\Delta_{设计} - \Delta_{实测}| = |(h_{25设计} - h_{265设计}) - (h_{25实测} - h_{265实测})| \leq 10\text{mm}$$

二、长轨精调作业准备

(1)相关技术负责人必须了解轨检小车的原理及使用方法,掌握数据采集、分析处理、调整方案制定等。

轨检小车精度指标符合表2-8-32的要求。

轨检小车精度指标　　　　　　　　　　　　　　　　表2-8-32

1.硬件	
里程	光电计数器测量方式
里程测量误差	<0.5%
轨距	1 435mm
轨距传感器量程	-25~+35mm
轨距传感器精度	±0.3mm
水平传感器量程	-10°~+10°换算成高差±249mm
水平传感器精度	±0.5mm
平面位置和高程测量精度	±1mm
2.专业软件	
轨道几何尺寸测量模块	Windows操作界面,能实时显示测量结果,适于轨道几何尺寸的检测,用户能根据需要自定义报表输出的参数和格式

(2)精调前1个月,应对CPⅢ网重新复测,复测结果经过评估合格后,方可应用于轨道精调。

(3)整理各工区管段内平面曲线、竖曲线、超高等线路参数,以满足轨检小车参数的输入。

(4)换算运营贯通里程,与施工里程结合使用,便于对动态检测数据进行分析解读。

(5)在钢轨放散锁定过程中,要确保所有扣件完整、安装正确,扣件的扭矩均符合标准要求,钢轨轨底外侧与轨距挡块保证密贴。

(6)测量前应对钢轨、承轨台面进行清理和检查,确保扣件无污染及缺陷。

三、长轨精调主要技术要求

长轨精调的主要技术要求见表 2-8-33。

长轨精调的主要技术要求　　　　　　表 2-8-33

序号	检查项目		检测方法及数量	检查标准或要求
1		轨距	相对于标准轨距 1 435mm	±1mm
2		轨距变化率	测量基长 3m	变化率 1/1 500
3	轨道静态平顺度	轨向	弦长 10m	2mm
4			弦长 48a	2mm
5			弦长 480a	10mm
6		高低	弦长 10m	2mm
7			弦长 48a	2mm
8			弦长 480a	10mm
9		水平	不包含曲线、缓和曲线上的超高值	2mm
10		扭曲(基长 3m)	包含曲线、缓和曲线上由于超高顺坡所造成的扭曲量	2mm
11		与设计高程偏差	站台处的轨道标高不低于设计值	10mm
12		与设计中线偏差	站台处的轨道标高不低于设计值	10mm
13		扣件调整	逐个清点挡块、垫片调整量	≤5%

注:表中 a 为轨枕/扣件间距。

四、施工工艺流程

长轨精调的工艺流程如图 2-8-47 所示。

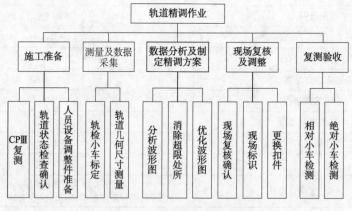

图 2-8-47　长轨精调的工艺流程

五、静态调整作业要求

1.线路状态检查确认

(1)检查并清理钢轨,确保无污染,无低塌、掉块、硬弯等缺陷。

(2)检查扣件,安装正确,无缺少、损坏、污染,且扭矩达到设计标准,弹条中部前端下颚与轨距块间隙≤0.5mm,轨底外侧边缘与轨距块间隙≤0.3mm,轨枕挡肩与轨距块间隙≤0.3mm。

(3)检查垫板,安装正确,无缺少、损坏、偏斜、污染、空吊(间隙≤0.3mm)。

(4)检查焊缝平顺性,顶面0~+0.2mm,工作边0~-0.2mm,圆弧面0~-0.2mm。

(5)检查道床板,清理扣件内部、承轨槽内混凝土残留杂物、灰尘等。

2. 数据采集程序与技术要求

在现场数据采集之前,CPⅢ控制点坐标必须录入轨检小车。各工区统一建立设计线形参数文件,然后导入轨检小车。每次开始测量之前,应用"0"级道尺对轨检小车进行现场标定。

全站仪自由设站的位置应靠近轨道中线,每次联测4~6对CPⅢ控制点,并且测站位于联测的CPⅢ控制点中间。自由设站的精度要求满足表2-8-34的要求。

自由设站点的精度要求　　　　　　　　　　　　　　　表2-8-34

X	Y	H	定向精度
≤0.7mm	≤0.7mm	≤0.7mm	≤2″

完成自由设站后,CPⅢ点的坐标不符值满足表2-8-35的要求。当CPⅢ点坐标不符值X、Y大于表2-8-35的规定时,该CPⅢ点不参与平差计算。每一测站参与平差计算的CPⅢ点不少于6个。

CPⅢ点坐标不符值限差要求　　　　　　　　　　　　　表2-8-35

X	Y	H
≤2.0mm	≤2.0mm	≤2.0mm

每站测量距离不宜超过70m,测量过程中轨检小车应逐渐靠近全站仪,最近不少于5m。相邻测站应有一定的交叠区域,一般不少于10个轨枕的距离。相邻精调作业区间之间应至少重叠测量一站。

3. 数据分析处理

在设置超高的地段,以高轨作为平面的基准轨,以低轨作为高程的基准轨;在未设置超高的地段,与其大里程方向超高段落的基准轨选取一致。

模拟调整时应坚持"先整体、后局部","先轨向、后轨距;先高低、后水平"的基本原则。"先整体、后局部"是根据采集的数据生成的波形,以"削峰填谷"的方式确定总体调整方案,控制调整量。"先轨向、后轨距;先高低、后水平"是指先调整基准轨轨向,后调整非基准轨轨距;先调整基准轨高低,后调整非基准轨水平。根据采集的数据对轨道线形进行综合分析和评价,生成各参数波形图,确定需要调整的区段,将轨道几何参数调整到允许范围之内,再对模拟调整后波形图进一步检查和优化,确保直线顺直,曲线圆顺,过渡顺畅。

轨道静态数据整体分析见图2-8-48。

轨向调整,应先根据输入参数确定的导向轨是否一致,确定一股钢轨作为基准股(曲线地段选择高股,直线地段选择与前方曲线高股同侧钢轨),对基准股钢轨方向进行精确调整。

在计算时从两个方面控制基准轨的轨向调整,即平面位置、轨向短波。在计算完成后轨向的标准要达到短波2mm/30m合格率100%,1mm/30m合格率≥96%;长波10mm/300m合格率100%;线形平顺,无突变,无周期性小幅振荡。同时5m间距的两根轨枕轨距相对差值也必须在2mm以内。

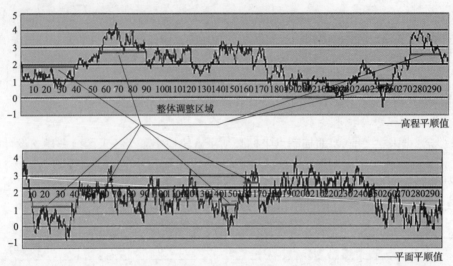

图 2-8-48 轨道静态数据整体分析

轨距调整,固定基准股钢轨,调整另一股钢轨,轨距精度控制:±1mm 合格率100%,轨距变化率≤1.5‰;非基准轨方向线形应平顺,无突变,无周期性小幅振荡。除横向方向调整了轨距以外,还应纵向方向看轨距的变化率满足要求,相邻轨枕间轨距相对差值须在 0.4mm 以内。

高低调整,应先选定一股钢轨为基准股(曲线地段选择低股,直线地段选择与前方曲线低股同侧钢轨),对基准股钢轨高低进行精确调整,高低短波考虑 2mm/5m,短波(30m)2mm 合格率100%,长波(300m)10mm 合格率100%;线形平顺,无突变,无周期性小幅振荡。同时 5m 间距的两根轨枕轨距相对差值也必须在 2mm 以内。

水平调整,固定基准股钢轨,调整另一股钢轨高低,水平调整精度,1mm 合格率100%;水平变化率≤1.5‰,相邻两根轨枕≤0.4mm;该股钢轨高低线形应平顺,无突变,无周期性小幅振荡。特别注意超高(水平)不得出现周期性变化(正负交替出现,反超高)。

利用数据分析软件虽然可以提高效率和较为直观,但同时也有弊端,即软件上反映的是 30m 弦和 300m 弦,300m 弦基本上不需调整,30m 弦可通过软件得到很好的优化,而中长波则基本上得不到控制,根据联调联试经验来看,高低、轨向 50~70m 中长波是导致后期晃车的主要原因,因此在静态调整阶段需对中长波进行控制,可在用软件进行调整之前对数据进行大体的控制,然后再通过轨道精调软件进行细部调节,从而得到较为理想的轨道线形。

4. 现场调整作业

根据模拟调整量表准备各类调整件并备有余量,在进行轨道调整前应根据拟调整的类型和调整量对调整处进行检查,核查轨道几何状态是否与调整方案一致。轨道核查可以采用轨距尺和弦线对轨道进行轨距、水平、轨向、高低的检查。对基准轨利用弦线进行核对后将正确的轨向调整量标识在挡肩上,高低调整量标识在轨顶上。依据核查后的轨向和高低调整量,确认更换扣件规格,调整完毕后用弦线核查。对非基准轨用道尺对轨距和水平调整量进行核对后,将正确的轨距调整量标识在挡肩上,水平调整量标识在轨顶上。依据核查后的轨距和水平调整量,确认更换扣件规格,调整完毕后用道尺核查。

调轨时按照"摆(调整件)、松(螺栓)、拆(扣件)、顶(钢轨)、清(杂物)、装(调整件)、紧(螺栓)、查(扭矩)、记(台账)"九个步骤更换扣件;更换扣件时,每次连续松开不宜超过 6 个扣件。两股轨道调整完毕后,记录现场实际调整件的部位、规格和数量,建立台账;用道尺复测,并记录实际轨距和水平偏差值。

5. 长轨精调后复测

静态调整第一次完成后,应对调整量比较大和连续调整地段进行复核测量,其目的为:一是,杜绝换错、换反现象的发生;二是,可以对比模拟计算量与实际变化量,为后续模拟计算提供依据;三是,可以作为动态调整的基础数据。

六、动态调整作业要求

1. 轨道局部缺陷标准

动检车动检时各验收等级标准见表 2-8-36。

动检车动检时各验收等级标准　　　表 2-8-36

速度等级		200~250km/h				300~350km/h			
标准等级		验收Ⅰ	验收Ⅱ	验收Ⅲ	验收Ⅳ	验收Ⅰ	验收Ⅱ	验收Ⅲ	验收Ⅳ
42m 波长	高低(mm)	4	5	11	14	3	5	10	11
	轨向(mm)	4	5	8	10	3	4	6	7
70m 波长	高低(mm)	5	6	15	—	—	—	—	—
	轨向(mm)	5	6	12	—	—	—	—	—
120m 波长	高低(mm)	—	—	—	—	5	6	12	15
	轨向(mm)	—	—	—	—	5	6	10	12
大轨距(mm)		—	+4	+8	+12	+3	+4	+7	+8
小轨距(mm)		-2	-3	-6	-8	-2	-3	-5	-6
水平(mm)		4	5	10	13	3	5	7	8
三角坑(mm)		—	4	8	10	3	4	7	8
轨距变化率(‰)		0.8	1.0	—	—	0.8	1.0	—	—

2. 动检车各种成果

动检车检查完成后输出各种报表,以指导人员进行克缺处理。

(1) 轨道不平顺质量指数(TQI)管理值

TQI 作为综合评价轨道平顺性指标,是对该段轨道轨向、高低、轨距、三角坑、水平等整体评价。我国的 TQI 定义为 200m 单元区段内高低(左右)、轨向(左右)、水平、轨距、扭曲(三角坑)等轨道不平顺幅值标准差的和。在 TQI 超限区段,应采用轨检小车进行测量,按照 TQI 中值较大的指标进行数据分析和现场调整。轨道不平顺质量指数(TQI)管理值见表 2-8-37。

轨道不平顺质量指数(TQI)管理值　　　表 2-8-37

速度等级	高低	轨向	轨距	水平	三角坑	TQI	
						Ⅰ级	Ⅱ级
200~250km/h	1.4×2	1.0×3	0.9	1.1	1.2	7.0	8.0
300~350km/h	0.8×2	0.7×4	0.6	0.7	0.7	4.0	5.0

(2) 公里小结报告表

按照《高速铁路无砟轨道工程施工精调作业指南》(铁建设〔2009〕674 号)要求,轨道满足高速运营要求条件之一为每公里扣分不大于 5 分,且不得出现 2 级及以上超限点,见表 2-8-38。

表 2-8-38 公 里 小 结 报 告

公里	检测长度	高低 1	高低 2	高低 3	高低 4	轨向 1	轨向 2	轨向 3	轨向 4	轨距 1	轨距 2	轨距 3	轨距 4	水平 1	水平 2	水平 3	水平 4	三角坑 1	三角坑 2	三角坑 3	三角坑 4	垂向加速度 1	垂向加速度 2	垂向加速度 3	垂向加速度 4	横向加速度 1	横向加速度 2	横向加速度 3	横向加速度 4	70m高低 1	70m高低 2	70m高低 3	70m高低 4	70m轨向 1	70m轨向 2	70m轨向 3	70m轨向 4	曲率变化率 1	曲率变化率 2	轨距变化率 1	轨距变化率 2	横加变化率 1	横加变化率 2	公里扣分	通过速度 km/h
1 213	1 000	0	0	0	0	0	0	0	0	0	0	0	0	0	0	0	0	0	0	0	0	0	0	0	0	0	0	0	0	0	0	0	0	0	0	0	0	0	0	0	0	0	0	0	71
1 214	1 000	0	0	0	0	0	0	0	0	0	0	0	0	0	0	0	0	0	0	0	0	0	0	0	0	22	0	0	0	0	0	0	0	0	0	0	0	0	0	0	0	0	0	22	93
1 215	1 000	0	0	0	0	0	0	0	0	0	0	0	0	0	0	0	0	0	0	0	0	0	0	0	0	108	0	0	0	0	0	0	0	0	0	0	0	0	0	0	0	0	0	118	137
1 216	1 000	0	0	0	0	0	0	0	0	0	0	0	0	0	0	0	0	0	0	0	0	0	0	0	0	60	0	0	0	0	0	0	0	0	0	0	0	0	0	0	0	0	0	60	158
1 217	1 000	0	0	0	0	0	0	0	0	0	0	0	0	0	0	0	0	0	0	0	0	0	0	0	0	0	0	0	0	0	0	0	0	0	0	0	0	0	0	0	0	0	0	0	163
1 218	1 000	0	0	0	0	0	0	0	0	0	0	0	0	0	0	0	0	0	0	0	0	0	0	0	0	0	0	0	0	0	0	0	0	0	0	0	0	0	0	0	0	0	0	0	167
1 219	1 000	0	0	0	0	0	0	0	0	0	0	0	0	0	0	0	0	0	0	0	0	0	0	0	0	0	0	0	0	0	0	0	0	0	0	0	0	0	0	0	0	0	0	0	167
1 220	1 000	0	0	0	0	0	0	0	0	0	0	0	0	0	0	0	0	0	0	0	0	0	0	0	0	0	0	0	0	0	0	0	0	0	0	0	0	0	0	0	0	0	0	0	163
1 221	1 000	0	0	0	0	0	0	0	0	0	0	0	0	0	0	0	0	0	0	0	0	0	0	0	0	0	0	0	0	0	0	0	0	0	0	0	0	0	0	0	0	0	0	0	160
1 222	1 000	0	0	0	0	0	0	0	0	0	0	0	0	0	0	0	0	0	0	0	0	0	0	0	0	19	1	0	0	0	0	0	0	0	0	0	0	0	0	0	0	0	0	24	158
1 223	1 000	0	0	0	0	0	0	0	0	0	0	0	0	0	0	0	0	0	0	0	0	0	0	0	0	0	0	0	0	0	0	0	0	0	0	0	0	0	0	0	0	0	0	0	157
1 224	1 000	0	0	0	0	0	0	0	0	0	0	0	0	0	0	0	0	0	0	0	0	0	0	0	0	0	0	0	0	0	0	0	0	0	0	0	0	0	0	0	0	0	0	0	159

(3)波形图分析

为进一步提高轨道平顺性,在处理完轨道超限点(1~4级超限点),应对波形(图2-8-49)进行分析,查找波形图中峰值较大点(即将出现超限),按照超限标准,对其中可能出现超限的位置提前进行处理。

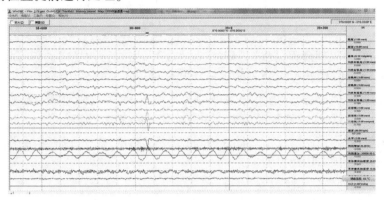

图2-8-49 公里波形图

综合分析上述报表和图形,确定需要调整的位置并制定调整方案。

3.动态调整时的注意事项

(1)三、四级当天处理,二级有计划、有步骤地处理,一级有条件处理。

(2)根据波形图确定连续里程与施工里程的对应关系(第一次一般根据曲线的起终点里程来找,第二次可根据已经找到第一次的突变点里程对应)。

(3)根据超限报表的超限点类型分层次处理,先调整三角坑、水平高低,再调整轨向轨距。

(4)根据超限点位置,不可单一处理,结合TQI报表和波形图区段数据处理,现场先检查扣件缺失、换反、扭矩等无误情况下再区段采集数据并现场处理。

(5)晚上更换完扣件后必须清理现场。

第九章 竣 工 测 量

按照《铁路技术管理规程》要求,"新建、改建工程竣工后,按规定进行验收"。为了满足铁路竣工验收的要求,铁路竣工验收前进行竣工测量。竣工测量的目的:一是,对铁路的线下工程空间位置、几何形态、轨道平顺性进行客观评定,为工程验收提供必要的基础资料;二是,铁路交付运营后,竣工测量的成果将作为运营维护管理基础资料。

竣工测量应包括:控制网竣工测量、线路轨道竣工测量、线下工程建筑及线路设备竣工测量、竣工地形图及铁路用地界测量。

竣工测量采用的坐标系统、高程系统、图式等应与施工测量一致。

竣工测量内容及成果资料的编制应满足高速铁路工程竣工验收的要求。

第一节 控制网竣工测量

控制网竣工测量包括 CP0、CPⅠ、CPⅡ、CPⅢ控制网、线路水准基点控制网复测及轨道维护基标或轨道基准网(CPⅣ)测量。控制网复测技术要求应按照控制网测量各等级相关规定进行,复测限差相关规定与交桩复测和建设期复测维护相同。对施工过程中毁坏、丢失的桩点,在竣工测量时按同精度扩展要求补设。对于长度大于 800m 的隧道竣工后,应进行洞内 CPⅡ控制网和水准点加密测量,洞内水准点每千米埋设 1 个,水准路线起闭于隧道进、出口两端的线路水准基点,长度小于 1km 的隧道至少应设 1 个,并在边墙上埋设标志。

轨道维护基标或轨道基准网(CPⅣ)测量根据高速铁路运营养护管理的需要进行测设。其测量要求如下:

(1)维护基标根据维修检测方式布设,并充分利用已设置的基标。

(2)维护基标利用 CPⅢ控制点采用全站仪自由设站方法进行测设,利用已设置的基标作为维护基标时,对其进行复测。

(3)维护基标的测设和复测精度不低于相应轨道结构加密基标的精度要求,且满足线路维护要求。

第二节 线路轨道竣工测量

线路轨道竣工测量包括轨道几何状态测量、线路里程贯通测量、线路平面和纵断面竣工测量、线路横断面竣工测量。

1. 轨道几何状态测量

对于客运专线、高速铁路或无砟轨道铁路,竣工测量需要进行轨道几何状态测量。轨道几何状态测量应利用竣工测量的 CPⅢ控制点成果,采用全站仪自由设站配合轨道几何状态测量仪进行测量,与轨道精调时轨道几何状态测量相同。

2. 线路里程贯通测量

由于在设计阶段和施工过程中的变更设计可能会产生里程断链,为了运营管理的需要,竣工测量时根据线路平面测量数据,贯通全线里程,消除断链。左右线并行地段应以左线贯通里程,绕行地段左右线分别计算里程。

根据贯通里程测设公里标和百米标。为了编制路基表、桥涵表、隧道表、车站表、线路诸表以及现场设置线路标志桩等的需要,里程贯通后测量曲线五大桩、变坡点、竖曲线起终点、立交道中心、涵洞中心、桥梁台前、台尾及桥梁中心、隧道进出口、隧道内断面变化处、车站中心、道岔中心、支挡工程的起终点的里程。

里程测量宜采用线路中心坐标进行里程贯通计算。由于高速铁路坐标系统的投影变形值一般不大于10mm/km,为按线路中心坐标推算里程提供了条件,采用线路中心坐标进行里程贯通计算后,使里程和坐标产生一一对应的关系,为高速铁路的运营维护和信息化管理提供了条件。虽然水平距离里程与目前实际使用的斜坡里程有一定偏差,但即使是20‰的坡度所产生的里程误差也未达到1/5 000,高于钢尺丈量的精度1/2 000。

3. 线路平面和纵断面竣工测量

对进行轨道几何状态测量的铁路,由于对轨道的平面高程进行了逐根轨枕精密测量,因此线路平面和纵断面测量可利用轨道铺设竣工测量中的测量数据进行线路平面曲线要素和纵断面坡度计算。

对于普通有砟轨道铁路,在竣工测量中,采用既有线平面测绘(中线测量)、中平测量的方法测量线路平面和纵断面。

线路中线贯通测量应满足轨道铺设条件评估的要求。中线上应钉设公里桩和百米桩。直线上中桩间距不宜大于50m;曲线上中桩间距不宜大于20m。在曲线起终点、变坡点、竖曲线起终点、立交道中心、涵洞中心、桥梁墩台中心、隧道进出口、隧道内断面变化处、道岔中心、支挡工程的起终点和中间变化点等处均应设置加桩。

线路中线桩利用CPⅡ控制点、施工加密控制点或CPⅢ控制点测设,桩位限差满足纵向$S/20\ 000 + 0.01$(S 为相邻中桩间的距离,以 m 计)、横向 ±10mm 的要求。

线路中线桩高程利用线路水准基点测量,中桩高程限差为 ±10mm。

4. 线路横断面竣工测量

利用线路中线贯通测量测设的中线桩,测量路基、桥梁和隧道横断面。横断面的位置和密度与线路中线桩相同。

路基横断面采用全站仪或水准仪进行测量。路基横断面测点应包括路基面高程变化点、路肩等。路基面范围各测点平面、高程测量中误差为 ±10mm。

桥面横断面竣工测量方法和精度要求与路基横断面测量相同。桥面横断面测点应包括左右轨道中心线、桥梁中心线、挡砟墙脚和顶面。

隧道竣工横断面采用测距精度不低于 ±(5 + 2ppm) 的全站仪或断面仪进行测量,断面点测量中误差 ≤ ±10mm。断面点包括左右轨道中心线、隧道中心线、排水沟、电缆沟、内拱顶、起拱线以及轨顶以上 1.1m、3m、5.8m 处的断面点。根据限界设计的要求,对影响行车安全的净空断面点进行检查。

第三节　线下工程建筑及线路设备竣工测量

隧道、桥涵、路基工程竣工测量在线下工程竣工验收时完成,车站及其附属建筑物竣工测量在单体建筑工程竣工时完成,并按竣工验收的要求编制竣工图。接触网竣工测量按接触网竣工验收的要求,单独进行竣工测量。一般由施工单位负责完成,测量的内容满足竣工图编制和竣工验收的要求,测量方法和精度与施工测量相同。

线下工程建筑及线路设备竣工测量主要内容有:
(1)隧道、桥涵、路基工程,车站及其附属建筑物竣工测量;
(2)线路沿线设备、接触网、行车信号与线路标志的主要设备的竣工测量,按站后相关专业验收标准进行测量。

第四节　竣工地形图及铁路用地界测量

1. 竣工地形图

铁路竣工后,线路两侧的地形、地貌均发生较大的变化,采用航测制图能真实反映竣工时的地形、地貌,有条件时优先采用。当沿线地形、地貌变化不大时,也可利用线路设计平面图进行修测。线路竣工地形图测量范围满足用图单位的需要,一般为铁路两侧各100m(站场由最外股道起算),特殊情况至少包括铁路用地界外50m,地形图比例尺为1:2 000。

2. 铁路用地界测量

铁路用地界桩测量根据铁路用地图,利用CPⅠ、CPⅡ、CPⅢ控制网采用全站仪极坐标法、全站仪自由设站法或RTK进行测设。

沿线路两侧每隔300~500m及地界宽度变化处均埋设地界桩,用地界桩的测量点位中误差参考城市测量规范界址点的精度,不大于5cm。

第五节　竣工测量资料整理及交验

竣工测量完成后,由竣工测量单位按照高速铁路竣工验收的要求编制竣工测量文件,竣工测量文件由建设单位组织统一归档,作为铁路竣工验收的主要文件移交给运营管理部门。

竣工测量文件包括下列资料:
(1)CP0、CPⅠ、CPⅡ、CPⅢ控制点、线路水准基点、维护基标、铁路用地界桩坐标成果及点之记。
(2)CP0、CPⅠ、CPⅡ、CPⅢ控制点、线路水准基点、维护基标桩橛、铁路用地界桩。
(3)轨道几何状态竣工测量成果,包括线路中线位置、轨面高程、测点里程、坐标、轨距、水平、高低、扭曲等。
(4)线路竣工平、纵、横断面图。
(5)构筑物的竣工图。
(6)路基表、桥涵表、隧道表、车站表等。

(7)线路沿线设备竣工测量成果,包括接触网、行车信号与线路标志的主要设备的竣工测量成果。

(8)构筑物变形测量成果包括变形监测基点、变形监测点以及构筑物变形测量评估成果。

(9)竣工测量报告。

第三篇 运营维护测量

铁路在运营期实施沉降监测对其运营的安全性、舒适性,以及线路的维护有重要意义。尽管高速铁路在建设期开展了严格的线下工程沉降监测,并执行了严格的线下工程沉降评估技术控制流程,但是高速铁路线下的相关建(构)筑物在运营期仍将不可避免地发生沉降,这一现象的发生通常从线下工程施工开始,将一直持续到线路投入运营后的几十年。另外,运营期间的监测工作也是线桥结构养护维修、服役安全状态评价和使用寿命周期评估的基础数据。

对高速铁路在运营期的沉降进行监测是确保高速铁路安全、舒适运营的需要。运营期线下相关建(构)筑物的沉降将影响线路的平顺性,对钢轨上急速行驶的列车的安全性和舒适性有重大影响,因而准确、及时地获取并掌握沉降发生量及其变化规律与趋势对运营的安全性和乘坐的舒适性至关重要。

另外,精密工程测量控制网是高速铁路运营监测的基础,是高速铁路养护维修的基准,高速铁路精密控制网运营后的管理工作是所有工作开展的前提,因此在高速铁路运营期间,应制定完善的精测网管理制度,加强CP0、CPⅠ、CPⅡ、CPⅢ及线路水准基点控制网的复测和维护。

第一章 控制网复测维护

第一节 复测内容与周期

精测网是铁路工程设计、施工和运管维护的控制基准,精测网设施和成果服务于铁路整个生命周期,因此必须高度重视铁路运营期的精测网的复测和维护工作,以保证精测网的稳定性和精度。

(1)CP0、CPⅠ、CPⅡ和CPⅢ控制网平面复测周期不宜超过3年,开通初期及沉降区段的各级控制网的平面复测周期适当缩短全线定期复测的内容包括CPⅠ、线上CPⅡ、CPⅢ、线路水准基点控制网和线上加密水准点的测量。复测周期不宜超过3年,最长不应超过5年,其中线路水准基点、线上加密水准点、CPⅢ高程网在开通运营后两年内复测一次。

(2)对以下地段,精测网复测的内容和周期由铁路局根据实际情况确定,由铁路局或铁路公司组织实施。

①新建铁路开通运营前沉降评估确定的在运营期间还应该继续进行变形监测的地段。
②区域沉降、差异沉降显著的地段。
③线路周边地形地貌、水文地质等环境发生变化的地段。
④运营阶段检查发现的轨道异常变形的地段。

第二节 复 测 方 法

一、复测技术方案设计

精测网复测前充分研究分析既有成果,收集运管部门对精测网维护和使用情况的信息,结合现场踏勘情况,有针对性地编制精测网复测技术方案,指导每次复测工作。复测技术方案的主要内容包括概述、主要技术依据、既有资料情况及分析、坐标系统和高程系统、复测技术要求、数据处理、复测成果与既有成果分析、提交成果和报告情况等。

精测网复测的网形设计与精测网竣工复测一致,特殊段落可以优化。

二、标石和标志的补设

精测网复测量前,应现场逐点检查核对控制点标石和标志情况。标石和标志的有效性主要有:标石是否稳定,标志是否满足通视或相邻点条件,标志是否满足相应观测设备的观测要求,是否满足控制网完整性要求。对于不稳定标石应采取加固或补设措施,不满足观测条件的点位应做改移处理,新补设点应使用原标志样式和材料,并按原规格标准埋设。

三、复测注意事项

(1)GNSS测量中的接触网电磁干扰。高速铁路开通运营后的天窗时间段,接触网一般不断电,这势必存在电磁干扰GNSS信号的可能。在线上进行GNSS测量作业前应做好星历预报,充分利用天窗时间,选择星历好的时段观测,数据后处理时关注卫星信号质量,合理处理观测数据。

(2)声(风)屏障影响。有的线上加密CPⅡ点受声(风)屏障遮挡,影响卫星信号接收,对这些点可做改移,一般可改移到桥梁固定端的侧向挡块上(路基上可根据现场条件选定点位),可减弱卫星信号被遮挡的影响。

(3)线上加密CPⅡ点本网观测和与CPⅢ点联测时使用特制圆盘和基座连接。

四、精测网复测方法和技术要求

精测网复测方法和技术要求同施工期间控制网复测,参考本书第二篇第一章相关内容。

五、控制网复测的成果分析和使用

精测网复测成果既反应控制网本身的稳定性和变化情况,也是反应高速铁路线路空间三维线形的基准,因此精测网复测成果的取用既要考虑控制点绝对位置精度及其变化,也要考虑相邻控制点间的相对位置精度及其变化。

CPⅠ网、线路水准基点网、线上加密CPⅡ网和线上加密高程网以及CPⅢ网的处理方式,各运管单位理念不同,对成果的取用和使用方法也不尽相同。

CPⅠ网和线路水准基点网复测成果的分析和取用,目前国内各设计和运管单位基本一致。CPⅠ点坐标较差和相邻点间坐标差之差的相对精度满足限差规定,即判定点位稳定,维持既有成果;两者有一个指标超限,即需要进行检核测量,查明原因,在确认测量数据准确的前提下,采用同精度内插方法修正变化点的坐标成果。线路水准基点网,考查其相邻水准点间的闭合差情况,满足限差要求即判定点位相对稳定,维持既有成果,否则即需要进行检核测量,查明原因,在确认测量数据准确的前提下,采用同精度内插方法修正变化点的高程成果。

第二章　运营期间结构变形监测

上一章已经讲到精测网进行复测和维护的重要性和重要意义,精测网成果还是高速铁路线桥结构变形监测的基准网。

第一节　监测基准网的建立

地质条件良好和人为活动少的地区,精测网点容易长久保存而且保存较好,一般可以满足运营期结构变形监测的需要,只要进行适当的维护和检测即可。但是,在高速铁路穿越城镇、人口密集地区以及地质条件稍差的区段,工程勘察设计和施工阶段建立的精密测量网主要功能为满足工程建造之需,在工程建成后由于临建(和施工便道)的还耕以及工程带动地方经济发展而实施的基础设施建设等因素,造成诸多精密测量点破坏或失效,这就势必要再造监测基准网。监测基准网的再造应结合精测网复测和维护的需要,两者统筹考虑,协调配合。

基岩点、深埋点丢失或被破坏时同样需要补设。为了更好地分析区域地面沉降地区的沉降趋势,根据监测需要可以对精测网内的基岩点或深埋点进行增设。

基岩点是通过钻探方法埋设在地下完整基岩上的特殊观测点,是从地下基岩引至地表的标志点,是进行地面沉降水准测量的起始点或高程控制点,是铁路沿线布设的线路水准基点的测量基准点。基岩点的标底设计埋设地层及具体深度根据设计阶段的地质资料进行确定。

季节性严寒冻土地区的铁路运营沉降监测成果的分析更为复杂,普通线路水准基点不能完全反映铁路结构变形情况,因此在该类地区基岩点或深埋点的补设对运营期间结构变形监测尤为重要。

第二节　沉　降　监　测

一、沉降监测原则

建设期间与运营期间荷载的性质变化、监测环境的变化、监测重点与范围的变化、监测目的及服务对象的变化决定了运营期间沉降变形监测与建设期间沉降变形监测在技术路线上存在差异。

建设期间构筑物监测侧重关注构筑物基础工后沉降量发生的程度及稳定水平;运营期间侧重关注构筑物的差异沉降及其对轨道平顺性的影响。可以认为运营期间的监测是建设期间监测的延续,是在建设期间观测的基础上进行的。

高速铁路工程运营期结构沉降变形监测区段可分为"一般区段"和"重点区段"两大类。对于一般区段,只需开展普查性监测,发现问题后重点监测;重点区段是沉降易发生段落或差异沉降敏感段落,除开展普查性监测外,必须重点监控。重点监控地段在监测频次和监测项目上需要适当增加,必要时还需要进行自动化监测,以便实时掌握构筑物的沉降发展趋势。另外,依据沉降变形发生的程度,"一般区段"和"重点区段"可相互转化,根据监测结果适时动态地对监测频次进行调整,既要满足运营维护的需要,又能提高监测效率。

二、重点沉降区的确定

根据相关规范,新建铁路宜在运营初期对桥梁、路基变形进行一次普查监测,并根据监测结果合理确定和调整重点监测地段。重点监测段落是指沉降量或差异沉降量较大的地段以及结构物过渡段等,包括交验前沉降评估分析确定的运营阶段还要继续进行沉降监测的地段,存在区域沉降的地段,特殊地质区段,路桥、路隧等过渡段,铺轨后线路周边发生地形地貌、水文地质等环境变化的地段,在运营阶段检查发现的异常变形地段等。如某高铁重点段的确定原则如下:

(1)上年度月平均沉降速率超过 1mm/月的区域性沉降地段,确定监测频率为 1 次/年。

(2)第一期监测至今相邻基础变形监测点沿线路方向差异沉降超过 5mm、CPⅢ高差沿线路方向超过 10mm,且与历史数据比较,差异沉降变化速率有加速趋势或上期差异沉降突变的段落,确定监测频率为 1 次/半年。

第一期监测至今监测点延线路方向高差变化超过 10mm,或 CPⅢ 延线路方向高差变化超过 20mm 的,且与历史数据比较,差异沉降变化速率有加速趋势的段落或上期差异沉降突变的段落,确定频率为 1 次/季度。

经分析可能由沉降引起,动检长波高低峰值超过 5mm 的区段,且半年内动检长波高低峰值有明显增大的趋势,确定频率为 1 次/半年。

(3)线路周边地形、地貌、水文地质等环境发生较大变化的地段。

(4)运营维护单位认为可能影响行车安全的段落,需加密监测,具体周期根据实际情况而定。

三、监测技术手段选择原则

高速铁路运营期沉降变形监测手段较多,主要有以下两类:

(1)传统二等水准监测。它是线下工程施工阶段沉降变形监测的主要手段,亦广泛应用于运营期高铁沉降变形监测,其测量精度高。但是其监测易受环境影响,且需投入大量人力、物力,作业效率低。

(2)自动化沉降变形监测。该技术近年来越来越普遍地得到应用,其克服了运营期间较短的天窗时间以及封闭式管理的限制,监测精度高,人工干预少,受监测条件影响小,但一次性设备投入成本相对较高,并且设备安装方式也有待研究。

综合考虑成本与时效,高速铁路沉降普查性监测以传统二等水准监测为主,自动化监测为辅;重点难点工程以自动化监测为主,二等水准监测方法为辅。常规二等水准监测与自动化监测优势互补、互为备份,亦可相互校核。对于临时调整监测方案和计划,需要重点监测的区域,或因设备破坏等因素引起原监测手段无法实施时,可以采用备用的二等水准监测或自动化监测手段来弥补,保证监测数据的延续性。

四、测点布置原则

运营期间工程结构沉降监测以线路下部基础结构的沉降变形监测为主,必要时辅以上部结构变形监测,并尽可能利用现有的线下工程沉降变形监测的测点。

底座板(支撑层)、轨道板等上部结构的沉降作为其下部基础结构沉降的反馈,不必要全线布设监测断面。只有当下部基础结构沉降显著或上部结构易变形时或特殊结构,才考虑对线路上部轨道结构实施沉降变形监测;反之,则考虑减少或取消对线路上部轨道结构的沉降变形监测。

因动检车只能检测到120m范围内波长级别的轨道不平顺性,因此测点的布置综合考虑对轨道长波不平顺性的反映。考虑到结构物沉降对钢轨几何形态会产生影响,其中短波不平顺性由动检车可以获得,效率较高;长波不平顺性一般利用测量仪器的检测数据采用计算方法实现,但效率较低。基于沉降监测数据采用类似轨道长波不平顺计算方法得到监测点间的沉降差异性,可预判轨道长波不平顺性变化趋势。

第三节 沉降普查性观测

一、基准点复测

变形监测工作充分利用建设期间的基岩点、深埋水准点、普通水准点、CPⅠ和CPⅡ点,工作基点充分考虑距离线路的距离及稳定性。

为了保证监测精度,应保证延线路方向1km的范围内有一个基准点。如果现场基点不能满足上述要求,则需重新补埋,或使用桥墩点代替,补埋时标志规格与埋设方式执行精密网建网时的技术设计要求,对于新埋的点需做好标记。现场需记录好每一个基点的经纬度,并拍摄照片,以便数据管理系统入库,照片名以点号命名。对于隧道的进口和出口及路基的首尾各保证最少有一个基点,以方便线上与线下联测关系。

对于补埋的基点不仅要考虑梁上下三角高程联测方便,并且如果原精测网点丢失,则补埋监测基点时也需考虑精密网的网形。

工作基点应定期复测。复测以沿线深埋水准点、线路水准基点最新复测成果作为起算基准。

二、观测

1. 一般技术要求

高速铁路运营监测工作可视为建设期间监测的延续。以路基、桥梁、隧道等建(构)筑物的沉降变形观测为主,并结合观测值对特殊地质条件段落的桥墩倾斜、过渡段及相邻结构物的差异沉降进行分析。

根据规范要求,沉降变形测量按变形测量三等规定执行(表3-2-1)。

变形测量等级及精度要求　　　　　　　　　　　　　　　表 3-2-1

变形测量等级	沉降变形(垂直位移)测量	
	沉降变形点的高程中误差(mm)	相邻沉降变形点的高程中误差(mm)
三等	±1.0	±0.5

1)沉降变形监测网

(1)沉降变形监测网主要技术要求

沉降变形监测网主要技术要求按表 3-2-2 执行。

沉降变形监测网主要技术要求　　　　　　　　　　　　　表 3-2-2

等级	相邻基准点高差中误差(mm)	每站高差中误差(mm)	往返较差、附合或环线闭合差(mm)	检测已测高差较差(mm)	使用仪器、观测方法及要求
三等	1.0	0.3	$0.6\sqrt{n}$	$0.8\sqrt{n}$	DS05 型仪器,按国家二等水准测量的技术要求施测

注:n 为测站数。

(2)沉降变形监测网复测方式

运营后变形监测网复测的方式应同建设期的测量方式一致,一般按沉降变形等级三等(国家二等水准测量)的要求复测。

2)沉降变形测量基本要求

(1)水准基点使用时应做稳定性检验,并以稳定或相对稳定的点作为沉降变形的参考点,并应有一定数量稳固可靠的点用作校核。

(2)每次观测前,对所使用的仪器和设备应进行检验校正,并保留检验记录。

(3)每次沉降变形观测时符合下列要求:

①严格按水准测量规范的要求施测。

②参与观测的人员必须经过培训才能上岗,并固定观测人员。

③为了将观测中的系统误差减到最小,达到提高精度的目的,每次观测使用同一套仪器和设备,前后视观测最好用同一水准标尺,必须按照固定的观测路线和观测方法进行,观测路线必须形成附合或闭合路线,使用固定的工作基点对应沉降变形观测点进行观测。

④成像清晰、稳定时再启动读数。

⑤随时观测,随时检核计算,观测时要一次完成,中途不中断。

⑥数据处理和平差计算方法一致。

(4)针对低矮桥墩、异型桥墩,空间小,标尺不能直立的情况,应在测量仪器厂家定制短尺进行测量,也可采用倒尺的方法进行测量。

(5)测段观测完成后,必须及时整理观测数据。

(6)当发现沉降监测数据出现异常时必须首先自查,应重测并分析工作基点的稳定性,必要时联测线路水准基点进行检测,并提交自查分析报告。

(7)在观测过程中,应做好一些重点信息的记录,如对天气情况等的记录,以利于对结构变形特性的分析和异常数据的分析。

(8)观测设备和标志的保护:观测期间应对观测标志与设备采取有效的保护措施,防止车辆的碰撞、人为因素的破坏等,观测标位置应做醒目标志以保证观测标的长期功能及安全要求。如出现观测标被敲击、挖橇、丢失等情况时应及时恢复并进行复测。

(9)沉降观测按照规定时间和频次要求严格执行,并定期复测避免异常沉降。

3)沉降变形测量具体要求

(1)沉降变形水准测量执行国家二等水准测量要求,采用单路线往返观测。对线下工程沉降变形点的测量,形成附合或闭合水准路线,水准路线经过的工作基点或基准点不得少于2个。

(2)使用DS05级及以上的自动安平电子水准仪,仪器及配套水准标尺均应在有效的合格检定期内。水准仪与水准尺在使用前及使用过程中,经常规检校合格,水准仪视准轴与水准管轴的夹角均不超过15″。仪器各种设置正确,其中有限差要求的项目按规范要求在仪器中进行设置,并在数据采集时自动控制,不满足要求时应根据仪器的提示进行重测。

(3)外业测量一条路线的往返测使用同一类型仪器和转点尺垫,沿同一路线进行。观测成果的重测和取舍按《国家一、二等水准测量规范》(GB/T 12897K—2006)二等水准有关要求执行。观测时,视线长度≤50m,前后视距差≤1.5m,前后视距累积差≤6.0m,视线高度≥0.55m且不大于2.80m。测站限差:两次读数差≤0.4mm,两次所测高差之差≤0.6mm,检测间歇点高差之差≤1.0mm。观测读数和记录的数字取位:使用数字水准仪读记至0.01mm。

(4)观测时,一般按后—前—前—后的顺序进行,对于有变换奇偶站功能的电子水准仪,按以下顺序进行:

往返测:奇数站为后—前—前—后;偶数站为前—后—后—前。

每一测段均为偶数测站结束。

(5)应用数字式水准仪,正式观测前应进行不少于20次单次测量,达到仪器预热的目的,使仪器与外界气温趋于一致。测量中避免望远镜直接对着太阳;避免视线被遮挡,遮挡不超过标尺在望远镜中截长的20%。

(6)自动安平水准仪的圆水准器,严格置平。在连续各测站上安置水准仪时,使其中两脚螺旋与水准路线方向平行,第三脚螺旋轮换置于路线方向的左侧与右侧。除路线拐弯处外,每一测站上仪器与前后视标尺的三个位置,一般为接近一条直线。

(7)观测过程中为保证水准尺的稳定性,选用2.5kg以上的铸铁尺垫;水准观测路线必须路面硬实,观测过程中尺垫踩实以避免尺垫下沉。同时观测过程中避免仪器安置在容易震动的地方,如果临时有震动,确认震动源造成的震动消失后,再激发测量键。水准尺均借助尺撑整平扶直,确保水准尺垂直。

(8)数据处理时,闭合差、中误差等均满足要求后进行平差计算,主水准路线要进行严密平差,选用经鉴定合格的软件进行处理。

2.基准网建网及复测

首次进行变形监测前,应在原线路水准网的基础上,进行基准网的建网。在后期监测中为了检验基准的稳定性,对发生沉降位移的点进行修正,对丢失的点进行恢复,基准点应定期进行复测。为了提高观测精度、利用数据分析并方便线上与线下联测,基准网建网及复测时需按照如下形式进行水准测量。

(1)测量水准线路以建设期间的精密水准基点为基准,在此基础上联测其他新纳入监测网的基准点。

(2)线路水准起闭于建设期间的所有的基岩水准点、深埋水准点,联测所有的建设期间的线路水准基点、新纳入监测网的基准点(新埋点及计划联测的CPⅠ点和CPⅡ点)。另外每3km的梯子处及路桥过渡段处需联测三个连续的桥墩监测点;并且在两梯子中间最少联测一处3个连续的桥墩点。

(3)水准观测均采用二等水准后前前后—前后后前的观测方式进行测量。

(4)首次观测画好水准线路图,以后每次观测均固定水准路线。

(5)每次复测完成之后,需对各期数据(包括建设期间的数据)进行综合分析,对超限的点进行调整。并确定重点监测段落。

3. 桥墩普查监测

(1)桥墩监测标布设

运营期间桥墩监测标的布设方式同建设期间的布设方式一致,对丢失的标志需要补设。需要注意高出地面多于14m和处于膨胀岩土、湿陷黄土、岩溶发育等不良地质条件的桥墩则需观测两个标,以监测桥墩的倾斜。

(2)桥墩监测方式

桥墩下部结构的沉降变形观测采用水准测量方法,在观测过程中要固定人员、固定仪器、固定水准路线、固定监测基点。观测路线必须形成附合或闭合路线,使用固定的基点对沉降变形观测点进行观测。对需要观测两个观测标的,往测时一个作为转点,另外一个用中视法进行观测;返测时两个标的观测方法相互交换,如果无法采用中视法观测,则需按照二等水准要求,对其两个观测标均纳入水准路线,以保证桥墩左右两个标之间的高差准确测量出来,以便观测桥墩的倾斜。桥梁墩台沉降观测水准路线示意图如图3-2-1所示。

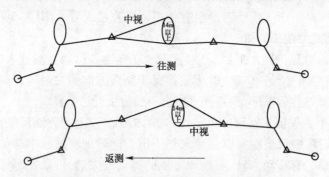

图3-2-1 桥梁墩台沉降观测水准路线示意图

○-基点;△-设站位置

为了提高观测精度及后期数据分析,桥墩普查监测需注意以下几点:

①桥墩监测时其水准路线起闭于就近的基准点,形成附合水准线路,采用二等水准后前前后—前后后前的观测方式进行测量。

②对于水域中桥墩,利用常规二等水准测量监测手段无法实施的,采用中间设站光电测距三角高程测量或者在桥墩身上直接粘贴钢尺的方法直接观测等方法进行沉降监测。在岸边设置固定的观测站。

③首次观测时画好水准线路图,以后每次观测均固定水准路线。

④每次复测完成之后,需对各期桥墩监测数据进行综合分析,对沉降或相对沉降速率快的地段进行重点监测,并加强频次或采用自动化监测方式进行监测。

4.路基(含涵洞及过渡段)普查监测

(1)路基普查监测观测标布设

路基(含过渡段)是沉降易发生段落,应重点对该区段进行监测。运营期间路基监测标应延续使用建设期间的监测标,对丢失的沉降桩按照建设期间的布点要求进行补设,沉降桩被破坏时则无法恢复。

根据前期监测情况来看,由于封闭层和路基本体存在离缝现象,埋设于封闭层上的监测点未能真实地反映路基本体的沉降,故在补设时需将封闭层破开,将监测点埋设在路基本体上。路基上观测点埋设如图3-2-2所示,用冲击钻开直径40mm、深300mm的孔,然后放入不锈钢棒,将不锈钢棒砸入级配碎石层100mm。然后在孔内灌入厚度为140mm的速凝水泥(注意密实);再在上边灌入50mm厚的细沙。套入不锈钢管,不锈钢管外边打入植筋胶。不锈钢管与不锈钢棒间灌入细沙。

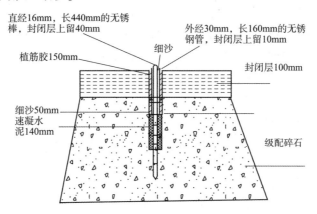

图3-2-2　路基上观测点埋设示意图

(2)路基(含涵洞及过渡段)普查监测观测方式

综合考虑监测频次、监测成本及天窗时间等相关问题,路基观测方式如下:

①每次对路基上的监测点进行观测时均应起闭于线下稳定的水准基点,并根据路基的长度,在路基的中部相隔一定距离需联测线下的水准基点,线上和线下联测时可采用二等水准直接联测,也可以采用三角高程法。

②定期采用基岩点或深埋水准点对路基监测基准点进行复测。

③路基段观测方式采用二等往返水准进行观测。

④对于过渡段监测断面需随路基沉降监测标一同进行监测,监测时,以路基监测点为主水准路线,然后以中视进行观测各断面点,往返测时,水准仪应变化仪高,并且仪高差在10cm以上。观测断面监测点时,仪器应放在各断面的中间位置,并且每次观测仪器位置均固定。

⑤首次观测画好水准线路图,以后每次观测均固定水准路线。

⑥每次复测完成之后,需对各期数据进行综合分析,对沉降或相对沉降速率快的地段进行重点监测,并加强频次或采用自动化监测方式进行监测。

5. 隧道普查监测

隧道工程的沉降变形观测采用水准测量方法,可以采用 CPⅢ 点作为沉降监测标,按照固定的观测路线和观测方法进行,观测路线必须形成附合或闭合路线,使用固定的工作基点对应沉降变形观测点进行观测。桥梁墩台沉降观测水准路线如图 3-2-3 所示。

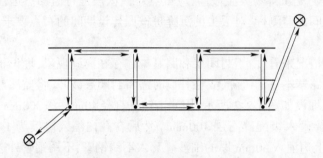

图 3-2-3　隧道沉降普查观测方式
●-隧道观测标;⊗-工作基点;→-观测方向

为了提高监测点的监测精度并使各期监测基本满足固定路线观测的要求,观测路线可以选择主水准路线加单程监测路线的方案,即监测 300m 选定一个监测点纳入主水准观测路线,进行往返观测,同期对其他监测点进行监测水准路线观测,监测水准路线应满足监测精度的要求。

6. 区域地面沉降的综合监测

在铁路建设和运营期,区域沉降观测方案以水准测量为主,由于水准测量点位密度及线状的局限性,结合应用 InSAR 技术进行监测,会大大增加区域性面状数据,及时把握铁路沿线的沉降情况以适时调整观测周期,核定重点监测区域。基于 InSAR 技术可实现对铁路全线的区域性地面沉降监测,同时结合水准测量资料和精密复测资料,可使得铁路施工运营监测的工作量大大减少。以下为某高铁某段 INSAR 监测与水准测量监测的综合分析情况。

(1) InSAR 沉降量与水准测量结果比较

根据 2007 年 4 月至 2010 年 3 月和 2007 年 4 月至 2010 年 7 月的水准测量成果得到各个水准点的沉降量,并转化成 Google Earth 可以读取的 kml 格式文件(2007.4.18～2010.3.17)BM_Level Result.kml、(2007.4.18～2010.7.21)BM_Level Result.kml,用于绘图。根据 InSAR 数据得到水准点的 2007 年 4 月至 2010 年 3 月和 2007 年 4 月至 2010 年 7 月的沉降量(分别采用 InSAR_S 和 InSAR_g 进行沉降量的计算),结果文件为"(2007.4.18～2010.3.17)水准结果与 InSAR 结果比较.xls""(2007.4.18～2010.7.21)水准结果与 InSAR 结果比较.xls",沉降量对比图形如图 3-2-4、图 3-2-5 所示,两者的系统性差异分别为 1.81cm、2.50cm。

(2) 线位里程桩沉降量

线位里程桩文件为"(2007.4.18～2010.3.17)Mile Stone_Point_BLh.txt"和"(2007.4.18～2010.7.21)Mile Stone_Point_BLh.txt",根据该文件,在沉降等值线文件 Contour(2007.4.18～2010.3.17).dxf 和 Contour(2007.4.18～2010.7.21).dxf 中内插得到各点的沉降量,形成线位里程桩沉降量文件,参见表 3-2-3。

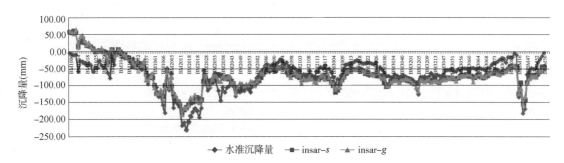

图 3-2-4　2007.4.18~2010.3.17 InSAR 沉降量与水准测量结果

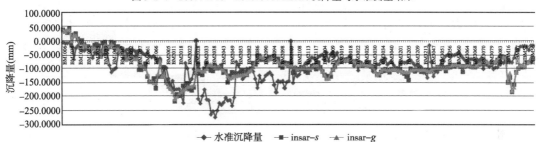

图 3-2-5　2007.4.18~2010.7.21 InSAR 沉降量与水准测量结果

线位里程桩沉降量文件　　　　　　　　　　　　　　　　表 3-2-3

时间间隔	文件名称
2007.4.18~2010.3.17	(2007.4.18~2010.3.17)MileStone_Point_BLh.txt
2007.4.18~2010.7.21	(2007.4.18~2010.7.21)MileStone_Point_BLh.txt

转化得到 Google Earth 可以读取的(2007.4.18~2010.3.17)Mile Stone_Insar Result.kml 和(2007.4.18~2010.7.21)Mile Stone_Insar Result.kml，用于 Google Earth 绘图。

第四节　重点区域监测

通过普查监测，当发现路基、桥梁或过渡段的沉降量或差异沉降量较大或沉降有发展时，除加强工程结构下部基础沉降监测、加密监测周期外，还应辅以上部轨道结构(底座板、轨道板及轨顶高程)沉降监测，即在原普查监测观测断面的基础上增加轨道结构变形监测点。对变化显著的部分地段经评估后确定进行静力水准自动化监测。

1. 重点路基监测测点布设方案

重点路基监测每个监测横断面需布设 9 个监测点，其中两侧路肩各布设一个监测点，路基中央布设一个监测点，支承层两侧各布设一个监测点，轨道板中心布设一个监测点，其监测横断面布设示意图如图 3-2-6 所示。

其中"1""5""9"三个标志埋标方式同路基监测点埋标方式一致。

其余位于底座板及轨道板上的测量点需埋设特殊的标钉，其规格见图 2-7-3。

所有埋设的标志点必须使用锚固剂进行锚固，以确保安全。重点监测路基段，其纵向布设断面的数量及断面之间的距离需根据普查监测的结果进行设定，每个监测单元不少于两个监测断面。

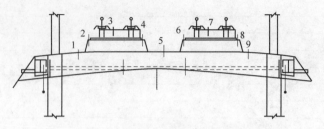

图 3-2-6　重点路基段监测断面测点布设示意图

2. 重点桥梁监测测点布设方案

重点桥梁监测每个监测横断面也需布设 8 个监测点,其中梁面两侧及中间各布设一个监测点,底座板两侧各布设一个监测点,轨道板中心布设一个监测点,其监测横断面布设示意如图 3-2-7 所示。其纵向布设断面的数量及断面之间的距离需根据普查监测的结果进行设定,一般每个监测单元不少于两个监测断面。

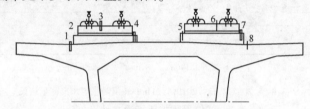

图 3-2-7　重点桥梁段监测断面测点布设示意图

3. 重点过渡段监测测点布设方案

对于重点监测的过渡段,每个横向监测断面亦布设 9 个监测点,同重点监测的桥梁与路基监测横断面基本一致。对于重点区域路涵过渡段其涵洞上横断面的布设方式基本同重点桥梁的布设方式一致如图 3-2-8 所示,其中"1"和"9"两点可埋设在涵洞冒石上。框构桥同桥梁的布点方式相一致。

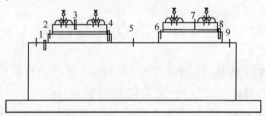

图 3-2-8　路涵过渡段断面示意图

在纵向上,各过渡段监测的断面与普通过渡段的布设方式相一致。

4. 重点区域断面的测量方式

综合考虑监测频次、监测成本及天窗时间等相关问题,重点区域各断面的测量方式如下:

(1)每次测量可以以附近的固定的 CPⅢ点作为前视或后视点,作为主水准路线,各断面监测点为中视点进行观测。

(2)定期采用基岩点或深埋水准点对路基监测基准点进行复测,对该区段 CPⅢ点进行更新。

(3)中视的视线长度不超过 30m,超过 30m 时需换站并且站与站之间要重叠一个监测横断面。

(4) 往返测时，水准仪应变化仪高，并且仪高差在 10cm 以上。观测断面监测点时，仪器应放在各断面的中间位置，并且每次观测仪器位置均固定。

(5) 每次复测完成之后，需对各期数据进行综合分析，对沉降或相对沉降速率快的地段进行重点监测，并加强频次或采用自动化监测方式进行监测。

5. 重点区域监测地段轨面监测

根据需要，重点区域除了监测上述断面之外，对个别地段结合工务管理及综合评估等情况，还需对该区段的轨顶标高和轨道几何尺寸进行测量。轨面测量方式见第二篇第八章。

第五节 自动化监测

人工进行变形监测存在较多的缺点，不能适应变形速度太快或监测点太多的情况；难以实现同一时刻获得许多个测点上的变形；有时监测间隔太短，变形过程需要大量短时间间隔的观测数据描述；监测环境太恶劣，噪声大、高压、高热、高磁场或人无法到达；监测不能影响生产和运行管理等。这就促使要求变形监测的自动化。自动化监测技术是 20 世纪 60 年代发展起来的一种全新的监测技术，它是随着计算机技术、网络通信技术的发展而发展起来的。由于监测系统的各个环节都可以实现自动化，因此，自动化监测有多种含义。一是数据处理自动化，俗称"后自动化"；二是实现数据采集自动化，俗称"前自动化"；三是实现在线自动采集数据、离线资料分析，俗称"全自动化"。自动化监测主要包括数据采集自动化、数据传输自动化、数据管理自动化和数据分析自动化等内容。

自动化监测系统的布置形式主要有集中式监测系统、分布式监测系统、混合式监测系统及网络集成式监测系统。监测系统由传感器、电缆、采集站、监测分站、监测总站、管理控制中心组成。

传感器是感应建筑物变形等各种物理量的仪器设备，它将距离、角度、高差、倾角等几何量及其微小变化转化为电信号输送到采集站。传感器种类有振弦式、电阻式、电容式、光纤光栅式等。常用的传感器有倾角计、位移计、静力水准、伸缩仪、裂缝计、倾斜仪等。将这些传感器安装在监测系统中，通过数据获取、信号处理、数据转换与通信，可将成百上千个测点上的数据传送到数据处理中心，实现持续监测和数据的自动记录、传输与处理，即变形监测自动化。

一、静力水准仪

静力水准是一种精密液位测量系统，该系统设计用于测量多个测点的相对沉降。在使用中，一系列的传感器容器使用通液管连接，每一容器的液位由一精密振弦式、光纤式传感器测得。传感器下挂有一个浮筒，当容器液位发生变化时，浮筒所受到的浮力即被传感器感应。系统组成见图 3-2-9。

在多点系统中，所有传感器的垂直位移均是相对于其中的一点（这一点又叫基准点或参照点）的变化，基准点的垂直位移应是相对稳定的或是可用其他人工观测手段来确定，以便能精确计算静力水准系统各测点的沉降变化。

在高速铁路运营监测中，一般采用量程为 50mm，绝对精度达到 0.25mm 的监测设备，可实现自动数据采集系统及 GPRS 通信模块进行无线通信,实时地采集数据及进行数据处理。

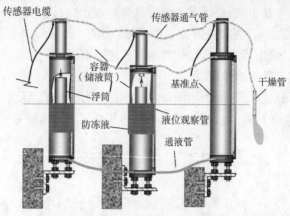

图 3-2-9　静力水准组成示意图

目前,一种体积小、安装简便的压阻式形变传感器也已应用到沉降观测中。可用于路基、桥梁段及过渡段处,以实时监测结构物差异沉降。路基段一般布置在路肩上,对于桥墩的差异沉降可以在桥墩上直接安装静力水准仪。

1. 静力水准仪安装

为了安全考虑,储液筒及传感器、三管通、采集设备均安装于箱梁内部。

安装储液筒及传感器:将储液筒在需要监测的桥墩或其他监测点上安装固定支架,固定支架应确保安装稳固,然后在固定支架上安装储液罐。需要注意的是基准罐和其他储液罐的高程应基本一致(尽量保证在 10cm 之内)。储液筒内有精密测量部件,安装时要小心慎重。

埋设三通管:在基准罐与其他监测罐之间布设通液管、电源线和数据采集线,三通线需要用 PVC 管保护。

系统注液:液体由纯净水或防冻液组成。注液时不能太快,注意排出空气和气泡,并观察液面高度,低于筒口 10cm 时完成注液。

联通通气管:整个通气系统应整个连通并仅有一点与大气相通,使所有仪器内液面压力保持稳定。

2. 数据采集

监测可远程控制、实时监测,观测周期也可根据现场需要设置,可一天一次也可一周一次。如果在数据处理时发现沉降出现速率变大或累计沉降超限较大等情况,应缩短观测周期。观测时注意以下问题:

(1)观测前向连通管内充液时,不得将空气带入,可采用自然压力排气充液法或人工排气充水法进行充液。

(2)连通管应水平,当通过障碍物时,应防止连通管在垂直方向出现"Ω"形状,而形成滞气"死角";连通管任何一段的高度都应低于储液筒底部。

(3)观测时间应选在气温最稳定的时段,观测读数应在液体完全呈静态下进行。

(4)测站上安置仪器的接触面应清洁、无灰尘杂物。仪器对中误差不大于 2mm,倾斜面度不大于 10′;使用固定式仪器时,应有校验安装面的装置,校验误差不大于 ±0.05mm。

(5)每次观测,可取 2~3 个读数的中数作为一次观测值;读数较差限差小于 0.3mm。

3. 数据处理

数据采集后自动上传至服务器,数据分析采用沉降变形统计分析软件(可采用铁三院沉降评估软件进行分析)。

对原始数据及时整理、检查,处理时严格计算、复核制度,数据结果保留到 0.01mm。

数据分析方法应合理,发现异常或变形值达到报警值时及时向相关部门反映监测情况。

二、SAA 阵列式位移计

加拿大 Measurand 公司生产的 SAA(Shape Accel Array)是一种可以被放置在一个钻孔或嵌入结构内的变形监测传感器,它由多段连续节串接而成,内部由微电子机械系统(MEMS)加速度计组成。其工作原理如图 3-2-10 所示。

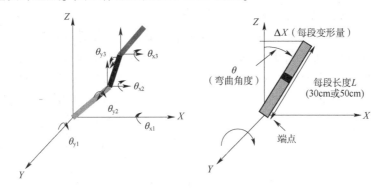

图 3-2-10 SAA 位移计工作原理示意图

通过检测各部分的重力场,可以计算出各段轴之间的弯曲角度 θ,利用计算得到的弯曲角度和已知各段轴长度 L(30cm 或 50cm),每段 SAA 的变形 Δx 便可以完全确定出来,即 $\Delta x = \theta \cdot L$,再对各段算术求和 $\sum \Delta x$,可得到距固定端点任意长度的变形量 x。同理也可以计算出 y 和 z。

本产品精度高、量程大,结构稳定,可以重复利用,能够用于滑坡监测、桥梁挠度测量、路基沉降监测、基坑变形监测等方面。

微机电系统(Microel Ectro Mechanical Systems,MEMS)是将微电子技术与机械工程融合到一起的一种工业技术,它的操作范围在微米范围内。比它更小的,在纳米范围的类似的技术被称为纳机电系统。

MEMS(微机电系统)是指集微型传感器、执行器以及信号处理和控制电路、接口电路、通信和电源于一体的微型机电系统。

MEMS 加速计与陀螺仪配合使用,可以把更先进的选择功能变为现实,例如:能够在空中操作的三维鼠标和遥控器。在这些设备中,传感器检测到用户的手势,将其转换成 PC 屏幕上的光标移动或机顶盒和电视机的频道和功能选择。陀螺仪能够测量沿一个轴或几个轴运动的角速度,是补充 MEMS 加速计功能的理想技术。事实上,组合使用加速计和陀螺仪这两种传感器,系统设计人员就可以跟踪并捕捉三维空间的完整运动,为最终用户提供现场感更强的用户使用体验、精确的导航系统以及其他功能。SAA 产品即基于此原理设计、制造,也是其产品的核心技术。

三、光纤光栅传感器

光纤光栅传感器是 20 世纪末才发展起来的一种新型光纤传感器,它采用波长调制,克服了传统的光强型和干涉型光纤传感器测量精度受光纤弯曲和连续损耗影响、相位测量模糊等缺陷。

光纤光栅传感器具有体积小、质量轻、抗电磁干扰、抗腐蚀、频带宽、光路可挠曲、易于与计算机连接、便于遥测的特点,而且具有线性程度高、重复性好和灵敏度高,可对结构的应力、应变高精度地进行绝对、准分布式数字测量的特点。可进行温度、应变、压力等多种参数的分布式测量,在结构健康监测研究中应用广泛。

光纤光栅倾角计的构造示意图如图 3-2-11 所示。两个光纤光栅分别布置于组件的中间,并与两端相互连接。其中,左端为可动端,右端为固定端。光纤光栅倾角计的两侧各连接刚性杆并固定。当光纤光栅倾角计的左侧刚性杆相对右侧刚性杆产生一个相对转角时,安装于传感器中的两个光纤光栅的波长将发生变化,通过波长的变化量,可以推算出转角角度,光纤光栅倾角计工作原理如图 3-2-12 所示。光纤光栅倾斜计可以直接监测出两点之间竖向变化角 α。传感器测量角度 α 较小时,$\alpha \approx \sin\alpha \approx \tan\alpha$,$L$ 是两个角度计已知的间隔长度,则位移变化值 $h = L \times \tan\alpha$。

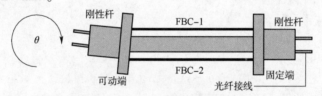

图 3-2-11 光纤光栅倾角计构造示意图

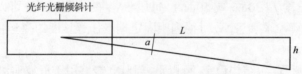

图 3-2-12 光纤光栅倾角计工作原理图

对于需要监测的桥梁,可以使用自动化监测方式进行监测,将弯曲式传感器布置于简支箱梁内,监测简支梁的竖向变形;将倾角计布置于两孔简支梁接缝处,用于监测两相邻梁面之间的相对转角。传感器测点布置如图 3-2-13 所示。

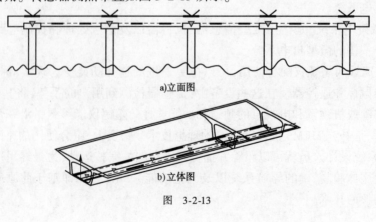

图 3-2-13

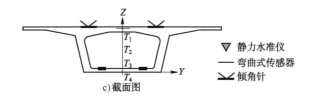

图 3-2-13　传感器测点布置图

第六节　特殊工点监测

一、跨河（跨既有线）桥梁监测

对于水域中桥梁，利用常规二等水准测量监测手段无法实施，必须采用单独设计的监测手段进行监测。

对于跨河或大面积在水中的桥墩，可采用自动化监测的方式、三角高程方式，或者在桥墩身上直接粘贴钢尺的方法，以线上监测代替线下水准监测。

对于 6 孔以内的水中墩（即最远处桥墩距离设站处小于 100m），宜采用中间设站光电测距三角高程测量方法进行沉降监测。在岸边设置固定的观测站。

对于 6 孔以上的水中墩（即最远处桥墩距离设站处大于 100m），宜采用自动化监测设备进行沉降监测工作。

二、梁体变形监测

1. 梁体变形标志补设

由于施工因素的影响，建设期埋设的徐变观测标基本遭到破坏，为保证后续徐变观测必须对观测标石进行补设。

标石补设于防撞墙与底座板之间，距离防撞墙内侧便于水准尺放置处。连续梁上的观测标，根据不同跨度，分别在支点、中跨跨中及边跨 1/4 跨处设置，3 跨以上连续梁中跨布置点相同，详见图 3-2-14。

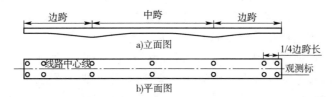

图 3-2-14　连续梁梁部测点纵向布置示意图

2. 梁体变形观测方案

（1）水准测量梁体变形观测方案

桥梁梁部水准路线观测按二等水准测量精度要求形成闭合水准路线，沉降监测点位布设及水准路线观测示意图如图 3-2-15 所示，其中测点 1、2、3、4 构成第一个闭合环，测点 3、4、5、6 构成第二个闭合环。

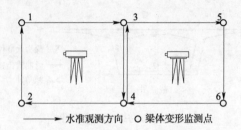

图 3-2-15　桥梁梁部徐变观测水准路线示意图

(2)自动化桥梁梁体变形监测

对于需要重点监测的桥梁,可以使用自动化监测方式进行监测,将弯曲式传感器布置于沿线各简支箱梁内,监测简支梁的竖向变形;将倾角计布置于两孔简支梁接缝处,用于监测两相邻梁面之间的相对转角。

三、不良地质条件区段监测方案

不良地质条件区段包含膨胀岩土、湿陷性黄土、岩溶发育区等区段。尽管在施工阶段采取了各种地基处理措施(如 CFG 桩、冲击碾压、强夯等)以增加其地基承载力,但根据相关的线下工程沉降监测资料,其沉降量依然偏大,工后沉降仍有部分发生。为确保运营安全,必须对上述段落进行重点监测。

监测前应对线下基准点进行全面复测,保证基准点成果精准可靠。对桥梁及路基段落,则按照重点段的布点要求进行布点。

四、特大桥结构健康监测

高速铁路工程的特大复杂结构桥梁,鉴于其重要地位和技术特点,根据成桥后运营维护、确保运营和结构安全及满足主体结构 100 年设计使用期的需要,有必要建立一个针对每个复杂结构特大桥的结构健康监测系统,用于监测和评估大桥在运营期间结构的安全性、耐久性和使用性等,保证大桥在使用期间安全、正常的工作。例如京沪高铁济南黄河大桥结构健康监测方案如下。

济南黄河特大桥结构健康监测系统技术方案将根据监测需求、桥梁结构特点及计算分析、桥址处环境与养护管理等方面因素,采用在线监测仪器,实时采集结构安全的关键参数和交通信息,通过人工巡检和视频监测进行数据补充和校核,综合桥梁建造信息、设计资料、时间因素和环境,通过适当的评估技术,识别桥梁结构安全的各种信息,对直接危险性因素及时预警报警,对间接危险性和潜在危险性因素,通过分析结合评估,采取必要的、及时有效的养护管理措施及时排除危险、消除潜在隐患,避免这些危险因素向直接危险性的转化,从而确保桥梁结构安全运营,并通过适当及时的维护延长大桥的服役年限。系统技术总方案如图 3-2-16 所示,技术路线见图 3-2-17。

济南黄河特大桥健康监测系统,以结构位移、动力响应监测为主,结构应力、环境监测为辅。力求用最少的传感器和最小的数据量完成必要的监测管理目的。其自动化监测系统主要监测内容包括:

(1)桥址环境监测:自然风荷载监测、大气温度与相对湿度监测。

(2)结构振动监测:竖向加速度监测、横向振幅监测。
(3)结构温度监测:监测重要截面的结构温度及温度分布,以及应用于应变的温度补偿。
(4)应变监测:重要截面关键构件和关键构件的受力及其变化最大部位,如弦杆、拱肋。
(5)结构变形监测:结构重要部位的变形、结构挠度。
(6)支座位移监测:监测支座位移。
(7)视频监测:监测桥梁构件表观及重要部位的完好状况。

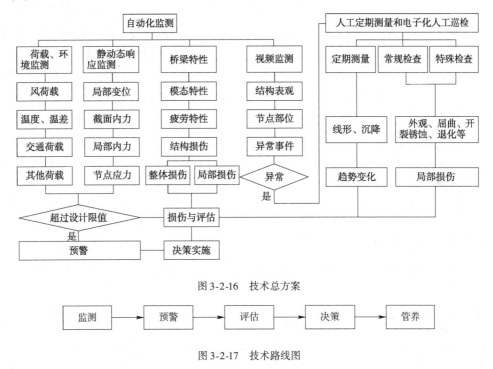

图 3-2-16 技术总方案

图 3-2-17 技术路线图

第七节 沉降变形分析及评估

一、沉降变形数据处理

依据线路沉降变形的竖向传递规律,轨道结构的变形主要是由线下工程结构沉降变形引起,同一时刻线下工程结构的沉降变形相对较大,发展趋势相对明显,而上部轨道结构变形相对较小,发展趋势相对不明显。因此,及时、准确地监测线下工程结构的沉降变形,可分析判断上部轨道结构变形特征。

在工程结构测点实测沉降曲线适宜进行曲线拟合的情况下,可进行沉降曲线拟合分析。对不适宜进行沉降曲线拟合的测点,根据观测误差,采用波动幅度控制方法确定线下工程结构测点当前沉降变形值。基于单个测点的沉降变形分析以及区段测点布置的位置关系,绘制区段沉降变形曲线,确定不均匀沉降特征,进行区段沉降变形分析。其间可根据多种观测方法获得的区段沉降变形曲线进行相互验证,确认实际沉降变形监测结果。然后,结合工程结构特点和地基基础条件,分析沉降对轨道结构变形的影响,为沉降预警提供基础数据。

利用前述方法对沉降变形数据进行分析的过程中,可对监测区段重要性等级进行动态调整。凡单点沉降变形曲线和区段沉降变形曲线长期表现平稳的,应将相应监测区段调整为普通监测区段,在监测点布置密度和监测频次方面进行弱化处理;反之,应将相应监测区段调整为重点监测区段,在监测点布置密度和监测频次方面予以加强,必要时对上部轨道结构也开展变形监测。

二、沉降数据分级警示

根据线下工程结构变形引起轨道结构竖向变形的一般规律及分析方法,基于实测的线下工程结构沉降变形数据,分析轨道结构的变形,由此判断轨道竖向不平顺性,建立沉降分级预警机制。

鉴于动检车对120m以下波长(弦长)轨道平顺性检测的有效性,主要考虑线下工程结构差异沉降对轨道在120～300m波长范围的长波不平顺性影响,按"乘客舒适度、行车安全性、工程结构正常使用"3个预警等级确定相应阈值。

根据机车车辆、轨道结构、下部基础之间的相互作用原理,建立数值仿真分析模型,计算由乘客舒适度、行车安全性控制的120～300m波长范围内所限制的轨道动态高低不平顺的标准差,据此分析确定下部工程结构的差异沉降限制值,以其作为预警阈值,建立相应等级的沉降预警机制。

依据轨道板和底座板不悬空原则,并兼顾其耐久性要求,分析确定路基、过渡段、桥梁、隧道等线下工程差异沉降、纵向折角、梁端转角以及静荷载作用下桥梁挠曲等限制值,以其作为预警阈值,建立保障轨道结构正常使用的预警机制。

三、数据发布平台建设

根据沉降变形监测内容、监测设备与数据通信方式多样性,以及数据传输实时性与稳定性要求高的特点,沉降变形监测信息系统应基于Internet和无线网络技术,B/S(浏览器/服务器)程序设计模式,支持PC、掌上电脑和移动设备访问,具有高度的稳定性、可靠性和安全性,良好的系统功能扩展伸缩性,同时支持海量数据存储。系统拓扑图见图3-2-18。

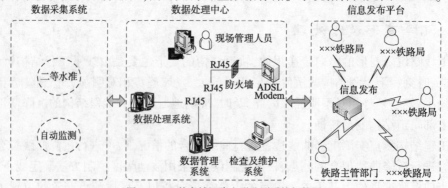

图3-2-18 某高铁沉降变形监测系统拓扑图

1. 系统设计

根据高铁实际情况和用户(中国铁路总公司、运营公司和铁路局)需要,将系统划分为两个部分:数据处理中心和信息发布系统,见图3-2-19。

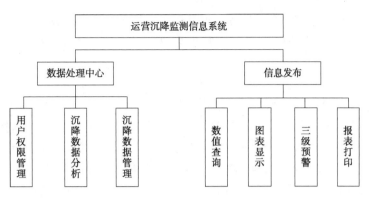

图 3-2-19 功能结构图

(1)数据处理中心

数据处理中心多时间尺度(天、周、月、年)的对各种沉降变形监测数据进行分析和管理,同时将其存储到数据库服务器中。

其中用户权限管理负责数据处理中心和信息发布系统的访问权限的设置和管理。

(2)信息发布系统

采用 B/S 模式的应用程序,供用户进行相关信息的查询。其主要界面功能包括:

①数值查询:单点沉降数据查询、区域沉降数据查询、差异沉降量查询、极值点查询等。

②图表显示。

③三级预警:根据沉降变形监测点及监测区段的沉降变形发生情况,分三种不同严重级别进行预警提示。

④报表打印:各类用户需要的报表(文字、图形及表格可自定义输出)。

2. 数据存储

所有监测数据(自动化监测数据、几何水准监测数据)将存入一个关系数据库中。

3. 网络设计

鉴于传感网络将采用远程探测的方式,对数据进行有效和可靠地实时传输将是影响传感网络有效性和可靠性的决定性因素,因此应采用多种方案以确保数据传输安全。传输方案的选择将根据实际情况确定。

4. 安全性设计

一条、一个路局或整个中国的高铁运营监测信息系统作为企业级信息管理系统,其安全性主要从网络安全、数据安全和传输安全三方面来考虑。

(1)网络安全

系统建立在铁路专用网络上,公网用户通过基于互联网基础的 VPN(虚拟专用网络)技术访问,通过 ID 进行登录。为保障内部网络安全,将采取保护网络关键设备,安装不间断电源(ups)、防火、防水、防尘、防震等措施,同时制定严格的网络安全规章制度。

(2)数据安全

为防止数据库服务器中的数据丢失,保证数据的完整性,系统实时进行数据备份,以此来保证京沪高铁运营沉降监测数据的安全。

数据库服务器、Web 网站服务器和数据处理中心服务器都只开放特定的端口,防止非法操作。另外,任何数据库的操作只能在数据处理中心进行,而信息发布系统只进行结果查询。

(3)传输安全

通信的保密性需要在整个传输网络进行考虑。当使用公开网络,特别是使用互联网进行数据传输时,必须使用虚拟专用网络(VPN),以将点对点(例如传感器和数据中心之间)通信完全加密并从公众通信中隔离(相当于服务商专门提供一个特别通信通道)。

对于通过电信或移动通信传输的数据,可通过与服务商协商,提供相应的加密。

典型的传感网络结构如图 3-2-20 所示。

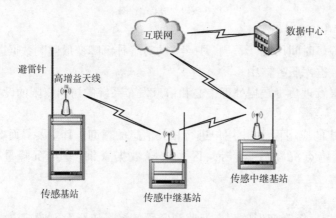

图 3-2-20　典型的传感网络结构

5. 沉降变形分析及预警功能设计

系统提供三点法、双曲线法、德国双曲线法、抛物线法、指数曲线法等多种方法对数据进行分析。

在通常情况下,连续监测或数据采集过程中,不会触发报警装置。当日或周数据结果接近或达到警戒值时,警报系统将启动,同时把报警信息发布到 Web 网站上。

四、数据及成果管理

1. 监测点编号与编码

高速铁路在建设期间,按规定布设监测点,并按规定移交给运营部门,但工程建设期间使用建设里程,运营后采用运营里程,并且一些类别和数量的监测点要进行增加和调整,所以应对监测点命名外业和内业点名,以满足运营管理使用和成果管理的需要。

(1)桥梁监测标的外业点号命名

桥墩监测点的外业点号以建设期间的桥墩号为基础,并在桥墩号基础上首位前添加两位字母的桥梁冠名,末位加"1"或"2",以区分观测标位于桥墩的左侧或右侧,"1"代表面向大里程左侧的观测标,"2"代表面向大里程右侧的观测标。

例如京沪高铁原德禹特大桥 A001 号墩,并且计划联测的观测标为面向大里程左侧的标,则该桥墩的外业编号为"DYA0011"。其中"DY"代表德禹特大桥,"A001"代表建设期间点编号;最后一位"1"代表观测的标为面向大里程左侧。在外业测量时直接在水准仪里输入完整的编号,例如"DYA0011"以免点号重复混乱。

(2)路基监测标的外业点号命名

路基监测点的命名以其对应的左侧的 CPⅢ点或其小里程的 CPⅢ点为基准,并在里程前加"LJ"两个字母,原 CPⅢ中"3"去掉,里程以三位数字表示,如果原里程冠号为 DIK 则在里程前加"LJI"以示区分。例如其附近的左侧的 CPⅢ点的命名为 CPⅢXXXX315,则路基监测点的编号为 LJXXX15(里程取三位)。

(3)过渡段处外业点号命名

过渡段处沉降监测点的点名以左侧最近 CPⅢ点的点号为基准,并在里程前加"G"字母,原 CPⅢ中"3"去掉,里程以三位数字表示,如果原里程冠号为 DIK 则在里程前加"GI"以示区分,另外在其末尾加"1""2""3"…,末位数编号从小里程往大里程顺次累加,其中左侧为奇数,右侧为偶数。例如距离过渡段左侧的 CPⅢ点号为 CPⅢXXXX301,则过渡段处左侧第一个点编号为 GXXX011,右侧第一个点为 GXXX012,依次类推。

(4)梁体变形点的命名

梁体徐变点点号以梁体所在的起点里程为基准,在里程前加字母"X",在里程后加"1""2""3"…,末位数编号从小里程往大里程顺次累加,其中左侧为奇数右侧为偶数。如Xxxxxxx1,里程以 6 位数字表示。

(5)内业点号

为了对全线监测数据进行高效地分析,对所有监测点以施工里程进行内业点号命名。命名原则是"里程冠号"+"7 位施工里程"+"属性代码"+"位置标识符"。例如"DK0428762D1"代表里程为 DK0428+762 处的桥墩标,最后一位"1"代表面向大里程左侧,"2"代表面向大里程右侧,"0"代表在线路中间。属性代码见表3-2-4。

属性代码表　　　　　　　　　　　　　　　表3-2-4

监测点类型	识 别 符	监测点类型	识 别 符
沉降板	L	桥台观测标	T
观测桩	Z	涵洞观测标	H
桥墩观测标	D	隧道观测标	S
桥上观测标	U	过渡段/特征断面观测标	G

2.数据库的结构

高速铁路运营监测点类型多,包括基岩点、深埋点、水准基点、CPⅢ点、沉降观测标以及轨面等,每种类型的监测点又包含多种数据类型,包括沉降、位移、倾斜、梁体变形等,而且每种数据类型观测期次多,注定了数据库的庞大与复杂,数据库由 120 多个表组成,各表之间采用主外键多表关联。数据库的整体结构如图 3-2-21 所示。

3.变形监测数据处理

(1)基岩点

基岩点是高速铁路建设以及运营维护最高等级的高程基准点,其埋设深度通常为几百米,视具体的地质条件而定。通常情况下,基岩点的高程是一个固定值,不会做调整。其高程值通过联测国家水准点得到。

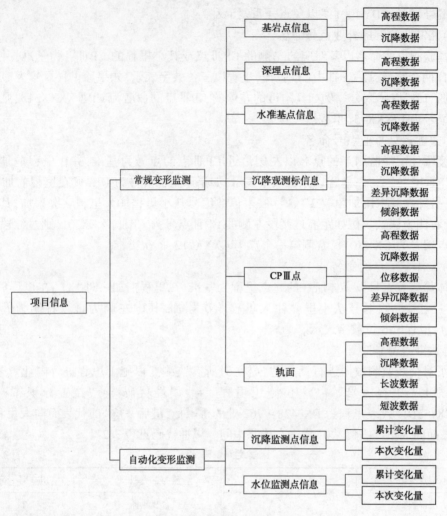

图 3-2-21 数据库的整体结构

(2)深埋点

深埋点的等级仅次于基岩点,埋设深度通常为十几米至几十米,其高程值是通过联测基岩点,然后整网平差得到,深埋点高程需要定期复测,复测周期视具体沉降速率而定,因此其高程值不是一个固定值。

(3)水准基点

水准基点是桥墩沉降观测的起算点,其等级低于深埋点,其埋设深度通常为 2m 左右(依当地最大冻土深度确定),每个周期在进行沉降观测时,先将水准基点与深埋点进行联测组网,然后由深埋点起算整体平差求得水准基点高程,将水准基点高程作为桥墩沉降观测起算点。水准基点与深埋点进行联测组网的周期通常为半年左右。

(4)沉降观测标

沉降观测标是布设于桥墩墩身或者路基中间的用于沉降监测的测量标志,其桥墩沉降观测标的观测方法如图 3-2-22 所示。路基中间的沉降观测标在观测 CPⅢ点高程时采用中视观测。

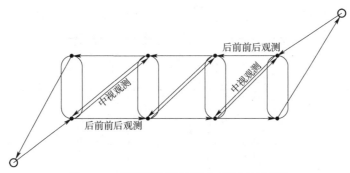

图 3-2-22　桥墩沉降观测标外业观测方法示意图

沉降观测标沉降数据处理方法为：
①用水准基点作为起算点，用经典平差进行平差计算。
②计算中视点高程。
③监测点高程的几次高程值（至少有 2 个高程值）进行比较分析，然后取平均值作为最终高程。

（5）CPⅢ点

CPⅢ点即为轨道控制网点，主要为轨道板精调和轨道平顺性检测提供平面和高程起算基准的控制点，在高速铁路运营监测中，CPⅢ点的平面位移以及高程变化是判断与衡量高速铁路变形的重要指标之一。高速铁路运营监测中 CPⅢ 网平面外业观测方法与建网、复测时的观测方法相同，数据处理方法也相同，CPⅢ网高程的观测方法与建网、复测时的观测方法稍有不同，在路基地段观测完每一个四边环之后，采用中视法观测路基中间的沉降观测标如图 3-2-23 所示，桥梁地段与传统的 CPⅢ网高程观测方法相同。

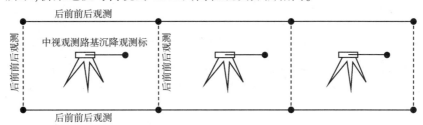

图 3-2-23　路基段 CPⅢ与沉降观测标外业观测方法示意图

数据处理的步骤为：
①采用经典平差方法平差计算 CPⅢ点高程。
②计算中视点高程。

（6）梁体变形

梁体变形主要监测梁体的 1/4 截面、1/2 截面、3/4 截面处的上拱或者下挠的情况，截面的划分视梁的跨度而定，通常 80m 跨度的梁至少布设 3 个截面（1/4 截面、1/2 截面、3/4 截面）。梁体变形的监测点布设如图 3-2-24 所示。

梁体变形外业观测方法与 CPⅢ高程的观测方法相同，都是采用四边环进行观测，假设一个桥墩位置的监测点为起算点，采用经典平差进行平差计算，得到各点的高程后，将截面位置监测点高程与桥墩位置监测的高程作差求得高差（左侧点与左侧点求差，右侧点与右侧点求差），将后面观测期次的高差与首期高差进行比较即可得到梁体截面的变形情况。

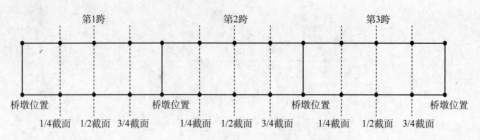

图 3-2-24　梁体变形监测点布点位置示意图

(7) 过渡段

过渡段为路基过渡到桥梁、路基过渡到涵洞、路基过渡到隧道的部分，过渡段是较容易产生差异沉降的地方，因此高速铁路运营监测中将过渡段作为一个重点，专门进行分析。过渡段的点位布设如图 3-2-25 所示。

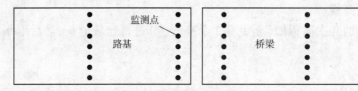

图 3-2-25　过渡段布点位置示意图

过渡段主要分析相邻断面间的差异沉降，以及同一断面不同位置监测点的差异沉降。

(8) 特征断面

特征断面为在较容易产生差异沉降的地方布设较密集的断面，以便分析相邻断面间的差异沉降(如软土路基处、跨度较大的梁面)，以及同一断面不同位置监测点的差异沉降。其数据处理与分析方法和过渡段基本相同。

(9) 倾斜观测

高墩(桥墩高度大于 14m 的墩)通常在桥墩的左右侧各布设一个点，比较左右侧监测点高差的变化量，在左右侧监测点距离已知的情况下即可计算出桥墩的倾斜角度，倾斜分析不仅仅适用于高墩，特殊地段 CPⅢ 也做倾斜分析。

(10) 自动化变形监测

自动化变形监测一般采用传感器自动观测，由于传感器受外界因素的干扰比较敏感，因此通常进行高频率的采样，这样获得的样本量较大，在样本量较大的情况下可进行 Kalman 滤波处理。

第三章 轨道检测

第一节 轨顶高程测量

轨顶高程监测地段的确定,要以线下结构物沉降变形监测的分析结果为根据。对重点地段采用二等水准加中视的方法对轨顶高程进行监测。此方法效率高、精度高,适应于天窗时间短的高速铁路。另外,在沉降严重的段落还需使用轨检小车进行轨道测量。

轨顶高程测量,以轨道控制网(CPⅢ)点作为后视基准进行观测(图 3-3-1)。通过本方法观测,可以掌握轨道绝对沉降量的变化情况。当轨道长短波接近限差时,应采用轨检小车对该段轨道进行全方位的观测,以确定列车运行的安全性。观测时应观测轨道的低轨,观测方法如下:

(1)区间正线每块标准轨道板上测量 2 个点。

(2)道岔区测量道岔直股钢轨轨面,按由小里程到大里程的顺序,每个承轨台都测。

图 3-3-1 轨道高程测量

(3)相邻测站间应重叠一块板,公共点在两站中的高程值≤2mm。

每次测量时需对监测范围内的 CPⅢ 进行复测,对超限的 CPⅢ 点采用内插法进行调整。并且定期对线下精密水准网进行复测,对线上加密水准基点进行更新。对于未测量的扣件上的轨顶高程,采用内插法计算。根据测量及内插数据计算出钢轨的附加曲线半径、长短波等。

利用公式 $R_A = \dfrac{\Delta l^2}{4\Delta s}$($\Delta s$ 表示沉降差,Δl 表示距离)计算轨道附加曲线半径,在 $R_A >$ 49 000m 的情况下,能够满足 350km/h 行车舒适度要求。另外采用轨顶高程也可计算轨道在竖向上的平顺性即长短波值。

第二节 轨道平顺性分析

一、轨道平顺性分析的概念和参数

利用轨检小车采集轨道数据,根据平顺性标准对超限区域进行分析和调整,使轨道满足高速行车的要求。

轨道几何参数可分为绝对参数和相对参数。绝对参数是指轨道实测中线、高程与设计理论值的偏差,偏差越小,精度越高。相对参数是指轨距偏差、轨距变化率、水平偏差、水平变化率(扭曲)、轨向和高低,数值越小轨道越平顺。

二、轨道几何特征

轨道几何形位要素为:轨距、方向、高低、水平。平顺性分析包含:
(1)5 大不平顺:扭曲、高低、水平、轨距、方向。
(2)复合不平顺。
(3)在轨道同一位置,垂直和横向不平顺共存形成的双向不平顺。
(4)曲线头尾(曲线直缓、缓圆、圆缓、缓直点区,超高、正矢、轨距顺坡起点、终点)不一致或不匹配形成的几何偏差。

三、轨道平顺性分析中几个要素的概念

1. 轨距

轨距是指同一轨道横截面内左右钢轨两轨距点之间的最短距离(图 3-3-2)。
目前是指轨检车检测轨顶面下 16mm 点间的距离。

2. 轨向

轨向是指钢轨内侧轨距点垂直于轨道方向偏离轨距点平均位置的偏差(图 3-3-3)。分左右轨向两种,轨向也称作方向。
可以分别按不同弦长的正矢和不同波长范围的空间曲线表示(30m 弦,300m 弦)。

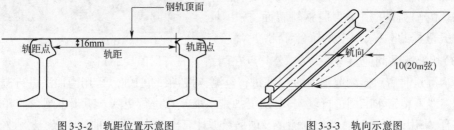

图 3-3-2　轨距位置示意图　　　　图 3-3-3　轨向示意图

3. 高低

高低钢轨顶面垂直于轨道方向偏离钢轨顶面平均位置的偏差(图 3-3-4)。分左、右高低两种。
可以分别按不同弦长的正矢和不同波长范围的空间曲线表示(30m 弦,300m 弦)。

4. 水平、超高

水平:同一轨道横截面上左右钢轨顶面所在水平面(设计理论高程)的高度差。不含圆曲线上设置的超高和缓和曲线上超高顺坡量。
超高:曲线地段外轨顶面与内轨顶面设计水平高度之差。
水平、超高示意图如图 3-3-5 所示。

5. 三角坑

三角坑轨道平面的扭曲,沿轨道方向前后两水平代数差,基长为 3m(图 3-3-6)。也称作扭曲。

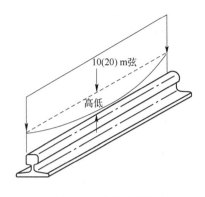

图 3-3-4　高低示意图

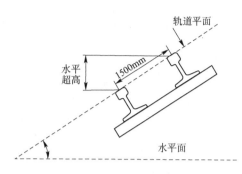

图 3-3-5　水平、超高示意图

6. 短波不平顺

采用 30m(48 个轨枕间距)弦长测量,检测间隔 5m 的两相邻检验点的实际矢高差与设计矢高差的差值为 2mm,用于控制短波不平顺(图 3-3-7)。

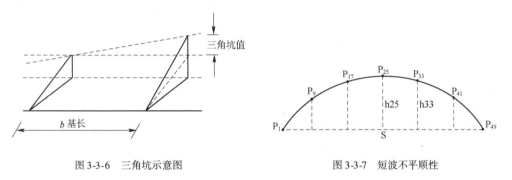

图 3-3-6　三角坑示意图　　　　　　　　图 3-3-7　短波不平顺性

7. 长波不平顺

采用 300m(480 个轨枕间距)弦长测量,检测间隔 5m 的两相邻检验点的实际矢高差与设计矢高差的差值为 10mm,用于控制长波不平顺(图 3-3-8)。

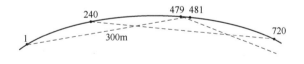

图 3-3-8　长波不平顺性

8. 复合不平顺

在轨道同一位置上,垂向和横向不平顺共存时称为轨道复合不平顺。目前主要指轨向不平顺与水平不平顺组合的逆向不平顺。

复合不平顺的计算如下:

$$复合不平顺 = |X - 1.5Y|$$

式中,X 为轨向不平顺值;Y 为水平不平顺值。

9. 基准轨

在设置超高的地段,以高轨作为平面的基准轨,以低轨作为高程的基准轨,在未设置超高的地段,与其大里程方向超高段落的基准轨选取一致。

第三节 轨道平顺性检测

轨道平顺性检测作业流程如图 3-3-9 所示。

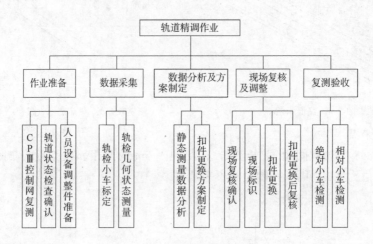

图 3-3-9 轨道平顺性检测作业流程

1. 人员、设备和资料准备

(1) CPⅢ网复测

轨道平顺性检测的基础控制数据为 CPⅢ控制网,检测前应复测 CPⅢ网并做好分析评估,保证全站仪设站精度满足要求。

(2) 轨道状态的检查确认

在轨道监测的同时应对扣件进行全面的检查,重点检查扣件轨垫、底座、弹性底板垫有无缺失,并分析评估轨道状态。

(3) 人员设备准备

人员、设备配置表见表 3-3-1 和表 3-3-2。

轨道平顺性检测人员配置表   表3-3-1

序号	工序		人员数量	工作内容说明	人员要求	备注
1	测量	轨道检查	1	轨道数据采集前的检查	技术人员	
2		静态数据采集	2	包含全站仪设站、轨道数据采集	技术人员	
3		数据分析	1	数据转换、分析、调整方案	技术人员	
4	现场更换	检查	1	检查轨道缺陷与调整方案的吻合性	线路工人	
5		标示	1	调整量标示在钢轨或者轨道板上	一般工人	
6		备料	1	调整件的摆放	一般工人	
7		扣件拆除	1	拆除拟调整段的道钉	一般工人	
8		起道	2	抬升钢轨	一般工人	
9		扣件更换	3	更换调整件	一般工作	
10		复检	1	复查更换后的轨道	技术人员	

轨道平顺性检测设备配置表　　　　　　　　表3-3-2

序　号	设备/配件名称	规格/型号	数　量	备　注
1	轨检小车	GRP1000S/GEDOCE/…	1	
2	全站仪	1s	1	
3	棱镜		8	
4	道尺	I/0 级	1	

2. 数据采集

(1) 仪器检校及标定

检查轨道几何状态测量仪和全站仪是否在检定有效期内。轨道几何状态测量仪目前不属于强检设备,但有部分项目要求进行第三方检测(表3-3-3)。

全站仪自检及校准记录表　　　　　　　　表3-3-3

全站仪自检及校准记录					
仪器型号:				编号:	
校准前自检					
自检项目	盘左	盘右	差值		是否需要校准
水平角			<3″		
竖直角			<3″		
斜距(m)			<1mm		
平距(m)			<1mm		
高差(m)			<1mm		
仪器校准					
校准项目	旧值	新值	校准项目	旧值	新值
自动补偿器			l		
			t		
水平视准			i		
垂直视准					
横轴倾角			c		
自动锁定 水平视准			ATR		
自动锁定 垂直视准					
校准后自检					
自检项目	盘左	盘右	差值		是否需要校准
水平角			<3″		
竖直角			<3″		
斜距(m)			<1mm		
平距(m)			<1mm		
高差(m)			<1mm		

(2) 轨道几何状态测量仪的检查

设备在使用过程中的不均匀磨耗、运输过程中的震动都会使设备的几何状态发生改变,而这种改变是无法通过外观检查发现的,所以衡量一台轨道几何状态测量仪测量精度是否满足要求必须进行测量数据的对比方能确定。

首先按照正常数据采集操作程序将全站仪设站,正方向测量10根轨枕(小车距全站仪在20~30m之间),记录测量数据(左右股钢轨的高程偏差、中线偏差、轨距偏差、超高偏差),将轨道几何状态测量仪调转180°,反方向测量相同的10根轨枕,记录数据,对比正返测数据差值,中线、高程偏差小于0.5mm,轨距、超高偏差小于0.3mm为合格。

从重复测量的吻合性上进行检查:判定一套设备的测量精度是否满足要求,同时还要从稳定性上进行检查,判断稳定性是否满足要求。选取50m稳定轨道进行多次测量,对该段轨道进行至少3次的测量,全站仪架设在3个不同位置,用相同的8个CPⅢ点进行设站(减小设站误差),最后对多次测量数据进行对比分析,轨距和超高的误差在0.3mm以内,高程和中线的偏差在1mm以内,高程和中线的偏差曲线应相同。设站位置见图3-3-10。

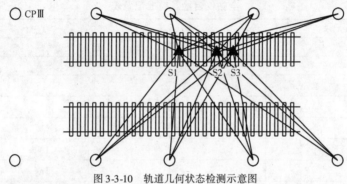

图3-3-10 轨道几何状态检测示意图

(3)轨道几何状态测量仪的校准

在经过自检后,如测量误差超限,需将设备进行校准,GRP1000S轨道几何状态测量仪的校准需厂家人员根据测量数据对轨道几何状态测量仪的参数进行改正。

GEDO CE的校准必须通过专业的检定平台进行校准,故需对轨道几何状态测量仪进行校准时必须将设备送至厂家实验室进行校准。

施工期间超高和轨距传感器应进行经常性的校准。方法:掉头测量之和不大于0.3mm,注意在气温变化和轨检小车发生碰撞时必须再次校准超高。

(4)数据采集程序与技术要求

全站仪的精度决定轨道几何状态测量仪的测量精度,为保证轨道精调测量精度满足要求,全站仪设站时必须注意以下几个方面:

①全站仪采用后方交汇法设站,且每个测量区间观测不得少于8个控制点,下一区间设站时至少要包括4个上一区间精调中用到的控制点,以保证轨道线形的平顺性。自由设站点精度要求见表3-3-4,CPⅢ点坐标不符值限差要求见表3-3-5。

自由设站点精度要求　　　　　　　　表3-3-4

X	Y	H	定向精度
≤0.7mm	≤0.7mm	≤0.7mm	≤1.5″

CPⅢ点坐标不符值限差要求　　　　　　　　表3-3-5

X	Y	H
≤2.0mm	≤2.0mm	≤2.0mm

②全站仪设站时应注意全站仪架设位置,见图3-3-11。即架设在需进行轨道精调的线路中线上,同时全站仪距轨检小车的距离在天气状况较好情况下为50~60m,如遇气温较高或气温变化较大、大雾等恶劣气候可缩短至30~40m,极端天气情况下禁止作业。

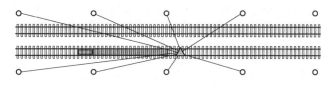

图3-3-11 全站仪设站示意图

③注意外界环境对全站仪测量的影响,实时改正气象参数,使全站仪处于最佳测量状态。

④关于全站仪设站选点,每次设站选取的控制点必须包含当前需测量的区域,且全站仪前后各4个点,最近点距全站仪不得小于15m,前后方向至少有一个点大于60m。

⑤设站前对需采用的控制点进行检查,以保证所有控制点处于良好状态,未被损坏或动摇。

⑥因每站精调时间较长,为保证调整期间全站仪精度满足要求,在设站后和本站调整完成后均需对同一个CPⅢ点进行测量检查,检核点应选取一个距全站仪最远点,检核点之差不大于2mm。

⑦搬站误差的控制,搬站前后对同一位置的测量数据必须控制在2mm以内,否则应重新设站。

3.数据分析及制定调整方案

(1)技术指标

技术指标见表3-3-6。

线路调整方案依据指标表   表3-3-6

序号	检查项目		检测方法及数量	检查标准或要求	建议标准
1	轨道几何	轨距	相对于标准轨距1 435mm	±1mm	±1mm,尽量大轨距
2		轨距变化率	测量基长2.5m	变化率1/1 500	变化率1/1 500
3		轨向	弦长10m	2mm	2mm
4			弦长48a	2mm	1.5mm
5			弦长480a	10mm	5mm
6		高低	弦长10m	2mm	2mm
7			弦长48a	2mm	1.5mm
8			弦长480a	10mm	5mm
9		水平	不包含曲线、缓和曲线上的超高值	2mm	1mm
10		扭曲(基长3m)	包含曲线、缓和曲线上由于超高顺坡所造成的扭曲量	2mm	2mm
11		与设计高程偏差	站台处的轨道高程不低于设计值	10mm	10mm
12		与设计中线偏差	站台处的轨道高程不低于设计值	10mm	10mm
13		扣件调整	逐个清点挡块、垫片调整量	≤5%	

注:表中a为轨枕/扣件间距。

（2）数据分析处理

轨道平顺性数据分析是对静态采集的轨道几何状态数据进行分析、模拟试算，以达到轨道的高平顺性和高舒适性要求，同时兼顾一定的经济性。轨道平顺性数据分析一般采用软件模拟计算，能较形象、高效地进行数据计算（图3-3-12）。

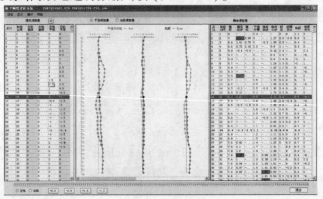

图3-3-12　数据分析

在设置超高的地段，以高轨作为平面的基准轨，以低轨作为高程的基准轨；在未设置超高的地段，与其大里程方向超高段落的基准轨选取一致。

模拟调整坚持"先整体、后局部"，"先轨向、后轨距；先高低、后水平"的基本原则。

"先整体、后局部"：根据采集的数据生成的波形，以"削峰填谷"的方式确定总体调整方案，控制调整量。

"先轨向、后轨距；先高低、后水平"：先调整基准轨轨向，后调整非基准轨轨距；先调整基准轨高低，后调整非基准轨水平。

根据采集的数据对轨道线形进行综合分析和评价，生成各参数波形图，确定需要调整的区段。制定模拟轨道调整方案，将轨道几何参数调整到允许范围之内，再对模拟调整后波形图进一步检查和优化，确保直线顺直，曲线圆顺，过渡顺畅。在缓直、直缓点处不得出现反超高；相邻精调作业单元之间重叠区的模拟调整方案保持一致。

轨向调整，先根据输入参数确定的导向轨是否一致，确定一股钢轨作为基准股（曲线地段选择高股，直线地段选择与前方曲线高股同侧钢轨），对基准股钢轨方向进行精确调整。

在计算时从两个方面控制基准轨的轨向调整，即平面位置、轨向短波。在计算完成后轨向的标准要达到短波2mm/30m合格率100%，1mm/30m合格率≥96%；长波10mm/300m合格率100%；线形平顺，无突变，无周期性小幅振荡。同时5m间距的两根轨枕轨距相对差值也必须在2mm以内（图3-3-13）。

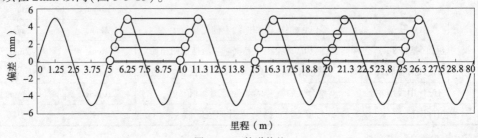

图3-3-13　轨道偏差

轨距调整,固定基准股钢轨,调整另一股钢轨,轨距精度控制:±1mm 合格率100%,轨距变化率≤1.5‰;非基准轨方向线形应平顺,无突变,无周期性小幅振荡。除横向方向调整了轨距以外,还应使纵向轨距的变化率满足要求,相邻轨枕间轨距相对差值须在0.4mm以内。

高低调整,应先选定一股钢轨为基准股(曲线地段选择低股,直线地段选择与前方曲线低股同侧钢轨),对基准股钢轨高低进行精确调整,高低短波考虑2mm/5m,短波(30m)2mm合格率100%,长波(300m)10mm合格率100%;线形平顺,无突变,无周期性小幅振荡。同时5m间距的两根轨枕轨距相对差值也必须在2mm以内。

水平调整,固定基准股钢轨,调整另一股钢轨高低,水平调整精度,1mm 合格率100%;水平变化率≤1.5‰,相邻两根轨枕≤0.4mm;该股钢轨高低线形应平顺,无突变,无周期性小幅振荡。特别注意超高(水平)不得出现周期性变化(正负交替出现,反超高)。

利用数据分析软件虽然可以提高效率和较为直观,但同时也有一个弊端,即软件上反映的是30m弦和300m弦,300m弦基本上不需调整,30m弦可通过软件得到很好的优化,而中长波则基本上得不到控制,根据动检经验来看,高低、轨向50~70m中长波是导致晃车的主要原因,因此在轨道调整阶段即需对中长波进行控制,可在用软件进行调整之前对数据进行大体的控制,然后再通过轨道精调软件进行细部调节,从而得到较为理想的轨道线型,各等级线型指标按表2-8-37要求进行。

(3)轨道调整量表

数据模拟试算完成后形成轨道调整量表,现场轨道调整即按调整量表中的调整量进行扣件的更换。以下以WJ-8C扣件为例,轨道调整量表见表3-3-7和表3-3-8。

WJ-8C 平面调整量与调整件对应表 表3-3-7

序号	调整量 (mm)	左轨				右轨			
		内侧		外侧		内侧		外侧	
		绝缘轨距块	轨距挡块	绝缘轨距块	轨距挡块	绝缘轨距块	轨距挡块	绝缘轨距块	轨距挡块
1	-5	11号	10号	7号	4号	7号	4号	11号	10号
2	-4	10号	10号	8号	4号	8号	4号	10号	10号
3	-3	9号	10号	9号	4号	9号	4号	9号	10号
4	-2	11号	7号	7号	7号	7号	7号	11号	7号
5	-1	10号	7号	8号	7号	8号	7号	10号	7号
6	0	9号	7号	9号	7号	9号	7号	9号	7号
7	1	10号	7号	10号	7号	10号	7号	8号	7号
8	2	11号	7号	11号	7号	11号	7号	7号	7号
9	3	9号	4号	9号	10号	9号	10号	9号	4号
10	4	10号	4号	10号	10号	10号	10号	8号	4号
11	5	11号	4号	11号	10号	11号	10号	7号	4号

注:面向大里程,负号表示左调,正号表示右调。

WJ-8C 扣件高程调整调整量与调整件对应表　　　　　　　　表 3-3-8

序　号	调整量(mm)	调整件 轨下垫板				轨下微调垫板			铁垫板下调高垫板	
		5mm	4mm	3mm	2mm	1mm	2mm	5mm	10mm	20mm
1	-4				1					
2	-3			1						
3	-2		1							
4	-1	1								
5	0									
6	1					1				
7	2						1			
8	3					1	1			
9	4						2			
10	5							1		
11	6					1		1		
12	7						1	1		
13	8			1					1	
14	9		1						1	
15	10								1	
16	11					1			1	
17	12						1		1	
18	13					1	1		1	
19	14						2		1	
20	15							1	1	
21	16					1		1	1	

4. 现场复核及调整

现场轨道调整是作业人员按照调整量表中的调整量对现场需要调整的扣件进行更换，用对应型号的调整件更换标准件，使轨道在平面位置和高程上满足平顺性要求，每个作业班组机具配置见表 3-3-9。

每个班组调整所需机具配置表　　　　　　　　表 3-3-9

序　号	机具名称	机具要求	数　量	备　注
1	内燃扳手		1 台	带扭力表
2	轨距尺	I/0 级	1 把	
3	起道器	5t	2 台	
4	塑料锤		2 把	
5	塞尺		1 把	
6	扭力扳手		1 把	

续上表

序 号	机具名称	机具要求	数 量	备 注
7	平板车		1辆	
8	弦线		1副	
9	轨温计		1个	

(1)轨道核查

在进行轨道调整前应根据拟调整的类型和调整量对调整处进行检查,核查轨道几何状态是否与调整方案一致。轨道核查可以采用轨距尺和弦线对轨道进行轨距、水平、轨向、高低的检查。

(2)轨道调整

确定轨道几何状态与调整方案一致后,可按照调整量表中的调整量进行调整。现场调整中,合理安排作业人员和工序,形成各工序间的紧密衔接,在提高工效的同时也能降低出错概率。施工流程如下:

①调整量标示,如图3-3-14所示。

②1~2人负责扣件的配料,把需要的调整件按型号放到需要调整的位置。

③1人负责扣件的松卸,把需要更换位置的扣件螺栓用内燃扳手松开,此处应注意松卸螺栓的数量必须严格按照要求施作,在更换调整件前必须测量轨温;实测轨温与锁定轨温之差在5℃以内建议拆除螺栓数为22个,实测轨温与锁定轨温之差在10℃以内建议拆除螺栓数为12个,大于30℃以上建议停止施工。

图3-3-14 调整量标示

④3~4人负责扣件的更换工作,保证安装的位置和方向正确,同时在安装前应对钢轨底部、侧面进行清理。

⑤1人负责紧固扣件,在紧固扣件时应注意调整内燃扳手的紧固力。

(3)调整后复查

现场更换完成后,由1名有经验的线路工对更换后的轨道进行目测及轨道尺测量,保证不能有大的突变点,当出现不平顺的地方可以根据道尺弦线,结合现场实际,对不太合理的点进行处理,以消除线路中存在的局部隐患。防止现场换错、换反现象。

(4)调整建议

在进行轨向和轨距扣件更换过程中,先用道尺测量该处轨距并记录,更换完成后再次测量轨距以检查轨向和轨距调整效果,同时轨向何轨距调整中建议更换完一股钢轨后再对另一股钢股进行更换,不得同时拆除两股钢轨。

5. 复测

轨道调整第一次完成以后,应对调整量比较大和连续调整地段进行复核测量,其目的有三:其一,杜绝换错、换反现象的发生;其二,可以对比模拟计算量与实际变化量,为后续模拟计算提供依据;其三,可以作为动检调整的基础数据。

第四章 既有线全面复测

既有线全面复测是对既有铁路的线路、站场的平面、纵断面现状及构筑物、设备的空间位置进行调查、丈量和测绘。主要包括现状地形成图、里程测量、中线测量、高程测量、设备调查。

第一节 航测成图

基本原则:以 GNSS 技术布设首级平面控制网,采用三等水准测量布设首级高程控制网,在首级平高控制网基础上用 GNSS 技术进行像片控制点、线路投影点的联测。使用数字摄影测量工作站进行影像数字化和空三加密;使用 JX4、适普等全数字摄影测量工作站进行数据采集工作;使用 MAPEDIT2 000 地图编辑工作站进行图形编辑;使用 Arc Map/coreldraw 和 photoshop 软件进行影像图的制作。

一、首级控制测量

1. 平面控制测量
(1)布网原则

依据 1:50 000 地形图,在图上沿铁路方向进行布设;满足航测外控测量的要求。

沿线路走向布设 GNSS 点对,8km 左右布设一对,首级 GNSS 控制测量主要用于航测外控点联测的需要,GNSS 点间可不通视。

(2)选点和埋设

①选点

点位一般选在线路附近,便于既有线测量;点位应基础坚固稳定,易于保存。

选设 GNSS 点时,应视线开阔,交通便利,易于到达和寻找。

点位应远离较大功率的无线电发射台,其距离不宜小于 200m;应远离高压输出电线,其距离不宜小于 50m。

点位附近不应有强烈干扰卫星信号接收的物体及高度角大于 15°以上成片的遮挡卫星信号的障碍物。

②埋设

可以在既有线的涵洞顶、桥台刻设点位,或打水泥钉。

在既有线附近无固定地物可选设点位时,应埋设永久性混凝土 GNSS 控制桩,采用现场浇筑的方法,其规格为:25cm×25cm×60cm。控制桩标心钉采用 φ12mm 螺纹钢,顶部磨平刻深度为 1mm、宽度为 1mm 的十字丝标志。

控制点标石注记:GNSS 点号、施测单位、日期。

(3) 观测要求

采用双频 GNSS 接收机观测,以静态测量方式进行施测,满足航测外控的需求。截止卫星高度角≥15°,有效卫星总数≥4颗,观测时段长度≥30min,数据采样间隔为10s,卫星几何强度因子 GDOP≤8。

观测作业时应按观测计划规定进行同步观测。每个时段观测前后,应各量测天线高一次,两次量测值互差小于3mm时,取平均值作为天线高。GNSS 接收机开始记录时,应及时将测站号、天线高读数、天线高加常数信息输入接收机并填写观测记录。

(4) 数据处理

GNSS 观测数据采用随机的软件包进行基线解算。解算时应采用长时间观测数据的单点定位结果或采用国家坐标系转换为 WGS-84 坐标系结果作为基线起算点。

独立环基线构成异步环的各坐标分量及全长闭合差满足:$W_x \leq 3\sqrt{n}\sigma$,$W_y \leq 3\sqrt{n}\sigma$,$W_z \leq 3\sqrt{n}\sigma$,$W \leq 3\sqrt{3n}\sigma$。

重复观测基线较差(DS)满足:$DS \leq 2\sqrt{2}\sigma$。

约束平差前后同名基线改正数较差满足:$dV_x \leq 2\sigma$,$dV_y \leq 2\sigma$,$dV_z \leq 2\sigma$。

2. 高程控制测量

水准测量使用0.3mm/km级别电子水准仪和钢瓦条码标尺进行单程观测,附合路线或闭合线路的闭合差限差为$12\sqrt{L}$。联测国家水准点水准路线长度一般不宜大于150km。

既有水准点的编号不宜变动,当既有水准点遗失或损坏时,应在适当的地点补设。

水准测量时应尽量多地联测首级 GNSS 控制点,采用曲面或曲线拟合的方法拟合出全线首级 GNSS 控制点的高程,作为航测外控高程拟合的起算数据。

二、航测外控

1. 像控点的布设

(1) 采用航线网六点法或双五点法布点,单航线宜采用双五点法布设,网段两端平高点间基线数:六点法一般不大于10条,双五点法布点一般不大于12条,控制范围满足成图的需要;像控点布设在航向三片重叠范围内和旁向重叠中线附近,测段起端点或困难时可布设在两片重叠范围内。

(2) 像控点距像片边缘一般不得小于15mm,困难时不小于10mm,距各类标志不小于1mm;测段结合处的像控点选在结合处两侧的航线重叠处,相邻测段像控点尽量共用,但不得超控。

(3) 采用 POS 系统的摄影资料,可以适当减少像控点数量。

2. 像控点的选刺和联测

(1) 像控点选刺满足 GNSS 观测条件。

(2) 像控点地物在相邻像片上的影像均应清晰;避免选刺在阴影下。

(3) 像控点选刺有比高的地物时,应量注比高(精确至分米),并加绘断面略图。

(4) 现场选刺时,一定要对地物进行认真的判读;刺点完毕后,主、副刺应相互检查,确保点位和描述一致无误。

（5）控制片反面整饰必须在现场完成；刺点片的反面需要加注简要的点位说明，并绘制点位略图或剖面图。

3. 像控点的联测

采用 GNSS 技术进行，以快速静态作业模式，采样间隔为 10s，外控点距参考站的距离一般不大于 8km，观测时间为 10～20min，有效卫星数≥4，GDOP 值≤8。

4. 像控点的计算

（1）基线解算时，流动站尽量与一个固定站解出同步边，并与其他时段基线或首级控制网基线构成异步环。

（2）像控点的平面坐标由首级 GNSS 控制点计算求出，像控点以 GNSS 控制点高程拟合法求得。

5. 线路投影点联测

在航片上选布线路投影点，投影点间隔 2km 左右布设一个，一般选择在桥、涵洞或水准点基标等明显地物上，并在铁路钢轨上标注。

使用 GNSS 技术联测线路中线点，以快速静态作业模式，采样间隔为 10s，线路投影点距参考站的距离一般不大于 8km，观测时间为 10～20min，有效卫星数≥4，GDOP 值≤8。

线路投影点与航测像控点数据一同进行平差计算和高程拟合。

6. 像片调绘

（1）基本原则

调绘范围为线位两侧各 200m 范围。

调绘应判读准确，描绘清楚，图式符号运用得当，正确无误。

调绘面积一般在具有 20% 重叠的像片上画出，调绘面积在隔片双号片上划定。

（2）基本内容

调绘内容除满足 1:2 000 地形图要求外，还应重点对铁路局属建筑和设备进行详细调绘。

车站调绘：进出站信号机、候车室、运转室、信号楼、货运室、行李房、站台、天桥、驼峰、转盘、龙门吊车、煤台、灰坑、地道、雨棚、水塔、灯塔、灯桥、货场、机务段及铁路股道间的生产单位房屋等，站场主要设备和属铁路产权的房屋，机工区、铁路学校、职工宿舍、家属宿舍等，并注记名称。

区间调绘：桥梁（中小桥应丈量桥长尺寸）、涵洞、渡槽、道口（注名有人和无人）、路堤、路堑、桥台护坡及沿线的路基防护、挡墙、沿路基两侧的排水沟、电力线、通信线（不能调绘出的电杆，应加注电杆间距或在两个明显电杆之间注明有几根杆不能调出）等，路肩、坡脚当影像不清晰时外业应丈量尺寸绘断面图。

跨越铁路的立体交叉的公路、铁路桥、人行天桥、电力线、通信线、渡槽、导虹吸等。

被阴影遮盖的及其他内业难以测绘的地物、房屋等应在外业量注有关尺寸、绘制草图。

铁路生产单位的范围，并注记名称。

三、1:2 000DLG 和 DOM 制作

1. 1:2 000 地形图测绘

在满足新线铁路 1:2 000 地形图测绘要求的同时，应专项进行地形图既有线资料标注。

(1)采用"既有铁路线路资料自动标注软件"进行既有线复测(平面测绘)资料的自动标注。在进行既有线线路上的百米标和公里标等标注前,首先用外业联测的线路中线点与航测内业测得的长度进行比较,限差为1/1 000;超限时内业须重新测量。每段长度一般不宜超过2km,超过2km无外业联测点时,以桥涵公里标加强检核。

(2)线路上桥涵等标注的里程要与百米标进行比较,当里程差值大于2m时,应核实后再进行标注。平纵断面缩图采用"平纵断面缩图软件"自动生成,生成后必须进行编辑检查,对压字、图形旋转等进行修改;线路平面图、车站平面图和平纵断面缩图的内容及标准均按样图的格式标准执行。

(3)线路平面图、车站平面图图例符号标注规定如下:

①图例符号、文字、数字注记均放在固定层,各种注记字头朝向小里程方向,文字注记采用方正细等线体。

②百米标、公里标、水准点标注字高2.5mm。

③文字、数字注记不得与地形符号重叠,标注线长短一致。

④涵洞直径大于2m(含2m)用双线符号,2m以下用单线符号。

⑤车站站名注记字高6mm;站中心里程标注线指向运转室,注记字高4mm。

⑥车站平面图成图范围:一般情况为两侧进站信号机外200m;如遇特大桥、专用线等,则适当延长以保证地物完整,加绘指北针在图左上方。

⑦道岔尖轨里程为道岔里程,导曲线半径标注在曲线中心内侧。

⑧上下行进出站信号机、最外侧道岔里程,分两侧标注。

⑨工区注记标注线指向工区房屋上,文字注记字高4mm,数字注记3mm。

⑩铁路专用线要注产权分界及专用线名称,文字注记字高2.5mm。

⑪车站、货场的站台及货台注记:长、宽、高尺寸取位到分米;限界尺寸取位到厘米;注记字高2.5mm。

⑫车站平面图上的道岔表、坡度表、股道表采用仿宋字体。

2. 正射影像制作

(1)软件:利用Socet Set数字摄影测量工作站系统下的Mosaic模块,PhotoShop、CorvelDraw图像处理软件和CAD等。

(2)首先按线路走向在CAD中进行图幅布置,共布置128幅;编号按线路顺序编号。

(3)然后根据图幅在Mosaic软件下进行正射影像制作,在PhotoShop软件中进行图像处理。

(4)在CorelDraw软件下将制作好的正射影像与复测资料套合,生成带复测资料的图集影像。

(5)将单幅影像利用激光打印机打印,然后装订成册。

(6)复测资料检查、标注:

①将铁路局工务部门所提供的复测资料和地形图进行对照检查,对查找出的问题向工务部门返回查错表;在工务部门技术人员复核外业资料,检查确认后再提供差错表,根据差错表修改各种资料数据。

②在确认资料无误的前提下,利用专用的软件在地形图上进行复测资料标注、编辑。

③裁切分幅图、带状图、车站平面图。

④按要求进行图纸的打印、叠合。

四、既有线内业图表制作

1. 平纵断面缩图

(1)纵向比例尺:1:1 000,横向比例尺:1:10 000。

(2)图幅:外(细实线)45cm,内(粗实线)43cm。

(3)内容包括:线路平面、纵断面图、里程、线间距、车站平面示意图以及主要信号、桥涵、道口位置等。

2. 线路平面图

(1)比例尺:1:2 000。

(2)成图范围:线路中心线左右各200m(站场最外股道外侧250m)。

(3)图幅:外(细实线)42cm,内(粗实线)40cm。

(4)内容:线路中线左右各200m的详细地形、地貌、地物,在线路上标明百米标、公里标,线路及标注要突出,曲线地段上下行及曲线编号,曲线要素与线路平面要求一致,标注ZH点、HZ点里程;里程标注取至厘米,线间距同平纵断面缩图;道岔编号、信号机、水鹤等主要站场设备;水准点位置及编号。

3. 车站平面图

(1)比例尺:1:2 000。

(2)内容包括图上标注和列表。

①标注内容包括:站名、中心里程(精度为m);进站信号机里程(精度为cm);站台长、宽、高(精度为dm),水准点编号、高程(精度为mm)水准点每2km设一点,在大桥或车站加设水准点;道岔编号、岔尖、曲线应标注;桥梁涵渠道口等式样、中心里程(精度为m)孔径、跨度等精度为cm;线路两侧200m地形图;主要站场设备标注;专用线名称、起点里程与正线里程关系等;各股线路编号等内容。

②列表包括:道岔表、股道表、股道坡度表、股道曲线表、主要设备表。

4. 线路诸表

包括需要外业调查的内容,主要有:车站表、车站道岔信号位置表、曲线表、桥梁表、涵渠表、平交道表、立体交叉表、坡度表、新旧里程对照表、断链里程表、水准基点表、车站地道表、线间距表、正线通过主要信号机里程表、跨越铁道电线路表、无缝线路起讫里程表。

5. 其他

(1)车站、桥梁、涵渠、道口等中心里程以实测为准。

(2)曲线测量结果以实测为准。

(3)提供新旧里程对照表。

(4)高程系统全线统一,不同的高程系统间注明衔接关系。

(5)各种图例除注明外,均符合铁路工程图例符号的规定。

第二节 里程丈量

里程测量从车站站中心的既有里程引出,按原有里程(大里程)递增,(小里程)递减方向连续推算。

采用的钢卷尺量距,与全站仪所测距离比长,尺长相对误差小于 1/10 000。丈量一、二链同步进行,两次丈量的较差不大于 1/4 000,并对原有里程核对,编制新旧里程对照表。加标里程取位等执行《改建铁路工程测量规范》(TB 10105—2009)中的要求。

用钢尺丈量里程时,在直线地段用全站仪或 RTK 进行检核,不能出现粗差。

第三节 中线测量

既有中线平面测绘无信号地区如隧道采用全站仪测绘,视野开阔地区使用 RTK 坐标法完成既有中线平面测绘工作。

测量具体方法和参数执行《改建铁路工程测量规范》(TB 10105—2009)中的要求。

(1)整理外业采集数据,输出如下格式文件:

点名,北坐标,东坐标

245000,4154567,546789

245500,4156789,547890

……

(2)使用既有线平面测绘数据处理系统相关软件,直接整理外业文件,进行曲线的整正计算。

(3)曲线计算中曲线半径及缓和曲线长度的选择应首先用已有台账数据进行计算,当计算曲线的拨道量过大时,考虑重新选择,选择曲线半径和缓和曲线长度符合《改建铁路工程测量规范》(TB 10105—2009)规定,并按表 3-4-1 取整。

半径取值表　　　　　　　　　　　　　　　　　表 3-4-1

曲线总偏角(°)	>20	12~20	4~12	<4
曲线半径取整(m)	±1	±5	±10	±100

缓和曲线长度取 10m 的倍数。

(4)计算拨道量以最小为宜,而且内拨、外拨均匀分布,曲线起终点为零。靠近直缓点、缓直点的拨道量无突变或过大。复线曲线计算拨道量未出现线间距小于 4m 的情况。

(5)曲线计算拨道量,以符合既有线路中心为原则,其最大移动量不大于 $\pm 100\sqrt{L}$(mm),L 为曲线长度,以百米为单位。在无砟桥梁和道口上,其拨道量不大于 50mm,有砟桥梁上不大于 70mm。

(6)曲线头尾的里程差等于曲线全长,没有差数,圆曲线的长度均不小于 20m。

第四节 既有线中平测量

既有线中平测量,直线地段测左轨轨面,曲线地段测内轨轨面,取位至毫米(成果表取位至厘米),并起闭于水准点,附合路线闭合差满足在 $30\sqrt{L}$ 以内。可使用两台水准仪进行同步观测,两台仪器的差值在 $30\sqrt{L}$ 以内,两台仪器测得的中桩高程差值在 2cm 以内;观测时水准尺读数视线不低于0.3m。每一测站的前视、后视距离不超过150m。测量成果整理成桩号标高表提交。

第五节 站 场 测 量

道岔测量、平面测绘等使用RTK配合全站仪进行施测。施测严格按照规范要求进行。

既有线平面测绘使用RTK对既有线中心采集坐标,直线每500m采集一处,曲线每20m采集一处坐标;外业数据采集过程中应控制采点间距,对夹直线较短的直线边宜采用多采点数的方法,内业计算时采用不同点组合试算后确定该直线边两点坐标。对现场采集的坐标使用内业软件进行处理,通过调整缓和曲线长和曲线半径来计算拨距和交点坐标,从而满足设计要求;内业计算的曲线要素以台账为主,微调为辅,拨距成果宜小于10cm,其中个别点大于限差时,应结合铁路长期运行可能产生的移道情况综合分析。

使用RTK测绘既有线平面,应严格执行粗差校核制度。

第六节 其他调查和测量

设备调查是详细准确地统计既有线的设备内容、数量、类型、现状。调查整理的各种成果图表,是测绘地形平面图、纵断面图和编制技术设备履历书的依据。调查的内容主要包括桥梁、涵渠、隧道、立体交叉、道口、跨路电线、电气化铁路主要专用设备、车站、工区以及车站内的股道、信号、道岔、站界、行车设备和其他机务、车务设备。

调查工作充分利用已收集的既有资料,进行现场核对,凡需要丈量的必须实地丈量,并在现场写出丈量和调查记录。

1. 桥涵、隧道调查

(1)桥梁调查

调查项目包括桥梁名称、结构类型、孔数、跨度、桥梁全长等。桥梁名称按原来的名称填写,中心里程指两端挡砟墙间的中心。孔数在现场核对。跨度调查时使用钢尺逐孔丈量核对,相差在0.1m以内时,按原资料数据填表。梁、拱结构式样逐孔察看。桥梁全长即桥的两端桥台最外端(包括托盘及基础)之间的距离,复测时与原资料相差在0.5m以内时按原长度填表,但等量调整两端丈量的记录,并在丈量本上简要说明原因。

(2)涵洞、明渠、水管调查

调查项目包括中心里程、结构类型、孔径、孔数、长度及交叉角。

(3)隧道调查

调查项目包括隧道名称、起讫里程、长度、分段衬砌情况、避车洞及限界。起讫里程按丈量的进口、出口里程填写。隧道长度指线路中心两洞口的距离。新测长度与原有长度相差在1/2 000以内时,按原有长度填表,并在丈量记录本上将两洞口里程等量调整,同时做简略说明。分段衬砌情况按该隧道的断面式样及其衬砌资料,在变化处量出里程填入表。避车洞填写该洞的中心处里程、宽、深、高及在线路的左右侧。

2.跨线及车站调查

(1)跨线调查

调查项目包括中心里程、名称或种类、交叉角、杆位到线路中心距离。中心里程指穿越铁路中心的交叉处里程(复线指下行)。名称或种类分为高压线、电力线、通信线。非正规电线不填表,绕行线分别填表,站场内与正线无关的电线不填表,交叉角与涵渠相同填法。

(2)车站调查

调查项目包括车站名称、工区名称、中心里程、站内的股道名称、编号、所有信号机、道岔、警冲标、站台等。股道名称和编号一般以工务提供配线图为准,并在现场认真核对。划分股道要求不重复、不漏线。股道全长及有效长计算考虑丈量时的断链改正。实地调查道岔的开向,整铸还是组合辙叉。所有信号机都必须现场调查核对,注明信号机的种类、位置、里程朝向。警冲标现场无标的要做调查记录,利用警冲标计算有效长度时,可按道岔号数与警冲标设置规定,计算警冲标里程。站台调查包括站台的种类,是旅客站台还是货物站台,每个站台在两端量取宽度,在站中量取高度。

设备调查注意的细节与事项如下:

①对既有线及其两侧的建筑物、铁路标志设备和有关地物等,在地形图上精度达不到要求或显示有困难时,进行横向测绘。

②测绘工作在里程测绘之后进行,测绘的宽度及内容应满足设计要求,每测宽度不小于20m,重点工程及其用地较宽处酌量加宽。

③车站中心的调查:以行车室中心为准,精确到米。

④隧道的调查:包括隧道进出口的里程、限界,取位至厘米。隧道中心里程经计算后取位至米,隧道长度取位至厘米。

⑤桥梁的调查:包括新测中心里程、旧有中心里程(以现场标志为准)、孔跨、式样及全长的调查。

桥梁全长精确到厘米。中心里程精确到米。跨度精确到厘米。

⑥涵洞的调查:调查内容包括新测中心里程、旧有中心里程、孔径、式样、全长及涵洞与线路的交角。

中心里程精确到米。孔径、全长精确到厘米。

涵洞与线路的交角采用线路前进方向逆时针旋转到涵洞轴线所得的夹角。

⑦平交道口的调查:中心里程、铺面材料、宽度、有无看守及看守房的位置等。

中心里程精确到米。

⑧立体交叉的调查包括跨越铁路线的铁路桥、公路桥、天桥、渡槽等。调查该项目的名称、中心里程、宽度、限界、净空、交角。中心里程取位至米,宽度、限界、净空取位至厘米。

⑨地道的调查:本段既有线务地道。

⑩跨线电力线的调查:包括电力线的中心里程、名称和种类、交角、线杆到线路中心的垂直距离。

中心里程:跨线在水平面上的投影与线路中心的交叉点里程,精确到米。

名称或种类:分为高压电力线、低压电力线、通信线。共杆的电线填等级高的。

⑪旧公里标、半公里标的里程调查。调查旧有公里标、半公里标的里程,计算两者之间

的差数,以便以后移动公里标、半公里标。

里程调精确到厘米。

⑫正线经过主要信号机的调查:包括信号机里程、限界和轨道绝缘缝的里程,均取位至厘米。

正线经过信号机主要类型有:区间信号、预告信号、进站信号、正线的出站信号等。

⑬无缝线路的调查:即测量无缝线路的起讫点的里程,精确到厘米。

⑭养路工区的调查:以工区办公室为准,里程精确到米。包括工区名称及位置等。

第七节 资 料 整 理

对外业数据采集、备份、计算、复核及签署等要严格执行相关规范要求,认真执行上下序签收制度,上序资料签收单、提供下序资料签收单应与所用资料一并归档。

提交成果资料包括:

(1)车站平面图及正射影像图(包含每股道纵断面、股道表、曲线表、道岔表);

(2)复测诸表及电子数据:

①中心里程表。

②车站股道表。

③车站道岔表。

④新旧里程对照表。

⑤水准基点表。

⑥桥梁表。

⑦涵渠表。

⑧隧道表。

⑨平交道表。

⑩立体交叉表。

⑪地道表。

⑫正线经过信号机位置表。

⑬正线线间距表。

⑭断链表。

⑮跨线表。

⑯水准测量平差计算表。

⑰正线、站线曲线成果表、曲线计算表和曲线交点坐标表。

⑱养路领工区、工区表。

⑲正线轨面高程表、正线路肩高程表、站线轨面高程表。

⑳联测国家水准点路线示意图及说明。

(3)1:2 000带状地形图。

(4)平纵断面缩图。

(5)工程测量技术报告(含测量成果、质量检查表、仪器检定证书和检校记录等)。

第四篇　铁路工程测量信息化

随着空间技术、计算机技术和信息、通信技术的发展,现代测绘学正向空间信息学科交叉和发展。现代测绘新技术在铁路工程测量中的大量推广应用,使铁路工程测量手段、方法产生了新的变化,本章主要介绍勘测设计一体化、变形监测自动化、地理信息系统、BIM 等铁路工程测量信息化的应用。

第一章　概　　述

信息化是充分利用信息技术,开发利用信息资源,促进信息交流和知识共享,提高经济增长质量,推动经济社会发展转型的历史进程。信息化建设对中国经济、社会发展具有十分重大的影响。

我国测绘发展经历了从模拟化测绘到数字化测绘的过程,当前正进入到信息化测绘时代。走信息化测绘道路,加快信息化测绘体系建设,已成为当前和今后一个时期我国测绘事业发展的战略任务。

工程测量作为测绘的重要组成部分,其任务是测绘工程和工业目标及周边环境的形态和变化,并为各种工业与民用工程和城市的规划、勘察、设计、施工、运营与管理提供支持和服务。工程测量以大地测量与遥感、地图制图、地理信息系统和测绘仪器等基础数据为依托,一直在不断丰富、完善工程测量的理论、方法和内容。

工程测量在信息化测绘中的拓展主要表现在以下几个方面:

(1)卫星定位测量成为工程测量最重要的技术手段,勘测设计一体化、数字化。

(2)摄影测量在工程测量中应用更加广泛。

(3)地理信息化系统建设在城市与工程建设中得到广泛应用。

(4)精密工程测量最先进的技术在大型工程建设中得到广泛应用。

(5)变形监测手段的多样化。

地理信息是指表征地理系统诸要素的数量、质量、分布特征、相互联系和变化规律的数字、文字、图像和图形的总称。地理信息系统简称 GIS。GIS 在不同的应用领域、不同的专业,对它的理解是不一样的。目前国内外对 GIS 有许多定义,常见的有以下几种:

(1)地理信息系统是用于采集、存储、管理、处理、检索、分析和表达地理空间数据的计算机系统。

(2)地理信息系统是由计算机系统、地理数据和用户组成,通过对地理数据的集成、存储、检索、操作和分析,生成并输出各种地理信息。

(3) 地理信息系统是在计算机软件和硬件支持下,运用系统工程和信息科学的理论,科学管理和综合分析具有空间内涵的地理数据,以提供对规划、管理、决策和研究所需信息的空间信息系统。

(4) 地理信息系统是以地理空间数据库为基础,采用地理模型分析方法,适时提供多种空间的和动态的地理信息,为地理研究和地理决策服务的计算机技术系统。

具体到铁路地理信息系统,它的概念是以铁路勘察设计资料、建设管理过程产生的资料、铁路设施以及运营维护资料等空间和属性数据为基础,结合铁路业务需求设计的辅助铁路生产决策的信息管理系统。

从系统研究对象来说,铁路地理信息系统的研究对象主要是铁路从勘察设计,到运营管理整个生命周期过程中所涉及的空间数据和属性数据。从系统功能来说,铁路地理信息系统的功能主要是实现管理的信息化,寻求铁路建设、运营、维护管理中存在的内在规律,科学制定铁路生产计划,保障铁路运营安全等。从系统特点来说,铁路地理信息系统的特点就是先进的 GIS 技术与铁路行业业务具体需求的紧密结合,使 GIS 技术应用于铁路日常生产的各个环节。

国外地理信息系统在铁路上的应用主要分布在欧洲、北美和亚洲的日本等发展国家,用于铁路基础设施管理、工务、电务、信号、运营调度、勘察设计、铁路客货运电子商务、模拟训练器、客车及车站旅客实时信息服务等领域服务。其中以铁路基础设施管理系统应用最为广泛。这些先进技术对我国铁路地理信息系统建设有着很好的借鉴意义。

在我国,随着近年来铁路信息化建设的开展与深入,在铁路列车管理系统、货运站管理系统、集装箱管理信息系统、货运营销计划管理系统、铁路运输统计信息系统、列车跟踪等方面取得了一些成就,尤其是 DMIS、TMIS 等大型管理信息系统的开发建设大大提高了铁路运输管理的现代化程度。这些管理信息系统都在不同程度上引用了 GIS 的概念,用直观的地理图形方式来管理、显示和分析与地理空间相关的各种数据,并建立了各自的 GIS 子系统。

铁路基础地理信息系统(简称 RGIS)通过收集、存储、管理和维护铁路空间数据及相关属性数据,为铁路各部门和施工单位提供空间信息服务。系统实质是为铁路信息化建设服务,即为数字化铁路提供信息基础设施,形成基于空间信息服务的铁路信息共享平台,实现铁路各部门、各系统间的信息资源共享、互连互通;建立健全与铁路整体信息化相适应的基础信息资源管理机制,为铁路基础设施的管理和维护提供技术保障;为铁路设计、施工、运营各部门提供更加直观而丰富的信息内容以及综合利用和决策分析的支持手段,提高现有业务系统的科学决策水平和信息利用效率。

第二章 铁路勘测设计一体化

第一节 勘测一体化

国外的勘测设计一体化、智能化研究起步较早,20世纪60年代初,国外一些发达国家在公路设计领域展开了计算机辅助勘测设计的研究,相继研制了各自的勘测设计软件。80年代后期,国外的计算机辅助勘测设计开始由单项开发转向整体开发及系统开发,从此勘测设计一体化、智能化的概念和研究体系初见雏形。我国铁路系统的勘测设计一体化开发研究工作始于90年代后期,主要经历了3个阶段:

(1)初期阶段:这一阶段主要进行了单项辅助设计软件的开发,提高计算机成图率。

(2)软件集成阶段:这一阶段主要进行接口软件开发,实现勘测设计各专业之间的数据共享与通信,并整合单个软件,实现软件集成化。

(3)网络与数据库开发阶段:这一阶段主要是以网络技术开发为基础,以工程数据库技术研究为核心,初步实现勘测设计一体化与智能化。

进入21世纪后,铁路设计系统在勘测设计一体化开发与应用上取得了显著的成绩。铁路各设计院先后建起勘测设计计算机应用一体化作业模式,其成果已在铁路勘测设计中得到很好的运用,充分体现了新作业模式的优势,缩短了勘测设计周期,提高了设计质量。

铁路勘测设计一体化、智能化是以数字化信息为基础,以计算机应用技术贯穿勘测设计全过程为主要特征的新的生产作业模式。该系统将各种勘测手段采集的铁路线路及其相关的地形、地理、地质和水文等资料加工成数字化信息,通过接口界面进行信息处理并传输到工程数据库中。如何把勘测资料数字化后存入计算机,其关键技术之一是勘测数据的采集问题,也就是勘测一体化技术。

铁路勘测一体化技术是为铁路设计提供技术支撑,它的信息数据采集来源主要有两个途径:一是地面测量的数字化、自动化采集;二是航测与遥感的信息数字化采集。

一、地面测量一体化

地面测量数据采集和数据处理的电子化、自动化、数字化,一是解决取代外业勘测中人工纸质记录、原始记录二次录入计算机的手段,实现外业测绘数据自动采集、自动传输和处理,为设计专业提供测绘电子成果资料,使测绘成果能够直接被设计专业软件使用;二是简化内外业接口,使勘测与设计接口标准化、信息化,满足各专业的勘测设计一体化需求。从而达到缩短外业作业时间,减轻劳动强度,减少中间环节,明晰职责,提高效益与质量的目的。地面测量一体化流程图如图4-2-1所示。

地面测量一体化包括各阶段铁路工程测量的内容,外业采集的自动化、数据处理的一体化,按设计一体化接口要求提供各类测绘成果数据。测量内容有控制测量、地形测量、横纵断面测量以及各专业设计需要的专项勘测,外业测量数据采集主要由 GNSS、全站仪、水准仪等完成,勘测一体化就是开发一系列的数据采集机载、PDA 等软件,实现数据采集的自动化、数字化。

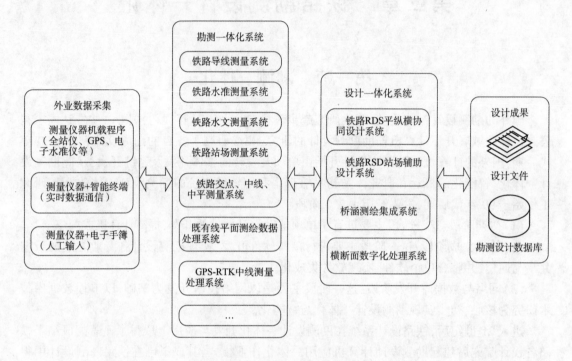

图 4-2-1 地面测量一体化流程图

1. GNSS 测量一体化

(1) GNSS 控制测量

GNSS 技术带来了测绘方式的重大变革,如今的大范围平面控制网均采用 GNSS 方式建立。勘测外业中,作业人员在待测点架设 GNSS 接收机,使用仪器内置软件操作接收机获取卫星数据,随即保存在内部存储器中。内业处理时,首先从接收机存储器下载原始观测数据文件到本机计算机。由于不同 GNSS 设备厂商的数据文件格式不同,为了统一数据格式,瑞士伯尔尼大学天文学院的 Werner Gurtner 于 1989 年提出 RINEX(Receiver Independent Exchange Format)格式。现在,RINEX 格式已经成为 GNSS 测量标准数据格式,几乎所有测量型 GNSS 接收机厂商都提供将其格式文件转换为 RINEX 格式文件的工具,而且几乎所有的 GNSS 数据分析处理软件都能够直接读取 RINEX 格式的数据。数据格式转换完成后,使用 GNSS 数据分析处理软件导入 RINEX 格式数据,进行基线解算、预分析、环闭合差计算、无约束及约束平差等处理,各类过程及成果数据以独立文件形式保存在项目目录下,部分处理软件支持用户自定义格式输出,进而满足后续专业调用需求。

(2) RTK 测量

RTK 技术是 GNSS 测量技术发展史上一项非常重要的突破。它凭借实时、灵活、高效等特点,已经广泛应用于测绘各个领域。在铁路勘测中,RTK 广泛应用于平面控制网加密、地形测绘、新线中线测设、既有线平面测绘、断面测量及各项专业测量工作中，工作流程主要包括控制点导入、参数求解、测站架设、点位校正、外业测量、内业处理等。外业实施前，作业人员需使用 GNSS 设备厂商提供的数据分析处理软件导入测区控制点成果，完成参数求解后输出转换参数数据到外业电子手簿中。对于新线中线测设、断面测量等工作，作业人员还需要将设计中线通过各厂商提供的中线设计软件输出到外业电子手簿中。外业时，首先架设并配置启动固定站 GNSS 接收机，然后作业人员背负流动站在测区已知点进行检核。当所有检核点均满足限差要求并成功存储后，外业人员即可进行外业各项测设工作，测量数据自动保存于外业电子手簿数据库。内业处理时，首先将电子手簿中的数据按照用户自定义模板格式转换成文本文件，然后导入计算机，使用内业软件处理后，输出成果表，并生成数据库文件以便专业设计软件调用。

2. 全站仪测量一体化

早期的全站仪厂商仅提供数据接口标准文件，允许用户在电脑和智能终端上开发程序，通过数据线与设备连接，实现全站仪控制、数据采集和存储等功能，不允许用户自行开发机载程序。随着全站仪逐步配备 Wince、VxWorks 等嵌入式操作系统，厂商逐步开放了机载程序开发编译平台，用户便可以自行开发机载专业应用软件。同时，全站仪也逐渐增加了 ATR (Automatic Target Recognition)、无棱镜、跟踪及扫描测量等功能，能够替代人工完成大部分观测工作。基于全站仪的数据采集系统充分发挥了全站仪智能化、自动化、数字化和可编程性等先进性能，实现了外业测量、记录、计算及验算的集成，是实现野外数字化、内外业一体化的最有效途径。依据铁路外业测量工作内容及复杂程度不同，外业勘测采用了"全站仪机载程序""全站仪+智能终端"及"全站仪+电子手簿"三种不同模式，主要内容如下：

（1）铁路导线测量一体化系统

铁路导线测量一体化系统能够进行铁路初测导线、等级导线、三角高程水准测量及站场基线的测量。外业采集程序直接安装在全站仪机载系统平台，通过调用内部指令，实现自动记录、自动计算、自动验算和实时质量控制等功能。内业处理程序导入已知控制点和外业观测文件后，经过闭合差检查及平差计算，输出坐标计算表、控制桩表、三角高程平差计算表、控制桩高程表、站场基线表及坐标成果数据库。外业采集程序基本工序流程如图 4-2-2 所示。

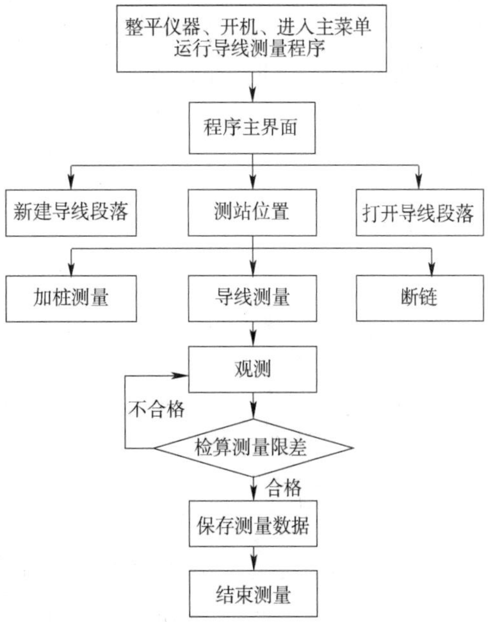

（2）铁路交点、中线、中平测量一体化系统

铁路定测工作的核心内容为交点、中线及中平测量。外业测量采用"全站仪+智能终端"模式，测量程序运行在智能终端上，使用数据线与全站仪连接，通过外部接口指令实现全站仪控制、工程管理以及数据采集、计算、复核、检查、查询等功能。内业处理程序能够进行中线资料计算、交点计算及修正、坐标及高程计算等功能，最终输出控制桩表、坐标计算表、桩号

图 4-2-2 铁路导线测量外业采集程序基本工序流程图

高程表、曲线表及成果数据库。内外业基本工序流程如图 4-2-3 所示。

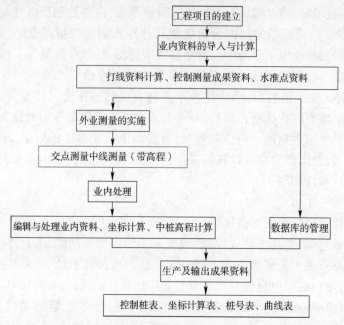

图 4-2-3　铁路交点、中线、中平测量内外业基本工序流程图

(3) 铁路横断面测量一体化系统

铁路横断面测量工作量大,传统作业方法需要频繁在中线桩上设站测量,工作效率低,成果精度差。横断面外业勘测采用"全站仪 + 智能终端"模式,使得全站仪在任意设站下均能高效完成直线和曲线段断面测量工作。通过内业处理软件输出和转换后,最终得到基于 dxf 格式的成果文件。外业采集程序基本工序流程如图 4-2-4 所示。

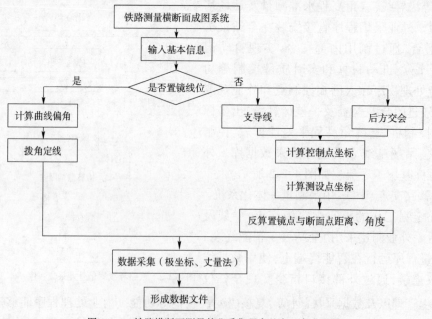

图 4-2-4　铁路横断面测量外业采集程序基本工序流程图

(4) 铁路地形测量一体化系统

地形测量,外业采集点数多,属性多样。传统方式是外业人员在现场绘制,边测边绘,效率低下。铁路地形测量一体化系统充分利用全站仪的坐标点属性功能,通过针对不同品牌全站仪的操作方法进行约定,实现了"全站仪+编码+内存卡"的成图方法。外业人员瞄准测点棱镜后,输入此点属性编码,采集坐标并保存。通过内业软件对属性编码进行自动解译,在测图软件中进行编辑后,输出基于 dxf 格式的成果文件。

(5) 既有铁路桥涵测量一体化系统

既有铁路桥涵测量包括桥涵尺寸的丈量和桥涵断面的测量两部分,主要内容包括:

①既有涵洞丈量及接长涵轴断面测量。

②既有桥梁丈量。

③既有框构丈量。

④桥址纵断面测量。

⑤既有桥梁台后路基横断面、桥梁及涵洞辅助断面测量。

⑥既有桥址平面图、复杂涵洞涵址平面图测量。

其中④和⑤采用"铁路横断面测量一体化系统",⑥采用"铁路地形测量一体化系统"。①、②和③项工作采用既有铁路桥涵测量一体化系统。外业勘测采用"全站仪+电子手簿"模式,采集程序运行在智能终端,作业人员根据桥梁专业电子任务书的要求,使用电子手簿记录桥涵结构尺寸、高程以及各种断面信息等数据。通过内业数据处理软件进行工点数据完整性检查及闭合差计算后,依照"勘测一体化数据接口标准"输出桥涵工点成果文件,供"桥涵测绘集成系统"调用。

(6) 既有铁路平面测绘一体化系统

铁路线路经过一段时间运营后,其平面位置会产生较大的错动。为保证行车的平稳和安全,必须进行曲线整正,使既有曲线尽可能保持良好的圆顺度。既有铁路平面测绘就是获取既有铁路实际线形的工作。外业测量程序在全站仪机载平台运行,作业人员可自由选用偏角法或坐标法自动采集数据,程序能够实时进行数据合法性的检查、提示及精度指标的判示。内业处理程序输出拨距计算表、曲线表、断链表、数据库文件及等 AutoCAD 格式的图形成果。外业采集程序基本工序流程如图 4-2-5 所示。

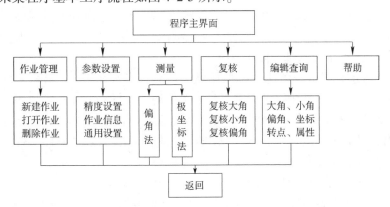

图 4-2-5　既有铁路平面测绘外业采集程序基本工序流程图

(7)既有站场极坐标测量一体化系统

既有站场极坐标测量是对铁路站场范围内的道岔、到发线、信号机、警冲标、灯塔、站台、雨棚、地道、天桥、站房、围墙、电线电杆、车挡、水沟等设备和构筑物进行的坐标测量,并在测量中对所测坐标点进行编码的作业。外业数据采集程序运用在全站仪机载平台,设站定向后,可在采集站场设备的坐标数据的同时,记录属性信息。通过内业处理程序,依照"勘测一体化数据接口标准",将原始数据转换为站场专业规定的数据库文件。外业采集程序基本工序流程如图 4-2-6 所示。

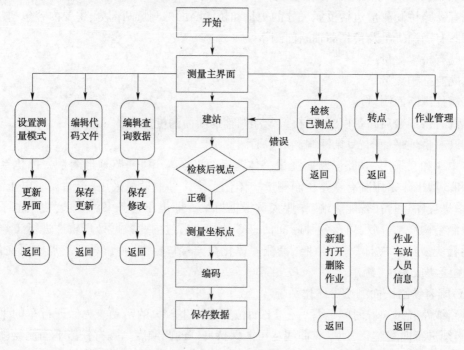

图 4-2-6 既有站场极坐标测量外业采集程序基本工序流程图

3. 水准仪测量一体化

铁路高程测量普遍使用光学水准仪和数字水准仪。对于光学水准仪,外业勘测采用"水准仪+电子手簿"模式,使用智能终端作为电子手簿,将外业观测数据记录在内部存储器。对于电子水准仪,外业勘测采用标配的机载程序,对铟瓦钢尺条码进行拍照后,通过影像匹配自动获取测量值,并保存在内部存储器中。依据测量等级不同,主要工作内容如下:

(1)铁路四、五等水准测量一体化系统

铁路四、五等水准测量一体化系统依照铁路测量规范要求开发,能够进行四等水准基平、五等水准基平、五等水准中平及中桩高程补测等测量工作。外业采集程序运行在智能终端上,作业人员通过电子手簿实现数据录入、存储、超限提示、闭合差计算等功能。内业处理软件进行闭合差计算和精度评定后,输出水准点表、桩号高程表及数据库文件。外业采集程序基本工序流程如图 4-2-7 所示。

(2)铁路二等水准测量一体化系统

铁路二等水准测量普遍采用电子水准仪施测,外业数据采集使用仪器标配程序,具备线路管理、限差设置、数据记录、超限提示及闭合差计算等功能,数据记录在仪器内部存储器中。内业处理程序导入已知点和观测数据,进行闭合差计算和精度评定后,输出水准点表、桩号高程表及成果数据库文件。

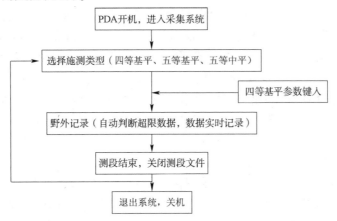

图 4-2-7　铁路四、五等水准测量外业采集程序基本工序流程图

4. 勘测一体化数据库及数据接口标准

为便于勘测一体化各阶段数据的归档留存,并具有可追溯性,需要系统分析勘测工作产生的原始数据、中间数据和成果数据,从数据采集、保存、处理、成果应用以及消息的传递、保存、检索、归档等方面入手,建立勘测一体化数据库。

为使勘测一体化成果能够直接应用于设计一体化工作,实现数字化对接,需要系统分析勘测成果元素与设计需求元素,明确数据元素、分类编码及调用方式等信息,建立了多专业数据接口标准,最终实现勘测与设计的无缝衔接。

二、航测遥感技术一体化

目前,以航测、遥感、物探技术等为主的工作模式已广泛应用到铁路前期勘测设计工作中;与勘测设计相关的技术规程的制定都建立在航测遥感技术应用的基础上;各种比例尺地形图、线路平面图、线路平纵断面缩图、纵横断面图、各种工点图、全线工程地质图、各种水文图件、施工布置图、砂石产地图等都将采用航测遥感方法成图以及计算机成图。

在勘测设计中采用航测遥感技术,减少野外工作量,改善劳动条件,特别是对促进铁路勘测设计内容的改革,提高勘测设计工作质量和效率、降低工程投资等方面,具有十分重要的作用。航测遥感技术不仅为铁路工程设计各个专业提供精度高、面积大、内容多的不同比例尺地形图,更为专业设计人员在勘测设计过程中提供了一种新的调查、调绘手段。专业人员对航天、航空图像的遥感判释和图像解译技术综合应用是对常规勘测方法的充实和革新。

(1)绘制各种比例尺的全数字地形图

全数字地形测图是在现代机助制图技术支持下发展起来的测图新技术,是用数字表达的方式获得信息化数字地图的过程。该过程主要包括数据获取、数据处理和图形编辑等环节。数字化测图将全部地形数据和信息存储于计算机系统中,并可进行人机交互式的图形编辑修改,测制不同用途的地形图和专题图,不仅使测制的地形图计算机化、数字化,且可以一次数据采集,编制多种不同比例尺的地形图以及提供地理信息系统的原始地形数据。更为重要的是,铁路勘测设计一体化、智能化的实现,使得铁路设计的基础资料——数字化地形图可用于铁路多个专业的计算机辅助设计,如铁路平纵断面优化设计、道路设计方案的动态显示、大型工点的定位和设计,特别是计算机自动选线,均离不开数字地形图。

当前各铁路综合勘察设计院的航测遥感外业设备拥有 GNSS 接收机、全站仪、电子水准仪等设备,航测遥感内业设备有 Leica DSW 等全数字影像扫描仪、Helava、JX4 等全数字摄影测量工作站,以及相应数字地图编辑系统、地图数字化、遥感图像处理、地理信息数据处理等软件平台,具备生产 1∶10 000 和 1∶5 000、1∶2 000、1∶500 等系列数字化地形图的能力。近几年来,为地质、线路、路基、桥梁、隧道、站场等专业提供了大量的 1∶2 000、1∶1 000 和 1∶500 比例尺的数字化地形图,数字化地形图已成为勘测设计一体化的重要的基础数据资料。

(2)提供正射影像图

数字正射影像技术是通过高精度的图像扫描仪将航空摄影像片扫描输入计算机,以像元为基础把每张航空摄影像片数据结合数字地面模型进行纠正,消除航摄像片倾斜误差和地形起伏引起的投影差,再经过镶嵌、分幅得到一种全新的数字测绘产品——数字正射影像图(Digital Ortho photo Map)。数字正射影像技术利用了计算机图像处理、视觉、模式识别等先进技术,淘汰了传统光学机械制作模拟正射影像图的方式。数字正射影像图通过逼真的影像、丰富的色彩客观反映地表现状,与传统的影像图和线划图相比,具有地面信息丰富、地物直观、便于应用、工作效率高和成图周期短的特点,其应用前景非常广阔。主要特点有:

①数字化数据。用户可按需要对比例尺进行任意调整、输出,也可对分辨率及数据量进行调整,便于数据传输、共享、制版印刷,可直接为工程设计人员提供所需的服务。

②信息丰富。数字正射影像信息量大、地物直观、层次丰富、色彩(灰度)准确、易于判读。可直接从图上了解或量测所需数据和资料,甚至能得到实地踏勘所无法得到的信息和数据,减少现场踏勘的时间,提高工作效率。

③专业信息。数字正射影像同时还具有遥感专业信息,通过计算机图像处理可进行各种专业信息的提取、统计与分析。如:铁路沿线的生态环境的调查;水体及环境的污染;道路、地区面积统计等。

以往的线路平面图、平纵断面缩图和工程地质图都没有影像背景,在使用过程中缺乏现场真实感,但在一体化项目中设有专门的影像库,进行线路选线设计时可以和其他的工程信息如线路方案、工程地质要素进行嵌合,使工程设计人员对线路周围环境有更为深刻的印象,有助于方案的论证。

(3)生产数字地面模型

数字地面模型(Digital Tertian Model,简称 DTM)是按一定结构组织在一起的数据组,是对带有空间位分布的地形属性特征的数字描述。通常空间分布是用一个平面坐标系统表示,而地形属性特征是各个平面位置(x,y)上地面点的高程,它是地形起伏的数字表达,也是建立不同层次的地理信息系统不可缺少的组成部分。以各种勘察手段获取的地形数据来建立 DTM 是整个系统的核心,只有建立在 DTM 基础上的设计才是真正的勘测一体化设计。通过数模与其他模块之间的数据交换把设计的各个阶段联系起来,一体化设计的所有数据信息都来自于 DTM,因此 DTM 是勘测设计一体化系统的神经中枢。

在三维立体 DTM 中,可以充分利用其数字化的特点进行铁路线路方案的筛选,将可行的平面线形进行平面优化即空间优化,确定最佳线路位置方案。通过线路 CAD 系统提供的线路平面坐标,在 DTM 上插值出线路纵断面、横断面的地面线,利用插值得出的地面线标注出线路纵、横断面的坐标,从而生成线路纵、横断面图。对地形复杂的地区山区铁路进行全景透视检查,即把路线 CAD 系统建立路基三维模型与线路数字地形三维模型,在 AUOTCAD 中将曲面模型和地表曲面模型叠合、消影,然后经过渲染和动画,最后生成铁路动态全景透视图。在许多桥梁、隧道等大型结构物设计中,可以运用三维动画技术制作建成后的效果及对周围环境的影响程度的效果图,使得设计者和管理者迅速地"预见"未来将要建成的桥梁、隧道等景观效果,通过模拟火车在景观中的行驶过程,实现铁路设计成果的动态可视化及铁路沿线景观与环境分析,给设计人员提供直观、立体和动态的设计效果,及时"察看"桥梁、隧道的结构及布局的合理性以及线形设计的合理性,"体验"列车运行的感受等。

(4)提供线路横、纵断面图

在铁路、公路的勘测设计过程中,线路横断面对线路方案选择及施工图设计都有举足轻重的作用。目前,传统方法的线路横断面图绘制方法基本上是现场实测,勘测设计周期过长、人力物力消耗过大,受天气、交通、地形等客观条件的影响大,严重影响了勘测设计的工期。近几年来,各勘察设计单位都在探索采用航测方法绘制横断面图的新途径,建立了各自的工作模式,并在一些新建铁路项目中试验过。例如:在西安一安康铁路的建设中,进行航测数字地模软件法测绘横断面的应用研究;在太原一中卫铁路的建设中,尝试利用既有航测资料和数字摄影工作站进行断面图的数据采集;在新建郑州一西安铁路客运专线定测中,利用 JX4C 数字摄影工作站提供数字断面等研究与实验,都取得了显著效果。断面的生成方法主要有直接量测法和数字地面模型量测法,这两种方法都处于实践和推广阶段。直接量测法是使用数字摄影测量工作站,直接在立体模型上量测;数字地面模型生成法是先生成地模,然后在地模中切绘。铁路勘测设计一体化、智能化的关键技术之一是勘测数据的采集问题,也就是如何把勘测资料数字化后存入计算机,利用航测方法进行断面的提取是数字化提取,所有操作都在计算机中进行,无论在降低生产成本、缩短外业勘测周期和提高断面精度等方面,都具有里程碑式的意义。

第二节　三维辅助设计

传统的铁路设计工作需要收集大量的基础地理信息数据,如地质信息、地形信息、道路状况、管线情况、水文情况等内容。只有对现场情况进行真实而准确的了解,才能设计出优秀的成果,满足百年铁路的应用需求。基础地理信息数据的获取方式一般采用航拍、外业调查的方式进行。三维虚拟踏勘是一种新的数据应用方式,能够帮助设计人员建立起设计现场直观的感受。

三维虚拟踏勘系统是相对于实际踏勘作业,利用获取的地理信息数据及计算机视觉技术,在计算机上模拟实际的踏勘环境和对象,使工作人员通过计算机浏览就能真实地了解实地的各种状况的虚拟系统。

1. 三维辅助设计系统的优势

(1) 存储数据量大,数据源丰富,信息量大

铁路方案的特点是带状、线路长、方案复杂,往往一个方案就是几百公里,因此勘察、设计资料数据量大,特别是基础的地形影像数据和高程模型都是海量数据,一般的设计软件无法读取,因此,长期以来设计人员根本无法利用这些直观、内容丰富的信息。三维虚拟踏勘系统能够将基础海量数据进行融合叠加集成,使设计者不用切换平台、软件,就能方便高效地进行检索、查询和分析,从繁杂的数据中进行信息挖掘。同时一些设计相关的资料都可以随时叠加到基础场景中去,满足不同专业的需求。

(2) 现实数据与设计数据可叠加

一般情况下,设计者根据收集来的地形图资料进行专业设计工作。不可能将设计后的模型放到真实的地理空间进行检查。三维虚拟踏勘系统能够加载通用格式的设计模型文件,将设计数据与现实场景完美结合,完成设计后即可在虚拟的三维场景中检验设计成果的准确性和合理性,实现所见即所得的检查效果。

(3) 踏勘视角独特可任意调节

实地踏勘时,由于受到可到达地点的限制,只能成点状调查进行踏勘,对于目标对象没有一个整体上的认识。三维虚拟踏勘能够在任意视角对踏勘目标进行观察,能够全面了解目标周围的环境、地形状况。

(4) 数据发布实现单台服务器发布,多人在线浏览

三维虚拟踏勘数据能实现服务器发布数据多人同时浏览的功能,方便了整个设计团队的人员同时使用,方便设计人员协同作业。

结合专业需求,铁三院在 2009 年就开始进行三维虚拟踏勘系统的探索。总结出一套成熟的三维虚拟踏勘系统建设的经验和方法,如图 4-2-8 所示。

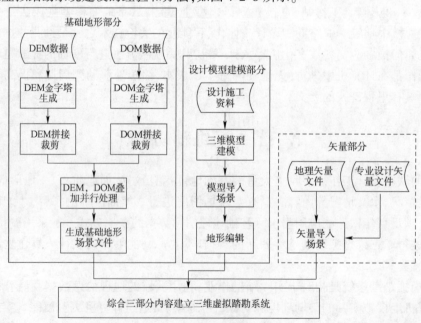

图 4-2-8　三维虚拟踏勘流程

2. 蒙西线辅助设计系统案例

以蒙西线三维虚拟踏勘为例,进行三维虚拟踏勘系统的制作(图 4-2-9)。

图 4-2-9　蒙西线三维虚拟踏勘系统全景

(1) DMC 数据获取与处理

数据获取与处理方法见第一篇第二章第二节"航空摄影"。

(2) DOM 制作与 DEM 制作

制作方法见第一篇第二章第四节"(三)数字高程模型制作""(四)数字正摄影像制作"。

(3) 场景渲染与发布

将制作完成的卫星影像、DOM 影像、DEM 影像载入到 Terra Builder 中进行场景渲染(图 4-2-10)。然后通过 Terra Gate 将场景文件在服务器上发布。

(4) 设计模型制作

设计模型根据自主开发的线位截取软件和设计模型建模软件生成。设计模型按照桥梁、隧道、路基,接触网等专业进行建模,并根据中线进行放置。设计模型效果如图 4-2-11 所示。

图 4-2-10　场景渲染界面

图 4-2-11　设计模型效果

(5) 专业踏勘应用

① 设计方案比选

在黄河大桥桥梁设计方案比选中,将"悬索桥方案"、中承式拱方案、"斜腿钢桁梁方案"三个方案加入到场景中进行桥梁方案的比选,可以直观地看到每座桥建成后的实际效果,如图 4-2-12 所示。

图 4-2-12　黄河大桥方案比选

②基站选址

四点专业结合周围环境布设基站位置,并根据基站位置得到基站地理坐标和基站与铁路的关系,输出成表格(图 4-2-13)。

图 4-2-13　基站布设

③差错漏碰检查

根据设计资料建立的设计模型载入后可通过模型的连接情况,检查设计资料的差错漏碰情况(图 4-2-14)。

④虚拟投影平台

利用 6 台投影仪组建虚拟投影平台,能像看 3D 电影一般在虚拟场景中进行踏勘,为专业会议讨论提供了优良平台(图 4-2-15)。

图 4-2-14　差错漏碰检查

图 4-2-15　虚拟投影平台

第三章　铁路施工建设测量信息化

第一节　铁路隧道监控量测信息化

监控量测是铁路隧道设计文件的重要组成部分，也是隧道施工作业中关键的作业环节。在铁路隧道工程中，监控联测仍存在数据反馈不及时、记录不完整及信息化程度低等问题。依照中国铁路总公司铁路工程建设信息化总体方案，针对上述问题，铁路总公司工程管理中心发布了《铁路隧道监控量测数据接口暂行规定》，明确了监控量测终端采集软件与铁路建设管理信息化平台数据中心之间进行交换的数据内容、代码定义等，并组织开展隧道监控量测信息化工作。

监控量测信息化主体框架包括数据中心、网站管理平台（图 4-3-1）及手机客户端三部分，数据中心负责存储全路隧道监控量测的各类属性信息、原始记录和成果数据等，为未来大数据分析积累基础数据。网站管理平台不仅为各级项目管理者提供详细、直观的监控量测数据统计及分类信息，还为现场作业人员提供专业、灵活的基础数据配置及管理等功能。手机客户端可以控制全站仪进行外业测量、实时接收量测数据、分析变形趋势，及时发送和处理预警信息。

图 4-3-1　某铁路隧道监控量测网站管理平台

为了降低高危隧道施工的安全风险，相关单位采用 SAA 技术实现了监控量测的自动化（图 4-3-2）。

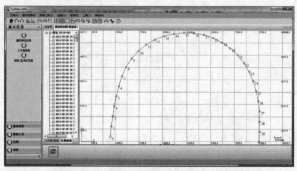

图 4-3-2　某铁路隧道监控量测自动化系统

第二节 铁路连续梁线形监控信息化

铁路连续梁桥线形监控是关系到工程质量和结构安全的至关重要的环节,它根据实际的施工工序,以现场采集的测量数据为基准,对桥梁结构进行理论分析和结构验算,提出施工控制参数,确保结构变形始终处于安全范围,并保证成桥后的结构线形符合设计要求。为了确保测量数据的真实可靠,铁路总公司工程管理中心制订了《铁路连续桥梁线形监控数据接口规范》,明确了终端采集软件与铁路建设管理信息化平台数据中心之间进行交换的数据内容、代码定义等。

铁路连续梁线形监控信息化主体框架包括数据中心、网站管理平台及手机客户端三部分。手机客户端采集程序通过加密方式登录到铁路建设管理信息化平台数据中心,完成工点信息初始化后,下载工作基点、施工阶段和测点信息。程序通过蓝牙与电子水准仪(全站仪)连接,发送指令控制仪器进行高程(平面)测量,获取测量数据后自动进行超限判断,最后将原始及成果数据连同当前施工照片一并上传到数据中心服务器。铁路连续梁线形监控外业采集流程图4-3-3。

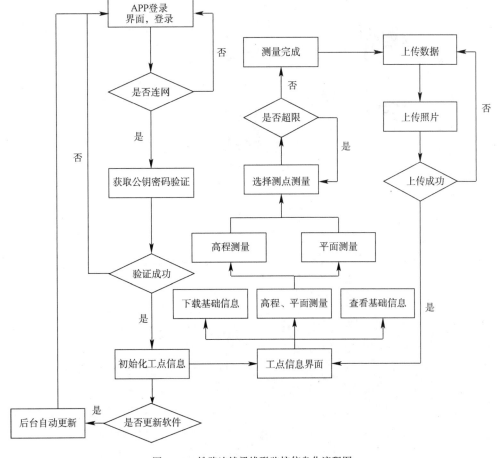

图 4-3-3 铁路连续梁线形监控信息化流程图

第三节 铁路工程沉降观测与评估信息化

线下工程沉降控制是高速铁路无砟轨道建设中的关键,而沉降评估作为沉降观测质量的把关,决定着无砟轨道正确的铺设时机。为了确保沉降观测数据的精准、可靠、及时、连续以及评估工作的标准化,铁路总公司工程管理中心制订了《铁路工程沉降观测信息化数据接口规定》,并组织开展了沉降观测与评估信息化工作(图4-3-4)。

铁路工程沉降观测与评估信息化分为两步:第一步,工程沉降观测信息化(图4-3-5)。依照数据接口规定,相关单位开发了基于安卓手机的电子水准仪采集程序,可进行沉降数据采集、数据质量检查、闭合差计算、平差计算及将原始与成果数据上传至铁路建设管理信息化平台数据中心等操作(图4-3-6)。第二步,沉降评估信息化。沉降评估单位通过铁路建设管理信息化平台下载评估所需的各类属性及成果数据,使用评估软件完成分析计算,得出各项指标数据,提出评估意见结论,形成完整的评估报告上传至数据中心。各级管理者、外业作业及评估分析人员均可通过铁路建设管理信息化平台配置、查看及管理沉降观测与评估工作。

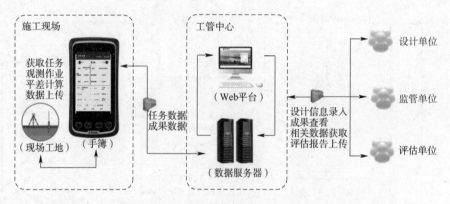

图4-3-4 铁路工程沉降观测与评估信息化框架图

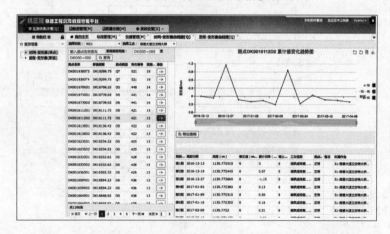

图4-3-5 铁路工程沉降数据管理平台

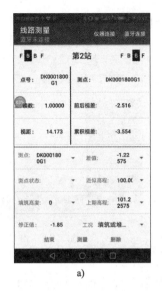

a) b)

图 4-3-6 铁路工程沉降观测手机客户端程序

第四节 三维建设管理系统

三维建设管理系统是围绕施工单位施工建设管理而开发的三维可视化管理系统。现以长昆客运专线湖南段三维建设管理系统为案例介绍三维管理系统的建立。

长昆客运专线湖南段三维建设管理系统是铁三院 2012 年开展的一项建设管理软件开发项目。该系统利用激光雷达获取的长昆客专沿线航拍影像和高精度点云数据制作的高精度正射影像和数字高程模型来制作沿线地形地貌三维场景。然后依据设计资料、大临工程资料、地理矢量信息,同时结合视频监控系统,构建了一套能够应用于实际的三维建设管理系统。

系统建设流程如下:

(1)激光雷达数据处理

见第一篇第二章第六节"机载激光雷达测量"。

(2) DOM 制作与 DEM 制作

见第一篇第二章第四节"(三)数字高程模型制作""(四)数字正摄影像制作"。

(3)三维地理场景建模与发布

三维地理场景就是将数字高程模型(DEM)和数字正射影像(DOM)两类数据源进行叠加,最终建立多源的、大数据量的、立体的、有层次的、可旋转缩放的三维地理模型。

在三维地理场景建立初期,需要收集不同分辨率的 DEM 和 DOM 数据,以满足观察者在不同距离观察地球时的视觉需求。本项目采用 TM 卫星影像为影像背景图层,SRTM 为 DEM 背景图层,LIDAR 点云生成的 DEM 为高分辨率 DEM 数据源,LIDAR 正射影像为高分辨率影像源的层次构建三维地理场景。

通过 skyline 软件中的 Terra Builder 模块进行 DEM 和 DOM 的管理与渲染,生成新的 MPT 三维地理场景数据。通过 Terra Gate 模块,将三维场景数据进行网络发布,如图 4-3-7 所示。

通过网络发布的 MPT 三维地理场景文件,可以通过 TCP/IP 协议进行访问。在访问过程中需要输入服务器 IP 和服务端口号。通过 Terra Explorer 进行访问时的设置如图 4-3-8 所示。

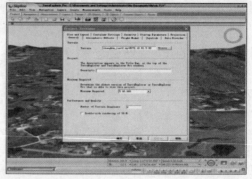

图 4-3-7　网络发布目录　　　　　　　图 4-3-8　MPT 访问设置

(4) 铁路三维建模

铁路三维建模主要分为铁路设施建模和大临工程建模。铁路设施建模主要分为隧道、桥梁、路基三个专业分别建模。铁路设施建模的总体思路是根据线路专业提供的线路平纵面资料生成线路的三维中线,然后各专业模型以三维中线为放样线,根据各自专业截面沿线位进行放样,进而生成各专业模型。系统采用参数化建模的方法,能够快速进行铁路模型的建模工作。参数化建模将模型抽象成若干个参数,建模人员只需读懂图纸,将模型参数正确填写即可快速建立模型。这样的建模方式可以方便非专业建模人员进行建模,能大大提高建模效率。已开发出适用于铁路设计模型的参数化建模插件,具有短期完成大量铁路设计模型的任务的能力。参数建模的流程如图 4-3-9 所示。

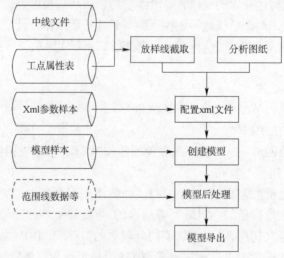

图 4-3-9　参数化建模流程

(5) 设计资料、大临工程资料入库

①设计资料入库

收集设计模型的各项参数及属性信息,并将其整理成表格。在设计模型建模完成后,将设计模型属性信息的表格连接到对应模型上。如图 4-3-10 所示,当点击设计模型时,系统自动弹出设计资料的各项参数与属性,方便用户进行查阅。

②大临工程资料入库

如图4-3-11所示,收集大临工程的图纸与文本资料,当大临工程建模完成后,在Terra-Explorer中将大临工程资料与模型建立映射。当点击大临工程模型时,系统自动弹出大临工程资料的链接,用户可以通过链接来访问大临工程的资料。

图4-3-10 设计资料入库

图4-3-11 大临工程入库资料

(6)视频监控开发与应用

①系统简介

长昆客专高铁湖南段沿线共架设了近100个视频监控器,并已开发了独立的视频监控系统。该系统采用了传统的视频管理方式,通过里程和工点名来标识每一路视频信号对应的位置。

基于三维地理信息平台的视频监控管理,可做到视频传感器与三维场景关联,在三维浏览过程中可在实地看到视频监控安装的实际位置,通过点击视频图标直接调用该处的视频信号,即实现了视频监控与三维地理场景的有机结合,在查看现场监控信号的同时,还可通过三维可视化系统查看周边地形地貌。

原有视频监控系统提供了COM组件接口,基于该接口进行视频监控管理、视频数据流显示、视频控制等功能开发,并将该模块按照插件接口的要求封装成独立插件。

插件框架在加载视频监控插件时,只在菜单栏中新添两个按钮,分别为"视频监控""视频管理"(图4-3-12)。通过这两个按钮及三维窗口交互操作,即可实现基于地理位置的实时视频图像浏览。

②系统功能

a. 铁路沿线地形地貌的多尺度、全方位、直观形象的浏览功能。

b. 铁路工点、里程等要素快捷的定位查询功能。

c. 铁路设计参数的快速获取功能。

d. 形象进度的展示功能。

e. 大临工程与选址功能。

f. 视频监控功能。

g. GIS分析功能。

图4-3-12 软件视频监控功能截图

第四章　铁路运营维护测量信息化

第一节　铁路运营期变形监测数据管理系统

铁路运营期变形监测数据管理系统是针对海量铁路运营监测数据的管理与分析而开发的，基于 Internet 和无线网络技术，B/S（浏览器/服务器）程序设计模式，支持 PC、掌上电脑和移动设备访问，具备高效处理海量原始数据、大数据在线管理与分析及数据表现形式丰富直观等特点，系统拓扑图见图 4-4-1。

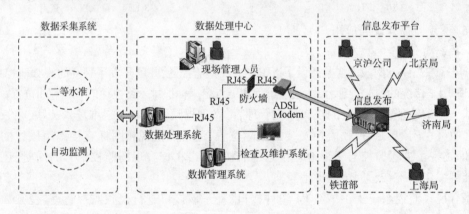

图 4-4-1　某高铁沉降变形监测系统拓扑图

1. 系统设计

根据铁路实际情况和各级用户需求，系统划为数据处理中心和信息发布系统两个部分，详见图 4-4-2。

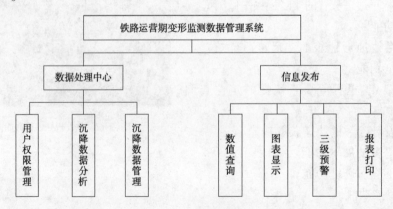

图 4-4-2　功能结构图

(1) 数据处理中心

数据处理中心对各种沉降变形监测数据进行多时间尺度(天、周、月、年)的分析和管理，同时将其存储到数据库服务器中。其中用户权限管理负责数据处理中心和信息发布系统的访问权限的设置和管理。

(2) 信息发布系统

信息发布系统采用 B/S 模式的应用程序，供用户进行相关信息的查询。其主要界面功能包括：数值查询，单点沉降数据查询、区域沉降数据查询、差异沉降量查询、极值点查询等；图表显示；三级预警，根据沉降变形监测点及监测区段的沉降变形发生情况，分三种不同严重级别进行预警提示；报表打印，各类用户需要的报表（文字、图形及表格可自定义输出）。信息发布系统界面见图 4-4-3。

图 4-4-3　铁路运营期变形监测数据管理信息发布系统

2. 数据存储

所有监测数据（自动化监测数据、几何水准监测数据）将存入一个关系数据库中。铁路运营监测点类型多，包括：基岩点、深埋点、水准基点、CPⅢ点、沉降观测标以及轨面等，每种类型的监测点又包含多种数据类型，包括沉降、位移、倾斜、梁体变形等，而且每种数据类型观测期次多，注定了数据库的庞大与复杂，数据库由 120 多个表组成，各表之间采用主外键多表关联。数据库的整体结构可见"第三篇的图 3-2-20"。

3. 网络设计

鉴于传感网络采用远程探测的方式，对数据进行有效和可靠地实时传输将是影响传感网络有效性和可靠性的决定性因素，因此采用多种方案以确保数据传输安全。

4. 安全设计

一条、一个路局或整个中国铁路运营监测信息系统作为企业级信息管理系统，其安全性主要从网络安全、数据安全和传输安全三方面来考虑。

(1) 网络安全

系统建立在铁路专用网络上，公网用户通过基于互联网基础的 VPN（虚拟专用网络）技术访问，通过 ID 进行登录。为保障内部网络安全，将采取保护网络关键设备，安装不间断电源（ups）、防火、防水、防尘、防震等措施，同时制定严格的网络安全规章制度。

(2) 数据安全

为防止数据库服务器中的数据丢失，保证数据的完整性，系统实时进行数据备份。数据库服务器、Web 网站服务器和数据处理中心服务器都只开放特定的端口，防止非法操作。另外,任何数据库的操作只能在数据处理中心进行,而信息发布系统只进行结果查询。

(3)传输安全

通信的保密性需要在整个传输网络进行考虑。当使用公开网络的情况下,特别是使用互联网进行数据传输,必须使用虚拟专用网络(VPN),以将点对点(例如传感器和数据中心之间)通信完全加密并从公众通信中隔离(相当于服务商专门提供一个特别通信通道)。

第二节　铁路综合监测检测系统

铁路综合监测检测系统是以信息化为手段,专项监测检测数据为基础,专业监测检测技术为支撑,实现多专业监测检测数据采集、上传、共享、综合分析及超前预警,为客户提供全方位技术服务。该系统基于物联网、云服务、大数据等技术,在充分调研既有监测检测项目、方法、设备、数据类型等信息的基础上,统一信息化接口标准,构建多专业多维度的监测检测大数据平台,实现综合智能分析和专家系统,为客户提供基于云服务的一揽子专业化解决方案。

铁路综合监测检测系统按照两级架构构建:前端数据采集和监控系统;后端综合分析和专家系统。系统架构见图4-4-4。

前端数据采集及监控系统利用物联网技术,依照信息化接口标准,完成不同类型设备及传感器的接入,实现现场监测数据的实时、自动及信息化上传。通过搭建的WEB服务器,向客户提供一套基于网页的监控系统,实现监测数据的自动分析、预警、三维展示及预测分析。依照监测检测项目及专业不同,分为多个子系统,每个子系统可以单独部署使用,子系统利用前端传感器或检测仪作为数据输入,根据监测对象的不同,自动传入子系统的业务数据库内。

后端综合分析和专家系统则利用数据仓库的技术,完成对各个前端数据采集及监控子系统数据的多维度、跨专业的综合分析,并将分析结果转化为云服务供用户使用。数据仓库通过自动化的数据采集技术,收集来自各个前端子系统的数据,通过分析模型计算,向用户提供多维度、综合的数据分析展现,以直观的图表界面展现历史发展趋势,以及未来预测结果。同时,通过多维数据之间的关系,还提供综合的问题分析处理以及专家系统功能。

综合监测检测系统整个架构自底而上分为五层。系统详细框架见图4-4-5。

基础设施层包括系统运行所必需的基础软硬件,包括系统所需的服务器、网络、存储、安全以及基础设施运营管理的软、硬件。

资源抽象层是利用虚拟化的技术将底层硬件资源池化管理,为环境中提供标准的服务器和存储服务。

资源管理层包括数据资源和云应用管理两个部分,是综合分析和专家系统的核心。数据资源部分管理着各前端子系统的业务数据库和数据仓库,实现数据的抽取和转换,管理数据的存储和质量,为上层提供高效复杂的统计和分析服务,具有冗余、可靠度高的特点。云应用部分管理着环境内所有的应用程序资源,云应用管理系统接受来自上层的指令,执行用户创建、权限分配、服务模板管理、数据维护和监控告警等操作,实现半自动化的管理维护。

服务层是面向用户提供灵活的、集中的、可回收的综合监测检测服务。服务层将不同的应用系统客户端封装在服务器内,将实体程序或数据与用户环境隔离的同时,向用户提供不同的应用系统或软件的操作界面。

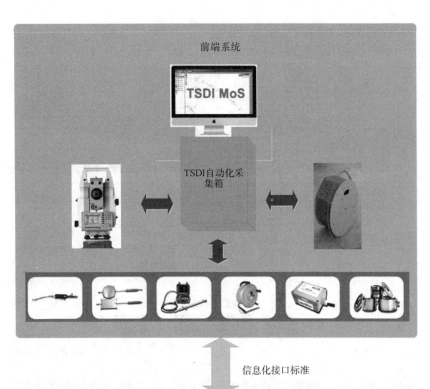
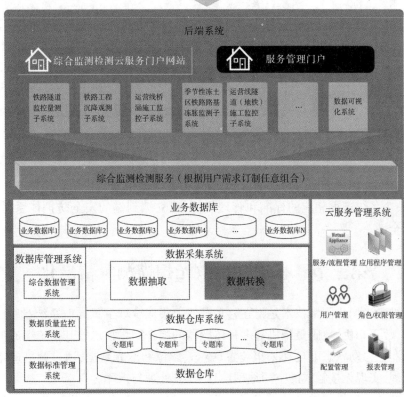

图 4-4-4　铁路综合监测检测系统架构图

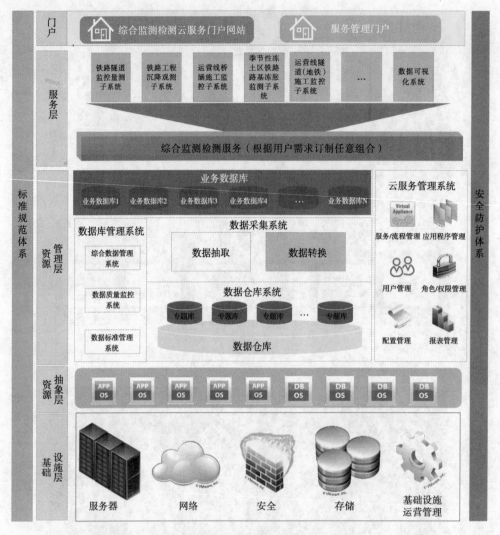

图 4-4-5　铁路综合监测检测系统详细框架

门户作为面向用户和服务管理员的入口,以服务目录的形式使用和管理下层服务。

最后,整个系统遵循相应的标准和管理规范,建立端到端的安全防护体系,保证系统的健壮性和安全性。

第三节　移动三维激光扫描测量信息化

移动三维激光扫描测量技术是指在移动载体上集成全球卫星导航系统、惯性导航系统、激光扫描仪、数码相机、数码摄像机等多种传感器的综合测量技术。其系统组成见图 4-4-6。各类型传感器在移动状态下自动采集位置、姿态、影像和激光数据,通过统一的地理参考和点云数据处理,实现无接触式的空间地理信息采集、处理与入库。

移动三维激光扫描测量系统综合了动态定位测量快速和近景摄影测量信息量大的特点,加快了测量数度,从而提高了野外空间数据获取的效率,获取的可量测实景映像的数据处理灵活多样,可以随时从立体影像数据中获得特定目标的测量定位,改变了以往按照外业、内业工序测量的模式,实现了"一次测量,多次应用"的按需测量模式。移动三维激光扫描测量作业流程及现场作业见图4-4-7、图4-4-8。通过对点云及影像数据分析,实现铁路轨道及线路中线提取、隧道断面测量、车辆限界检测、轨道几何状态评估、钢轨及构筑物缺陷损伤检测等功能。形成的点云图见图4-4-9。

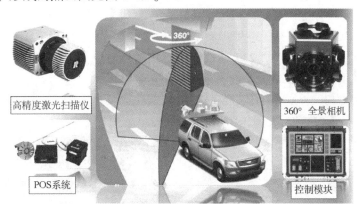

图4-4-6 移动三维激光扫描测量系统

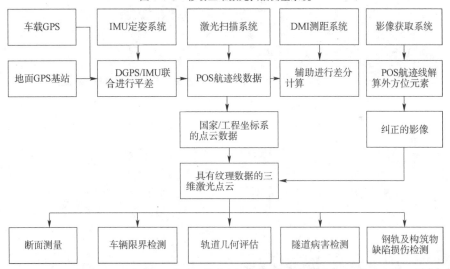

图4-4-7 移动三维激光扫描测量作业流程图

图4-4-8 移动三维激光扫描测量作业图

图4-4-9 移动三维激光扫描测量点云图

第四节 三维工务管理系统

运营维护三维工务管理系统是根据实际运营维护过程中工务管理的实际状况,结合三维地理信息场景的表现模式而开发的三维工务管理系统。

1. 数据获取处理与场景搭建

京沪高铁济南局管段三维工务管理系统于2011年开始系统建设工作。2011年9月,经过技术对比分析,确定使用DMC-230型数码航摄仪进行航空摄影测量影像数据获取,获取铁路沿线2km宽度带状区域数据。航飞范围见图4-4-10。

对试验段沿线100余公里范围的数码航摄数据获取及数据处理,获取了全线高精度数字高程模型和数字正射影像,见图4-4-11、图4-4-12。

图4-4-10 航飞范围示意图

图4-4-11 数字高程模型

使用skyline三维渲染功能,将基础数据制作成三维场景数据,见图4-4-13。

图4-4-12 高分辨率正射影像

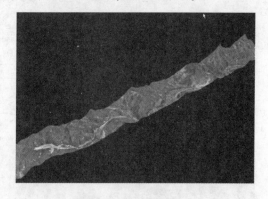

图4-4-13 三维地理场景

2. 铁路基础设施三维建模与系统数据整合

搜集京沪高铁线位、工点、设计图等资料,进行铁路设施三维建模。完成了桥梁、隧道、接触网、股道、变电站、通信塔、逃生梯、防护栅栏等铁路基础设计的三维建模(图4-4-14)。

将前期制作的铁路设施模型、普通房屋模型、精细房屋模型、电力设施模型,地名注记、道路矢量数据等导入到三维场景中,并经过坐标系的统一,完成数据的可视化整合。铁路设施与地理场景整合见图4-4-15,数据整合成果输出为skyline软件的工程文件。

图 4-4-14　铁路设施建模

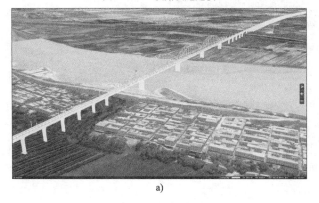

图 4-4-15

b)

图 4-4-15 铁路设施与地理场景整合

3. 工务管理数据设计与访问

使用 Orocle 数据库,根据工务管理系统 14 个子业务模块分别建立对应的表,并录入相应数据。

单独建立日常维护数据库,包含检测数据、日常维护记录数据等。

为了与现有工务管理信息系统数据的无缝衔接,工务管理数据库数据与现有的 PWMIS 系统数据保持一致,三维可视化工务管理系统通过 SQL 语句进行台账数据查询,在三维窗体上显示并通过里程定位与三维地理场景关联。

4. 工务管理业务功能开发

(1)铁路线位管理模块

依据中线里程定位原理,设计了铁路三维中线管理类,并开发了里程查询、线路段查询、视点与线路关系实时计算等功能,满足基于线路里程的系统定位与查询要求。实时位置和里程查询界面见图 4-4-16、图 4-4-17。

图 4-4-16 实时位置查询

图 4-4-17　里程查询定位

(2) 高铁台账管理

①台账查询

保留原有工务设备管理系统的基本功能,如图 4-4-18、图 4-4-19 所示,可实现 14 种业务台账的查询显示。

图 4-4-18　台账列表

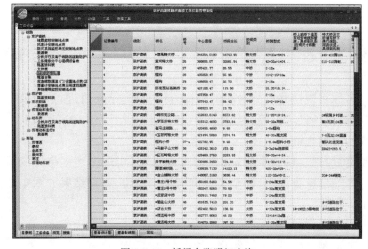

图 4-4-19　桥梁台账明细查询

②三维可视化定位

在实现台账查询的基础上,实现台账记录与周边三维地理景观及铁路设施模型的匹配,便于全面掌握设施及其周边环境状况。如图 4-4-20 所示,根据台账记录中的设施里程,由铁路三维中线管理模块提供的"里程—坐标转换功能",快速计算出设施所在大地坐标并将三维视角切换到该地区。

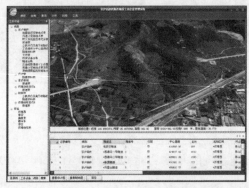

图 4-4-20 根据隧道台账三维场景中定位到当前隧道

③资料链接

将设计图纸、车站配线图、文件资料等与相应的台账记录链接,如图 4-4-21、图 4-4-22 所示,车站配线图与股道表资料与车站台账、设计图纸与台账链接、查询,在三维可视化界面中进行资料的便捷浏览。

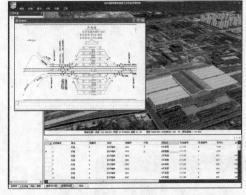

图 4-4-21 车站配线图与股道表资料与车站台账链接　　图 4-4-22 设计图纸与台账链接、查询

④模糊查询

通过里程与名称实现铁路设施台账的模糊查询,查询结果可进行详细的二次查询,获取台账记录、三维可视化场景定位等。如图 4-4-23 所示,基于 SQL 查询语句,实现对数据库内所有表指定字段的模糊查询。

由查询字段设置参数,自动生成 sql 模糊查询语句,实现多表多字段的模糊查询。对查询结果还可进行详细信息查询,台账全表查询与地理定位,查询结果如图 4-4-24 所示。

(3) 分析功能

①测量分析

该系统提供了量测功能,可进行距离、高差、面积量测。

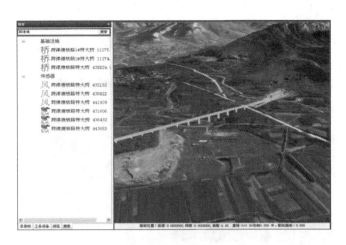

图 4-4-23　基于文本的模糊查询

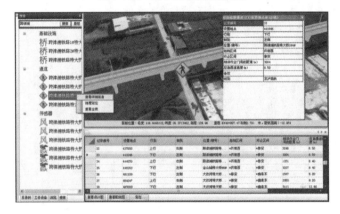

图 4-4-24　二次查询

②地形分析

该系统提供了生成等高线地形图(图 4-4-25)、高程渲染图、坡度图、断面量测等地形分析功能。

③水淹分析

如图 4-4-26 所示,该系统实现了水淹分析功能,可实现对特定区域的淹没区域计算、溢水水位计算。

图 4-4-25　隧道洞口地形等高线图

图 4-4-26　水淹分析结果

④列车行车模拟

如图 4-4-27 所示,实现了多节列车的编组运行与控制。根据起讫里程与动车型号及编组方式生成编组列车运行路径,提供实时控制面板,可实时控制列车速度及视角。

图 4-4-27　列车编组运行控制

第五章　BIM 在铁路工程的应用

建筑信息模型(Building Information Modeling,简称为 BIM)的理念最早于 20 世纪 70 年代由乔治亚理工大学的 Chunk Eastman 教授提出。BIM 是以三维数字技术为基础,集成建筑工程项目各种相关信息的工程数据模型,是对工程项目相关信息的详尽表达。BIM 是利用先进的数字技术集成了建筑物的物理及功能特性等各种相关信息的工程模型,既包括几何信息,还包括非几何属性信息,能为工程项目的规划、设计、施工、运营维护直至拆除的全生命周期信息进行存储和运用,为工程决策提供更好的依据,最大限度地实现工程价值。

BIM 不是指比 CAD 更先进的另外一种设计软件,相比于传统 CAD 模型,BIM 引入时间轴和费用轴,即 5D 模型,既可实现项目虚拟建设及管理,又可实现工程计量和费用计算的自动化。BIM 也不是建筑物的一个三维模型。BIM 是一种技术、一种方法、一种过程,BIM 把建筑业业务流程和表达建筑物本身的信息更好地集成起来,运用多维模型和数据库技术实现数字化、可视化的建造,从而提高整个行业的效率。据斯坦福大学调研表明,BIM 可以减少设计变更 40%,提高施工现场劳动率 20%~30%。

第一节　BIM 的功能及特点

BIM 包含了各项与建筑工程相关信息的模型,涵括了构建性能、结构要求、施工进度和维护管理及施工环境等相关信息。在建设工程项目中,利用 BIM 的完整建筑信息来进行指导施工,可在很大程度上缩短工期、降低成本、减少资源浪费,从而提升项目价值。在当前的建筑项目施工管理过程中,BIM 以其各项完整的功能及可视化、协调性、模拟性、可出图性等特点,用于建筑施工管理中,体现出了极强的应用价值。

随着技术的发展,BIM 功能已不再是设计阶段用于进行碰撞检查、三维设计等,而是逐步开始应用于施工及运维等阶段,逐步形成了在项目全生命周期中的应用趋势。BIM 的基础是由先进的工程软件及三维数字构建成可视化数字模型,可为建筑师、设计师、物业维护和开发商等各个环节的专业人员提供模拟与分析及科学协作,使整个工程项目从设计到使用的各个阶段都能实现如控制资金风险、建立资源计划、节约成本、节省能源、降低污染等目标,实现真正意义上的工程项目全生命周期管理。

1. 可视化

可视化是使不可见转变为可见的一种方式。将可视化真正应用到建筑工程管理中,对建筑行业具有重大意义。以往很多工程施工中常出现因图纸功能有限、各人理解不同导致的各类问题,致使建筑与施工图纸不符或图纸与建设单位最初期待不符,甚至南辕北辙。当前建筑造型日趋复杂,通常的设计图纸和三维模型较建筑业的迅速发展而言已经落后。BIM 的可视化是根据建筑自身实际数据生成、仿真程度高的模型,将每个构建的信息都涵括在内,使各方人员都能对建筑模型有很好的了解,从而减少变更及返工。BIM 的可视化还可随建筑信息的不断完善进行填充、发展,不仅可用于效果图的展示或报表生成,更重要的是能使项目设计、建造、运营过程中的沟通和讨论及决策都能在此基础上进行,使得建筑工程管理更加方便顺利。

2. 协调性

在建筑行业中,无论是设计单位还是建设单位、施工单位、监理单位,都需要通过协调、配合进行工作。如项目实施过程中出现问题,各环节相关人员就必须进行协调解决。若涉及的环节多、人员杂,一次协调涉及的人员及工作量很大,且协调过程中关于利益和责任的划分也会在一定程度上影响项目质量和工期。BIM 建筑信息模型可在建筑物建造前期对各专业的碰撞问题进行协调,生成协调数据,提供另一种建设项目的各类信息存储在 BIM 数据库中,属于前期碰撞处理的即可利用数据减少协调工作量。

3. 模拟性

BIM 模拟性还可模拟无法真实操作的事物。在建筑项目设计阶段,BIM 可进行如节能模拟、热能模拟、紧急疏散模拟等模拟试验;在建筑项目施工阶段,BIM 可进行 4D 模拟(三维模型加项目发展时间),即可以施工组织设计为基础模拟施工,从而确定科学合理的方案进行施工指导。同时,还可在 BIM 基础上进行 5D 模拟,以达到成本的有效控制。在后期运营阶段,也可运用 BIM 进行日常紧急情况及其处理方式的模拟。

4. 可出图性

斯坦福设施集成化工程中心定义 BIM 为:明确需求、作为与非专业人士进行沟通的工具、设计方案比选、冲突检查与可建造性分析、创建图纸、生成工程量、供应链管理、进行施工计划安排 8 种功能。通过对建筑物进行可视化展示、协调、模拟、优化后,可帮助建设单位取得如下成果:综合管线图;综合结构留洞图;碰撞检查侦错报告和建议改进方案。通过 BIM 团队的操作、应用和管理,实现各种功能。

第二节 BIM 与 GIS 的结合

地理信息系统(Geographic Information System,简称 GIS)是一种特定的空间信息系统,能查询和分析建筑物所处的地理相关环境信息,对环境进行预测与模拟。

BIM 理念被引入到铁路行业中,以增强信息在各阶段间共享和传递的能力,节省人力和资源投入,提高作业和管理的信息化水平。然而,铁路作为一个与地形紧密结合的线状土木工程,具有跨度长、范围广、信息量大等特点,由此引起的大尺度信息综合和集成、三维快速浏览等问题是 BIM 无法解决的,需要借助 GIS 的空间分析和三维可视化等技术手段作为支持。

铁路工程是条带状工程,受到地理环境、地质条件、经济因素、城市规划等多方面的影响,目前的 BIM 模型设计软件支持的空间范围较小,无法承载海量大范围的地形数据,也不具备对地理信息进行分析的功能,无法满足铁路工程设计应用的要求。GIS 正好从地理信息空间数据处理及分析的角度给予 BIM 应用支持。

铁路勘察设计是一个从宏观到微观的过程,一开始要确定线路的基本走向,然后再根据城市位置、资源分布、工农布局和自然条件等情况确定线路走向,即选线设计。选线设计过程中地理信息是作为设计的主要参考内容,GIS 能为设计提供数据支持和决策分析。在线路确定之后,整个铁路工程被划分为多个工点和区段进行工点设计。工点设计过程中,GIS 一方面为设计提供局部的地形数据,另一方面提供一个整体的地理空间将各工点设计结果进行整体表达。线路设计和工点设计是循环迭代的过程,在铁路勘察设计的各个阶段都要进行迭代。单从 BIM 设计的技术角度来讲,两者是两类不同的设计实施方式。与其他建筑物相比,铁路工程地理空间跨度大,在选线时 GIS 能提供铁路设计所需的数据以便进行决策分析,确定最合理的走线方案,并通过三维形式展现出来。选线确定后,GIS 技术可以对工点内环境进行预测与分析,如确定工点存放临时设备的最优位置、工点内危险区域、跟踪监测建筑材料如何通过供应链等。BIM 注重项目本身"内环境",GIS 则负责项目周围"外环境",两者结合可以为工程设计与施工发挥更大作用。此外,铁路工程建设涉及多个专业,通过 GIS 可以将各专业 BIM 模型整合并表现出来,实现全线路的 BIM 展示。无论是选线设计还是工点设计,对于 BIM 与 GIS 模型及数据的集合,都要解决如下的关键技术。

1. 模型的多分辨率处理及轻量化

BIM 模型的特点是设计细节丰富、对象繁多、数据量大。在 GIS 中进行三维综合表达,对 GIS 模型数据的承载力提出了非常高的要求。研究 BIM 模型的多分辨率层次模型自动生成,利用轻量化模型的手段达到不同比例尺细节的按需表达,是解决两种模型在同一空间内进行结合的关键。为满足三维浏览速度的需要,将 BIM 模型进行处理,建立与 GIS 表达的多分辨率地面模型层级相适应的多分辨率模型。

2. 地形修改与套合

铁路工程设计,不但是要设计出构筑物,同时也是对地表形态的重新设计。重新设计的地形与工程本体相符合,有较高精度要求,还可能需要做挖空处理,如隧道的出入口。因此局部设计地面模型采用不规则三角网(TIN)数据结构。GIS 中对于大范围地形模型一般采用连续规则格网(Grid)数据结构。需要研究 TIN 与 Grid 结构的混合表达方法,将带有孔洞的 TIN 地形模型融入 Grid 模型之中。

3. 语义信息的传递和表达

BIM 模型有三维模型,还有其附带的语义信息。在将 BIM 设计的模型结合到 GIS 系统平台时,不但要对三维模型进行可视化表达,还要能将模型附带的语义信息完全的继承。BIM 公开标准数据交换标准 IFC,也是工程建设行业数据互用的基于数据模型面向对象的文件格式,对 BIM 语义数据有完整的描述。但目前 GIS 系统并不支持从 IFC 文件中提取语义数据。另外 GIS 作为整体表现平台,只需要选择性地描述整体对象的语义信息,不需要完全理解 BIM 模型中复杂多维度的语义信息。因此如何转换 BIM 的语义信息,提取出需要在 GIS 系统中表达的语义信息,是 GIS 与 BIM 结合的要点之一。

4. 面向服务的结合模式

目前的 BIM 系统相对独立,厂商的软件产品对 GIS 系统的对接非常有限。而 GIS 系统已经走向了服务化和规范化,国际标准的 WFS、WMS 地理信息服务接口已经广泛应用。BIM 软件需要完成对 GIS 软件服务标准的支持,才能达到与 GIS 系统的无缝对接。

GIS 为 BIM 在铁路勘察设计中的应用提供了地理信息数据支持、地理分析功能以及三维综合表达的平台。推动 BIM 技术和 GIS 技术的结合,是铁路工程 BIM 实施的必要条件。

BIM 在铁路工程中与地理信息的结合仅局限于对文件数据的读取，其在大范围地形及海量模型数据的表达还存在技术难点，BIM 的技术厂商也在寻求与 GIS 的结合点；另一方面，GIS 也在向 BIM 靠拢，将 BIM 模型对象引入地理空间中。要达到 GIS 与 BIM 的深度结合，无缝衔接，尚需要解决地形局部修改套合、模型多分辨率与轻量化、语义信息传递、面向服务的结合模式等技术难点问题。通过关键技术的突破，完善接口标准体系，最终实现 GIS 系统在铁路 BIM 解决方案中的价值体现，是未来地理信息领域和铁路工程设计领域共同努力的方向。

第三节　BIM 在铁路工程中的应用

铁路是一个庞大的系统工程，随着计算机技术的快速发展，BIM 应用于铁路工程建设已是大势所趋。传统的 CAD 二维设计仅关注项目中的某一阶段或某一方面，易导致某阶段各专业间或不同阶段间各参与方信息难以共享、传递，容易形成信息孤岛，无法满足复杂铁路项目的设计要求，而 BIM 技术注重的是项目整体进程，可实现多方协同设计与作业，保证信息的及时传递，大大降低返工次数，提高工作效率、节约成本，目前已得到国内各铁路相关单位的积极应用与推广。

1. 多专业协同设计

铁路工程建设涉及专业多达二十几个，站前专业如线路、站场、桥梁、路基等，站后专业如暖通、给排水、机械、电力等专业，每个专业内或不同专业间都要密切配合与协作，确保信息沟通顺畅、准确。传统的二维设计抽象复杂，多专业图面零乱繁杂，很难直观表述模型的设计意图，特别是工程进行时因图纸差错导致的返工，单专业错误可能导致其他专业的图纸变更，大幅度增加了设计工作量，严重影响工程进度，甚至增加项目成本。

应用 BIM 技术能够使各专业协同设计与作业，在设计初期及时沟通，进行模型汇总整合，及时修正错误，确保设计信息及时准确的呈现，将传统方式下项目后期出现的问题提前解决。完善的 BIM 模型可最大限度地降低图纸变更带来的损失，从根本上减少因此而产生的人力、物力的浪费。

2. 综合管线碰撞检测

综合管线是车辆基地的专项设计内容，其涉及专业广且信息繁杂，最能体现工程的经济性与质量水平。一直以来，车辆基地内系统众多且复杂，机电管线更是异常庞杂，传统二维管线综合设计中水、暖、电 3 个专业分别独立进行，各专业内图纸又会分为若干张，检查管线排放的差错漏碰问题往往比设计更花费时间和精力，同时二维图纸表达不够直观、系统，图纸内很多问题难以发现，从而为工程埋下隐患。将 BIM 技术应用于管线综合，可以在设计时通过三维模型直观表述设计意愿，初期可通过观察发现碰撞问题，后期可通过碰撞检测软件检查并生成报告，可清楚表达所有碰撞问题，以便快速调整修改，避免了后期设计过程中出现大量的调整和返工。

3. 项目各阶段的衔接

铁路工程项目要经历立项、设计、施工、运营几个阶段，以二维图纸表述的建筑设计，使项目各阶段内无法及时更新图纸信息，为其他参与方提供准确数据。在项目工程进行中，每一方设计变更都会导致另一方在相应文件中做出调整,一旦出现修正不及时,都会使工期延长,传统方法建造过程中,设计、施工单位的隔离与信息闭塞,使双方沟通困难,让设计方案无法按时施工或出现错误。

BIM 模型弥补了铁路项目每个阶段各参与方可能存在的问题,通过项目在各阶段的信息共享,使各方更紧密的合作。BIM 将设计、施工和运营知识结合在一起,顺畅衔接并共同服务于项目,打破了传统企业间的壁垒。

4. 站场运营管理

站场是铁路工程建设的节点,也是铁路客货服务运营管理的中心。基于 BIM 技术的三维模型,在建模初期就集成了非几何属性信息。BIM 模型在设计、施工阶段录入的站场设备信息,如设备型号、管理单位、维修周期与内容等,为后续运营维护提供了数据支持,显著提高了运营管理阶段对前期工程信息的利用率。此外,BIM 模型通过结合互联网技术可及时发送、传递信息,帮助管理人员办理客、货运业务,管理列车接发、会让等。相比传统二维设计与运营管理阶段的割裂,BIM 为站场检修设备及管理等提供了有力的信息支持,充分发挥了 BIM 中"I"的优势。

5. 信息化管理平台

依托三维可视化和 BIM 方面的技术优势,以三维可视化平台为基础,以工程 BIM 模型为核心,在移动互联、分布式存取、物联网等技术的支撑下,围绕工程建设过程中的"投资""进度""质量""安全"等方面,可以建立铁路工程信息化管理平台,实现工程质量的监管、把控,提高项目管理水平和效益。如阳大铁路管理平台按照"一个门户,四个平台"进行建设,一个门户即统一认证、统一鉴权、一点接入和全网服务(图 4-5-1)。四个平台:综合管理平台、施工组织平台、监控量测平台、施工动态平台。系统具有开放性,各类信息化系统能够快速融入平台,同时也能与其他平台进行数据交换,符合铁路工程信息化平台要求。

图 4-5-1　阳大三维基础平台

综合管理平台主要包括办公系统(OA)、即时通信、资料管理、技术管理、诚信体系等模块,是对工程项目过程事务进行规范化流程管理,整合项目各个阶段、各个部门的业务,实现项目信息在各参与方之间的快速传递与协作。

施工组织是系统的核心平台,基于 BIM 技术对工程建设过程进行信息化、规范化管理,通过二维图形化施工进度填报、三维形象进度预警和展示、施工组计划安排、物资人员设备管理、报表统计分析等手段,保障工程质量和进度。技术沟通在三维可视化平台上,实现基于 BIM 模型的施工技术交流、施工方案讨论等。虚拟施工基于 BIM 模型和三维可视化技术,按照施工工法,研究实现重点工点的施工过程展示。施工进度依据施工进度数据驱动BIM模型,在三维场景中进行施工形象进度浏览,包括实际进度与计划进度的对比,进度预警分析等。

  监控量测包括试验室、拌和站、围岩量测、变形监测、视频监控、智能张拉、智能梁场等,用于对工程质量、安全等环节进行把控。

  施工动态是对外开放的公共平台,包括工程概况、机构设置、动态信息、宣传等,对项目基本情况、施工动态、人物事迹等进行宣传报道。工程概况结合高精度的三维地形场景和工程BIM模型对工程项目进行整体介绍。

缩略词释义

BIM building information modeling　建筑信息模型
BM bench mark　水准点
CCD charge coupled device　电荷耦合器件
CGCS2000 China geodetic coordinate system 2000　2000国家大地坐标系
CORS continuously operating reference stations　连续运行参考站
CP 0 frame control network（CP 0）框架控制网
CPⅠ basic plane control network　（CPⅠ）基础平面控制网
CPⅡ route plane control network　（CPⅡ）线路平面控制网
CPⅢ track control network　（CPⅢ）轨道控制网
CPⅣ track reference network　（CPⅣ）轨道基准网
CRTS China railway track system　中国铁路轨道系统
DEM digital elevation model　数字高程模型
DLG digital line graphics　矢量数字地图
DOM digital orthophoto map　数字正射影像图
DSM digital surface model　数字地面模型
DTM digital terrain model　数字地形模型
GDOP geometric dilution of precision　几何精度衰减因子
GIS geographic information system　地理信息系统
GNSS global navigation satellite system　全球卫星导航系统
GPS global positioning system　全球定位系统
GSD ground sample distance　地面采样距离
IGS international GNSS service　国际GNSS服务
IMU inertial measurement unit　惯性测量单元
INS inertial navigation system　惯性导航系
InSAR interferometric synthetic aperture radar　合成孔径雷达干涉测量
ITRF international terrestrial reference frame　国际地球参考框架
LIDAR light detection and ranging　激光雷达（激光扫描仪）
PDOP position dilution of precision　位置精度衰减因子
POS position and orientation system　定位测姿系统
RINEX receiver independent exchange format　接收机可交换格式
RS remote sensing　遥感
RTK real-time kinematic　实时动态
TIN triangulated irregular network　不规则三角网
TQI track quality index　轨道质量指数
WGS world geodetic system　世界大地坐标系

参考文献

[1] 宁津生,陈俊勇,李德仁,等.测绘学概论[M].武汉:武汉大学出版社,2004.
[2] 张正禄,李广云,潘国荣,等.工程测量学[M].武汉:武汉大学出版社,2005.
[3] 卓宝熙.铁路工程勘测技术的回顾、现状与展望[J].铁道工程学报,2007(1):6-12.
[4] 李德仁.信息高速公路、空间数据基础设施与数字地球[J].测绘学报.1999,28(1):1-5.
[5] 牛远程.铁路勘测设计技术应用现状与发展展望[J].甘肃科技,2007,23(1)149-151.
[6] 刘自健.民国测绘史略[J].测绘工程.1999,8(1):75-80.
[7] 吴维顺,杨成志.建国前我国的铁路航测[J].铁路航测,1991,3:37-38.
[8] 丁仁熹.关于民国前后江苏测绘机构和测绘教育的演变概况[J].江苏测绘,1994,3:37-38.
[9] 陈希.东三省陆军测绘学堂研究(1909—1920)[D].沈阳:辽宁大学,2012:9-45.
[10] 詹同济.詹天佑日记书信文章选[M].北京:北京燕山出版社,1989.
[11] 詹同济.詹天佑大江南北主持筑路文献资料集[M].成都:四川大学出版社,1992.
[12] 詹同济.詹公天佑工学文集[M].北京:铁路工程博物文献,1991.
[13] 《中国测绘史》编辑委员会.中国测绘史第一卷、第二卷[M].北京:测绘出版社,2002.
[14] 中华人民共和国行业标准.TB 10050—2010 铁路工程摄影测量规范[S].北京:中国铁道出版社,2010.
[15] 中华人民共和国行业标准.TB 10101—2009 铁路工程测量规范[S].北京:中国铁道出版社,2009.
[16] 中华人民共和国行业标准.TB 10601—2009 高速铁路工程测量规范[S].北京:中国铁道出版社,2009.
[17] 中华人民共和国行业标准.TB 10105—2009 改建铁路测量规范[S].北京:中国铁道出版社,2009.
[18] 中华人民共和国行业标准.TB 10054—2010 铁路工程卫星定位测量规范[S].北京:中国铁道出版社,2010.
[19] 中华人民共和国国家标准.GB/T 12897—2006 国家一、二等水准测量规范[S].北京:中国标准出版社,2006.
[20] 中华人民共和国国家标准.GB/T 12898—2009 国家三、四等水准测量规范[S].北京:中国标准出版社,2009.
[21] 中华人民共和国国家标准.GB/T 50308—2017 城市轨道交通工程测量规范[S].北京:中国建筑工业出版社,2017.
[22] 王长进.机载激光雷达铁路勘察技术[M].北京:中国铁道出版社,2010.
[23] 周忠谟,易杰军,周琪.GPS卫星测量原理与应用[M].2版.北京:测绘出版社,1997.
[24] 李征航,黄劲松.GPS测量与数据处理[M].武汉:武汉大学出版社,2005.
[25] 孔祥元,梅是义.控制测量学[M].武汉:武汉大学出版社,2002.

[26] 王兆祥.铁道工程测量[M].北京:中国铁道出版社,1999.
[27] 肖利,王海生.铁路工程测量[M].北京:西南交通大学出版社,2011.
[28] 杨建光.道路工程测量[M].北京:测绘出版社,2010.
[29] 夏春玲.工程测量[M].北京:中国铁道出版社,2015.
[30] 赵国忱.工程测量[M].北京:测绘出版社,2010.
[31] 周建东,谯生有.高速铁路施工测量[M].西安:西安交通大学出版社,2011.
[32] 武汉大学测绘学院测量平差学科组.误差理论与测量平差基础[M].武汉:武汉大学出版社,2003.
[33] 张项铎,张正禄.隧道工程测量[M].北京:测绘出版社,1998.
[34] 铁道部第二勘测设计院.铁路测量手册[M].北京:中国铁道出版社,1998.
[35] 胡伍生,潘庆林,黄腾.土木工程测量手册[M].2版.北京:人民交通出版社,2011.
[36] 张国辉.工程测量实用技术手册[M].北京:中国建材工业出版社,2009.
[37] 张冠军,张志刚,于华.GPS RTK测量技术实用手册[M].北京:人民交通出版社,2014.
[38] 铁道部铁建设函〔2010〕241号.高速铁路轨道工程施工技术指南[M].北京:中国铁道出版社,2010.
[39] 铁道部工程管理中心.客运专线铁路变形观测评估技术手册[M].北京:中国铁道出版社,2009.
[40] 铁总建设〔2013〕88号.新建时速200公里客货共线有砟轨道铁路轨道控制网测设补充规定[M].北京:中国铁道出版社,2013.
[41] 铁道部铁运〔2012〕83号.高速铁路无砟轨道线路维修规则(试行)[M].北京:中国铁道出版社,2012.
[42] 铁道部铁运〔2013〕29号.高速铁路有砟轨道线路维修规则(试行)[M].北京:中国铁道出版社,2013.
[43] 张占忠,张玉世.航测遥感技术在铁路勘测设计一体化项目中的作用[J].铁道工程学报,2006,12(增).
[44] 李祖锋,贺丽娟,张成增,等.高度角信号遮挡区域GPS测量控制网精度控制[J].西北水电,2014,1:19-23.
[45] 宁津生,杨凯.从数字化测绘到信息化测绘的测绘学科新进展[J].测绘科学,2007,32(2):5-11.
[46] 李胜.GPS高程异常拟合研究[D].大连:大连理工大学,2006:10-93.
[47] 刘成龙,金国清,杨雪峰,等.自由测站边角交会网在隧道内平面控制中的应用研究[J].西南交通大学学报,2014,49(1):1-7.
[48] 李祖锋,巨天力,张成增,等.基于重力场模型高程拟合残差求定GPS正常高[J].测绘工程,2010,19(4):24-29.
[49] 李立,高奂,杨震卿,等.BIM在施工阶段工程管理的应用价值[J].建筑技术,2016,47(8):698-700.
[50] 韩秀辉,袁锋,罗世辉,等.BIM在铁路设计中的应用探讨[J].铁道标准设计,2016,60(8):17-20.
[51] 范登科.BIM与GIS融合技术在铁路信息化建设中的研究[J].铁道工程学报,2016,33

(10):106-110,128.

[52] 刘义勤,杨绪坤.服务于铁路BIM设计的三维地学模拟技术研究[J].铁道工程学报,2016,33(1):1-4.

[53] 李华良,杨绪坤,王长进.中国铁路BIM标准体系框架研究[J].铁路技术创新,2014,(2):12-17.

[54] 郑华海,刘匀,李元齐.BIM技术研究与应用现状[J].结构工程师,2015,(4):233-241.